Harro Segeberg (Hrsg.)
Referenzen

**Schriftenreihe der
Gesellschaft für Medienwissenschaft (GfM) 16**

Harro Segeberg (Hrsg.)

Referenzen

Zur Theorie und Geschichte
des Realen in den Medien

Bibliografische Information der Deutschen Nationalbibliothek
Die Deutsche Nationalbibliothek verzeichnet diese Publikation in der Deutschen Nationalbibliografie; detaillierte bibliografische Daten sind im Internet über http://dnb.d-nb.de abrufbar.

Schüren Verlag GmbH
Universitätsstraße 55 • 35037 Marburg
www.schueren-verlag.de
© Schüren Verlag 2009
Alle Rechte vorbehalten
Gestaltung: Nadine Schrey
Druck: fva, Fulda
ISSN 1619-960X
ISBN 978-3-89472-673-7

Inhalt

Harro Segeberg
Referenzen   8

Eröffnung: Perspektiven der Referenz

Rüdiger Maulko
Referenz und Computerbild
Synthetischer Realismus in den Bildmedien   26

AG Medienwissenschaft und Wissenschaftsforschung
«Hot Stuff»:
Referentialität in der Wissenschaftsforschung   52

Sektion I: Referenz und Historiographie

Wolfgang Fuhrmann
Ethnographie und Film in Deutschland
Anmerkungen zu einem vergessenen Teil deutscher Mediengeschichte   82

Nina Gerlach
Der Tierfilm zwischen Repräsentation und Simulation
Aktuelle Tendenzen   97

Joan Kristin Bleicher
Das Private ist das Authentische
Referenzbezüge aktueller Reality-Formate   111

Christian Hißnauer
living history – Die Gegenwart lebt
Zum Wirklichkeitsbezug des Geschichtsformates   120

Ursula von Keitz
Drama der Dokumente
Zur Referenzproblematik in Andres Veiels Film DER KICK   141

Sektion II: Hybride

Henning Wrage
Wahrheit im Fernsehen
Die dokumentarisch-fiktionalen Hybriden des Deutschen Fernsehfunks 158

Caroline Elias, Thomas Weber
Defekt als Referenz
Von neuen Hybrid-Formaten zum Verfall der Doku-Kultur 177

Andreas Wagenknecht
Filminterne Beglaubigungen und Kontextualisierungen
von Re-Enactments im dokumentarischen Fernsehen 198

Thomas Waitz
Geschehen/Geschichte
Das Dokudrama bei Hans-Christoph Blumenberg 211

Matthias Steinle
Im Nebel postmodernen Dokumentarfilms –
Errol Morris: THE FOG OF WAR (2003) 223

Franziska Heller
Prozessuale Authentisierungsstrategien im Zeichen zeitlicher
Paradoxien: Deleuze und Dokumentarfilm. Überlegungen am Beispiel
von RP Kahls MÄDCHEN AM SONNTAG (2005) 240

Sektion III: Kritischer Dokumentarfilm

Peter Zimmermann
Camcorder Revolution – Videoaktivisten
und internationale Öffentlichkeit 256

Kay Hoffmann
Von der Rückkehr des Politischen im Dokumentarfilm 262

Sektion IV: Vernetzte Referenzen

Martin Doll
‹Dokumente›, die ins Nichts verweisen?
TV-Fälschungen als Indikatoren der Modi journalistischer
Wahrheitsproduktion   272

Susanne Regener
Filmisches Selbstportrait
Max Kestners Dokumentarfilm REJSEN PÅ OPHAVET als
Reflexion auf den aktuellen Authentizitätscode   299

Karin Bruns
Archive erzählen
Weblogs, V-Blogs und Online-Tagebücher als
dokumentar-fiktionale Formate   314

Anhang

Schlussnotiz   334
Abbildungsnachweise   335
Autorinnen und Autoren   337

Harro Segeberg

Referenzen

Zur Aura des Analogischen

Blickt man zurück, dann ist es einigermaßen überraschend, wie lange in der als Medientheorie operierenden Filmtheorie kein Zweifel daran bestand, was als die eigentliche Referenz des medialen Bilds zu gelten habe. In diesem Sinne konnte zum Beispiel Siegfried Kracauer in seiner um 1960 abgeschlossenen *Theorie des Films* die ausgezeichnete Stellung des Films unter allen anderen Medien daran festmachen, dass dem Film als photographischem Bewegt-Bild ein strikt analogisches Bezugssystem zwischen filmischem Zeichen und außerfilmischem Referenten eingeschrieben sein müsse.[1] Wie sehr man diese Theorie unterschätzt, wenn man ihr aus formalistischer Perspektive den Anspruch eines wie immer möglichen naturalistischen Abbildungsrealismus unterlegt, darüber geben Kracauers eigene Erläuterungen unmissverständlich Auskunft.

In unserem Zusammenhang muss der Hinweis genügen, dass Kracauer im Zeitalter des Farbfilms als Beweis für seine Theorie den Schwarzweiß-Film anführt und auch «die Breitwand, das Fernsehen und dergleichen» (15) aus seinen Überlegungen nachdrücklich ausschließt. Dies alles lässt keinen Zweifel daran, dass Kracauer «die Grundeigentümlichkeiten des Films» (16) zwar «aus der fotografischen Natur des Films» (19) herleitet, für ihn die photographische Reproduktion des Bewegtbilds aber die Abstraktion und Verwandlung des Wahrgenommenen durchaus einschließt. Denn gerade weil – so Kracauer – «Filme unsere Umwelt [entfremden], indem sie sie exponieren» (105), können sie das leisten, was im Untertitel dieser Theorie die *Errettung der äußeren Wirklichkeit* bezeichnet. Dafür müsse einzig gewährleistet sein, dass Filme nicht wie die anderen Künste «das Rohmaterial» einer physikalisch vorgegebenen Realität «verzehren», sondern wie auch immer bearbeitet «darbieten» (17). In diesem Sinne ist Kracauers Formulierung zu verstehen, dass «Filme sich selbst treu sind, wenn sie physische Realität wiedergeben und enthüllen» (17).

Obwohl Kracauer strikt ontologisch argumentiert und daher die Entdeckung des Realen keineswegs auf den bei ihm «Tatsachenfilm» genannten Do-

---

1 Im folgenden im Text zit. nach Siegfried Kracauer: *Theorie des Films. Die Errettung der äußeren Wirklichkeit.* Hrsg. v. Inka Mülder-Bach. Frankfurt a.M. 2005 (=Kracauer: *Werke*, Bd. 3).

kumentarfilm einschränkt², kann es nicht verwundern, dass der Kracauer inspirierende ‹Geist der Photographie› in der Geschichte des Dokumentarfilms sich überall dort findet, wo ‹Reales› als das gattungsbestimmende referentielle Substrat eines durchaus gestalteten Dokumentarischen zu gelten hatte. So sollte sich dessen Vorrang vor dem Spielfilm darin erweisen, dass der Dokumentarfilm «realer im philosophischen Sinne» dadurch sein könne³, dass er – so der eben zitierte John Grierson weiter – «Fakten» nicht nur einfach reproduziert, sondern «in eine lebendige, organische Beziehung zu einander [setze]», um auf diese Weise «Sinn» und «wahres Wesen» im ‹Realen› zu entdecken.⁴ Oder Dokumentarfilmer wie Klaus Wildenhahn sprechen noch in den 1970er Jahren von einem Dokumentarismus, der «einer alltäglichen Existenz ihre spürbare, wesentliche, ‹poetische Bedeutung› entlockt» und darin «dichterische Arbeit» leistet.⁵ Die darin eingeschlossenen faktographischen Ansprüche werden dort noch radikalisiert, wo das an der Echtheit des verwendeten Materials orientierte Wahrnehmungspathos eines *Direct Cinema* und *Cinéma vérité* auf das Konzept eines so weit wie möglich mit «Originalrede und -situationen» arbeitenden dokumentarischen Realismus hinarbeitet.⁶

Umso überraschender ist die Prägnanz, mit der in einer als *Bilder des Wirklichen* (Eva Hohenberger) aufgefassten Theorie des Dokumentarfilms der 1980er und 1990er Jahre das als selbstverständliche Größe vorausgesetzte Reale in die Bezugsysteme eines nicht-filmischen, vorfilmischen, filmischen und nachfilmischen Realen zerlegt wird; hinzu kommt die ‹Realität Film›, in der Film produziert, distribuiert und präsentiert wird. Ihre äußerste Zuspitzung erreicht diese von Autorinnen und Autoren wie Eva Hohenberger, Manfred Hattendorf oder Roger Odin voran getriebene Diskussion dort, nicht mehr am Text des Films selbst, sondern in einem über den Text des Films geführten Kommunikationsprozess zwischen Produzent und Rezipient darüber entschieden wird, ob filmische Zeichen als ‹authentisch› wahrgenommene, ikonische ‹Kurzschluss-Zeichen› (James Monaco) für außerfilmische Referenten gelten können.⁷ Als ‹Authentisierungsstrategie› ist diese Theorie bis in die Darlegungen dieses Bandes spürbar, und dies liegt sicherlich nicht zuletzt daran, dass die Radikalisierung der Frage nach dem Status des ‹Realen› mit der Digitalisierung jedweder Form von Zeichenwelten einherging.

2   Zur Auffassung Kracauers vom Dokumentarfilm vgl. das Kapitel «Tatsachenfilm», ebd., S. 306-337.
3   Vgl. John Grierson: «Grundsätze des Dokumentarfilms» (1933). In: Eva Hohenberger (Hrsg.): *Bilder des Wirklichen. Texte zur Theorie des Dokumentarfilms*. Berlin 2006, 3. Aufl. (zuerst 1998), S. 92. Sowie zum nächsten Zitat ders.: «Die Idee des Dokumentarfilms» (1942), ebd., S. 105.
4   Vgl. zum folgenden Zitate aus den Schriften von John Grierson, zit. nach Hohenberger, ebd., S. 13 und 96.
5   Vgl. Klaus Wildenhahn: «Über synthetischen und dokumentarischen Film» (1975), ebd., S. 137.
6   Wildenhahn, ebd., S. 133.
7   Vgl. James Monaco: *Film verstehen. Kunst, Technik, Sprache, Geschichte und Theorie des Films und der Medien.* Reinbek bei Hamburg 1995 (erw. Neuausgabe), S. 161.

Ohne in das bei solchen Überlegungen nahe liegende kulturkritische Pathos zu verfallen, kann dazu in aller Kürze festgehalten werden, dass die Abkehr vom photochemischen Aufzeichnungsverfahren den Verlust einer aus diesem Verfahren abgeleiteten Aura des Analogischen einschloss, weshalb das, was früher allenfalls als Retusche der Kunstphotographie erlaubt war, heute den Normalfall einer jederzeit veränderbaren digitalen Bildproduktion darstellt. Hinzu kommt, dass «hochgeschwinde Schaltvorgänge und unanschauliche Rechenprozesse» (Rüdiger Maulko s.o. S. 27)) vor dem von Kracauer für unverzichtbar gehaltenen vorfilmischen physischen Realitätssubstrat keineswegs haltmachen, sondern dieses selber in computergenerierte Datengebilde aus Personen, Objekten und Bewegungen verwandeln. Ob der für solche und andere Transformationen verantwortliche binäre Code digitaler Aufzeichnungs- und Speicherverfahren deshalb auf eine *Agonie des Realen* und damit auf die Auflösung jedweder Referenz hinausläuft[8], hängt jedoch ganz von der Perspektive ab, die der Beobachter solcher Prozesse einnimmt.

Digitale Referenzen

Um dies zu zeigen, beginnt der erste unserer beiden Eröffnungsbeiträge mit dem Zitat eines Statements, dem der Blick auf die Erzeugungstechnik digitaler Bilder ausreicht, um «die Frage nach einer Referenz» computergenerierter Bilder als «sinnlos» zu bezeichnen. «Mimesis, das ungreifbare Menschenvermögen, erlischt in den Rechnungen hochauflösender digitaler Rastergraphiken» (so Norbert Bolz, zit. u. S. 26). Dem steht gegenüber die Annahme, dass in den zur Produktion digitaler Bilder erforderlichen Mensch/Maschine-Interaktionen die «anthropologischen Aspekte» (S. 27) einer auf Mimesis und Referentialität ausgerichteten Bildsprache keineswegs verschwinden, sondern neu codiert werden.
 Um dies zu veranschaulichen, heben die hier im einzelnen nicht zu referierenden Darlegungen Rüdiger Maulkos hervor, in welch erstaunlichem Maße computerbasierte Bildgebungsverfahren dem Leitbild photographischer Realismusillusionen keineswegs nur folgen, sondern dessen Realitätsanspruch noch steigern. Die dazu einschlägigen Verfahren reichen von der «illusionistischen Remodellierung der phänomenalen Seite des Realen» (S. 29) über die «illusionistische Remodellierung von natürlichen Gesetzmäßigkeiten» im Realen (S. 31) bis hin zum «So-tun-als-ob-Konzept» (S. 35) von Ikonizitätseffekten, die physikalische Gesetze nicht länger nur nachahmen, sondern kreativ überspie-

---

8   So, zugegeben etwas verkürzt, Jean Baudrillard z. B. in: *Der symbolische Tausch und der Tod* (zuerst 1976). München 1982, S. 91ff., wobei zu sagen ist, dass für Baudrillard der digitale Code De-Realisierung keineswegs erfindet, sondern radikalisiert und zuspitzt. Vgl. ders. mit der schon im Titel Epoche machenden Arbeit: *Agonie des Realen*. Berlin 1978.

len. Und sogar dort, wo auf die rechnerische Verarbeitung analoger Vor-Bilder weitgehend verzichtet und statt dessen ganz auf Verfahren wie das Image Based Modeling und Rendering (IBMR) gesetzt wird, soll das im photographischen Sinn «niemals Dagewesene substantieller, authentischer und ‹realistischer› erscheinen» (S. 38). Mit dem darin eingeschlossenen Verweis auf die computergenerierte Visualisierung von Phänomenen, die erst jenseits des analog Photographierbaren in den Blick kommen, spricht der Beitrag Probleme an, die im zweiten Eröffnungsvortrag weiter ausgeführt werden.

Hier wird unter Digitalisierung nicht nur die universale Integration und Speicherung akustischer, optischer oder sprachlicher Zeichen in ein allumfassendes elektronisches Speichersystem verstanden. Vielmehr werden jetzt vor allem die mit der Digitalisierung gegebenen Möglichkeiten zur bildlichen, akustischen und sprachlichen Darstellung von Prozessen angesprochen, die mit den bisher üblichen proportionalen Wiedergabeverfahren weder sichtbar noch hörbar gemacht werden konnten. In dieser Perspektive bedeuten die von der Arbeitsgemeinschaft Medienwissenschaft und Wissenschaftsforschung erörterten Bildgebungsverfahren der neuen Naturwissenschaften keineswegs (wie man ergänzen könnte) das Ende einer *Lesbarkeit der Welt* (H. Blumenberg, 1981), sondern können verstanden werden als ein neuer Schub im *Prozess der theoretischen Neugierde* (Blumenberg, 1973)⁹; sie hat seit der Aufklärung – mit den Worten der Autoren der AG gesprochen – in der «Verkettung von technischen Artefakten, menschlichen Handlungen und diskursiven Strukturen» (S. 52) menschliche Wissensneugier immer neu forciert.

Denn waren es im Zeitalter der Aufklärung Mikroskop oder Teleskop, die in optischen Instrumenten das ohne diese Instrumente gar nicht Wahrnehmbare optisch-analog sichtbar machten, so sind es jetzt die nicht länger an die Vorgaben des photographisch Abbildbaren gebundenen digitalen Referentialitäten, die zusammen mit Fragen nach der Bezugsfähigkeit ‹epistemischer Dinge› die Notwendigkeit einer naturwissenschaftlichen Forschung ohne ontologisch vorgegebene Dinglichkeiten noch nachhaltiger als zuvor begründen. In dieser Perspektive kommt es darauf an, eine Position jenseits von Ding-Realismus und referenzfreien Konstruktivismen zu finden, und dies kann am ehesten dort gelingen, wo von Referentialität gilt, dass sie weder vorgängig da ist noch im Labor einfach nur konstruiert wird, sondern sich in komplexen Mensch/Apparat-Konstellationen ‹ereignet›. Was genauer meint: sich in immer neuen Versuchen zur Widerständigkeit materieller Referenzerfahrungen «im Dazwischen von chemischen, physikalischen, diskursiven, experimentellen Anordnungen» verfestigt (S. 61).

---

9 Hergeliehen sind damit natürlich die Titel der seinerzeit Epoche machenden Bücher von Hans Blumenberg.

So etwas kann sich zum Beispiel dort ereignen, wo Bilder aus Messdaten gewonnen werden, die aus den experimentellen Eingriffen eines Elektronenmikroskops entstehen und insofern aus einer materialen Berührung zwischen Apparat und Referent hervorgehen. Solche Bilder können zwar nicht die untersuchte Materie selber repräsentieren, aber doch deren materiale Widerborstigkeit vorstellen, und Wissenschaft hat es in diesem Sinn auch hier keineswegs ausschließlich mit selbst erzeugten Bedeutungen, sondern mit der «materialen Qualität» (S. 74) zeichenvermittelter Referenzerfahrungen zu tun. Sie können in einander immer neu überbietenden wissenschaftlichen «Inskriptionen» in die Referentialität einer synthetisch erzeugten Welthaltigkeit überführt werden. In der Lesart der Autoren könnte eine solche Betrachtungsweise, die nicht auf das einzelne Bild, sondern auf die Gesamtheit der mit seiner Hilfe erzeugten Weltbilder gerichtet ist, auch in den Referentialitätsdebatten in der Medienforschung weiterhelfen. Darauf wird verschiedentlich zurückzukommen sein.

Referenz und Historiographie

Vor diesem Hintergrund schildert Wolfgang Fuhrmann sehr anschaulich am Beispiel von Ethnographie und Film in Deutschland das enge Zusammenspiel von technischer Apparatur, wissenschaftlichen Forschungsinteressen und diskursiven Netzwerken, das den frühen ethnographischen Film mit initiiert hat. Charakteristisch hierfür ist, wie nachhaltig das Interesse an der möglichst unverstellten Beobachtung visueller und akustischer Kulturpraktiken indigener Völker den Wunsch entstehen ließ, die technischen Leistungen von Phonograph und Kinematograph so mit einander zu verknüpfen, dass aus der Kombination dieser beiden Aufzeichnungssysteme das Gesamtbild einer ‹fremden› Kultur entstehen konnte. Daraus entwickelten sich noch vor dem auch in Deutschland einflussreichen Klassiker NANUK, DER ESKIMO (1922) die wissenschaftlich und kommerziell ertragreiche Produktion und Distribution von ethnographischen ‹Ansichten›, in denen sich die Kamera als Forscher, Tourist und Beobachter bewährte. Und dies ereignete sich im Rahmen einer Rezeptionsform, in der – anders als heute – Fragen nach dem Unterschied zwischen fiktionalen und nichtfiktionalen Aufzeichnungen (noch) nicht zum Diskursstandard eines *Cinema of attractions* (T. Gunning) in der Frühzeit des Kinos gehörten.[10]

Wie sehr sich dies dort geändert hat, wo sich der Tierfilm von heute im Grenzgebiet zwischen Repräsentation und Simulation bewegt, macht der Hinweis von Nina Gerlach auf aktuelle Tendenzen in dieser Gattung deutlich. Dabei fällt auf,

---

10 Vgl. Tom Gunning: «The Cinema of attractions: Early Film, its Spactators and the Avant-Garde». In: *Wide Angle* Jg. 8, Nr. 3/4 (1986) S. 63–70. Danach in: Thomas Elsaesser, Adam Barker (Hrsg.): *Early Cinema. Space, Frame, Narrative*. London 1990, S. 56–62.

Referenzen

wie sehr in der Diskussion um den Realitäts-Anspruch des Tierfilms Fragen nach der voyeuristischen Ausbeutung wehrloser animalischer Subjekte, nach der Zulässigkeit von Dramatisierung, Narrativierung und (Spiel-)Filmisierung, nach der Abgrenzbarkeit von Fake und Fiction, nach der immer stärker werdenden Formatierung im Fernsehen sowie nach der Rolle hybrider Genremischungen gestellt werden – alles Fragen, die (wie die nächste Sektion zeigen wird) Problemstellungen eines Dokumentarfilmverständnisses überhaupt berühren (vgl. dazu S. 157ff.) Der Hinweis darauf, dass der Gegenstandsbereich des Animalischen die Ausgrenzung der Gattung des Natur- und Tierfilms aus der Geschichte des Dokumentarischen nicht rechtfertigen kann, findet insofern nicht nur in der quantitativen Relevanz der hier in Frage kommenden Programme und Formate eine Stütze. Vielmehr spricht alles dafür, dass im Blick auf den Tierfilm Probleme deutlich werden, die in einer strukturell ähnlichen Weise auch die Geschichte des auf das Humane konzentrierten Dokumentarfilms prägen.

Wie weit hier das Fernsehen als ‹Fenster zur Welt› eine neue Qualität dadurch erreicht hat, dass es zugleich Fenster in die private Welt seiner Mensch-Nutzer anbietet, demonstriert der auf zeitgenössische Fernseh-Formate ausgerichtete Beitrag Joan Kristin Bleichers. Um zu zeigen, auf welche Weise hier das Private das Authentische werden kann, ist es erforderlich, die aus der Diskussion um den Dokumentarfilm bekannten Um- und Neuschichtungen des ‹Realen› (vgl. o. S. 9) zunächst einmal in die Kategorie einer «außermedialen Realität» zu überführen (S. 111); sie kann (wie Natur- und/oder Wirtschaftskatastrophen) ganz unabhängig vom Medium Fernsehen dasein oder (wie Pressekonferenzen) von nicht-medialen wie medialen Akteuren für das Medium Fernsehen (mit-)geschaffen werden. Davon abzugrenzen sind «innermediale Realitäten, die außerhalb des Mediums keine Existenz [haben]» (S. 112). Vor diesem Hintergrund lässt sich dann zeigen, wie sehr in neueren Mischformaten der zwischen Sender und Empfänger auszuhandelnde Eindruck des ‹Authentischen› von medialen Strategien abhängt, die in die eigens für das Fernsehen geschaffenen innermedialen Realitäten den Referenzbezug auf Außermediales hineinbilden. Überall dort, wo dies gelingt, können ‹außermediale› Laiendarsteller oder «televisionäre Heldengestalten» aus Talkshows oder Doku-Soaps (S. 112) televisionäre Problemlösungen in tele-visionär ‹echt› gestaltete innermediale Lebenswelten einspeisen.

Auch der daran anschließende Beitrag von Christian Hißnauer beginnt mit einem systematisierenden Überblick über das vielfältige Panorama von ‹Reality›-Formaten, in denen das ‹wahre› Leben anscheinend ohne Unterlass den Bildschirm erobert – eine Entwicklung, die (wie der Beitrag ausführt) gar nicht so neu ist, sondern bereits in den 1970er Jahren einsetzte. Und, überschlägt man die Vielfalt und Heterogenität der in den 1990er Jahren kulminierenden Reality-Sendungen, dann kann man sich des Eindrucks nicht erwehren,

13

dass der in diesen Sendungen mediensozialisierte Fernsehzuschauer ein breites Repertoire von Rezeptionsstrategien zur Einschätzung medial inszenierter Authentizitätsversprechen auszubilden hatte. Diese Professionalisierung von Rezeptionsstrategien wird in den eigens analysierten Geschichtsspielen dadurch erleichtert, dass die hier einschlägigen *living history*-Formate den Laborcharakter ihrer historischen Lebenswelten keineswegs verdecken, sondern offen herausstellen. Von Seiten der Darsteller geschieht das dadurch, dass sie den Widerspruch zwischen ihrer eigenen Gegenwart und der von ihnen darzustellenden Geschichte artikulieren. Dies legt das auf den ersten Blick erstaunliche Resümee nahe, dass die häufig als «Krisenexperimente» (S. 129) angelegten Geschichtsspiele im Kern nicht auf die (nachträgliche) Bewältigung einer längst vergangenen Geschichte, sondern auf die zukunftsorientierte Perspektivierung der eigenen Gegenwart abzielen.

Wie sehr ein solches Verfahren, das die Inszenierung des Authentischen offensiv herausstellt, aus überholten Dichotomien herausführen kann, gibt der Beitrag von Ursula von Keitz anhand einer ‹living history› aus der unmittelbaren Gegenwart zu erkennen; es geht um die Referenzproblematik in Andres Veiels Film DER KICK. Zur Sprache kommt dazu die filmische Adaption eines Theaterstücks, in der die von Dokumentarfilmern wie Eberhard Fechner szenisch zugespitzte *oral history* der 1970er und 1980er Jahre in die «ästhetische Form des abstrahierenden Dokudramas» (S. 147) überführt wird. Erreicht werden soll damit eine Ästhetik des Dokumentarischen, in der sich das «dokumentarische Arbeiten am Undarstellbaren» (S. 143) weder auf die mimetische Nachbildung eines jegliche Vorstellungskraft übersteigenden kollektiven Ritualmords noch auf die nach unmittelbarer Authentizität strebende, direkte Reproduktion von Ton- und Schriftdokumenten einlässt. Stattdessen werden bei Andres Veiel Gesprächs- und Verhörprotokolle, Prozessakten und Prozessplädoyers von zwei Schauspielern gesprochen, die sich in die insgesamt sechzehn, jeweils neu aufzubauenden Sprecherrollen der Täter, Angehörigen, Freunde und Justizbeamten hinein- und wieder herausspielen. Es ist diese «bewegliche Referenz» jeweils neu verkörperter Sprecherrollen (vgl. S. 151 u.ö.), die den referentiellen Mehrwert einer Referenz ohne direkte empirische Referenzansprüche darstellt.

Denn auch von diesem jenseits der Dichotomie von Fiktionalität und Nichtfiktionalität operierenden referentiellen Mehrwert kann gelten, dass er weder vorgängig da ist noch ausschließlich konstruiert wird, sondern sich in der ebenso kalkuliert wie kontrolliert aufgebauten Interaktion mit empirischen Primär-Materialen ‹ereignet›. Insofern hat das, was Ursula von Keitz als die «imaginative Repräsentation» (S. 147f.) einer selber nicht zugänglichen nichtfilmischen Realität bezeichnet, durchaus Analogien zu dem, was die AG Medienwissenschaft und Wissenschaftsforschung zur Möglichkeit materialer Referenzerfahrungen in den Konstrukt-Realitäten moderner Laborwelten ausgeführt hat.

Hybride

Solche und ähnliche Fragestellungen werden dort aufgenommen und weiter geführt, wo die bereits mehrfach angesprochene Verkoppelung fiktionaler Illusionierungsstrategien mit Ansprüchen auf dokumentare Authentizität in den aktuell heftig diskutierten *Hybrid*-Formaten des Dokumentarfilms dezidiert und explizit zum Thema gemacht wird. Dabei wird deutlich, dass das, was heute als Hybridform des Dokumentarischen bezeichnet wird, in der Geschichte dokumentarischer, semidokumentarischer und pseudodokumentarischer Gattungen und Genres doch etwas weiter zurückreicht als vielfach angenommen. Dies ist jedenfalls ein Eindruck, den der erste Beitrag der Sektion zur Entstehungsgeschichte *dokumentarisch-fiktionaler Hybriden* im Fernsehen der DDR zwischen dem Ende der 1950er und dem Anfang der 1960er Jahre mit Nachdruck vermittelt.

Was dabei sofort auffällt, das ist die erstaunlich vielgestaltige Fülle von dokumentarisch-fiktionalen Mischformen; ihr Spektrum umfasst «szenische Dokumentationen, Filmessays, kurze politische Fernsehspiele mit anschließendem Rundtischgespräch, Fernsehfeuilletons, Dokumentarspiele», aber auch agitatorische Zweckformen (S. 159). Vor diesem Hintergrund widerlegen schnell und sichtbar montierte Doku-Fiktionen mit ‹West›-Referenz (S. 160ff.) nicht nur das Klischee eines bis heute als bedächtig bis langweilig eingeschätzten DDR-Fernsehens, sondern zeigen darüber hinaus ganz generell ein von Programmschemata und Genrekonventionen noch nicht behindertes Formpotential. Mit seiner Hilfe wird versucht, fiktionale Strategien (wie Introspektion oder interagierende Erzählerinstanzen) zur gezielten Verfremdung und Entlarvung ideologisch konkurrierender Wahrheitsversprechen einzusetzen. In den Mischformen mit DDR-Bezug dominiert demgegenüber ein Verfahren, in dem – wie am Beispiel der fernsehfilmischen Adaption eines literarischen Klassikers aus dem Umfeld des Bitterfelder Wegs gezeigt wird – die Strategien des Dokumentarischen die Wahrheit des Fiktionalen bestätigen sollen. Authentizität soll hier aus der Echtheit des ‹Kurzschluss-Zeichens› Fernsehbild entstehen.

Der Beitrag von Caroline Elias und Thomas Weber konfrontiert das Bild einer ideologisch gelenkten Dokumentarfilmproduktion mit Ansichten zur Geschichte marktorientierter Hybrid-Formate aus den frühen 2000er Jahren. Auffällt dabei anhand einer Stichprobe zu den Jahren 2000 und 2006 eine Verdopplung von Sendungen, die sich einem der vielen Doku-Formate zurechnen lassen. Dies spricht – so die Autoren – dafür, dass die in den neueren Hybrid-Formaten kulminierende Verunsicherung vertrauter Authentizitätsversprechen mit der wachsenden Einsicht in die Möglichkeit digitaler Bildmanipulationen durchaus einhergeht, beide Entwicklungen aber das Interesse des Publikums an dokumentarischen Sendeformen eher steigen als schwinden lassen. Nimmt man an, dass die dadurch gegebenen quantitativen Steigerungsraten einen Rückgang an Qualitätsprodukten keineswegs aus-, sondern eher einschließen, so gewinnt die These an Plausibilität, dass die in neueren Hybrid-Formaten zu beobachtende Produktion ästhetischer Defekte exakt auf diese Zusammenhänge ‹referentiell› verweisen möchte. Um dies zu demonstrieren, folgt auf die analytische Untersuchung eines solchen Defekts als Referenz ein ausführlicher Einblick in die Arbeitssituation von Filmemachern; sie arbeiten unter immer härteren Wettbewerbsbedingungen nahezu ausschließlich für Fernsehanstalten, begreifen den Dokumentarfilm im Kino aber immer noch als das eigentliche Ziel ihres Arbeitens.

Damit ist ein ästhetischer wie ökonomischer Rahmen angesprochen, in dem sich das ereignet, was in entsprechenden Hybrid-Formaten als Integration fiktional inszenierter Re-Enactments gilt und den Eindruck von Authentizität keineswegs schwächen, sondern verstärken sollte. Dazu zeigt der Beitrag von Andreas Wagenknecht, wie intensiv gerade in den als Herzstück des Dokumentarischen geltenden Genres der Reportage, Dokumentation und des Magazinbeitrags versucht wird, in inszenierten Szenen so etwas wie die fiktionale Beglaubigung historischer Authentizitäten zu erzielen. In den daraus entstehenden Gemengelagen können Unterscheidungen zwischen ‹fiktional› und ‹nicht-fiktional› nicht von einem ohnehin nie einzulösenden Verifikationsanspruch ausgehen, sondern sich allein auf produktionsseitig angelegte und rezeptionsseitig beglaubigte textuelle, paratextuelle und kontextuelle Indikatoren der Realisierung oder Irrealisierung beziehen. Insofern meint Referenz auch hier nicht etwas, was einfach da ist oder nur fiktional erzeugt wird, sondern etwas, das sich in der «Unschärfe» (S. 207) eines Dazwischen aus fiktionalen und nicht-fiktionalen Textsignalen ereignet.

Wie intensiv sich solche Argumentationen mit einer nach wie vor existenten Rhetorik des Faktischen auseinandersetzen müssen, zeigt der Beitrag von Thomas Waitz zum Dokudrama bei Hans-Christoph Blumenberg sehr anschaulich. Dabei plädiert der Beitrag mit Nachdruck für eine differenzierte Einschätzung von Problemlösungskompetenzen im Kino des Mainstreams dort, wo versucht wird, zwischen einer (an Kracauer erinnernden) materialen Faktographie des photographischen Aufzeichnungsverfahrens und dem Homogenitätsanspruch eines in sich geschlossenen filmischen Illusionismus zu vermitteln. Um die daraus entstehenden Probleme zu veranschaulichen, werden zwei Fernsehproduktionen, die Hans-Christoph Blumenberg koproduziert hat, untersucht, und die Leitthese der Argumentation lässt sich dahin gehend zusammenfassen, dass in der Hybridform dieser Dokudramen sowohl die Brüche und Friktionen faktographischer Rekonstruktionen wie auch die Homogenität narrativ erzeugter Illusionismen deutlich hervortreten. Dient ersteres dem bewussten Herausstellen einer filmisch erzeugten Rhetorik des Faktischen, so letzteres der affektiv überzeugenden Konstruktion sinnerzeugender Erzählzusammenhänge.

Solche Unentschiedenheiten spielen dort keine Rolle mehr, wo aus dem Nebel (eines) postmodernen Dokumentarfilms Strategien eines Dokumentarischen hervortreten, mit deren Hilfe nicht wesenhafte Wahrheiten verkündet, sondern relative und kontingente Wahrheitsansprüche überprüft werden. Um dies zu erreichen, operiert der von Matthias Steinle vorgestellte Oscar-Preisträger Errol Morris mit einem Aufnahme-Dispositiv aus Teleprompter, das seine Interviewpartner dorthin befördert, wo sie sich am liebsten aussprechen: ins Fernsehen. Welche Resultate man dabei erzielen kann, lässt im Dokumentarfilm THE FOG OF WAR der ehemalige amerikanische Verteidigungsminister Robert Mc Namara erkennen; er hat im Zweiten Weltkrieg Brandbombardements vorherberechnet, die die Wirkung der beiden Atombombenabwürfe auf Hiroshima und Nagasaki bei weitem überboten, danach als Manager der Automobilmarke Ford die ersten Sicherheitsgurte mitentwickelt und möchte sich im Kontext des von ihm mit zu verantwortenden Vietnamkriegs nicht (wie allgemein angenommen) als Scharfmacher, sondern als Warner präsentieren.

Damit aber will der Film nicht die eine neue ‹entschuldende› Wahrheit entdecken, sondern darstellen, wie Menschen in Medien Wahrheit zugleich suchen und vermeiden. Insofern versucht sich der Film nicht an einer von einem Medienprofi wie McNamara aller Wahrscheinlichkeit nach ohnehin souverän abgewehrten direkten Entlarvung, sondern daran, in der ironie- und widerspruchsfreien Art und Weise einer professionell inszenierten Medienpräsentation die in einer derart interessegeleiteten Medienkommunikation sorgsam verborgenen Irritationen und Abgründe herauszuarbeiten. Auch hier ereignet sich Wahrheit insofern nicht in entlarvenden oder ideologisierenden Einstellungen, sondern im Dazwischen eines Geflechts aus Ereignissen, Erinnerungen und medial vermittelten Anschauungsbildern, und um dies zu zeigen, wird in diesem Film nicht dokumentarisiert oder gar authentisiert, sondern ganz bewusst und offen fiktionalisiert und derealisiert.

Solche Versuche zu einer umfassenden Neudefinition allzu vertrauter Begriffe werden dort fortgesetzt, wo sich Franziska Heller von der Kino-Philosophie Gilles Deleuze zu einem neuen Blick auf das Problem prozessualer Authentisierungsstrategien inspirieren lässt. Herzstück dieser theoretischen Neupositionierung ist die Annahme, dass die herkömmliche Unterscheidung zwischen dokumentarischen, weil nicht eigens für den Film konstruierten Bildern, und fiktionalen, weil nur für den Film konstruierten Bildern, nicht ausreicht. Sie wäre vielmehr aufzugeben zugunsten eines Erklärungsmodells, in dem zwischen der Gesamtheit möglicher ‹virtueller› Bilder und den in bestimmten Konstellationen aktualisierten ‹realen› Bildern unterschieden werden sollte. Re-präsentation meint dann endgültig nicht länger die Darstellung fingierter oder nicht-fingierter Wirklichkeiten, sondern die Modellierung raum-zeitlicher Konfigurationen, in denen Schauspieler die Entstehung ‹realer› Bilder als Aktualisierung virtuell möglicher Bilder darstellen. Und zwar so, dass im «singulären Moment» eines aktualisierten Bilds zugleich die zeitlich «unbegrenzte Wiederholbarkeit» (S. 242) einer solchen Modellierung aufscheinen sollte. Für die technische Möglichkeit einer solchen Verdichtung von Zeit steht für Deleuze, wie man aus seinen Kino-Büchern weiß, das Bewegungs- und Zeitbild des Kinematographen.

Damit führt diese äußerst produktive Adaption der Kino-Philosophie Deleuze zurück zu einer Auffassung von Referenz, die auf eine ganz neue Weise von den (mit Kracauer zu sprechen) technischen und ästhetischen «Grundeigentümlichkeiten des Films» (s.o. S. 8) her denkt, damit die in der Geschichte des Films erst nachträglich etablierte Unterscheidung zwischen Spiel- und Dokumentarfilm nicht mitmacht und darin abermals strikt ‹ontologisch› argumentiert. Vor diesem Hintergrund macht es Sinn, die Probe aufs Exempel einer solchen Theorie anhand eines Dokumentarfilms zu machen, in dem Schauspielerinnen über Prozesse der Selbst- und Fremdkonstitution im medialen Kontext ständig wechselnder medialer Erwartungen reflektieren («Das ist ja auch immer so schwierig – das Bild, was die Leute von einem haben», S. 248). Ein solcher die Erwartungen des Zuschauers stets einbeziehender Ansatz ermöglicht Einblicke in die Paradoxien prozessualer Authentisierungsstrategien, in denen sich die Authentizität eines Schauspielers nicht in der Verschmelzung mit einer Rolle oder mit vielen besonders ‹echt› gespielten Rollen verwirklicht, sondern im prinzipiell nicht begrenzbaren Wechselspiel aus Aktualität und Virtualität von Schauspieler-Rollen ereignet. In der Erweckung eines solchen Wahrnehmungsmodus im Zuschauer ist, so der Beitrag abschließend zu Recht programmatisch, ein an weiteren Beispielen zu überprüfender «dokumentarischer Mehrwert» (S. 252) zu erreichen.

Kritischer Dokumentarfilm

Neue Technologien und innovative ästhetische Strategien waren in der Geschichte der Medien immer wieder Anlass zu politischen Utopien. In ihnen sollte eine von ‹Neuen Medien› möglich gemachte umfassende mediale Partizipation einer mindestens ebenso universal gedachten politischen Partizipation den Weg bereiten. Dabei spielte der Gedanke, dass Neue Medien Asymmetrien in der Kommunikation zwischen Produzent und Rezipient einebnen oder Medien-Konsumenten die Chance zur aktiven Aneignung neuer Medientechnologien eröffnen könnten, stets eine große Rolle. Hans Magnus Enzensberger, der als Medienprognostiker dem Neuen bis heute immer ein wenig voraus sein will, hat sich in seinem berühmt gewordenen *Baukasten* zur *Theorie der Medien* des Jahres 1970 als erster in diesem Sinne den damals in ihren Auswirkungen noch kaum überschaubaren elektronischen und digitalen Medien zugewandt. Dass diese dann doch eine etwas andere Entwicklung nehmen sollten, hat ihn im Jahr 1988 vom Fernsehen als dem zeitgemäßen *Nullmedium* auf eine provokant einverständliche Art und Weise sprechen lassen. Dazu hieß es schon im Untertitel des Essays: *Warum alle Klagen über das Fernsehen gegenstandslos sind*.[11]

Insofern macht es durchaus Sinn, wenn sich Peter Zimmermann vom Enzensberger-Baukasten des Jahres 1970 zur Skizze einer möglichen Camcorder Revolution inspirieren lässt, die zugleich die durchaus gegenläufigen politischen Entwicklungen im Blick hat. Vor diesem Hintergrund sind politisch aktive Filmemacher und Videoaktivisten aufgerufen, Handkameras als ‹Zeichenstift› und digitale Kommunikationstechnologien als interaktive Kommunikationsnetze zu nutzen, woraus nicht nur für Filmemacher wie Michael Moore oder Errol Morris, sondern auch für NGOs (=Non Governmental Organisations) wie Menschenrechts- und Umweltgruppen und Globalisierungsgegner ebenso innovative wie allgemein zugängliche, weil erschwingliche neue mediale Basistechnologien entstehen sollen. Der Hinweis darauf, dass im World Wide Web aber nicht nur Greenpeace und subversive Videoaktivisten tätig sind, sondern «terroristische, rassistische, pornografische, gewalttätige usw. Videos» (S. 261) verbreitet werden, was politische und staatliche Netzkontrollen auf den Plan ruft, macht zugleich aufmerksam darauf, wie schwer überschaubar sich die Zukunftsaussichten von Video im Netz und Web 2 gegenwärtig darstellen.

Was in dieser Situation Mut machen kann, ist eine Einschätzung wie die von Kay Hoffmann, die von einer Rückkehr des Politischen im Dokumentarfilm ausgeht. Belege hierfür sind nicht nur auch kommerziell erfolgreiche Produktionen wie Sönke Wortmanns DEUTSCHLAND. EIN SOMMERMÄRCHEN (2006) oder Naturdokumentationen wie DEEP BLUE (2004) und UNSERE ERDE (2008). Hinzu kommen neue Präsentationsmöglichkeiten, wie sie sich in den dokumentarischen Spartenkanälen im Fernsehen, in der statistisch belegten Zunahme des Dokumentarfilmmarktes, der bereits von Peter Zimmermann herausgestellten Veränderung der Produktionstechnik und dem Erproben neuer dramaturgischer Gestaltungen in Hybrid-Formaten wie Doku-Soap, Zeitreise oder Living-Science eröffnen. Der Blick auf einige neuere, politisch wie ästhetisch eher radikale Produktionen veranlasst aber auch hier dazu, die medienpolitische Lagebeschreibung offen zu halten. In Kontexten, in denen häufig nahezu ausschließlich von einer durch nichts aufzuhaltenden Globalisierung und Kommerzialisierung die Rede ist, eine keineswegs überflüssige, sondern dringend gebotene Erwägung.

Vernetzte Referenzen

Wenn es, wie die bisherigen Beiträge nahe legen, richtig ist, dass Referenzzuschreibungen aufgrund von Textmerkmalen auf nichts anderes als eine Ver-

---

11 Gesammelt sind diese Essay in Hans Magnus Enzensberger: *Baukasten zu einer Theorie der Medien. Kritische Diskurse zur Pressefreiheit*. Hrsg. v. Peter Glotz. München 1997.

doppelung von vorgegebenen Textsignalen hinauslaufen und wenn es weiter mindestens ebenso richtig ist, dass Versuche zur empirischen Verifikation von Textmerkmalen in die Falle nicht beweisbarer externer Wahrheitsansprüche hineintappen, dann könnte der Eindruck entstehen, dass über Referenzansprüche allein dort entschieden wird, wo in den dazu erforderlichen diskursiven Verhandlungen zwischen Produzenten und Rezipienten die entsprechenden Macht- oder gar Verblendungspotentiale zur Verfügung stehen. Wenn dem so wäre, dann ließe sich zwischen dem Wahrheitsanspruch eines Leni Riefenstahl-Parteitagsfilms und den Wahrheitsverhandlungen eines Errol Morris keine begründbare Abwägung oder gar Entscheidung fällen.

Wie um diesem Eindruck entgegenzuwirken, zeigt der Beitrag von Martin Doll über ‹Dokumente, die ins Nichts verweisen› ein weiteres Mal, wie unentbehrlich es ist, Erörterungen über den diskursiven Charakter von Wahrheitsentscheidungen medientheoretisch zu fundieren. Um dies zu demonstrieren, will der Beitrag zunächst einmal klarstellen, dass die Entlarvung von Fälschungen als Fakes keineswegs darauf hinausläuft, in einer Agonie des Realen (für die dann Jean Baudrillard verantwortlich zeichnet) die Frage nach dem Realen für obsolet zu halten, sondern ex negativo anzeigt, wie sehr die Feststellung eines Fakes die Frage nach der Bedingung der Möglichkeit von etwas ‹Realem› einschließt. Um diese diskursiv offenkundig nie still zu stellende Frage nicht beliebig, sondern methodisch kontrolliert anzugehen, schlägt der Beitrag eine Definition von Medienwahrnehmung vor, in der nicht die Aufzeichnung eines für sich genommen außermedialen Wahren, sondern ein medial vermittelter «Prozess des Wahr-Werdens» (S. 276) darüber entscheidet, ob etwas als wahr oder falsch gelten könne. Dabei ist strikt zwischen der Wahrheit einer technisch einwandfreien Signalübertragung und der Wahrheit einer semiotisch verankerten Sinnzuschreibung zu unterscheiden.

Für beide gilt in einer Kracauer mit Peirce luzide fortschreibenden Argumentation die Zuschreibung eines Wahrheitsanspruchs, der von der Beschreibung der «photochemischen Produktionsbedingungen der (Bewegt-)Photographien» (S. 278) ausgeht: er sei indexikalisch darin, dass der Rezipient von den vom wahrgenommenen Objekt ausgehenden, photochemisch aufgezeichneten Lichtstrahlen wisse und dieses Wissen anwende. Ikonisch werde dieses Wissen dann, wenn die in diesem Aufzeichnungsmodus übermittelten Lichtdaten im Prozess ihrer photochemischen Entwicklung und Fixierung: In Zeichengebilde transskribiert werden, aus denen sie in eine in sich geschlossene Ähnlichkeitsbeziehung mit dem wahrgenommenen Objekt überführt werden können. Unterscheidet man so zwischen der physikalisch determinierten Übermittlung bedeutungsfreier Lichtdaten und dem proportionalen «In-Eins-Bilden» (S. 279) der von diesen Lichtdaten generierten Zeichen, dann entsteht aus dieser «Zweiheit» eines photochemischen Aufzeichnungsverfahren das, was man die antimimetische Mimesis eines Zeichen und Bezeichnetes in eins setzenden photographischen bis bewegt-photographischen ‹Kurzschluss-Zeichens› nennen könnte.

Trennt man so zwischen der Perzeption nicht-mimetischer Sinnesdaten und der Apperzeption dieser Lichtdaten zu mimetischen Ähnlichkeitsbeziehungen, dann rücken ‹analoge› Medien und ‹digitale› Medien ein weiteres Mal dann zusammen, wenn richtig ist, dass auch die für sich genommen unanschaulichen Rechenvorgänge eines Computers sinnfreie Datengebilde generieren, die erst dann verständlich werden, wenn sie mit mimetisch hergeleiteten Ähnlichkeitsbeziehungen verknüpft werden können. Was so gesehen in den digitalen Medien als neu erscheint, ist insofern nicht dieses Verfahren an sich, sondern seine Fortführung dort, wo im Computer erzeugte Animationsbilder ohne die Lichtsignale vorgegebener physischer Referenten auskommen. Wird auch dabei (so bereits Rüdiger Maulko) nach dem Muster eines photographischen Illusionismus verfahren, dann gilt auch hier der realistische Ikonizitätseffekt eines «*Das-ist-gewesen*» (Martin Doll, S. 281) und damit die Simulation medial generierter Wahrheitseffekte.

Darauf deutet die Diskussion um den Geltungsanspruch aktueller Authentizitätscodes in Film, Fernsehen und Internet, die in dem Beitrag von Susanne Regener vorgestellt wird. Dazu beginnt der Beitrag mit einem Überblick über die Aufzeichnungsintensität von Webcams, Digicams oder Handycams und erörtert sodann Verständigungsprozeduren über die Geltung von Wahrheits- und Authentizitätscodes; diese werden selbst dort, wo nicht länger von Fiktionen, sondern von Simulacren gesprochen wird, mit ikonischen Authentizitätseffekten («ich bin es, ich bin echt, ich bin au naturel» beglaubigt (vgl. S. 300). Danach kommt das filmische Selbstporträt eines dänischen Filmemachers zur Sprache, in dem fremdes Filmmaterial, animierte Familienphotos, kaleidoskopartige Bildmontagen, Ausschnitte aus wissenschaftlichen Filmen und Bild-Mapping eine unendlich erscheinende Vielfalt an Spielräumen zur Wahrheitsproduktion einer Lebensgeschichte bereitstellen. Blicke in die Hyperrealität Fernsehen führen danach ein in den Deutungs-«Kampf um Individualität und Wahrheit der Performance» (S. 306), wie er im frühen 21. Jahrhundert mit den Mitteln des Fernsehens und des Computers geführt wird. Dieser Deutungskampf kann in einem derart großen Einverständnis mit den Mitteln einer «realistic fictional story» (S. 312) geführt werden, dass die Entlarvung eines Video-Blogs als Fake die Attraktivität des Blogging nicht schmälert, sondern steigert (vgl. ebd.).

Solche Einblicke setzen sich fort in der Beschreibung und Analyse von Weblogs, V-Blogs und Online-Tagebüchern, wie sie im weit ausholenden Beitrag von Karin Bruns vorliegen. Hier wird deutlich, dass aus der «Verschränkung und Ver-Linkung von dokumentierendem (Film- und Foto-)Footage und (auto-)biographischen Narrativen» (S. 314) nicht nur die Utopie einer neuen Form von «herrschaftsfreier Kommunikation» (S. 315) entsteht, sondern daraus auch

Harro Segeberg

(wie schon von Peter Zimmermann herausgestellt) herrschaftskonforme konservative Medienverbünde aus Print, Radio, TV, Online-Zeitschriften, Mailinglisten und Blogs resultieren. Umso wichtiger wird es, in der Analyse der Personal-, Sketch-, Business-, Science- oder Photo- und Video-Blogs die medientechnischen Möglichkeiten zur Enthierarchisierung wie Rehierarchisierung medialer Kommunikationsformen so genau wie möglich zu beobachten. Bei einem solchen Herangehen zeigt sich in der Praxis der Personal Blogs eine Dominanz von Kürzestnarrationen, Link-Listen, Verzeichnissen und Sammelalben, Emoticons, Akronymen und Icons, deren Adaption mit Erzähl- und Darstellungskonventionen von sehr verschiedener Herkunft versetzt werden.

Der Blick auf solche und andere Konstellationen und Kontinuitäten kann am ehesten erhellen, wie im Aufbau und Ausbau einer «Blog-Persönlichkeit» zu einer «symbolisch und sprachlich strukturierten Identität» (S. 332) Verfahren wirksam sind, wie sie aus Text, Schrift, Typografie, Fotografie, Film, Fernsehen und Computerspielen bekannt sind, jetzt aber in die Virtualität eines ebenso offenen wie unendlichen Textes überführt werden. In ihm garantiert nicht ein einzelner Textbaustein, sondern die synthetische Welthaltigkeit immer neu generierbarer ‹epistemischer› Identitäten das Vertrauen darauf, dass auch im Netz ‹Authentisches› immer dann gelingt, wenn es als eine überzeugend hergeleitete Realisierung aus einer prinzipiell unbegrenzten Anzahl von Authentisierungsmöglichkeiten inszeniert wird. Wenn dies gelingt, kann man sogar von Fakes sagen «who cares ... it's the internet» (S. 312).

Resümee

Sieht man die Dinge so, dann lässt sich jetzt noch entschiedener als bisher nicht länger die Wahrnehmung eines für sich genommen außermedialen ‹Realen› von der Wahrnehmung eines davon zu unterscheidenden innermedialen ‹Realen› trennen. Hilfreicher ist es stattdessen, von der Annahme eines stets medial vermittelten dynamischen «Prozess des Wahr-Werdens» (S. 276) auszugehen. Hier meint Realität dann endgültig nicht länger etwas irgendwie dinglich Vorgegebenes, sondern den Prozess, in dem ‹virtuell› mögliche Bilder zu aktuell ‹realen› Bildern werden (so, wie erinnerlich, die Deleuze-Adaption Franziska Hellers). In einem solchen Prozess lassen sich in der Form einer relativ stark abstrahierenden Typologie die folgenden Stadien unterscheiden:

Diese Typologie beginnt – erstens – mit der technischen Realität sinnfrei produzierter Datensignale, und darin unterscheiden sich, wie gezeigt, analoge wie digitale Medien nicht grundsätzlich. Daran schließt sich an – zweitens – die semiotische Realität einer Transformation sinnfreier Zeichen in bedeutungsgeladene Zeichenwelten, und die dazu erforderlichen Prozeduren zur Herstellung von Ähnlichkeitsbeziehungen halten sich auch dort, wo digitale Medien ohne physische Referenten auskommen (vgl. o. S. 108f., 205f.). Darauf kann – drittens – aufbauen die textuelle Realität einer das einzelne Zeichen überschreitenden ‹Beschriftung› von Zeichen. Hieraus entstehen die Gattungen und Genres, von deren dokumentarischer bis dokumentarisch-fiktionaler Gestaltung die Mehrzahl der Beiträge in diesem Band handelt.

Geht man davon aus, dass die genannten Realitätsebenen in jedem Medienartefakt mehr oder weniger explizit miteinander verknüpft werden, dann lässt sich für den Bereich der klassischen Kino- und Fernseh-Dokumentation sagen, dass die dazu erforderlichen Mischungen illusionistisch kaschiert werden können (eine Leni Riefenstahl nannte dies ‹Gestaltung›), sich referentiell oder selbstreferentiell ausstellen lassen (ein Errol Morris machte darin die mediale Professionalität im Wahrheit Darstellen und Wahrheit Vermeiden deutlich) oder in erkenntniskritischer Absicht durchbrochen werden (dafür könnte der mehrfach angesprochene Anti-Illusionismus eines Alexander Kluge geltend gemacht werden). Demgegenüber wird das Aufdecken nicht kenntlich gemachter Manipulationen immer dann als Fake inkriminiert, wenn es darum geht, das daran sichtbar gewordene Potential weithin üblicher Referenzmanipulationen wieder zu verdecken.

Vor diesem Hintergrund kann es nicht verwundern, dass auch in den Netzmedien das, was als Fake die nicht erkannte Manipulation kennzeichnet, nur dann perhorresziert wird, wenn – so einige Making-of-Blogs – «Ehrlichkeit, Glaubwürdigkeit, Transparenz» (vgl. S. 324) der bis dahin erlaubten bis tolerierten Bearbeitungsmöglichkeiten gefährdet erscheinen können. Geschieht das nicht, dann kann, wie gesagt, gelten: «it's fake ... who cares ... it's the internet» (vgl. S. 312). Darin zeigt sich – vielleicht – eine mit dem frühen *Cinema of attractions* vergleichbare Faszination an den technisch wie ästhetisch neuen Möglichkeiten zur Transformation des Virtuellen ins Reale.

Was mit anderen Worten meint, dass Referenz immer dann zur Sprache kommt, wenn Referenzansprüche nicht mehr oder noch nicht als selbstverständlich gelten. Ob dies die Stunde einer theoretisch wie methodisch kompetenten Medienwissenschaft ist, darüber kann am besten der Leser der Beiträge in diesem Band entscheiden.

Eröffnung

Perspektiven der Referenz

Rüdiger Maulko

Referenz und Computerbild

Synthetischer Fotorealismus in den Bildmedien

In der Theoriedebatte über digitale Medien wird das Computerbild gemeinhin als simulativer Bildtyp charakterisiert, der sich von jeglicher Referenz verabschiedet hat. So schreibt Norbert Bolz:

> Wo immaterielle Pixelkonfigurationen in Computersimulationen den Schein einer stabilen Gegenständlichkeit auflösen, wird die Frage nach einer Referenz sinnlos. Mimesis, das ungreifbare Menschenvermögen, erlischt in den Rechnungen hochauflösender digitaler Rastergraphiken.[1]

Grundlage solcher und ähnlicher Einschätzungen ist meist eine erzeugungstechnisch dominierte Sicht auf das digitale Bild. Sie hatte in den 1980er und frühen 1990er Jahren Konjunktur, als vor allem Baudrillards Simulationstheorie und das medientechnische Apriori die Debatte über die Spezifik und Ästhetik des Digitalen beherrschten.[2] Aber auch heute noch setzen Veröffentlichungen auf der erzeugungstechnischen Ebene an, um die Spezifik des Computerbildes und dessen radikalen Bruch mit der Referenz zu skizzieren.

Aus erzeugungstechnischer Sicht sind Computerbilder in der Datenverarbeitung einer Universalmaschine verwurzelt. Berechnungen wickelt diese mit Hilfe einer Schaltungselektronik ab, die auf unterster Ebene binär strukturiert ist und die boolesche Algebra in Form von Logikgattern verinnerlicht hat. Diese Hardware-Voraussetzungen reichen allein nicht aus – um wirklich rechnen zu können, benötigen Computer noch Steuerungsprogramme, die gemeinhin Software genannt werden. Software besteht aus Algorithmen, also formalisierten Regelwerken, die aus abstrakten Theorien, Beschreibungen und Modellen abgeleitet werden. An die

---

[1] Norbert Bolz: «Politik des Posthistoire». In: Rudolf Maresch (Hrsg.): *Zukunft oder Ende.* München 1993, S. 250-257, hier: S. 256.

[2] Vgl. zur Simulationstheorie Jean Baudrillard: *Agonie der Realen.* Berlin 1978, und ders.: *Kool Killer oder Der Aufstand der Zeichen,* Berlin 1978. Vgl. zum medientechnischen Apriori u.a. Hartmut Winkler: «Die prekäre Rolle der Technik. Technikzentrierte versus ‹anthropologische› Mediengeschichtsschreibung». In: Heinz-B. Heller / Matthias Kraus/ Thomas Meder / Karl Prümm/Hartmut Winkler (Hrsg.): *Über Bilder Sprechen. Positionen und Perspektiven der Medienwissenschaft.* Marburg 2000, S. 9-22.

Stelle von isomorphen Übertragungs- und Abbildungsvorgängen treten in Computern demnach hochgeschwinde Schaltvorgänge und unanschauliche Rechenprozesse, deren wesentliche Bezugspunkte im Theoretischen, Modellhaften und Beschreibenden angesiedelt sind. Da sich kein unmittelbar vorgeordneter Referent und kein direkter Kontakt zum äußeren Realen ausmachen lässt, wird die Datenverarbeitung in der Regel mit dem Begriff der Simulation in Verbindung gebracht.

Das Computerbild erbt diese simulative Charakteristik sozusagen automatisch, da es unmittelbar an die innerapparativen Verrechnungsprozesse gekoppelt ist. Digitale Bilder fungieren aus der Perspektive der Datenverarbeitung vornehmlich als reines Ausgabeinstrument und Visualisierungsinterface, das den ansonsten unanschaulichen Binärcode in ikonischer und damit besser erfassbarer Form aufbereitet.

Definiert man das Computerbild als «ikonischen Reflex» der Datenverarbeitung, so steht es in klarer Opposition zu den analogen Bildern und ihrer ontologischen Referenz. Während Computerbilder das Abstrakte, Modellhafte und Simulative präsentieren, repräsentieren analoge Bilder real vorgefundene und einmal tatsächlich dagewesene Referenzobjekte, die ursprünglich mit einer kausal-optisch verankerten Aufzeichnungstechnik konserviert wurden.

Als Musterbeispiel referenzloser Datenvisualisierung wurden in der Theoriedebatte der 1980er und 1990er Jahre immer wieder die Fraktalbilder genannt, die ohne menschliches Zutun direkt aus Formeln und Theorien entstehen und damit ihre generative Basis unmittelbar in ikonischer Form zur Anschauung bringen. Friedrich Kittler z. B. betrachtete sie als Inbegriff für die Visualisierung des Referenzlosen, Unvorhersehbaren und Unbekannten.[3]

Aus erzeugungstechnisch-generativer Sicht mag der Abschied von Referenz und Mimesis durchaus plausibel erscheinen. Erweitert man die Perspektive und betrachtet Computerbilder als Medienbilder, erscheint die These vom radikalen Ende jeglicher Referentialität als unzureichende Simplifizierung. Digitale Medienbilder vereinen in sich nicht nur rein erzeugungstechnische, sondern auch anthropologische Aspekte. In meist kleinteiligen Mensch-Maschine-Interaktionen bringen gestalterische Subjekte etwa gezielt Sinn- und Bedeutungsaspekte, Ideen und Konzepte ein, entwerfen Bildsprachen und verarbeiten ästhetische Diskurse, Gestaltungstraditionen und -trends. Im Rahmen einer ideenbasierten und konzeptionell-intentionalen Ausformung von Computerbildern, die in den audiovisuellen Medien Film und Fernsehen die Regel darstellt, können Mimesis und Referentialität durchaus auf signifikante Weise zur Geltung kommen. Allerdings ändert sich ihr Status: Sie sind nicht mehr ontologische, unantastbare und unhintergehbare Merkmale einer kausal-optisch fundierten Bildtechno-

---

[3] Vgl. u.a. Friedrich Kittler: «Fiktion – Simulation». In: Ars Electronica (Hrsg.): *Philosophien der neuen Technologien*. Berlin 1989, S. 57-79, hier: S. 67.

logie, sondern mitbestimmende Faktoren und darstellungsstrategische Bezugspunkte bei der gezielten Ausformung digitaler Bildästhetiken und -welten.[4]

Beispielhaft lässt sich dies anhand der fotorealistischen 3D-Animation verdeutlichen. Synthetischer Fotorealismus wird nicht wie sein analoger Vorläufer per Kamera- und Aufzeichnungstechnik sozusagen frei Haus geliefert. Er ist vielmehr ein Darstellungsmodus, der erst mit höchstem Kreations- und Rechenaufwand hergestellt werden muss. Dabei werden verschiedene Illusionierungen von Referentialität angestrebt, die in der bildmedialen Praxis eng zusammenwirken: Die erste Hauptrichtung konzentriert sich auf Realismusillusionen. Es wird also so getan, als ob die Bilder auf Realitätsaspekte referenzieren. Der eine Teilbereich dieser Hauptrichtung konzentriert sich auf sichtbare Aspekte und Phänomene des Realen, die in gestalt-, material- und oberflächenrealistische Illusionen transformiert werden. Der andere Teilbereich wendet sich den unsichtbaren Strukturen und Gesetzen des Realen zu. Da es sich bei der Computeranimation um ein Bewegtbildkonzept handelt, zähle ich zu strukturellen Strategien auch die Illusionierung von natürlichen Bewegungsabläufen und -mustern (Bewegungsrealismus).

Die zweite Hauptrichtung vermittelt die Illusion, dass fotorealistische Computerbilder auf das Filmisch-Fotografische referenzieren. Dabei werden insbesondere die Darstellungs- und Sichtweisen sowie der «Look» des Filmischen synthetisch remodelliert, um auf konventionelle Wahrnehmungsmuster zu referenzieren und gewisse Illusionierungs- und Wirkungspotentiale des analogen Vor- und Leitbildes abzuschöpfen (z. B. Immersion).

Der erste Hauptteil der folgenden Ausführungen widmet sich den Strategien und Verfahrenstechniken, mit deren Hilfe Realismusillusionen erzeugt werden. Dabei können allerdings nur ausgewählte Beispielverfahren skizziert werden. Die Computeranimation hat mittlerweile derartig viele Verfahren, Funktionen und Werkzeuge entwickelt, dass eine lückenlose Aufarbeitung im Rahmen dieses Beitrags kaum zu leisten ist.[5] Im zweiten Hauptabschnitt geht es um die Illusionierung des Filmisch-Fotografischen. Danach werden mediale Anwendungs- und Bildformen skizziert, die eng mit dem Darstellungskonzept «Fotorealismus» verknüpft sind.

4   Schröter schreibt zum Weltbezug digitaler Bilder: «Man könnte [...] formulieren, dass digitale Bilder zwar ‹referenzlos› sein können, in dem Sinne, dass sie nichts Reales abbilden, aber oft und abhängig von der diskursiven Praxis, in der sie eingesetzt werden, einen sehr deutlichen, gewünschten und funktionalen Weltbezug besitzen: einen Weltbezug, der sogar umfassender sein kann als jener fotochemisch erzeugter Bilder.» Jens Schröter: «INTELLIGENCE DATA. Zum Weltbezug der so genannten ‹digitalen Bilder›». URL: http://www.theorie-der-medien.de/text_detail.php?nr=43 (Letzter Zugriff am 10.02.08).

5   Im folgenden wird mit dem Fotorealismus nur eine, in der bildmedialen Praxis dominante Anwendungsvariante der Verfahrenstechniken erörtert. Mit den meisten Verfahren der Computeranimation lassen sich natürlich auch ganz andere Ästhetiken, etwa surrealer oder abstrakter Natur realisieren. Einen guten Einblick in die 3D-Animation und ihre Verfahrenstechniken gibt Arndt von Koenigsmarck: *Insiderbuch 3D Design. Grundlagen der Gestaltung in der dritten Dimension.* Midas 2000.

Strategien und Verfahrenstechniken zur Erzeugung von Realismusillusionen

a) Illusionistische Remodellierung der phänomenalen Seite des Realen

Die illusionistische Remodellierung der phänomenalen Seite des Realen wird besonders offensichtlich beim Texturieren von 3D-Objekten. Texturen – so nennt man Oberflächen in der Computeranimation – werden nach der Definition der Objektgeometrie auf die groben Rohmodelle der Computeranimation aufgetragen.[6] Ein beliebtes Verfahren ist das Texture Mapping, bei dem etwa Fotos einer natürlichen Struktur auf vektorgrafisch erzeugte Volumenobjekte gezogen werden. Ein Beispiel wäre ein hochauflösendes Detailfoto menschlicher Haut, das zunächst durch Digitalisierung in eine Rastergrafik überführt und dann auf ein Drahtgittermodell von einem Gesicht gezogen wird. Dabei sorgen spezielle Algorithmen dafür, dass sich die neue Haut der spezifischen Geometrie des Drahtskelettes anschmiegt. So muss die Hauttextur z. B. den Erhöhungen in der Nasenregion angepasst werden.

Ein wesentlicher Vorteil des Mapping-Verfahrens ist, dass Fotos nicht nur Details und Farbnuancen, sondern auch die zufälligen Unregelmäßigkeiten der Realvorlage mühelos reproduzieren. Ein vergleichbarer Realitäts- und Ikonizitätseffekt ließe sich ansonsten nur in mühevoller Kleinarbeit oder mit einem unvertretbaren Zeit- und Kostenaufwand erzielen. Somit ist Texture Mapping ein sehr ökonomisches, manchmal ist es aber auch das einzig mögliche Modellierverfahren, um Oberflächen und Streuungen des Realen auf befriedigende Weise im Synthetischen zu remodellieren. Texture Mapping funktioniert übrigens auch mit bewegtem Bildmaterial, das mit analogen oder am besten gleich mit digitalen Kameras aufgenommen wird.

Gerade das Herstellen und Auftragen von Texturen hat sich mittlerweile zu einem umfangreichen Spezialgebiet der fotorealistischen Animation herausgebildet. Neben Texture Mapping gibt es noch unzählige weitere Mapping-Verfahren, mit denen man u.a. Vertiefungen, Erhebungen, Unregelmäßigkeiten oder gar Spiegelungen der Umgebung auf einem Objekt illusionieren kann (z. B. Displacement-, Bump-, Environment-Mapping). Das Texturieren wird erheblich dadurch erleichtert, dass man auf so genannte Objekt- und Texturbibliotheken zurückgreifen kann. Reicht das Standardrepertoire einer 3D-Software nicht aus, kann Zusatzmaterial auch käuflich z. B. im Internet erworben werden.

---

6 Gestaltrealismus illusioniert die Computeranimation bevorzugt mit Polygonmodellen, die allerdings gerade bei organischen Formen und Rundungen Probleme haben. Hierfür hat die Computeranimation die kurvenbasierte Modellierung mit verschiedenen Spline-Arten entwickelt (z. B. Beziér-Splines, NURBS). Das objekt- und gestaltorientierte Arbeiten mit Polygonmodellen und Splines ähnelt in Ansätzen der Bildhauerei.

Um die phänomenale Seite des Realen zu modellieren, werden auch Computersimulationen eingesetzt. Die Simulation ist also nicht nur Grundprinzip der Datenverarbeitung in der Black Box «Computer», sondern auch operative Methode und konkrete Verfahrenstechnik fotorealistischer Illusionierung. Die so genannten prozeduralen Texturen gehen direkt aus Formeln und Berechnungen hervor – reale Vorbilder, die im Vorfeld fotografiert oder abgetastet werden, sind nicht mehr vonnöten. An sich ist der Mensch bei dieser Art der vollsynthetisch-apparativen Bilderzeugung überflüssig. Die Programme stellen allerdings einige Steuerungsparameter zur Verfügung, mit denen im Vorfeld Einfluss auf die automatisierten Rechenvorgänge genommen werden kann. Zudem spielt der Mensch als Instanz, die die Berechnungsergebnisse begutachtet und auswählt, eine entscheidende Rolle. Mit entsprechender Vorbildung können sich Anwender sogar als Programmierer betätigen und damit größere Kontrolle über die Erzeugung prozeduraler Texturen erlangen. Allerdings sind solche Programmierungen äußerst komplex.

Ein Beispiel für eine prozedurale Textur ist ein Schachbrettmuster. Bei dieser relativ simplen 2D-Textur werden die eigentlichen Stärken des Verfahrens noch nicht ausgereizt. Der entscheidende Vorteil prozeduraler Verfahren liegt darin, dass sie auch dreidimensional operieren können. Es wird also der gesamte Volumenkörper mit einer Textur ausgestattet. «Zersägte» man etwa ein prozedural erzeugtes Holzstück, würde die Holztextur auch auf der Innenseite und den Schnittkanten des 3D-Objekts sichtbar werden.

Prozedurale Verfahren eignen sich ebenso für die Remodellierung von Farbspritzern, Kerben und Flecken. Generell können sie ihre Stärken besonders bei Oberflächen mit Turbulenzen und Zufallsstrukturen ausspielen. Zur Erzeugung von unregelmäßig-chaotischen Texturen wird auch die Fraktal-Geometrie herangezogen. Sie berechnet in der objekt- und gegenstandsorientierten Computeranimation aber keine expliziten und explizit abstrakten Fraktalbilder, die sich weit vom äußeren Realen entfernen und das Unbekannte und Unvorhersehbare ins Bild setzen. Vielmehr tragen fraktale Berechnungen bevorzugt zur Illusionierung hinlänglich bekannter Motive und Objekte bei. Ein typischer Anwendungsfall ist die synthetische Remodellierung von Gebirgen.

Obwohl die vollsynthetische Welt der Computerbilder häufig pauschal als «immateriell» charakterisiert wird, verdeutlichen die aufgeführten Verfahrenstechniken, dass «Materialität» in der bildmedialen Computeranimation nicht ersatzlos gestrichen wird, sondern als Konzept und Gegenstand der Darstellung weiterhin relevant ist. An die Stelle von fassbaren physikalischen Phänomenen tritt eine strategisch motivierte Materialitätsillusion, die maßgeblich zur Wirkungsmächtigkeit des synthetischen Fotorealismus beiträgt.

b) Illusionistische Remodellierung von natürlichen Gesetzmäßigkeiten und Strukturen

Die Computeranimation begnügt sich nicht damit, natürliche Oberflächen zu remodellieren. Ein weiteres Hauptgebiet fokussiert Gesetzmäßigkeiten und Strukturen der Natur.[7] Man wendet sich also dem Inneren bzw. dem Skelett der Dinge zu und bindet gezielt an sich unfotografierbare Realitätsaspekte in die Illusionsbildung ein. Dass das Unsichtbare zur Erzeugung des Fotorealistischen herangezogen wird, ist ein Novum in der Erzeugung synthetischer Bildwelten.[8]

Die Dynamische Simulation hat sich darauf spezialisiert, Bewegungen von Szenenobjekten unter Berücksichtigung von physikalischen Gesetzmäßigkeiten und Eigenschaften zu kalkulieren. Ein Anwendungsbeispiel ist etwa die Animation einer Bowling-Kugel, die mit diversen Kegeln kollidiert und diese in alle Richtungen zerstreut. Zeitaufwendige Detailarbeit entfällt, da nur bestimmte Rahmenbedingungen definiert werden müssen. Man legt zunächst die an der Simulation beteiligten Objekte fest. Anschließend bestimmt man deren physikalische Eigenschaften und spezifiziert diejenigen Kräfte, die auf die Objekte wirken sollen (z. B. Masse, Schwerkraft, Beschleunigung). Auf der Basis dieser Daten werden die Bildfolgen der Animation automatisch erstellt.

Obwohl mit der dynamischen Simulation schon komplexere Szenarien animiert werden können, beschränkt sie sich doch letztlich auf eine überschaubare Zahl von Einzelobjekten. An vielen Naturphänomenen ist aber eine Unmenge von winzigen Teilchen beteiligt. Um etwa Schnee, Feuer, Staub, Regen oder Explosionen zu modellieren, werden in der Computeranimation die so genannten Partikelsysteme eingesetzt. Sie sind sehr flexibel, da sie sich über eine große Anzahl von Parametern steuern lassen. So lassen sich die Art des Partikelausstoßes (z. B. punkt- oder flächenförmig), der Partikeltyp (z. B. rund oder eckig), Partikelgröße, -menge usw. einstellen. Zudem können Partikel auch mit Texturen versehen werden. Der Realismuseffekt lässt sich erhöhen, indem Zufälle und physikalische Gesetzmäßigkeiten simuliert werden. Das Partikelsystem «Schneefall» z. B. sendet seine Partikel zufallsgesteuert aus. Die einzelnen Schneeflocken rotieren während des Fluges, ihre Fallbewegung passt sich den

---

7   Laut Couchot liegt vollsynthetischen Computersimulationen ein logisch-mathematisches Modell zugrunde, «das weniger die phänomenale Seite des Realen beschreibt als die Gesetze, die es beherrschen. Was dem Bild vorangeht, ist nicht der Gegenstand (die Dinge, die Welt...), das abgeschlossene Reale, sondern das offensichtlich unvollständige und approximative Modell des Realen [...].» Edmond Couchot: «Die Spiele des Realen und des Virtuellen». In: Florian Rötzer (Hrsg.): *Digitaler Schein. Ästhetik der elektronischen Medien*. Frankfurt a. M. 1991, S. 346-355, hier: S. 348.

8   Im Zeichentrickfilm können zwar auch Anspielungen auf abstrakte Faktoren in die Erzeugung von synthetischen Illusionswelten einfließen. Schwerkraft z. B. hat im Zeichentrick aber keine verfahrenstechnische Relevanz, sondern ist nur eine oberflächliche und fantasiegeleitete Setzung. Erst im synthetischen Fotorealismus wird Schwerkraft zu einem operativen und physikalisch korrekt verwendbaren Animations- und Visualisierungsfaktor.

simulierten Windverhältnissen an, die Sinkgeschwindigkeit wird z. B. mit der Berechnungsgröße «Schwerkraft» relationiert.

Ein anderes Anwendungsszenario ist eine Rauchanimation: Während der Rauch einer Zigarette aufsteigt, wird er durch leichte Luftturbulenzen verwirbelt. In diesem Fall wird ein chaotisches System simuliert, um den gewünschten Realismuseffekt zu erzielen.

Strukturelle Ansätze illusionieren auch optische Materialeigenschaften sowie natürliche Lichtstrahlen und komplexere Lichtsituationen.[9] Die Remodellierung von Licht ist eine Schlüsseldisziplin der fotorealistischen Computeranimation. Zur Verfügung steht u.a. das parallele Licht, das dem Sonnenlicht nahe kommt. Punktlicht simuliert etwa Glühbirnen und Kerzen. Spezialfälle natürlicher Lichtsituationen können etwa mit Nebel-, Rauch- und Dampfeffekten dargestellt werden. Mit den Programmen lassen sich sogar Schlieren von heißer und aufsteigender Luft simulieren.

Die komplexesten Visualisierungen von Lichtrealismus generieren die so genannten Beleuchtungsmodelle, die beim Rendern von Computerbildern eingesetzt werden. Man unterscheidet zwischen globalen und lokalen Beleuchtungsmodellen. Lokale Modelle, wie z. B. das Phong Shading, fokussieren die Schattierung und die Farbverläufe auf den Einzelobjekten. Globale Beleuchtungsmodelle zeichnen sich dadurch aus, dass sie die 3D-Szene in ihrer Gesamtheit berechnen und dabei auch komplexere Formen der Lichtausbreitung und -wirkung illusionieren. Radiosity-Algorithmen haben sich insbesondere auf die synthetische Remodellierung von indirekten und diffusen Reflexionen spezialisiert, die in der Natur sehr häufig vorkommen. Mit Radiosity lässt sich etwa eine Szene visualisieren, bei der Außenlicht durch ein Fenster in einen Innenraum fällt. Man kann nicht nur das Licht, das von den Wänden und Gegenständen im Raum vielfach reflektiert und dabei in alle Richtungen zerstreut wird, sondern auch die Interaktionen zwischen den angestrahlten Objektoberflächen berechnen lassen. Das Verfahren berücksichtigt also, dass alle Körper einer Szene selbst wieder Licht abstrahlen und sich infolgedessen bei der Farbgebung auch gegenseitig beeinflussen.

Die mathematisch-physikalischen Grundlagen für die Rechenoperationen liefern die Radiometrie (Strahlungslehre), Thermodynamik und Wärmetechnik. Ausgangspunkt der Kalkulationen ist der Energieerhaltungssatz: Eine Fläche

---

9   Das Spektrum umfasst etwa Reflektion, Spiegelung, Transmission, Transparenz und Refraktion. Refraktionen sind Brechungen von Lichtwellen an einer Grenzfläche beim Übergang von einem Medium in ein anderes. Wenn ein Lichtstrahl aus einem optisch dünnen Medium (z. B. Luft) in ein optisch dichteres Medium (z. B. Glas) gelangt, so wird er an der Grenzfläche gebrochen und ändert seine Richtung. Bei der Transmission durchdringen Lichtstrahlen die Oberfläche eines lichtdurchlässigen Materials. Eine ideale Transmission von Lichtstrahlen liegt bei transparenten Materialien wie Glas vor. Bei einer diffusen Transmission (Transluzenz) absorbiert die Oberfläche einen Teil des einfallenden Lichts.

muss alles Licht, welches sie empfängt und nicht absorbiert, wieder reflektieren. Zudem kann eine Fläche auch selbstleuchtend sein.

Zur Berechnung des wechselseitigen Strahlungsaustauschs in einem komplexen System werden die Objektoberflächen in unzählige kleine Flächensegmente unterteilt, deren lichtenergetische Interaktionen ausgewertet werden. Neben den Faktoren Emission, Reflexion und Transmission fließen weitere beleuchtungsrelevante Spezifikationen, wie Angaben über die Material- und Textureigenschaften der Objekte, in die Berechnungen ein. Am Ende steht eine Art Strahlungsbilanz, die die gesamte Lichtverteilung einer Szenerie erfasst.

Resultat von Radiosity-Berechnungen sind physikalisch korrekte, sehr gleichmäßig und «warm» ausgeleuchtete Bilder mit weichen Schatten, gleitenden Helligkeitsübergängen und nuancierten Farbverläufen innerhalb der einzelnen Objektoberflächen. Vor allem bei Innenräumen mit einem hohen Anteil an diffus reflektierenden und transmittierenden Oberflächen kann das Verfahren seine Stärken ausspielen. Radiosity ist allerdings derart rechenintensiv, dass es nur in bestimmten Fällen und in aufwendigeren Produktionen zur Anwendung kommt. So trug das Verfahren zum fotorealistischen Kolosseum in Ridley Scotts Film GLADIATOR (2000) bei. Mittlerweile gibt es aber auch andere, ressourcenschonendere Verfahren, die ähnliche Effekte erzielen (z. B. Monte-Carlo-Raytracing, Photon Mapping).

Objektbewegungen sind ein weiteres Betätigungsfeld strukturorientierter Visualisierung. Zu den bekanntesten Techniken der Computeranimation gehört das Motion Capturing, das auf direkten Übertragungsvorgängen basiert. Bewegungen einer vorahmenden Instanz – meist ist es ein Tänzer oder ein Schauspieler – werden mit aufwendiger Technik auf einen virtuellen Nachahmer transformiert. Dabei bedient man sich zahlreicher Sensoren, die auf einem Kostüm an Schlüsselstellen des Bewegungsapparates (z. B. Gelenken) angebracht sind. Die eigentliche Bewegungserfassung geschieht mit Trackingsystemen, die physikalische Phänomene nutzen, um die Lage der Sensoren im Raum zu bestimmen. Der Realismuseindruck von Motion-Capture-Animationen hängt entscheidend von der Genauigkeit und Menge der aufgezeichneten Bewegungsdaten ab. Höhere Datenmengen verlängern allerdings die Produktionszeiten und belasten die Hardwareressourcen.

Ein großer Vorteil von Capture-Systemen, seien sie nun mechanischer, optischer oder magnetischer Natur, liegt in ihrem hohen Automatisierungsgrad, so dass flüssige Animationssequenzen relativ zügig erstellt werden können. Die direkte Übertragung von Bewegungsstrukturen und -mustern gewährleistet, dass Motion-Capture-Animationen verhältnismäßig natürlich wirken.

Die Praxis hat zwei unterschiedliche Strategien des Capturing entwickelt. Bei der Offline-Methode werden Bewegungen isoliert aufgezeichnet, eine Übertragung auf eine konkrete virtuelle Figur findet zunächst nicht statt. Die gewonnenen Bewegungsdaten lassen sich anschließend modifizieren – etwa zur Feinabstimmung einzelner Werte – und nach Bedarf auch mit anderen Daten kombinieren. Die optimierten Bewegungsdaten lassen sich dann auf das gewünschte Animationsobjekt übertragen. Beim Online-Verfahren werden die Daten unmittelbar auf einen virtuellen Charakter übertragen. Echtzeit-Animationen dieser Art wurden im Fernsehen bereits Mitte der 1990er Jahre in der Gameshow HUGO auf Kabel 1 erprobt. Da die Berechnungsergebnisse bei Online-Verfahren nahezu unverzögert vorliegen müssen, werden sehr leistungsfähige Rechner eingesetzt, aber selbst diese können in der kurzen Zeit nur eine begrenzte Anzahl von Messdaten berücksichtigen. Bei der Offline-Methode spielt der Zeitfaktor eine geringere Rolle, so dass größere Datenmengen berücksichtigt und aufwendigere Datenanalysen und Nachbearbeitungen durchgeführt werden können. In der Regel führt dies zur besseren Remodellierung der Originalbewegungen.

c) Formbarkeit, optische Täuschungen und Reduktionismus

Ökonomische und darstellungsstrategische Faktoren führen dazu, dass synthetische Realismusillusionen reduktionistisch verfahren. Meist orientiert man sich dabei an der Richtgröße Wahrnehmungsrelevanz. Radiosityberechnungen z. B. ließen sich theoretisch nahezu unendlich fortsetzen. Allerdings wird ab einem bestimmten Punkt die Lichtenergie so schwach, dass sie vom menschlichen Auge nicht mehr wahrgenommen wird (z. B. bei Flächen im Schatten). Spätestens dann werden die iterativen Berechnungen des zeitintensiven Verfahrens abgebrochen.

Formbarkeit und Reduktion werden auch an anderen Stellen offensichtlich. So schreckt man nicht davor zurück, die Physik einfach auf den Kopf zu stellen. Ein Beispiel ist die fotorealistische Bildberechnung mit Raytracing. Das globale Beleuchtungsmodell, das auch Strahlverfolgung genannt wird, berechnet insbesondere die Spiegelungen einer Szene. Ausgangspunkt ist hier nicht – wie zu erwarten wäre – die sendende Quelle, sondern das empfangende Betrachterauge, von dem aus die Lichtstrahlen bis zum Verursacher zurückverfolgt werden. Das Umkehrverfahren hat den entscheidenden Vorteil, dass nicht alle, sondern eben nur die für einen bestimmten Betrachterstandpunkt relevanten Strahlen verfolgt und berechnet werden müssen. Der Reduktionismus vermischt sich mit verfahrenstechnisch bedingten Idealisierungen. Die Algorithmen berechnen lediglich ideale Spiegelungen, die in der Natur kaum vorkommen. Daher wirken klassische Raytracing-Bilder in unbearbeiteter Form häufig zu perfekt und steril. Oft muss man nachbessern oder schon bei der Bildberechnung auf Verfahrenskombinationen zurückgreifen, die der Überperfektion des Rendering gezielt entgegenarbeiten.[10] Eine

---

10 Man kann Raytracing z. B. mit Radiosity kombinieren.

weitere Möglichkeit ist der Rückgriff auf modernere Varianten, die Schwächen des klassischen Raytracing eliminieren (z. B. Monte-Carlo-Raytracing)

Bump Mapping ist eine ressourcenschonende und relativ leicht herzustellende Form der optischen Täuschung. Eine geschickte Verteilung von lokalen Schattierungen, Farb- und Helligkeitsnuancen suggeriert auf Objektoberflächen Unregelmäßigkeiten und Vertiefungen, die im Modell gar nicht angelegt sind. Würde etwa ein 3D-Golfball mit einer «Bump-Mapping-Haut» einen Schatten werfen, wäre dieser vollkommen gleichmäßig rund. Verwendet man hingegen ein Verfahren, das die Objektgeometrie tatsächlich verändert und die Dellen eines Golfballs plastisch in ein Polygonmodell hineinformt (z. B. Displacement Mapping), erhielte man einen virtuellen Schatten, der dem eines realen Golfballs ähnlicher wäre. Solche gestaltrealistischen Modellierungen sind aber rechen- und zeitaufwendiger und kommen dementsprechend nur dann zum Einsatz, wenn realitätsnahe Schatten- und Profilansichten eines Objekts auch wirklich benötigt werden.

Die Beispiele zeigen die Spezifik des synthetischen Fotorealismus. Er ist kein abstraktes Darstellungsideal, sondern ein «So-tun-als-ob-Konzept», das flexibel, pragmatisch, «partial und gewichtet» vorgeht.[11] Das Modellierte verkörpert letztlich einen immer neu zu verhandelnden Kompromiss zwischen aktuellen Kommunikationszielen, rekonstruktivem Ehrgeiz, Wahrnehmungsrelevanz und -konventionen, ökonomischen Faktoren, technisch Möglichem und darstellungsstrategisch Gewolltem. Letztlich soll in erster Linie eine in sich stimmige Illusion geschaffen werden, die in den jeweiligen Verwendungskontexten (z. B. Narration, Dokumentation, Werbung) funktional ist.

In den vielschichtigen Produktionsprozessen wird der Fotorealismusgrad von Darstellungen wesentlich zur Ermessenssache des Anwenders, der die anfallenden Berechnungs- und Gestaltungsergebnisse beurteilt, annimmt oder verwirft und den Herstellungsprozess ab einem bestimmten Punkt für beendet erklärt. Zudem erlauben die Animationsprogramme, dass Anwender über unzählige Menüs und Untermenüs, Dialog- und Checkboxen in umfassender Weise ein Feintuning von Funktionen und Werkzeugen und damit auch des fotorealistischen Endergebnisses vornehmen können. Ihr Einfluss auf den Modellierungsprozess vergrößert sich noch dadurch, dass sie zwischen zahlreichen Kombinationsmöglichkeiten wählen können. Motion Capturing wird z. B. häufig mit Strategien des Oberflächen-, Material- und Gestaltrealismus verbunden, Renderingverfahren lassen sich ebenfalls kombinieren.[12]

---

11 Vgl. Lev Manovich: «Realitätseffekte in der Computeranimation». In: Stefan Iglhaut / Florian Rötzer / Elisabeth Schweeger (Hrsg.): *Illusion und Simulation. Begegnung mit der Realität.* Ostfildern 1995, S. 49-60, hier S. 59.
12 Solch umfassende Steuerungs- und Ausformungsmöglichkeiten erfüllen nicht zuletzt auch das uralte menschliche Bedürfnis nach einer lückenlosen Kontrolle über das Bild und die Welt im Bild. Wenigstens auf technisch-synthetischer Ebene will man mit der göttlichen Schöpfung

Dass die pragmatische und flexible Ausformung von Fotorealismus zum Alltag medialer Bildproduktion gehört, verdeutlicht die Äußerung eines Softwareentwicklers, der an den Spezialeffekten von STAR WARS/EPISODE I maßgeblich beteiligt war:

> Es ist gut zu wissen, wie die Physik richtig funktioniert, aber manchmal sieht es besser aus, wenn man ein bisschen mogelt und z. B. die Schwerkraft ein wenig verändert.[13]

Die kreativen und gestalterischen Zurechtmachungen sind allerdings nicht allein auf bildmediale Pragmatik, umfassende Bildkontrolle und Spielräume im virtuellen Konstruktionsmilieu zurückzuführen. Synthetischer Fotorealismus ist in vieler Hinsicht auch eine genuin schöpferische Disziplin, die ähnlich arbeitet wie die illusionistische Malerei. Er geht allerdings über diese hinaus, da Kamerasprachlichkeit und Bewegbildlichkeit in die Kreation und Inszenierung von künstlichen Bildwelten einbezogen werden können.

Bei aller Formbarkeit im Produktionsprozess muss das fotorealistische Endergebnis aber so überzeugend sein, dass es einer Plausibilitätsprüfung standhält. Sie äußert sich darin, dass wir die Bildwelten

> beim Betrachten einer Art naturalistischer Prüfung unterziehen: wo immer der Blick an einem bekannten Objekt hängen bleibt, versuchen wir, die Differenz des Abgebildeten zum Eindruck des realen Objektes zu werten; als Makel, wenn das technische Medium Computer und dessen Anwenderin in der Imitation offenbar versagt haben, als Steigerung, wenn der Gegenstand des Vergleichs beim Betrachten Eigenschaften von Erinnertem annimmt, die ihn glaubwürdig machen.[14]

Realismusillusionen provozieren nicht nur eine naturalistische, sondern auch eine illusionistische Prüfung. Ein Anreiz für das Konsumieren der neuartigen Bildwelten liegt darin, durchaus bewusst die Fortschritte und den zunehmenden Kontrollzuwachs bei der Formung von digitalen Bildwelten nachzuvollziehen und mit erworbenem Wahrnehmungswissen abzugleichen. Wenn schon nicht als Macher, dann doch zumindest als Neugierige und Eingeweihte wollen die Rezipienten an der Schöpfung einer zweiten Natur aus dem Computer oder – wissenschaftlich ausgedrückt – mit der Evolution mithalten können und bei der Errichtung einer zweiten Natur neue Visualisierungsmaßstäbe setzen.

13 Christian Rouet zit. n. Jürgen Scriba, Jürgen: «Mischpult für Muskeln». In: *Spiegel* Nr. 34/99, S. 182-184, hier: S. 184.
14 Monica Studer, Monica/Chrsitoph van den Berg: «DPI – Dirt Per Inch?» URL: http://www.vuedesalpes.com/text5_d.html (Letzter Zugriff am 09.11.07).

teilhaben. Diese distanzierte Betrachtung ist letztlich Teil des illusionistischen Spiels, das Bildproduzenten und Rezipienten ständig aufs Neue miteinander zelebrieren.[15] Gerade bei aufwendigen Kinoproduktionen knüpfen sich Erwartungshaltungen nicht zuletzt an eine illusionistische und fotorealistische Leistungsschau, die etwa Produktionen wie FINAL FANTASY (2001) oder jüngst BEOWULF (2007) ihrem Publikum auch aus Marketinggründen ganz gezielt offerieren.

Die Realismusillusionen, die aus der spezifischen Ausformung konkreter Darstellungsinhalte hervorgehen, ergänzen sich stets mit den Remodellierungen filmisch-fotografischer Ästhetik. Sie formen schwerpunktmäßig die Darstellungs- und Sichtweisen sowie den «Look» des synthetischen Fotorealismus aus.

Illusionierung des Filmisch-Fotografischen

Fotorealismus kann gekennzeichnet werden als eine affirmative Bildlichkeit, die sich an allseits bekannten und kulturell verankerten Darstellungskonzepten orientiert. Neben der illusionistischen Malerei[16] ist es vor allem das Filmisch-Fotografische, das als Leitbild fungiert. Die Illusionierung filmisch-fotografischer Ästhetik soll nun im Mittelpunkt stehen.

Fotorealistische Visualisierung zeichnet sich dadurch aus, dass sie in erster Linie die Darstellungs- und Sichtweisen analoger Abbildlichkeit remodelliert. So adaptiert sie die zentralperspektivische Sicht auf die Welt, die in normale Kameraobjektive serienmäßig eingeschrieben ist. Raytracing-Algorithmen führen Verdeckungsberechnungen und eine Perspektivprojektion durch. Produkt ihrer

---

15 Dieses Spiel mit den Rezipienten kann aber nur dann stattfinden, wenn die Illusion als solche sichtbar wird. Bei Transparenzmontagen ist dies nicht immer der Fall. Ein Beispiel ist ein Hintergrundgebäude, das nahtlos in die Realaufnahme eines Straßenzuges eingefügt wurde. Bei solchen Transparenzeinfügungen wird das ausdrückliche Spiel mit der Illusion bedeutungslos, es sei denn, dass im Vorfeld ein Hintergrundwissen erworben wurde, das trotz an sich unsichtbarer Manipulation eine Prüfung des augenscheinlichen Realbildes initiiert. So wird etwa ein Transparenzcomposite mit der Titanic je nach Wissensstand sicherlich unterschiedlich bewertet. Wenn man weiß, dass sie untergegangen ist, wird aus einer vermeintlichen Aufzeichnung quasi automatisch eine Illusion, die auch prüfenswert ist. Wenn man es nicht weiß, wird die Illusion als solche gar nicht erkannt und somit auch nicht zum Gegenstand der naturalistischen und illusionistischen Prüfungen.
16 Die illusionistische Malerei blickt auf eine lange Tradition zurück. Sie beginnt bereits mit der antiken Kunst, die sich weitgehend am Ideal der Mimesis orientierte, und setzt sich anschließend in der illusionistischen Malerei der Renaissance fort. Jüngeren Datums sind die Bilder der fotorealistischen Malerei, die um 1960 vor allem in den USA Fuß fasste. Die illusionistische Malerei wird häufig auch als «Trompe-l'œil» bezeichnet. Vgl. zum Illusionismus Klaus Sachs-Hombach: «Illusion und Repräsentation. Bausteine zu einer Theorie bildlicher Kommunikation». In: Evelyn Dölling (Hrsg.): *Repräsentation und Interpretation*. Berlin 1998 (=Arbeitspapiere zur Linguistik Bd. 35), S. 125-145. Auch online verfügbar unter URL: http://www-user.tu-chemnitz.de/~ksh/ARTIKEL/illusion.html (Letzter Zugriff am 21.02.08).

Kalkulationen sind flächige und zugleich raumillusionistisch anmutende Pixelgrafiken, die den Blick auf das im Bild Dargestellte lenken.[17]

Indem sich das zentralperspektivische Computerbild wie das analoge Abbild selbstvergessen als «Fenster zur Welt» und als neutraler Verweis auf etwas angeblich Vorgegebenes definiert, agiert es in gewisser Weise als Ausbeuter und Parasit, der es auf die Wirkungsmächtigkeit des etablierten Leitbildes abgesehen hat. Durch die Anklänge an die Repräsentationsfunktion des Abbildes, das etwas einmal tatsächlich Dagewesenes vergegenwärtigt, will auch das niemals Dagewesene substantieller, authentischer und «realistischer» erscheinen. Aber nicht nur das: Das Streben nach einem intuitiven Bildzugang und die Referenzen an Verweischarakter und Transparenzprinzip erhöhen auch die immersive Wirkung der Bildwelten, wodurch die Identifikation mit den Figuren und Geschichten fotorealistischer Darstellung erheblich erleichtert wird.[18]

Die Nachahmung analoger Vorbilder ist so weitreichend, dass bereits die Konzeption und Inszenierung einzelner Gestaltungsmittel davon beeinflusst wird.

Die virtuelle Kamera hat, wie das echte Vorbild, die Gesetze der Zentralperspektive verinnerlicht. Zooms und Kamerabewegungen (Fahrten, Schwenks), variable Brennweiten (Weitwinkel- über Normal- bis Teleobjektiv), verschiedene Schärfemodi (Scharf, Unscharf, Tiefenschärfe), Bewegungsunschärfe, Kameraperspektiven von Frosch- bis Vogelperspektive und sämtliche Einstellungsgrößen (Nah, Halbnah, Totale usw.)[19] können herangezogen werden, um ki-

---

17 Die perspektivische Sichtweise des synthetischen Fotorealismus imitiert nicht nur das fotografische-filmische Vorbild, sondern auch den menschlichen Sehvorgang. Über solche direkten Ankopplungen an menschliche Sicht- und Wahrnehmungsweisen generiert die synthetische Bilderzeugung zusätzlich illusionistische Glaubwürdigkeit und Wirkungsmächtigkeit. Allerdings erschöpft sich die Zentralperspektive nicht in reiner Imitation. Sie weicht in wesentlichen Punkten von der menschlichen Wahrnehmung ab und ist seit jeher ein mathematisches Konstrukt, das Sichtweise auf artifizielle Weise normiert und determiniert. Vgl. hierzu ausführlicher u.a. Sybille Krämer: «Vom Trugbild zum Topos. Über fiktive Realitäten». In: Iglhaut et. al.: *Illusion und Simulation* (wie Anm. 11), S. 130-137.

18 Die immersiven Tendenzen stehen aber nicht allein. Sie treten in Wechselwirkung mit den bereits angesprochenen naturalistischen und illusionistischen Prüfungen, die bei der Rezeption künstlicher Bildwelten immer im Raum stehen. Insofern oszilliert die Rezeption des synthetischen Fotorealismus permanent zwischen Immersion und distanzierter Beobachter- und Begutachterposition. Zur reflektierenden Rezeption gehört immer auch der spielerische Umgang mit der Immersion selbst. Wie Schweinitz betont, wird schon die Filmrezeption von einer dualen Erlebnisstruktur bestimmt. Sie ist gekennzeichnet durch «eine oszillierende Gleichzeitigkeit von hochgradiger Immersion und dem nicht ausgeschalteten Bewusstsein, es mit einem Kunstprodukt zu tun zu haben [...].» Jörg Schweinitz: «Totale Immersion und die Utopien von der virtuellen Realität. Ein Mediengründungsmythos zwischen Kino und Computerspiel». In: Britta Neitzel/Rolf Nohr (Hrsg.): *Das Spiel mit dem Medium. Partizipation – Immersion – Interaktion. Zur Teilhabe an den Medien von Kunst bis Computerspiel*. Marburg 2006, S. 136-153, hier: S. 147.

19 Auf der Website der renommierten Produktionsfirma «Spans & Partner» findet sich folgende Aussage: «Auch die Arbeit mit der virtuellen Kamera entspricht in vielen Aspekten einer realen Filmkamera. Im Computer können wir beliebig viele Ansichten einer Szenerie generieren. Die Brennweiten einer bestimmten Kameraoptik lassen sich sogar genau auf eine 3D Szene umrechnen.» N.N.: «Animation». URL: http://www.spans.de/HTML/S/S_A_CENTER.php#Kamera (Letzter Zugriff am 03.05.06).

nematographische Codes und damit ein möglichst authentisches «Filmfeeling» zu vermitteln.[20] Hierzu gehört immer die Vermittlung eines Räumlichkeitseindrucks, der nur zum Teil durch die 3D-Konstruktion der Objekte kommuniziert wird. Die virtuelle Kamera ist wie die Realkamera mit diversen Bewegungen und multiperspektivischen Einstellungen entscheidend an der raumillusionistischen Modellierung beteiligt.[21]

In diesem Punkt entfalten die fotorealistischen Illusionswelten eine spezifische Qualität. Sie verbinden die neuartige Perfektion in der pseudo-naturalistischen Ausformung von Objekten, Oberflächen, Materialien und Bewegungen mit dem Faktor der Dreidimensionalität. Im Gegensatz zum synthetischen 2D-Vorläufer Zeichentrick kann sowohl bei der Objektkonstruktion als auch auf der kamerasprachlichen Ebene der Faktor Raum in einer Art und Weise zur Geltung gebracht werden, die bislang nur dem Realfilm und seiner mobilen Kamera vorbehalten war.[22]

Ein weiterer Aspekt der Remodellierung des Filmisch-Fotografischen ist die Referenz an die lichtdramaturgische Ausgestaltung realer Filmsets. 3D-Programme ermöglichen mittlerweile eine virtuelle Lichtregie, die ebenso wie die synthetische Kameraarbeit traditionellen Film- und TV-Produktionen sehr nahe kommen kann. So schreibt die renommierte Produktionsfirma Spans und Partner auf ihrer Webseite:

> Mit der Lichtsetzung im Computer arbeiten wir sehr ähnlich wie ein Filmteam am Set. Wir haben, wie in der realen Welt, Lichtquellen, die wir in ihrer Intensität, Farbe und Qualität genau steuern können. Daher gelten für uns die gleichen ästhetischen Gesichtspunkte wie für einen Realdreh, was die Lichtgestaltung und das Erzeugen von Stimmung durch Licht betrifft.[23]

Zum Darstellungskonzept Fotorealismus gehört auch die Referenz an Wahrnehmungskonventionen. So ist es in der Gestaltungspraxis üblich, dass das ste-

---

20 Die Referenz ans Kamerasprachliche reicht bis in kleinste Details hinein. So kann die virtuelle Kamera sogar spezifische Brechungseffekte nachempfinden. Der Lens Flare-Effekt z. B. suggeriert, dass Sonnenlicht direkt in die Kameralinse fällt.
21 Zusätzlich greift die synthetische Bilderzeugung auf die Darstellungsmittel «Helligkeit» und «Farbe» zurück, um die Suggestion von Räumlichkeit zu unterstützen.
22 Natürlich eröffnet das virtuelle Milieu bei der Inszenierung von Raum und Kamera auch neue Möglichkeiten, die über filmisch-fotografische Ästhetiken hinausgehen und somit über den hier behandelten Kontext hinausweisen. Überwiegend äußert sich dies in einer radikal entfesselten Kamera. Sie operiert in einem «abstrakten Raum, dessen Parameter beliebig wählbar sind, der Metamorphosen und Fraktionierungen durchlaufen kann, und mit abstrakten Bewegungen, für die die Gesetze der Schwerkraft nicht gelten.» Almuth Hoberg: *Film und Computer. Wie digitale Bilder den Spielfilm verändern.* Frankfurt a.M. 1999, S. 52.
23 N.N.: «Animation». URL: http://www.spans.de/HTML/S/S_A_CENTER.php#Licht (Letzter Zugriff am 03.05.06).

rile und überperfekte Aussehen «roher» Computeranimationen an die gewohnten Wahrnehmungsstandards der analogen Leit- und Vorbilder angepasst wird. So werden Verunreinigungen und unterschiedliche Schärfeebenen hinzugefügt, Objektkanten weich gezeichnet und geglättet. Des weiteren wird die Auflösung von Computeranimationen reduziert und nach Bedarf eine synthetische Filmkörnung in die Bilder hinein gerechnet.

Die Motive dieser Zurechtmachungen sind offensichtlich: Durch Anlehnung an einen Wahrnehmungsstandard sollen Akzeptanz und illusionistische Wirkung der Maschinenbilder zunehmen. Im vertrauten Look «filmischer Materialität» fällt es Computerbildern auch wesentlich leichter, gewisse Erfahrungsmuster, Erlebnisqualitäten und Erwartungshaltungen bei den Zuschauern abzurufen, die diese im Laufe ihrer Mediensozialisation fest mit den analogen Leitbildern und ihren Darstellungskonventionen verknüpft haben. Ungewohnt perfekte und sterile Maschinen- und Techno-Ästhetiken, die mit nichts Vergleichbarem relationiert werden können, wirken hingegen fremdartig, schaffen Distanz, irritieren und stoßen im schlimmsten Fall auf Ablehnung.

Wie bereits betont wurde, entstehen fotorealistische Bildästhetiken häufig in einer kleinteiligen und zeitintensiven Interaktion zwischen Mensch (Anwender) und Maschine (Hard- und Software). Seit einiger Zeit werden zunehmend Verfahren erprobt, die die zeitintensive Herstellung eines qualitativ hochwertigen Fotorealismus zumindest in bestimmten Fällen automatisieren und rationalisieren sollen. Seit Ende der 1990er Jahre gewinnt das bildbasierte Rendering kontinuierlich an Bedeutung, das auch Image Based Modeling and Rendering (IBMR) genannt wird. Konkrete Verfahrenstechniken des IBMR sind etwa Light Field, View Interpolation und View Morphing. Ihnen gemeinsam ist, dass sie anders vorgehen als die klassische Computeranimation. Üblicherweise wird zunächst ein 3D-Objekt kreiert, anschließend legen zugeordnete Oberflächeneigenschaften und Beleuchtungsmodelle fest, wie die Objektoberflächen mit einfallendem Licht interagieren. In diese objektbezogene Ausgestaltung fließen Referenz-, Realismus- und Remodellierungsstrategien ein, um einen fotorealistischen Bildeindruck möglichst überzeugend zu illusionieren. Beim Image Based Rendering hingegen stellen fotorealistische Bilder den Ausgangspunkt und das Ergebnis der «Renderpipeline» dar, eine explizite Modellrekonstruktion findet nur bei speziellen Techniken statt. Das Verfahren benötigt lediglich einige Einzelansichten eines Objekts, die mit einer Realkamera aus unterschiedlichen Blickwinkeln aufgenommen werden (z. B. Vorder- und Seitenansicht). Anschließend berechnen Warping-, Morphing- und Interpolationsalgorithmen auf der Basis der aufgezeichneten Referenzbilder fotorealistische Zwischenbilder mit variierenden Objektansichten. Ergebnis ist z. B. eine raumillusionistisch stimmige Bewegtbildsequenz, die eine virtuelle Rundumfahrt um das ursprünglich nur aus wenigen Perspektiven abgelichtete Ausgangsobjekt zeigt. Mit dem

Verfahren lassen sich auch fotorealistische Gesichtsanimationen oder Hintergründe für Tricksequenzen generieren. Frühe Anwendungsbeispiele für IBMR finden sich etwa in dem Kinofilm FIGHT CLUB (1999), in dem u.a. eine brennende und explodierende Küche bildbasiert gerendert wurde. In MATRIX (1999) wurden mit der Technik u.a. virtuelle Sets generiert, die in die Herstellung des Bullet Time- bzw. Time Slice-Effekts[24] einflossen.[25]

Die fotorealistische Wirkung des bildbasierten Rendering ist u.a. abhängig von sorgfältigen Vorbereitungen bei der Erstellung geeigneter Referenzbilder. Qualität und Anzahl der Ausgangsbilder spielen ebenfalls eine zentrale Rolle bei einer anspruchsvollen Umsetzung des Verfahrens. Weil IBMR auf professionellem Niveau ziemlich speicher- und datenintensiv ist, versucht man nicht zuletzt aus Kosten- und Zeitgründen, mit so wenig Referenzbildern wie möglich auszukommen.[26]

Der große Vorteil der Technik ist, dass im Vergleich zur traditionellen Erzeugung von synthetischen 3D-Welten der teils immense Aufwand an Modellierung, Beleuchtung und Texturierung entfällt. Verwendet man beim IBMR hochauflösende Fotos oder Filmbilder als Referenzmaterial, ist ein qualitativ hochwertiger Fotorealismus garantiert, da er schon von vornherein in das Verrechnungsmaterial eingeschrieben ist und sich somit automatisch auf die interpolierten Phasenbilder überträgt. Da die Komplexität der Szene letztlich keine Rolle spielt, können sogar fotorealistische Szenarien realisiert werden, die die Möglichkeiten der klassischen 3D-Animation überschreiten.

IBMR hat auch Nachteile: In der Regel ist das Verfahren schneller, einfacher und ökonomischer als arrivierte Modellierverfahren, in bestimmten Anwendungsfällen sogar die einzige Alternative. Dies bedeutet allerdings nicht, dass die Techniken grundsätzlich leicht zu handhaben sind. Einige Verfahren (z.

---

24 Verfahrenstechnisch gibt es Überschneidungen zwischen Bullet Time-Effekt und Image Based-Rendering. Bei dem Matrix-Effekt, der eingefrorene bzw. Superzeitlupen-Bilder mit raumillusionistischen und zugleich dynamischen virtuellen Kamerafahrten kombiniert, müssen ebenfalls Zwischenbilder aus einem Satz von Referenzbildern interpoliert werden. Am Set von MATRIX fotografierten zahlreiche Spiegelreflexkameras Einzelbilder, die in der Postproduktion in eine bruchlose Trick-Kamerafahrt übersetzt wurden.

25 Mit Hilfe des IBMR wurden die Spiegelreflexkameras kaschiert, die man am Set zur Umsetzung des Bullet-Time-Effekts aufbaute: «Eine Schwierigkeit bei der Realisierung des ‹Timeslice›-Effekts für den Film MATRIX stellte die kreisförmige Anordnung der Kameras um das fotografierte Objekt dar. Auf den Bildern sind die jeweils gegenüberliegenden Kameras sichtbar. Man entschied sich, die Aufnahmen in einem Greenscreen-Studio anzufertigen und fotorealistische computergenerierte Hintergründe einzusetzen. Auch in anderen Szenen in den Filmen MATRIX und MATRIX RELOADED werden aus verschiedenen Gründen computergenerierte Hintergründe eingesetzt.» Katrin Schmid: *Animation mit bildbasierter Szenenrepräsentation*. Weimar 2003, S. 42. URL: http://lo-motion.de/z/Diplom_Bildschirmversion.pdf (Letzter Zugriff am 11.03.08).

26 Einfache Sequenzen lassen sich heute schon mit Standardrechnern rendern. Bei komplexen Szenen mit vielen Referenzbildern und hochauflösendem Bildmaterial (z. B. 24 oder 32 Bit-Bilder) fallen beim IBMR allerdings große Datenmengen an, die höhere Anforderungen an Hard- und Software stellen.

B. Light Field) sind schon bei der Aufnahme der Referenzbilder technisch anspruchsvoll und dadurch zeitaufwendig. Außerdem können die interpolierten Bildsequenzen z. B. bei komplexeren Szenarien mit Objektverdeckungen Fehler und Lücken aufweisen, die durch Nacharbeit ausgeglichen werden müssen.

Obwohl meistens Kameraaufnahmen die Referenzbilder liefern, gibt es auch vollsynthetische Varianten, bei denen bereits das fotorealistische Ausgangsmaterial Resultat von Berechnungen ist. In der illusionistischen Praxis ist die Herkunft der «Verrechnungsbilder» letztlich egal, solange das Ergebnis stimmt. Die Güte eines Rendererergebnisses wird in der Regel daran gemessen, ob das kalkulierte Endergebnis mit dem filmisch-fotografischen Leitbild in Qualität und Auflösung mithalten kann und einen fotorealistischen Gesamteindruck vermittelt. Ist dies der Fall, lassen sich Bildfolgen und Tricksequenzen erstellen, die sich von real aufgezeichneten Kamerabildern nicht mehr unterscheiden.

IBMR geht einen anderen Weg als die bisher aufgeführten Verfahren zur Illusionierung von Referentialität. Das Verfahren arbeitet nicht mehr gezielt an der Remodellierung einzelner Realismusaspekte und filmisch-fotografischer Charakteristika, sondern leitet aus Bilddatensätzen direkt neue Datensätze ab, die in Form von Rastergrafiken zu sichtbaren Darstellungen werden. Als «ikonische Reflexe» der reinen Berechnung zeugen sie unmittelbar von den erzeugungstechnischen Potentialen der Datenverarbeitung. Dass diese Visualisierungen den Maßstäben eines qualitativ hochwertigen Fotorealismus gerecht werden, ist weniger Resultat eines gestalterischen und illusionistischen Kalküls, sondern ein verfahrenstechnischer Selbstläufer. Es findet ein impliziter Transfer statt, denn per Interpolation «erben» die Zwischenbilder automatisch die fotorealen Darstellungsqualitäten der Referenzbilder.

Trotz Automatisierung bewegt sich selbst IBMR nicht in einem «Nirvana» reiner Kalkulation. Referenzbilder, an deren Erzeugung meist eine Realkamera sowie ein semantisch-konzeptionell vorgehendes und auswählendes Subjekt maßgeblich beteiligt sind, setzen klare Bezugspunkte. Menschen agieren auch als Regulativ. Sie registrieren im Gegensatz zu Computern, die auf dem semantischen, darstellungsstrategischen und illusionistischen «Auge» blind sind, desillusionierende und kontraproduktive Fehler der Berechnungen und korrigieren diese durch Nachbesserungen. Oder sie sorgen durch sorgfältige Vorbereitung und eine teils höchst zeitintensive Prävisualisierung von IBMR-Verfahren für eine Planung und Prävention, die die «Fehlleistungen» stoisch rechnender Automaten von vornherein unterbindet.[27]

27 Teilweise ist die konzeptionelle Phase, in der komplexe Tricksequenzen vorbereitet werden, sogar die entscheidende. Heutige Bildeffekte sind mitunter so komplex, dass sie ohne aufwendige Prävisualisierungen im Computer gar nicht mehr realisiert werden können. Zur extrem aufwendigen Planung und Vorbereitung des Bullet- bzw. Timeslice-Effekts in MATRIX schreibt Katrin Schmid: «Der ‹Timeslice›-Effekt für den Film MATRIX wurde mit einer kreisförmigen Anordnung von 122 Spiegelreflex-Fotokameras und Filmkameras an beiden Enden aufgezeichnet, so dass eine virtu-

Seit die aufgezeigten Verfahrenstechniken und Illusionierungsstrategien qualitativ hochwertige Ergebnisse erzielen und in einem halbwegs vertretbaren Zeit- und Kostenrahmen angewendet werden können, wird der Charakter des Computerbildes als künstliches Maschinenartefakt zunehmend in den Hintergrund gedrängt. Die synthetischen Bilder entfalten in steigendem Maße Illusionierungspotentiale und Erlebnisqualitäten, die normalerweise konventionellen Bildtypen zugeschrieben werden. Ausgestattet mit dieser neuen Wirkungsmächtigkeit dringen Computeranimation immer stärker in die bildmedialen Kernbereiche Narration, Entertainment, Dokumentation und Information vor. Aus entwicklungshistorischer Perspektive ist Fotorealismus eine wichtige Etappe im Prozess der allmählichen Etablierung und Ausdifferenzierung des digitalen Bildes, das sich im Konkurrenzkampf der Medienbilder behaupten muss und sich mit einem kontinuierlichen Funktionszuwachs neues ästhetisches und darstellerisches Terrain in Film und Fernsehen erobert.[28]

Fotorealismus in den Bildmedien: Anwendungs- und Bildformen

Trotz der enormen Fortschritte in den Bereichen Hard- und Software wird Fotorealismus in der bildmedialen Praxis nur in Ausnahmefällen in umfassender Form eingesetzt. Erzeugung und gestalterische Ausformung komplett fotorealer Bildwelten nehmen immer noch enorm viel Kreations- und Rechenzeit und damit auch beträchtliche finanzielle und zeitliche Ressourcen in Anspruch. Zudem ist ein lückenloser Fotorealismus häufig auch gar nicht intendiert. In der Regel setzt man Fotorealismus dosiert ein, entweder für einzelne Szenen z. B. eines Spielfilms oder für die Visualisierung bestimmter Einzelkomponenten (z. B. Gegenstände, Hintergründe, Figuren). Diese werden dann mit Realbildanteilen nahtlos und perspektivisch korrekt zu einer Gesamtkomposition verschmolzen, die den eigentlichen Schichtungs- und Montagecharakter negiert und statt-

elle 270°-Kamerafahrt um das in der Mitte befindliche Objekt möglich ist [...]. Insgesamt soll es in dem Film etwa 100 dieser als ‹Bullet time› bezeichneten Einstellungen geben. Laut *SoftImage Magazine* [SoftImage Magazine 1999] betrug die Produktionszeit dafür insgesamt etwa zwei Jahre, wobei Manex Entertainment ein volles Jahr für die Preproduktion und Previsualisierung nutzte. Für jede ‹Bullet time›-Einstellung vergingen von der Previsualisierung bis zur Fertigstellung etwa neun Monate. Die ‹Flugbahn› und Auslösezeitpunkte der virtuellen Kamerafahrt wurden in Softimage|3D geplant und getestet. Da sich auch die mit baugleichen Spiegelreflex-Kameras aufgenommenen Bilder hinsichtlich Farbe und Helligkeit, Linsenverzerrungen und Bildstand leicht unterscheiden, war ein aufwendiges Stabilisieren und Registrieren der Einzelbilder notwendig.» Schmid: *Animation mit bildbasierter Szenenrepräsentation* (wie Anm. 25), S. 24.
28 Vgl. zur Geschichte und Etablierung des Computerbildes in den Bildmedien Rüdiger Maulko: «Über Strichzeichnungen und 3D-Artisten. Zur Technikgeschichte digitaler Fernsehbildgestaltung». In: Harro Segeberg (Hrsg.): *Die Medien und ihre Technik. Theorien – Modelle – Geschichte*. Marburg 2004, S. 472-491.

dessen den Raumeindruck eines filmisch-fotografischen Bildes nachempfindet. Zur Umsetzung von Kohärenzillusionen stehen hocheffiziente digitale Verfahren zur Verfügung, wie Multilayering, pixelbasierte Retusche, Farb- und Helligkeitskorrekturen sowie Kameratracking und Keyingtechniken, die u.a. desillusionierende Monageränder eliminieren. Im Vergleich zum analogen Compositing per optical printer oder elektronischem Bildmischer werden Qualität und Perfektion durch die nahezu verlustfreie Kopierbarkeit von binären Bildinformationen entscheidend verbessert. Der dosierte Fotorealismus ist heutzutage in Kino und Fernsehen weit verbreitet.

Zu den aktuellen Anwendungsformen des vollsynthetischen und dosierten Fotorealismus gehört die illusionistische Rekonstruktion des Gegenwärtigen. Ein Beispiel wäre eine detaillierte Remodellierung des Kölner Doms im Modus des Filmisch-Fotografischen. Ein weiteres Gebiet ist die Illusionierung des ehemals Existierenden. Beispiele sind etwa die computeranimierte Titanic im gleichnamigen Kinofilm von James Cameron und das imposante 3D-Kolosseum in Ridley Scotts GLADIATOR (2000). Für Nachrichtensendungen des Fernsehens werden fotorealistische Computeranimationen erstellt, die sich als Rekonstruktion von Naturkatastrophen oder Unfällen (z. B. Flugzeugabstürze) präsentieren.[29] Vollsynthetische Produktionen wie BEOWULF (2007) setzen auf Motion Capturing, um individuell typische Bewegungsmuster z. B. von Schauspielern zu remodellieren und auf einen virtuellen Doppelgänger zu übertragen. In dem Film agieren u.a. äußerst ähnliche virtuelle Ebenbilder von Anthony Hopkins und Angelina Jolie.[30]

---

29 Bei digitalen Rekonstruktionen von Unfällen und Katastrophen geht Adelmann unter Berufung auf Kirchmann von einer «Strategie der Nachträglichkeit» aus, «die dem verpassten Live-Ereignis entsprechenden Raum einräumt. Im Nachhinein wird das Geschehen als würde es jetzt passieren audiovisuell nachgestellt. Das Nachträgliche ermöglicht dann auch eine größere Kontrolle über das Geschehene. Am Beispiel der Zugkatastrophe von Eschede findet Kirchmann in den nachträglichen televisuellen Formaten dann eine paradoxe Fixierung auf das Ereignis, das nie mehr live erfasst werden kann: «Diese Zeit-Bilder also bleiben der vorausgegangenen *Leerstelle* der Plötzlichkeit retrospektiv verpflichtet, kreisen um das Nicht-Mehr-Repräsentierbare und verharren somit in der paradoxen Fixierung auf die unwiderruflich *vergangene*, die *verpasste* Singularität, die insofern als das nicht-einholbare Andere des Live-Fernsehens *indirekt* zelebriert wird.» Vgl. Kay Kirchmann: «Störung und ‹Monitoring› – Zur Paradoxie des Ereignishaften im Live-Fernsehen». In: Gerd Hallenberger, Helmut Schanze (Hrsg.): *Live is life. Mediale Inszenierungen des Authentischen*. Baden-Baden 2000, S. 91–104, S. 99. Zit. in Ralf Adelmann: *Visuelle Kulturen der Kontrollgesellschaft. Zur Popularisierung digitaler und videografischer Visualisierungen im Fernsehen*. Dissertation Ruhr-Universität Bochum 2003, S. 191. URL:http://deposit.ddb.de/cgi-bin/dokserv?idn=969880421&dok_var=d1&dok_ext=pdf&filename=969880421.pdf (Letzter Zugriff am 14.03.08), S. 191.
30 Natürlich ist in die digitale Mimesis als konstruktiv-operativer Methode auch die Möglichkeit des Scheiterns bzw. Verfehlens eingebaut. Beim heutigen Stand der Technik zeigen sich illusionistische Defizite immer noch bei der Darstellung von Menschen und ihren Gesichtern. Allerdings deuten aufwendige Großproduktionen wie FINAL FANTASY (2001) und BEOWULF (2007) darauf hin, dass sich in den nächsten Jahren auch beim abendfüllenden Kino- und Fernsehfilm neue Standards in der naturalistischen Körper- und Gesichtsanimation etablieren könnten.

Ein anderes Anwendungsgebiet ist die Visualisierung des «Nicht-Faktischen» und Unfotografierbaren. Da synthetischer Fotorealismus im Gegensatz zur optisch-kausalen «Kamera-Abbildlichkeit» nicht zwingend an Realobjekte und ihre faktische Existenz gebunden ist, lässt sich etwa Zukünftiges oder Erdachtes präsentieren. Man kann z. B. im Kino- und Fernsehfilm auf den zeit- und kostenaufwendigen Bau von realen Kulissen verzichten und ein Fantasiegebäude direkt im fotorealistischen Modus ins Bild setzen.

Die Veräußerlichung von mentalen Bildern kann ebenso das Wahrscheinliche, Mögliche, Spekulative, Hypothetische und Zu-Erwartende zum Gegenstand haben. So lässt sich z. B. ein Szenario einer möglicherweise bevorstehenden oder vollkommen fiktiven Umweltkatastrophe visualisieren. Darstellbar sind selbst solche Szenarien, die sich ansonsten gar nicht in fotorealistische Bewegtbildwelten umsetzen lassen, wie eine virtuelle Exkursion durch monumentale Fantasiebauten.[31]

Die skizzierte Bandbreite zeigt, dass das fotorealistische Computerbild an keine spezifische und näher spezifizierte Zeitlichkeit gebunden ist. Es ist weder per se ein Dokument der Vergangenheit noch – wie beim elektronischen Simultan- und Livebild – eines aktuellen Ereignisses. Durch seine zeitliche Unbestimmtheit kann es in der bildmedialen Praxis vielmehr für alle erdenklichen Modi von Zeitlichkeit herangezogen werden.[32] In Computerspielen werden fotorealistische Bilder heutzutage schon in Echtzeit generiert, in TV-Dokumentationen präsentieren sie sich als Rekonstruktion des Vergangenen, im TV-Feature sind sie Grundlage einer spekulativen Zukunftssimulation.

Die funktionale Vielfalt des synthetischen Fotorealismus korrespondiert mit der Variabilität seiner Ins-Bild-Setzung und darstellungsstrategischen Inszenierung. Ein Composite, das etwa einen virtuell nachgebildeten Realschauplatz nahtlos in ein Kamerabild integriert, ebnet den Unterschied zwischen Aufzeichnung und artifiziellem Fotorealismus vollkommen ein. Das Synthetische und Computerillusionistische wird widerspruchsfrei als «quasi-natürlicher» und «quasi-vorgefundener» Bestandteil in ein «Pseudo-Abbild» eingegliedert.

Es gibt aber auch bildmediale Darstellungsformen, die ihre Widersprüchlichkeit nicht leugnen können oder wollen. Ein Beispiel für fotorealistische Ambivalenzästhetiken ist eine neuartige Variante des Tierfilms, die entscheidend von den

---

31 Brugger betrachtet fotorealistische Bilder als Stellvertreter dessen, «was physikalisch noch nicht existent und somit auf anderem Wege nur sehr schwer darstell- und kommunizierbar ist.» Ralf Brugger: *Professionelle Bildgestaltung in der 3D-Computergrafik. Grundlagen und Prinzipien für eine ausdrucksstarke Visualisierung.* Bonn/Paris 1995, S. 8.
32 Auf den bildmedialen Fotorealismus trifft in diesem Punkt zu, was Couchot vor allem mit Blick auf die wissenschaftliche Computersimulation festgestellt hat. Diese ist in der Lage, «den Ablauf von Ereignissen zu antizipieren oder ihn so zu reproduzieren, wie er stattgefunden hat: sie imaginiert die Zukunft und erinnert die Vergangenheit.» Couchot: «Die Spiele des Realen und des Virtuellen» (wie Anm. 7), S. 349.

Innovationen digitaler Bilderzeugung und -montage profitiert. Die mittlerweile unzähligen Urzeit- und Dinosaurier-Dokumentationen erzeugen einerseits die Illusion, dass sie virtuelle Saurier nach wissenschaftlichen Maßstäben mit fotorealistischer Akribie rekonstruieren.[33] Andererseits ist es offensichtlich, dass sich pseudo-abbildliche Fakes in Gestalt optischer Täuschungen präsentieren, da Urwesen längst ausgestorben und damit nicht mehr fotografierbar sind.

Bei aller Ambivalenz der teilsynthetischen Hybridbilder wird der Kontrast zwischen Real- und Computerbild und damit auch die darstellungsstrategische Instrumentalisierung des Fotorealistischen nicht ausdrücklich zum Thema der Darstellung, statt dessen wird die «pseudo-dokumentarische» Wirkung der Mischbilder mit diversen Strategien gestützt. Es präsentieren sich homogene Einheiten aus realen und virtuellen Bildanteilen, die Schichtungs- und modularen Charakter der Layer-Composites leugnen. Gezielte Demontagen oder sonstige Brechungen gehören ebenfalls nicht zum bildsprachlichen Repertoire. Fotorealistische 3D-Modellierung und Kohärenzcompositing legen es vielmehr darauf an, dem Virtuellen den Anschein einer authentischen Präsenz zu verleihen und so Computer- und Realbild auf eine Stufe zu stellen. Diese Strategie wird noch dadurch gesteigert, dass die virtuellen Wesen sich im Gegensatz etwa zu klassischen Puppen oder Animatronics durch geschmeidige Bewegungen und einen großen Aktionsradius auszeichnen. In halbnahen und totalen Composites erblicken die Zuschauer anscheinend autonom und bewegungsrealistisch agierende Urzeitwesen, die echten Tieren in puncto Agilität in nichts nachstehen.[34] Dabei werden sie wie reale Körper und Objekte aus unterschiedlichen Perspektiven gezeigt. Diese umfassende Dynamisierung der virtuellen Bildinhalte und ihrer kamerasprachlichen Vermittlung (Multiperspektivität, bewegte Kamera) zeichnet im Verbund mit dem Kohärenzcompositing wesentlich dafür verantwortlich, dass Widersprüchlichkeiten zugunsten einer immersiven und illusionistischen Gesamtwirkung der Hybridbilder in den Hintergrund treten. Im Vordergrund steht einerseits das Bemühen um eine Wissenschaftlichkeitsillusion,[35] andererseits sollen auch die narrativen und

33 IM REICH DER GIGANTEN (Originaltitel: WALKING WITH DINOSAURS, BBC/Pro Sieben 1999) ist ein Beispiel für solche Produktionen.
34 Insbesondere bei Nah- und Großaufnahmen arbeiten die TV-Produktionen noch häufig mit klassischen Modellen (Animatronics, Handpuppen), da sich ein fotorealistischer Bildeindruck in diesen Einstellungsgrößen nur schwer oder nur mit immensem Zeit- und Kostenaufwand vermitteln lässt. Die künstlichen Wesen wirken aus der Nähe schnell künstlich und ungelenk, was zu einer ungewollten Desillusionierung führen würde.
35 Dass es sich bei den Dino-Sendungen vor allem um eine Illusion von Wissenschaftlichkeit handelt, zeigt nicht zuletzt der Umstand, dass Vergleichsmöglichkeiten für den virtuellen Fotorealismus fehlen. Niemand weiß genau, wie ein real existierender Dinosaurier über sein Skelett hinaus wirklich ausgesehen hat. Daher machen die TV-Produzenten intensiv von der Möglichkeit Gebrauch, z. B. in der Oberflächen-, Farb- und Lichtgestaltung auf medial effektvolle Weise zu manipulieren und zu stilisieren. So beklagt sich der Paläontologe Dave Unwin, der an der Produktion DIE STUNDE DER TITANEN (Originaltitel: WALKING WITH DINOSAURS SPECIAL: LAND

identifikatorischen Strategien, die in dem «Docutainment»-Format ebenfalls eine zentrale Rolle spielen, nicht durch kontraproduktive Distanzierungseffekte abgeschwächt werden.

Kontrastivere Darstellungskonzepte kombinieren hingegen explizit fotorealistische und anti- bzw. surrealistische Strategien. Sie reizen das Ambivalenzästhetische bewusst aus, um Aufmerksamkeitspotentiale zu binden. Eine Strategie ist, hochartifizielle Fantasiefiguren und -objekte mit naturalistisch anmutenden Texturen und Materialien auszustatten. So erhält Prinzessin Fiona in SHREK (2001) eine natürlich anmutende Haarpracht, RATATOUILLE (2007) besticht vor allem durch ein naturalistisch anmutendes Stoffdesign.[36] Eine andere Variante des Ambivalenzästhetischen ist, dass virtuelle Tiere, die realen Vorlagen relativ detailgetreu nachempfunden sind, eine vollkommen untypische Gestik und Sprachmimik an den Tag legen und sprechen wie Menschen. Ein Beispiel ist die Maus in der Kinoproduktion STUART LITTLE (1999).

Eine paradoxe Ästhetik, die wesentlich aus dem Einsatz strukturell ansetzender Verfahrenstechniken resultiert, findet sich in GHOSTS (1997). In dem Kurzfilm mutiert Michael Jackson plötzlich zu einem Skelett, das sich genauso bewegt wie der reale Musiker und u.a. dessen Spezialität «Moonwalk» detailgetreu nachtanzt. Ein Skelett, das eigentlich Tod, Vergänglichkeit, Gebrechlichkeit und Unbeweglichkeit symbolisiert, wird per Motion Capture mit einer geschmeidigen und naturalistisch anmutenden Bewegungsdynamik ausgestattet. Ein weiteres Beispiel für Ambivalenzstrategien sind die sprechenden und höchst agilen Hirsch-Wandtrophäen in den Jägermeister-Werbespots.[37] Solch spannungsgeladene Mischungen aus realitätsnaher Objekt- und Figurengestaltung, tricktechnischer Perfektion, Überraschungseffekten, Surrealismus und Irritation von Erwartungshaltungen und Wahrnehmungskonventionen buhlen ganz offensichtlich um die Aufmerksamkeit der Zuschauer.

Eine besonders zugespitzte Variante des Ambivalenzästhetischen findet sich in dem Musikvideo GO TO SLEEP (2003) von Radiohead. In dem Clip agiert ein virtuelles Pendant des Radiohead-Sängers Thom Yorke bewegungsrealistisch, auch die Physiognomie des Computerwesens erinnert an das reale Vorbild. Gleichzeitig verfährt die Charaktergestaltung betont antirealistisch. Konzept und Herstellung des Clips beschreibt die Produktionsfirma «The Mill» wie folgt:

OF GIANTS) beteiligt war: «Niemand weiß, wie sich Dinosaurier verhielten, welche Farben sie hatten oder was für Laute sie von sich geben. (...) Leider haben sie [die Fernsehmacher; Anm. d. Verf.] nicht immer auf uns Wissenschaftler gehört.» Dave Unwin zit..n. Christian Holst: «Zeitreise zu den Dinos». In: *TV-Today* Nr. 11/2003, S. 17.

36 In aufwendigen Kinoproduktionen wird heutzutage mit umfangreichen Teams an fotorealistischen Texturen, Animationen und Materialien gearbeitet. Ein derart ambitionierter Fotorealismus neigt schnell zu einer selbstzweckhaften «mimetischen Artistik». Oft treibt ein nahezu sportlicher Ehrgeiz die Bildschöpfer zu einem überperfekten Fotorealismus, der ungewollt laborhaft und artifiziell anmutet.

37 Der Hirschkopf gehört zum Markenzeichen von Jägermeister.

> The style of the film is photo realistic in movement combined with stylised polygonal faceted textures in look. Yorke is therefore fully realistic in his performance, while at the same time being a stylised version of himself. [...]
> Yorke's character was one of the trickiest and technically difficult areas of the promo to complete. Once his stylistic look was established, Thom Yorke himself was required for a very technical shoot and scanning day. Firstly Yorke's head was scanned in several poses to generate a very accurate CG model of his head. His movements and performance were then captured using motion capture. The first part of the process recorded his body movements, the second, concentrated on his face, with Yorke wearing around seventy markers on his face alone. This raw material was then combined and finessed using actual video performance of Yorke and Radiohead, to create the virtual but realistic performance seen by Yorke in the promo.[38]

Die beinahe chirurgische Präzision, mit der Fotorealismusaspekte sehr gezielt in fantastische Bildwelten integriert werden, zeigt sich auch bei der Integration von physikalischen Phänomenen und Eigenschaften. So wird beispielsweise in der computeranimierten Kinderserie JIMMY NEUTRON[39] die Fantasiefigur «Carl Keucher» mit einer Brille ausgestattet, deren Gläser die dahinter liegenden Gesichtspartien optisch korrekt vergrößern. Mit dieser punktuellen Realismusillusion wird eine Kunstfigur auf nachvollziehbare Weise mit einem typisch menschlichen «Handicap» ausgestattet, um das Identifikationspotential und die psychologische Glaubwürdigkeit des fiktiven Charakters zu erhöhen. Zugleich wird sehr gezielt eine visuelle Spannung in die Bildästhetik eingewoben, da ein optisches Realphänomen in ein fantastisches Umfeld integriert wird.

Paradoxe und kontrastbetonte Bildsprachen werden auch dadurch erzeugt, dass innerhalb eines fotorealistischen Szenarios physikalische Gesetze außer Kraft gesetzt werden und somit punktuell dem Realismuseindruck sowie den Konventionen des Abbildlichen und Abbildillusionistischen entgegenarbeitet wird. So ist in der Autowerbung häufiger ein fotoreales Fahrzeug zu sehen, das urplötzlich vom Boden abhebt und so die emotionalisierenden Imagewerte «Ungebundenheit», «Freiheit» und «Unbeschwertheit» auf spielerische und humorvolle Weise veranschaulicht. Letztlich verdeutlichen solche Visualisierungen folgende Grundregel fotorealer Bildmodellierung und -gestaltung:

---

38 N.N.: «Radiohead Video features Massive Agents (Press Release by The Mill Publicity)» 2003. URL: http://www.massivesoftware.com/news/display.php?030805 (Letzter Zugriff am 11.03.08).
39 Die Serie wurde zwischen 2002-2004 im Auftrag des Senders Nickelodeon produziert, der sie derzeit auch in Deutschland ausstrahlt.

Eine sich durch die mathematische Natur des Simulationsmodells ergebende Tatsache ist die Möglichkeit, vom simulierten System abzuweichen. Weder das Simulationsmodell selbst noch die sich darin befindlichen Objekte sind an die physikalischen Verhaltensmuster gebunden, die sie simulieren (z. B. Gravitation, Lichtausbreitung, Licht-Schatten-Beziehung, Spiegelung usw.).[40]

Zusammenfassung und Schluss

Aus rein erzeugungstechnischer Sicht verliert Referenz im Digitalen den Status eines ontologischen Merkmals. Ein direkter Weltbezug, der sich auf kausal-optische Übertragungs- und Aufzeichnungsvorgänge und real existierende Referenzobjekte zurückführen ließe, findet sich in der simulativ operierenden Datenverarbeitung nicht. Dies bedeutet aber noch lange nicht, dass sich Computervisualisierungen pauschal in ein entrücktes und nicht weiter spezifizierbares Vakuum reiner Referenzlosigkeit, Indeterminiertheit und Irrealität verabschieden. Im synthetischen Fotorealismus wird die Illusionierung von Referentialität zum erklärten Darstellungsziel, das mit unzähligen Verfahrenstechniken modelliert wird. Die Illusionsbildung vollzieht sich im wesentlichen auf zwei Ebenen: Zum einen geht es um Realismusillusionen, zum anderen um eine Illusionierung des Filmisch-Fotografischen. Beide Ebenen spielen eng zusammen und sind im Darstellungskonzept untrennbar miteinander verzahnt.

Auch wenn sämtliche Verfahrenstechniken auf unterster Maschinenebene automatisch ablaufen und simulativ operieren, können gestalterische Subjekte über die Schnittstelle «grafische Benutzeroberfläche» Einfluss nehmen. So stehen in modernen 3D-Programmen etwa unzählige Eingabe- und Auswahlfelder zur Verfügung, mit denen Modellierungs- und Berechnungsparameter festgelegt werden können. Außerdem fließen in die Kreation von 3D-Objekten zahlreiche manuelle Tätigkeiten ein, die ein Anwender z. B. mit Hilfe von Maus, Tastatur oder Grafiktablett abwickelt. Selbst prozedurale Verfahren, die die «reine Berechnung» nahezu unvermittelt zur Anschauung bringen, visualisieren nicht vollkommen ohne Bezüge zur Außenwelt. Auch für sie gilt, dass die semantisch-konzeptionelle Arbeit zum Tragen kommt. Beim IBMR ist z. B. die Vor- und Nachbereitung durch den Anwender ein maßgeblicher Faktor. Bei anderen Verfahren ist der Anteil an subjektiver Gestaltung und gezielter Modellierung noch höher. Anwender begutachten, beseitigen Fehler, legen ggf. Berechnungsparameter fest, machen Kompromisse, treffen pragmatische Ent-

---

40 Brugger: *Professionelle Bildgestaltung in der 3D-Computergrafik* (wie Anm. 31), S. 4.

scheidungen und richten das Kreierte auf illusionistische Stimmigkeit, Kommunikationsziele und wahrnehmungskulturelle Faktoren hin aus. Diese Arbeit wird auf unabsehbare Zeit von Anwendern erledigt werden müssen, da Computer auf dem semantischen «Auge» blind sind und zumindest beim derzeitigen Stand der Technik nicht sinn- und bedeutungsorientiert, darstellungsstrategisch, wahrnehmungs- und diskursorientiert vorgehen können. Allerdings gibt es in der digitalen Bilderzeugung gewisse Vorstrukturierungen. Um etwa Raumillusionen zu erzeugen, werden in der 3D-Animation Verdeckungsberechnungen und Perspektivprojektionen von den Algorithmen vorgenommen. Bereits im Zuge der Programmierung fließen also konzeptionelle und darstellungsstrategische Ansätze, die etwa grundlegende Standardprobleme der Visualisierung und Illusionierung lösen, in die Ausformung der Produktionstechnik ein. Schröter konstatiert in seiner Kritik des medientechnischen Apriori, dass Computertechnik schon im Stadium der Ausformung von sozialen Prozessen und «Subjektpositionen» geprägt wird. Somit geht er von einer «Sedimentation sozialer Strukturen in die Technik» aus.[41] In Anlehnung an diese These kann von einer «Sedimentation darstellungs- und wahrnehmungskultureller Strukturen in die Technik» gesprochen werden.

Sicherlich werden die Illusionierungspotentiale der fotorealistischen Computergrafik und -animation bei kontinuierlicher Weiterentwicklung von technisch-apparativer Basis und gestalterischem Know How in Zukunft stetig erweitert. Stellenwert und Verbreitung des synthetischen Bildtyps werden somit in den Bildmedien weiter zunehmen. Dabei kommt dem synthetischen Fotorealismus zugute, dass er mit dem Filmisch-Fotografischen uneingeschränkt kompatibel ist und zugleich aufgrund seiner Virtualität und umfassenden Modellierbarkeit über die Möglichkeiten des analogen Leitbildes hinausgehen kann, wie z. B. durch partielles Außerkraftsetzen von physikalischen Gesetzmäßigkeiten. Zudem bietet er eine neuartige Verbindung zweier Faktoren: Eine herausragende Darstellungsqualität, die u.a. bei der Szenenausleuchtung, der Oberflächen- und Materialdarstellung an das filmisch-fotografische Abbild heran reicht, verschmilzt mit dem Visualisierungsfaktor «Dreidimensionalität». Er äußert sich nicht nur in der 3D-Konstruktion virtueller Objekte und Szenarien, sondern

---

41 Jens Schröter: «Technik und Krieg». In: Segeberg: *Die Medien und ihre Technik* (wie Anm. 28), S. 356-370, hier: S. 359. Schröter zitiert in diesem Zusammenhang auch Winkler, der zur Charakterisierung des Verhältnisses von Mensch bzw. Gesellschaft und Technik ein zyklisches Modell vorschlägt: «Das verbindende Schema, das ich vorschlagen will, also wäre dasjenige einer zyklischen *Einschreibung*. Technik ist das Resultat von Praxen, die in der Technik ihren materiellen Niederschlag finden; Praxen (einige, nicht alle Praxen!) schlagen um in Technik, dies wäre die erste Phase des Zyklus.» Hartmut Winkler: *Die prekäre Rolle der Technik. Technikzentrierte versus ‹anthropologische› Mediengeschichtsschreibung*. URL: http://wwwcs.uni-paderborn.de/~winkler/technik.html (Letzter Zugriff am 20.02.08).

auch in einer Kombination aus Perspektivvielfalt und raumgreifender Mobilität der virtuellen Kamera.

Bei allen Visualisierungs- und Illusionierungsstrategien geht es immer auch um eine taktile Qualität. Indem die plastischen und detailreichen Bildwelten auf der Ebene der Sichtbarkeit an alltägliche sinnliche Erfahrungsmuster des Ertastens und Erspürens anknüpfen, entfalten sie eine visuelle Direktheit, Unmittelbarkeit und Präsenz, sie erscheinen substantiell und «geerdet». Gerade in narrativen und werbeorientierten Kontexten soll man sich dem Gezeigten nicht so leicht entziehen können, Distanzierungsmechanismen sollen von vornherein ausgeschlossen werden, stattdessen geht es um Berührung im emotionalen Sinne.

Mittlerweile werden sehr unterschiedliche Varianten fotorealistischer Visualisierung hervorgebracht. Das Spektrum reicht von einer Remodellierung des real Existierenden über die Veranschaulichung des Wahrscheinlichen oder Spekulativen bis hin zu verschiedenen Ambivalenzästhetiken. Letztere sind ein Beleg dafür, dass Fotorealismus nicht nur Rekonstruktionen oder analoge Vorbilder illusionieren, sondern auch zu eigenständigen Bildformen beitragen kann. Sie erlauben eine Öffnung zum Möglichkeitssinn,[42] zur Imagination und Fantasie, bieten aber auch genügend Raum z. B. für einen spielerischen und selbstreflexiven Umgang mit dem Darstellungsmodus und seiner «So-tun-als-ob-Referentialität».

Sicherlich wird auch in Zukunft von den immer vielschichtiger werdenden fotorealistischen Bildwelten eine enorme Faszination ausgehen.

---

42 Vgl. Götz Großklaus: *Medien-Zeit, Medien-Raum*. Frankfurt a.M. 1995, S. 142.

AG Medienwissenschaft und Wissenschaftsforschung
(*Ulrike Bergermann, Christine Hanke, Inge Hinterwaldner, Petra Missomelius, Rolf F. Nohr, Andrea Sick, Markus Stauff*)

«Hot Stuff»:
Referentialität in der Wissenschaftsforschung

Wenn wissenschaftliches Arbeiten in der neueren Wissenschaftsforschung als spezifische Verkettung von technischen Artefakten, menschlichen Handlungen und diskursiven Strukturen aufgefasst wird, so ist dies immer auch eine Medien-, Technik- und Kulturgeschichte. Zunehmend beschäftigt sich die Wissenschaftsgeschichte mit den Medien der (Natur-)Wissenschaften – etwa dem Einsatz sogenannter bildgebender Verfahren in der Medizin, optischer und anderer Instrumente bei der Herausbildung naturwissenschaftlichen Wissens sowie mit der medialen Verfasstheit von Wissenschaft in Schrift, Bild und digitalen Kommunikationsstrukturen. Dass dabei auch eine historische und theoretische Auseinandersetzung mit der Frage der Referenz in Bezug auf unterschiedliche Praktiken und Medien stattfindet, liegt auf der Hand. Die medienwissenschaftliche Diskussion kann an diese Auseinandersetzung anschließen.

Für Medienwissenschaft und Wissenschaftsforschung sind dabei ähnliche Fragen relevant: Wie wird etwas zu einem «wissenschaftlichen Objekt»? Wie konstituieren sich dabei verschiedene Auffassungen vom «Medialen» und von einzelnen «Medien»? Wie lassen sich Definitionsversuche in ihren (technik-, sozial-, institutions-, ...) historischen Bedingtheiten situieren? Vergleichsweise breit wurden solche Schnittpunkte zwischen Wissenschaftsforschung und Medienwissenschaft bisher in der Erforschung der Fotografie diskutiert: Sie wurde immer auch als Technik wissenschaftlicher Erkenntnisproduktion und hinsichtlich der Veränderungen historischer Wahrnehmungsweisen – etwa durch die Plausibilisierung neuer Objektivitätskriterien – in den Blick genommen. Einzelne Arbeiten zur Rolle anderer Visualisierungstechniken filmischer oder digitaler Art, zur Rolle von Grafiken, des Fernsehens, der Wissenschaftsmuseen und vielem mehr verweisen allerdings auf offene Fragen und weitere Schnittstellen von Medienwissenschaft und Wissenschaftsforschung.[1]

---

1   Zur Fotografie vgl. beispielsweise Peter Geimer (Hrsg.): *Ordnungen der Sichtbarkeit. Fotografie in Wissenschaft, Kunst und Technologie.* Frankfurt/M. 2002; zum ‹Gebrauchsfilm› z. B. die Themenhefte der Zeitschrift *Montage/AV* 14,2 (2005) und 15,1 (2006).

Medienwissenschaft mit ihren kulturwissenschaftlichen Bereichen, ihrer Reflexion auf Technik und Kommunikation bildet so einen Bezugspunkt für die Analyse von (auch: historisch veränderlichen) Apparaten, von Soft- wie Hardware, von unterschiedlichen Aufschreibepraktiken sowie von Strukturen, Instanzen und Funktionsweisen der Wahrnehmung oder der Öffentlichkeiten. Somit trägt Medienwissenschaft zur Analyse der Möglichkeitsbedingungen dessen bei, was eine Gesellschaft jeweils als Wissen definiert und wie sie dieses Wissen sowohl zwischen den verschiedenen Öffentlichkeiten als auch innerhalb der Forschergemeinschaften kommuniziert. Dies alles bildet das Feld, in dem sich die Frage nach der Referenz zwischen Medienwissenschaft und Wissenschaftsforschung aushandeln lässt.

In der aktuellen Filmwissenschaft wird die «Krise des Dokumentarischen» dahingehend problematisiert, wie Referentialität bei aller ‹virtuellen› Digitaltechnik, Docutainment und konstruktivistischen Analysen als Kategorie, die eben nicht im «Fiktiven» aufgeht, produktiv bleiben kann. Eine vergleichbare Frage stellt sich in der Wissenschaftsforschung erst seit kurzer Zeit. Denn solange man mit den im Labor produzierten Visualisierungen pragmatisch arbeiten kann, lässt sich die Frage nach der Referenz aufschieben, weil ihre Existenz oder Stabilität vorausgesetzt werden kann: Wenn das «Bild funktioniert», wenn es in selbstaufgestellten Codes aussagekräftig ist, in einer Kette von Handlungen wie ein Werkzeug eingesetzt werden kann, dann lässt sich von einer Problematisierung von Referentialität zunächst absehen. Wenn das «Bild» dreidimensional-fotorealistisch erscheint (und wie das der endoskopischen Kamera auch noch *live*), wenn es gar Teil des Dargestellten ist (wie im Präparat), oder wenn sein Herstellungsprozess besondere Nähe zum Objekt verspricht (wenn etwa atomare Teilchen im Beschleuniger «selbst» Spuren auf einer Platte hinterlassen), dann kann man sich auf seine Referentialität verlassen – «let nature speak for itself»[2]. So kann man gleichzeitig das «natürlich Gegebene» (die zu messenden Materieeigenschaften etc.) noch einmal stark machen, auf eine Unhintergehbarkeit des Abgebildeten setzen, *und* die Herstellung dieser Abbildungen in all ihrer technischen Konstruiertheit (das Dekonstruktive als Bedingung von Repräsentation) betrachten. Medienwissenschaftlich interessant sind diese Verfahren, da sie eine Projektions- und Vergleichsfolie für Fragen nach Authentizitätszuschreibungen für bestimmte Bildformate, *the pencil of nature* etc. anbieten; Materialität und Herstellungsprozess als Bewertungskriterien für ‹Realismus› geraten historisch differenziert in den Blick.

Das Problem der Referentialität der/in den Medien findet in der (natur-)wissenschaftlichen Verwendung von Medien eine theoretisch und analytisch

---

2   Lorraine Daston/Peter Galison: «Das Bild der Objektivität». In: Geimer: *Ordnungen*, S. 29-99, hier: S. 30.

höchst produktive Zuspitzung: Zum einen sind (bildliche oder schriftliche) Repräsentationsweisen in der wissenschaftlichen Praxis immer auf medienexterne Sachverhalte bezogen, die mit diesen Darstellungen keineswegs nur dokumentiert, sondern analysiert und in der Regel auch manipuliert werden sollen. Die (natur-)wissenschaftliche Arbeit muss deshalb selbst immer schon die Frage der Referentialität in Abhängigkeit von den je genutzten Medien und Darstellungsformen reflektieren – auch wenn das Prinzip Referentialität weder in Frage gestellt noch grundlegend problematisiert wird. Zum anderen wird eine solche pragmatisch angenommene Referentialität in den Laboren durch extrem vielfältige Darstellungsweisen, Techniken sowie hochspezialisierte Praktiken und Codes möglich, die weit über das von den Medienwissenschaften üblicherweise beobachtete Feld hinausreichen und gerade deshalb relevante Perspektiven für die Frage nach der ‹Referenz in den Medien› eröffnen.

Im Folgenden untersuchen wir einzelne Modelle, mit denen in der jüngeren Wissenschaftsforschung erklärt wird, wie durch verschiedene (bildgebende und andere) Verfahren Objekte definiert und handhabbar – also referentiell – werden. Konzepte wie «epistemische Dinge», Objekte und Fakten, Störungen, Evidenzverfahren oder «zirkulierende Referenzen» sollen daraufhin befragt werden, inwiefern die dabei implizit oder explizit formulierten Modelle medialer Referentialität umfassendere medientheoretische Potenziale aufweisen und vielleicht auch für Massenmedien Erklärungskraft besitzen.

Epistemische Dinge

Das Konzept des «epistemischen Dings» kann exemplarisch für die Problematisierung von Referentialität in der Wissenschaftsforschung stehen: Es ist ein Begriff, der Referenzkategorien irritieren muss. Schon deswegen, weil Dinge spontan als diejenigen Teile der Referentialitätsmodelle einsortiert würden, *auf die* referiert wird. Wir sind zu denken gewohnt, dass es Beziehungen zwischen Referenzobjekt und Abbildung sind, die wir mit Blick auf ‹das Dokumentarische›, ‹das Realistische›, das im Test Belastbare dieser Beziehung betrachten können. Die medienwissenschaftlichen Fragen lauten etwa: Wie sind die Inhalte meines Bildes präsentiert, wie werden dessen formale Mittel eingesetzt?, oder auch: Welche gesellschaftlichen Diskurse umgeben beide? Diskutiert wird die Bezugsfähigkeit (im Sinne von Beweiskräftigkeit, Überzeugungskraft, Echtheitsgehalt) oder die Möglichkeit für die Herstellung verschiedener Bezugnahmen, die in der Regel zunächst dem Verhältnis von Objekt und Repräsentation abgeschaut sind.

Wenn nun an die Stelle von Fakten, Tatsachen oder Objekten, *auf die* wissenschaftliche Aussagen sich beziehen (die somit die Referenten wissenschaftlicher Darstellungsverfahren sind), epistemische Dinge treten, *mit denen* Erkenntnis hervorgebracht wird, gerät der Status der Referenz auch in der Wissenschaftsforschung ins Wanken.

Schon die Epistemologie Gaston Bachelards seit den 1930er Jahren fragte, wie auch und vielleicht gerade Brüche in wissenschaftshistorischen Entdeckergeschichten und Forschungskontinuitäten zu Erkenntnissen führen. Das Bild (und andere Abbildungsmodi) stellt nicht mehr einfach eine Referenz her, sondern ist nur noch Teil eines referentiellen Zusammenhangs, sein Gehalt und seine Referenzkraft überdauern nicht mehr unbedingt die Brüche in der Forschungsgeschichte.

Im 19. Jahrhundert, so Bachelard, habe man die Wissenschaften als ‹real› durch ihre Gegenstände betrachtet und als ‹hypothetisch› durch die Verbindungen, die sie zwischen den Gegenständen herstelle. 1929 schrieb er in *Valeur inductive*: «[…] was nun hypothetisch ist, das ist *unser* Phänomen; denn unsere unmittelbare Gewalt über das Reale fungiert nur als verworrene, provisorische, konventionelle Gegebenheit.»[3] Das Gegebene «ist kein Richter, noch nicht einmal ein Zeuge [für die Wahrheit der Natur]; es ist ein Angeklagter, und zwar ein Angeklagter, der früher oder später [als konstruiert] der Lüge überführt werden wird.»[4] Beschreibungen einer unmittelbaren Welt gebe es nur als Arbeitshypothesen. Sein Fazit: «Tatsächlich will man zu Unrecht im Realen den bestimmenden Grund der Objektivität sehen, während man niemals etwas anderes als den Beweis einer richtigen Objektivation beibringen kann. [...] Ein objektives Merkmal zu bestimmen, bedeutet nicht, den Finger auf ein Absolutes zu legen, sondern zu beweisen, daß man eine Methode richtig anwendet.»[5]

Pointiert formuliert: Es gibt kein Außerhalb des referentiellen Forschungszusammenhangs; sogar die Frage, ob naturwissenschaftliche Dinge entdeckt oder erfunden werden, stellt sich: Gab es Sauerstoff, bevor er a) theoretisch konzipiert und b) experimentell nachgewiesen war? Auch wenn man ‹Bilder› des Sauerstoffs gehabt hätte, ähnlich den Spuren von Teilchen auf der Platte in der Blasenkammer, quasi-selbstschreibende Eindrücke in bildförmigen Materialien, so hätten diese mit großem Überzeugungsaufwand für diejenigen evident gemacht werden müssen, die nicht an verschiedene chemische Bestandteile des ‹Äthers› glaubten: Denn was bürgt für die Referentialität einer solchen Abbildung außer die Glaubwürdigkeit von abbildenden Techniken (die diskursiv untermauert werden muss)?

Vor diesem Hintergrund gewinnt in den 1990er Jahren der Begriff des epistemischen Dings besondere Relevanz. Auch Dinge, nicht nur Bilder und Texte, können Bachelard zufolge epistemisch sein, erkenntnisbefördernde oder er-

---

3 Gaston Bachelard: *Epistemologie. Ausgewählte Texte.* Frankfurt/M./Berlin/Wien 1974, S. 18.
4 Bachelard, S. 18.
5 Bachelard, S. 36.

kenntnistheoretische Funktion haben. Das, was erkenntnisträchtige Referenzen herstellt, ist nicht mehr im Abbild, sondern im Objekt situiert. Was aber ist damit gewonnen, auch noch die Dinge als wissensträchtige Elemente zu betrachten?

Zu behaupten, ein epistemisches Ding sei die Verkörperung eines Begriffs, folgt zunächst einer vertrauten Reihenfolge von Idee und Materialisierung. Sind epistemische Dinge ‹Dinge› im Sinne von ‹Gegenständen›? Fliegen, Mäuse etc. sind keine epistemischen Dinge, sondern sie sind die «Matrizen», in die epistemische Dinge wie Gedächtnis, Krebsgene, RNA etc. im Experiment eingeschrieben werden.[6] Das epistemische Ding sei dadurch charakterisiert, dass es nicht von Anfang an eine Bedeutung als wissenschaftliches Objekt/Träger von Wissen habe – das bilde sich jeweils diskursiv heraus.[7] Am Beispiel der RNA verfolgte Hans-Jörg Rheinberger, wie die entsprechende Materie zuerst als Verunreinigung, als Abfall im Experiment galt, bis ihm nach und nach eine Bedeutung zugeschrieben werden konnte, sie also als epistemisches Ding entstand; derweil oszillierte sie zwischen verschiedenen Darstellungsmöglichkeiten, die man erst im Rückblick logisch anordnen konnte. Unter anderem wurde das Gen ‹selbst› dazu gebracht, sich als Lesbares, als Bild oder Schrift zu zeigen, zu seinem eigenen Zeichen zu werden. Unsere Ausführungen zur Evidenzstiftung vorwegnehmend könnte hier argumentiert werden, dass sich der Beweis diskursiv auslagert, um zu einem ‹externen› Referenten zu werden. Im Band *Wissensbilder* heißt es über das Gen und seine «Niederschrift» als Sequenzfolie:

> Die Schrift des Lebens ist in den Schriftraum des Labors transponiert, zum epistemischen Ding gemacht, in die Welt der mittleren Dimensionen geholt, in denen unsere Sinnesorgane operieren. Der Biologe, als Forscher, arbeitet nicht mit den Genen der Zelle – er weiß ebensowenig wie jeder andere, was das ‹wirklich ist› -, er arbeitet mit experimentell in einem Repräsentationsraum produzierten Graphemen. Wenn er wissen will, was sie bedeuten, hat er keine andere Möglichkeit, als diese Artikulation von Graphemen durch eine andere zu interpretieren. [...] Es ist letztlich ein Repräsentationsprozeß ohne einen externen Referenten, ohne äußeren Bezugspunkt und damit auch ohne einen Ursprung. So paradox es klingt, genau dies ist die Bedingung seiner oft zitierten ‹Objektivität› ebenso wie seiner eigenartigen Temporalität, die auch vor dem Wahren nicht Halt macht. In dem, was in einer bestimmten Epoche, einer bestimmten Disziplin, eines

---

[6] Michael Hagner/Hans-Jörg Rheinberger/Bettina Wahrig-Schmidt: «Objekte, Differenzen, Konjunkturen». In: Dies. (Hrsg.): *Objekte, Differenzen und Konjunkturen. Experimentalsysteme im historischen Kontext*. Berlin 1994, S. 7-22.
[7] Vgl. bes. Hans-Jörg Rheinberger: *Experimentalsysteme und epistemische Dinge. Eine Geschichte der Proteinsynthese im Reagenzglas*. Göttingen 2001 (engl. Orig. 1997).

bestimmten Problems für das Wahre gilt, gibt es immer nur die Minimalbedingungen der Kohärenz einer signifikanten Kette, die mit der Würde eines Wissenschaftsobjektes ausgestattet ist.[8]

Mit dieser Konzeption des *epistemischen Dings* ist wie schon bei Bachelard die «Naturhaftigkeit» bzw. «Vorgängigkeit» der Objekte in Frage gestellt und demgegenüber eine Perspektive insbesondere auf ihre soziale Konstruiertheit aufgeworfen. Für die Medienwissenschaft, die seit den 1970er Jahren in einer kritischen Wendung gegen Ontologisierungen ebenfalls die soziale und ästhetische Konstruiertheit der Medien fokussiert, ergibt sich vor diesem Hintergrund die Frage nach möglichen Anschlüssen: Wie wurde in der Wissenschaftsforschung das Verständnis von (sozialer) Konstruiertheit diskutiert und welche neuen Impulse kann die Medienwissenschaft hieraus womöglich gewinnen?

Latour im Labor

Die seit den 1970er Jahren verstärkte Hinwendung zum Sozialen in der Wissenschaft führte insbesondere dazu, sich den wissenschaftlichen Forschungsprozess genauer anzuschauen und wissenschaftliche Konstruktionsprozesse ganz konkret und im Detail nachzuzeichnen. In den Fokus der Aufmerksamkeit geriet vor diesem Hintergrund die Forschungs-Praxis – es ging nun um eine Analyse von «Science in the Making/Science in Action». Zu diesem Zweck wandten sich die Forscher dem Labor als naturwissenschaftlichem Zentrum von Wissensproduktion zu. Bruno Latour, Steve Woolgar, Karin Knorr-Cetina und viele andere unternahmen ihre Laborstudien als ethnografische Studien naturwissenschaftlicher ‹Kulturen›. Karin Knorr-Cetina hat ausgehend von eigenen und zahlreichen anderen Arbeiten eine Theorie des Labors entworfen, in der vor allem auf seine Konstruiertheit und die Aushandlungsprozesse in der Herstellung von Wissen hingewiesen wird: Das Labor umfasst diverse (vom Menschen hergestellte) Instrumente, auch die Arbeitsmaterialien – von Versuchstieren bis hin zu Nährlösungen – sind für die Forschung erst hergestellt/produziert – in hohem Maße wird in dieser Wissensproduktion also mit ‹synthetischer Natur› gearbeitet. Nirgends ist hier so etwas wie ‹Natur› oder ‹Realität› zu finden, auf die nun einfach referiert werden könnte, wie von der traditionellen Wissenschaftstheorie und dem Alltagsverständnis angenommen wird. Viele Laborstudien zeigen vor diesem Hintergrund, wie das erzeugte Wissen auf verschiedenste Weisen Ergebnis von Aushandlungsprozessen unterschiedlicher Akteure ist.

---

8   Hans Jörg Rheinberger: «Alles, was überhaupt zu einer Inskription führen kann». In: Ulrich Raulff/Gary Smith (Hrsg.): *Wissensbilder. Strategien der Überlieferung.* Berlin 1999, S. 265-278, hier S. 274f.

In dieser Sichtweise gibt es keinen Zugang zur Natur außerhalb wissenschaftlicher Erzeugungspraktiken; vielmehr handelt es sich immer um die Konstruktion von Fakten, Natur, Dingen: Es handelt sich um eine «*Fabrikation* von Erkenntnis» – so der Titel des Bandes von Knorr-Cetina.[9]

Eine solche konstruktivistische Perspektive steht der klassischen Wissenschaftsforschung und -geschichte, aber auch dem Alltagsverständnis von Wissenschaft diametral entgegen, beide berufen sich auf entgegengesetzte Erklärungen für die Erzeugung naturwissenschaftlichen Wissens – und damit auch der Referenz: Das ‹realistische› Wissenschaftsverständnis auf der einen Seite geht von einer vorgängigen Natur aus, die selbst die Quelle unseres Wissens ist. Der sozialkonstruktivistische Forschungszweig auf der anderen Seite wiederum negiert eine Konzeption vorgängiger Natur bzw. negiert, dass wir über sie überhaupt Aussagen treffen können; statt dessen geht diese Richtung von umfassenden Konstruktionsprozessen wissenschaftlichen Wissens aus. Was hier einander gegenübergestellt erscheint, sind Natur auf der einen und Gesellschaft auf der anderen Seite; zwischen beiden besteht eine ebenso große Kluft wie jene zwischen den beiden wissenschaftstheoretischen Perspektiven.[10]

Die aktuellere Wissenschaftsforschung – allen voran Bruno Latour und die *Actor-Network-Theory* – durchkreuzt diesen Dualismus. Während der französische Wissenschaftstheoretiker Latour in den 1970er Jahren selbst an einflussreichen Laborstudien beteiligt war, tritt er seit den 1990er Jahren als Umdenker der gesamten wissenschaftshistorischen Tradition auf und entwirft einen Ansatz der «symmetrischen Anthropologie» (1991), in dem die Unterscheidung von Natur und Kultur verworfen wird.[11]

Latour schließt sich zwar einer Kritik am Substantialismus an, der eine Vorstellung von einer dauerhaften Substanz, die ihre Qualitäten schon immer hat und durch alle Zeiten durchhält, beinhaltet und von einer Natur der Dinge ausgeht, die außerhalb jeder Sozialität existiert. Doch kritisiert er auch die Gegenbewegung: Die in der Annahme einer sozialen Konstruiertheit aller Dinge ent-

9   Karin Knorr-Cetina: *Die Fabrikation von Erkenntnis. Zur Anthropologie der Naturwissenschaft*. Frankfurt/M. 1984 (engl. Orig. 1981).
10 Im ersten Falle wären Referenz wie Zeichen alleine in Konstruktionsprozessen, also auf der Seite der Kultur situiert, im zweiten Falle würde der Referent (Natur), auf den das Zeichen verweist, völlig außerhalb der Zeichenwelt existieren. Für die Fotografie ist diese Opposition vertraut: Fotografische Ontologien gehen im Anschluss an Talbot und mechanische Objektivität davon aus, dass sich in ihr ‹Natur selbst schreibt› (William Henry Fox: *The Pencil of Nature*. London 1844 – dass diese ontologische Perspektive schon bei Talbot selbst unterlaufen wird, zeigt: Peter Geimer: «Fotografie als Fakt und Fetisch. Eine Konfrontation von Natur und Latour». In: David Gugerli/Barbara Orland (Hrsg.) *Ganz normale Bilder. Historische Beiträge zur visuellen Herstellung von Selbstverständlichkeit*. Zürich 2002, S. 183-194). Demgegenüber stehen Konzeptionen, die allein die Konstruiertheit des fotografischen Bildes fokussieren. Beide Positionen haben schließlich auch Bedeutung für unsere Vorstellung vom Dokumentarischen.
11 Bruno Latour: *Wir sind nie modern gewesen. Versuch einer symmetrischen Anthropologie*. Frankfurt/M. 1998 (franz. Orig. 1991).

haltene Vorstellung vom Konstrukt/Fabrikat impliziert nicht zuletzt, dass die Initiative der Handlung vom Menschen ausgeht und es sich um eine andere Kombination gegebener Elemente zu handeln scheint. Gegenüber dem Vokabular des Konstruktivismus, das Handeln und Beherrschung suggeriert, verweist Latour auf die Ereignishaftigkeit im wissenschaftlichen Erkenntnisprozess: Es gehe beim Handeln nicht um Beherrschung, sondern allenfalls um Möglichmachung und damit immer auch um Überraschung – aber auch um Störung, wie wir noch sehen werden.[12] Latour fragt:

> Wenn eine Tatsache fabriziert ist, wer fabriziert sie dann? Der Wissenschaftler? Das Ding? Lautet die Antwort ‹das Ding›, gilt man als Parteigänger eines überholten Realismus. Lautet sie ‹der Wissenschaftler›, gilt man als Konstruktivist. Antwortet man ‹beide›, dann erledigt man eine jener als Dialektik bezeichneten Reparaturarbeiten, mit denen die Dichotomie scheinbar für eine Weile zusammenflickt, in Wirklichkeit jedoch nur verborgen wird; unter der Oberfläche schwelt sie als Widerspruch weiter, der überwunden und aufgelöst werden muss. Und doch müssen wir natürlich sagen, dass beides *ist*, doch ohne die Sicherheit, Gewissheit und Arroganz, die anscheinend mit der realistischen *oder* relativistischen Antwort oder dem Oszillieren zwischen beiden einhergehen. *Laborwissenschaftler machen autonome Fakten*.[13]

In dieser paradoxen Formulierung steckt Latours Versöhnungsversuch zwischen diesen widerstreitenden Perspektiven. Er entwirft einen neuen Handlungsbegriff, der sich durch ein «Handeln-Machen» auszeichnet – Latour prägt hierfür den Begriff des «fait-faire»: «Nicht, was Leute tun, ist Handlung, sondern das ‹fait-faire›, das zum Tun-Bringen, das ‹Handeln-Machen›, das unter spezifischen, durch die Umstände gebotenen Gelegenheiten zusammen mit anderen in einem Ereignis zustande gebracht wird.»[14]

Wie man sich dies vorzustellen hat, führt er am Beispiel von Louis Pasteurs «Entdeckung/Erfindung/Konstruktion»[15] des Milchsäureferments 1858 vor. In einem *close reading* von Pasteurs Bericht an die Académie Française wird dabei eine bedeutende *Umwandlung* deutlich: Ein nahezu unsichtbares Nebenprodukt wird zu einer vollständig entwickelten Entität, die zur alleinigen Ur-

---

12 In dieser Betonung des Ereignishaften liegt eine Nähe Latours zu Rheinbergers Konzeption der Experimentalsysteme.
13 Bruno Latour: *Die Hoffnung der Pandora*. Frankfurt/M. 2002, S. 345 (Herv. d. Verf).
14 Latour: *Hoffnung der Pandora*, S. 354.
15 Im Dreierbegriff «Entdeckung/Erfindung/Konstruktion» stecken bereits die ineinander verschachtelten verschiedenen Perspektiven, wobei Entdeckung für vorgängige Natur steht, Erfindung für den genialischen Forscher, Konstruktion für die Fabrikation im Labor.

sache der Milchsäure-Gärung wird. Im Zuge dieses Verfahrens findet nicht nur eine Umwandlung dieses Substrats statt, sondern der gesamten Konstellation von Forscher, Laboratorium, Académie etc. Das Milchsäure-Ferment erscheint zunächst als unscheinbarer grauer Fleck auf dem Bodensatz und wird erst im Zuge umfangreicher Laborprozeduren zum alleinigen Verantwortlichen für die Milchgärung. Doch ist die Beschreibung Pasteurs keine, die in unseren einfachen Begriffen von Subjekt und Objekt beschreibbar ist; vielmehr geht es um umfangreiche Prozeduren im Labor, die der Substanz, die im Zuge dieses Forschungsprozesses als Ferment ‹erstehen› wird, historisch erstmalig widerfahren: «Diese kontrollierte ‹lebhafte und regelmäßige› Manifestation ist ihr [der Substanz] seit Anbeginn der Welt noch nie irgendwo zugestoßen.»[16] Den Dingen stößt in dieser Sichtweise also etwas zu, mit der Folge, dass das Ding selbst ‹erbeben›, reagieren, sich ereignen kann: «Wir beobachten nicht, wie ein Mensch, mit Fähigkeiten ausgestattet, ein durch seine Attribute bestimmtes Wesen entdeckt. Wir sehen, wie ein Körper mit vielfältigen und partiellen Gliedern durch eine Reihe von Versuchen in seinem Laboratorium eine regelmäßige Folge von Aktionen sich ereignen lässt.»[17]

Latour entwirft hier eine umfassende Geschichtlichkeit und Relationalität, die auch eine Geschichtlichkeit der Dinge umfasst: «Die naturwissenschaftliche Fakultät mit oder ohne Pasteur ist nicht mehr genau dieselbe Fakultät; der Zucker mit oder ohne Milchferment ist nicht mehr genau derselbe Zucker, das Milchferment von und nach 1857 ist überhaupt nicht mehr dasselbe Ferment.»[18] Nachdem das Ferment aber erschienen ist, wird es im Rückblick so sein, als wäre es immer schon auf der Welt gewesen, es wird naturalisiert und enthistorisiert, seine Evidenz wird nach außen verlagert: «Sobald Pasteur es im Jahre 1857 entdeckt hat, ist das Milchsäureferment immer schon dagewesen.»[19] Wie nun muss man sich ausgehend von diesem Beispiel das Verhältnis von Natur und Gesellschaft, wie das von Ontologie und Konstruktion vorstellen?

Pasteur hat eine Reihe von situierten Handlungen ausgeführt, doch hat er das Ferment damit nicht konstruiert. Vielmehr hat er damit die Möglichkeit geschaffen, dass das Ferment als solches sich überhaupt erst ereignen kann. «Nicht nur ‹stößt› das Ferment Pasteur ‹zu› – und verwandelt diesen ehrwürdigen Chemiker aus der Provinz in einen Meister der Mikrobiologie auf der gan-

---

16 Bruno Latour: «Haben auch Objekte eine Geschichte? Ein Zusammentreffen von Pasteur und Whitehead in einem Milchsäurebad». In: Ders.: *Der Berliner Schlüssel. Erkundungen eines Liebhabers der Wissenschaften*. Berlin 1996, S. 87–112, hier S. 100. Im Band *Die Hoffnung der Pandora* – einer Zusammenschau bereits publizierter Texte, die nun in einen größeren Argumentationsbogen gestellt werden – ordnet Latour seine Geschichte des Ferments noch einmal neu ein, vgl. Latour: *Hoffnung der Pandora*, S. 137–210.
17 Latour: «Objekte», S. 99.
18 Latour: «Objekte», S. 106.
19 Latour: «Objekte», S. 95.

zen Welt –, sondern auch Pasteur ‹stößt› dem Ferment ‹zu›, und verwandelt eine Fermentierung durch Kontaktwirkung in eine Fermentkultur mit Zucker als Nahrungsmittel.»[20] Ein mutmaßlicher Akteur taucht zunächst als graue Substanz ganz am Rande eines Experiments auf; Pasteur wendet sich genau diesem flüchtigen, kaum existenten Stoff zu, seine Verfestigung hin zu einer klar umrissenen Substanz geschieht erst Stück für Stück in einer langen Serie tastender Versuche in der Laborpraxis, aber auch in den sprachlichen Beschreibungen.

Dieses Zusammenspiel unterschiedlichster Akteure und die Durchkreuzung der Opposition von Natur und Gesellschaft, Ontologie und Konstruktion bezeichnet Latour als *Actor-Network*, als *Netzwerk der Aktanten*. Mit der *Actor-Network-Theory (ANT)* wird der Dualismus von Ontologie und Konstruktion in der sog. verallgemeinerten «symmetrischen Anthropologie» unterlaufen. Natur und Kultur werden nunmehr auf der gleichen Ebene behandelt, **denn Dinge**, Substanzen, Tatsachen entstehen in einem Zusammenspiel von verschiedensten Aktanten. Das Netz der beteiligten Aktanten ist dabei so eng ‹gestrickt›, **dass** weder ‹Natur› noch ‹Kultur› noch ‹Technik› noch ‹Medium› etc. klar voneinander losgelöst werden könnten. Die im Reagenzglas des Naturwissenschaftlers vor sich gehenden Dinge und Reaktionen, aber z. B. auch das «Ozonloch» – so ein beliebtes Beispiel Latours – sind dann keine einfachen Naturvorgänge mehr, noch sind sie reine gesellschaftliche Konstruktionen noch reine Repräsentationen, sondern «hybride Gebilde» im Dazwischen von chemischen, physikalischen, diskursiven, experimentellen Anordnungen.

Mit diesem Ansatz erhalten auch die Dinge, die vom Sozialkonstruktivismus unberücksichtigt worden waren, wieder einen Platz in der Wissensbildung. Indem Latour dem Ferment ermöglicht, selbst zu reagieren, angesichts von Pasteurs Anrichtungen zu «beben», zu handeln, entwirft er einen ‹neuen Realismus›, eine ‹neue Ontologie›, die eine umfassende Geschichtlichkeit auch der Dinge umfasst. Das Ferment handelt zwar autonom, doch erst, indem es durch Pasteur in diese Lage versetzt worden ist bzw. indem Pasteur ihm eine ‹Bühne› für seine Aktion geschaffen hat[21] und damit erst in einem ganzen Netzwerk von Aktanten.

Diese Konzeption beinhaltet konstitutiv Aspekte der Unvorhersehbarkeit, die in die Frage der Referenz eine grundlegende Offenheit und Unsicherheit einführen. Die Störung als Moment des Unerwarteten spielt in diesem Zusammenhang eine zentrale Rolle.

---

20 Latour: «Objekte», S. 96.
21 Nachdem Latour zunächst die Metapher der Bühne einsetzt – «Pasteur schafft eine Bühne, auf der er selbst nichts mehr zu schaffen hat» (Latour: *Hoffnung der Pandora*, S. 157) –, problematisiert er diese im weiteren Argumentationsverlauf, «[d]enn die aus der Welt der Kunst entlehnte Redefigur *ästhetisiert* leider das Werk der Wissenschaft und schwächt seinen Wahrheitsanspruch» (ebd. S. 164).

Störungen

Netze von «hybriden Gebilden», welche die genannten Oppositionen von Natur und Gesellschaft, Maschine und Mensch, Subjekt und Objekt durchkreuzen, werden dabei auch durch Störungen ebenso konstituiert wie wahrnehmbar. Störungen führen in die Fragen der Referenz Unerwartetes und Risiko ein und setzen den Prozess der Erkenntnisgewinnung in Gang. Sie wirken wie ein Einbruch ins Stetige und durchqueren die Auffassung, dass Ereignisse entweder Naturvorgänge oder gesellschaftliche Konstruktionen seien. Innerhalb eines Versuchs zu verstehen machen sie zunächst fassungslos, produzieren Unverständnis und treiben die Übersetzungsoperationen und Handlungsprogramme in den Vordergrund, die jegliche «hybriden Gebilde» ausmachen, aber – folgt man den theoretischen Entwürfen Latours weiter – im «Blackboxing» der Systeme wie Wissenschaft, Gesellschaft, Technik und Kunst verschwinden.

Mit «Blackboxing» beschreibt Latour das Unsichtbarmachen wissenschaftlicher und technischer Arbeit durch ihren Erfolg.[22] Wenn das System funktioniert, nimmt man z. B. im Netzwerk nur noch den In- und Output wahr, nicht mehr aber die interne Komplexität. Sichtbar wird das System erst im Moment eines Defekts. Latour führt folgendes Beispiel an: Das Benutzen eines Overheadprojektors bei einem wissenschaftlichen Vortrag (oder heute verbreiteter: eines Beamers) ist eigentlich nur ein Punkt in einer Handlungsfolge, ein stummes Zwischenglied, welches für selbstverständlich gehalten wird und ganz in seiner Funktion aufgeht – insofern wird auch sein Einsatz unsichtbar. Erst im Moment der Störung wird das Gerät sichtbar: Während das Gerät geprüft und justiert wird, zeigt sich, dass der Projektor aus verschiedenen Einzelteilen besteht, deren Funktionen jeweils unabhängige Zwecke haben. Das Gerät wird Dank der Störung aus der Black Box entlassen. «Erst die Krise macht uns die Existenz des Gerätes wieder bewußt.»[23]

Und in diesem Gerät – dem Overheadprojektor – wimmelt es von Einzelteilen, weiteren Aktanten. So schlägt Latour vor: «Schauen Sie sich einmal um in dem Raum, in dem Sie gerade sitzen […] Überlegen Sie, wieviele Black Boxes es um Sie herum gibt. Öffnen Sie eine, schauen Sie sich dieses Gewimmel von Einzelteilen darin an. Jedes der Teile der Black Box ist selbst wieder eine Black Box voller Einzelteile»[24], in der sich «zirkulierende Referenzen»[25] der «Dinge» auftun.

---

22 Vgl. das Glossar in: Latour: *Hoffnung der Pandora*, S. 373; hier ergeben sich unmittelbare Beziehungen zum medienwissenschaftlichen Verständnis der Kamera oder des Fernsehgeräts als «black box», die erst durch das Verdecken ihres inneren Funktionierens soziale Wirksamkeit erhalten.
23 Vgl. Bruno Latour: «Ein Kollektiv von Menschen und nichtmenschlichen Wesen. Auf dem Weg durch Dädalus' Labyrinth». In: Ders.: *Hoffnung der Pandora*, S. 211–264, hier S. 223. Ein anderes Beispiel Latours ist die Explosion der Raumfähre Columbia im Februar 2003, vgl. Bruno Latour: *Von der Realpolitik zur Dingpolitik*. Berlin 2005, S. 33-35.
24 Latour: «Ein Kollektiv», S. 224.
25 Bruno Latour: «Zirkulierende Referenzen, Bodenstichproben aus dem Urwald am Amazonas». In: Ders.: *Hoffnung der Pandora*, S. 36–96.

Anlass für das Öffnen der Black Box war die Störung, der Unfall, die Krise. Erst dann wird deutlich, wie heterogen, ungewiss, lokal und riskant «die Dinge» sind.[26] Der Effekt, der als Störung bzw. Unfall wahrgenommen wird und Erfolgslogiken wissenschaftlicher Bildgebungsverfahren wie im genannten Beispiel durchbricht, kann somit den referentiellen Zusammenhang zuallererst öffentlich wirksam und die Übersetzungsoperationen im Ereignis (hier dem Vortrag) deutlich machen. Im Konzept Latours ist die Störung (hier der nicht funktionierende Overheadprojektor) konstitutiv für Verschiebungen zwischen Aktant und Vermittler und deshalb auch entscheidend für die Frage, unter welchen Umständen was zum Referenten einer komplexen Konstellation wird.

Anlässe, die (Bild-)Störungen in den Fokus der Forschung zu stellen, ergaben sich auch in anderen Forschungsfeldern.[27] Insbesondere fotografische Verfahren bildeten hier einen wichtigen Ausgangspunkt. Störung und somit der Bildunfall und das Rauschen sind entscheidende Kategorien für eine theoretische Forschung, die die Verfahren ihrer Sichtbarmachung befragt und Verbindungen zwischen Apparaten und ihren Strukturen und Funktionsweisen für Wahrnehmung und Öffentlichkeit herauszuarbeiten sucht. Anhand der Argumentationen des Kunstwissenschaftlers Peter Geimer zu den Störungen in bildgebenden Verfahren kann den Fragen nachgegangen werden, was nun eigentlich als Störung bezeichnet werden kann und wodurch eine Störung wahrnehmbar wird. Ausgangspunkt ist, dass das Sichtbarmachen als grundlegendes Anliegen der Medien und der Wissenschaften gelten kann.[28]

Geimer zeigt, dass bei einer Fokussierung auf die Störungen und Brüche im Abbildungsprozess die Referentialität als vielschichtiger Zusammenhang gedacht werden kann, der weder einer Ontologie noch einer reinen Konstruiertheit folgt, aber eine Vergleichsfolie für Fragen nach Authentizitätsbeschreibungen bezogen auf bestimmte Bildformate bietet. Die Störung bzw. der Unfall der Verweisung, der zum Beispiel durch das fotochemische Material selbst verursacht ist, kann also eine Zirkulation der Bezüge zur Ansicht treiben. Referenz wird durch eine unterbrochene oder gestörte Übertragung reflektierbar.

Was in der Übertragung unsichtbar bleiben sollte – nämlich das technische Medium dieser Übertragung selbst –, kommt zum Vorschein, stellt man den Unfall als Referenz in den Vordergrund. Die Übertragung gründet sich auf ei-

---

26 Latour: *Realpolitik*, S. 27. Hier bezieht sich Latour explizit auf das ‹epistemische Ding› Rheinbergers.
27 Auch Paul Virilio hat z. B. gefordert, dass in jedem Technikmuseum eine Abteilung über die korrespondierenden technischen Unfälle anzugliedern wäre. Der Unfall, die Zerstörung führt die Produktion eines spezifischen Versagens ein: «Das Schiff führt den Schiffbruch ein, der Zug entdeckt die ‹Eisenbahnkatastrophe› des Entgleisens […]» Paul Virilio: «Der Unfall» (Accidens Originale). In: *Tumult. Zeitschrift für Verkehrswissenschaften* I, 1979, S. 77–82, hier S. 77.
28 Peter Geimer: «Was ist kein Bild? Zur ‹Störung› der Verweisung». In: Geimer: *Ordnungen*, S. 313-342; Peter Geimer: «Blow Up». In: Wolfgang Schäffner/Sigrid Weigel/Thomas Macho (Hrsg.): *Der liebe Gott steckt im Detail. Mikrostrukturen des Wissens*. München 2003, S. 187–203.

ne Unterbrechung, auf einen Unfall, der die Referenz von Material und Bild bestimmt und im stetigen Rauschen Verweise zu dem sich immer wieder neu konstituierenden Bezugsobjekt erkennbar macht. Insofern kann man sagen: Die Botschaft wird genau dadurch – durch das Aussetzen – modelliert. Die Störung kann das Alternieren zwischen Natur und Kultur, die hybriden Konstellationen bemerkbar machen, als ein gleichzeitiges Vorfinden und Erfinden, wie es Talbot für seine ersten fotogenischen Bilder berichtet und Bachelard als entscheidende Frage für naturwissenschaftliche Dinge (gab es Sauerstoff, bevor er nachgewiesen oder experimentell erzeugt war?) formulierte:

> Wenn etwa Talbot seine ersten ‹fotogenischen› Bilder abwechselnd als Entdeckung (*discovery*) und Erfindung (*intervention*) beschreibt, also wahlweise als das Vorfinden eines natürlichen Vorgangs, der seit jeher latent vorhanden war und nur zufällig entdeckt werden mußte, und wenige Zeilen später dann wieder als Resultat aufwendiger Experimente, als Produkt und Artefakt, für dessen erfolgreiche Herstellung ihm folglich ein Patent zusteht, so ist hier eine hybride Konstellation humaner und nicht-humaner Agenten am Werk, wie sie etwa immer wieder Bruno Latour beschäftigt haben.[29]

Das Charakteristikum der Störungen ist nun die Abwesenheit von Intention. Wären die Störungen beabsichtigt hergestellt, so wären sie erwartbar, vorhersehbar, also keine Störungen mehr. Insbesondere wenn es sich um Bilder für die bloßen Augen unsichtbarer Entitäten handelt, wie z. B. den Tabakmosaikvirus oder die Bilder aus der Nanotechnologie, sind Störungen im Bild nicht als solche zu erkennen und insofern von den intendierten Aufzeichnungen nicht zu unterscheiden. Die Abbildung der Phänomene interferiert zum Beispiel mit fotochemischen Effekten des Aufzeichnungsinstrumentariums selbst. Irgendetwas kann man immer auf einer fotografischen Platte erscheinen lassen (faire venir[30]), und sei es der in der Fabrikation bewirkte Schleier.

Gerade im Augenblick seines Nicht-Funktionierens macht sich die Funktion eines bildgebenden Verfahrens bemerkbar und zwingt seine Entwickler oder Benutzer dazu, einzugreifen. Denn im Falle des «Funktionierens» macht die Fotografie sichtbar ohne selbst sichtbar zu sein. «Was immer auch ein Photo dem Auge zeigt, es ist doch allemal unsichtbar: es ist nicht das Photo, das man sieht.»[31] (vgl. Abb. 1)

29 Peter Geimer: «Einleitung». In: Geimer: *Ordnung*, S. 7-27, hier S. 15.
30 Guillaume de Fontenay: «Le role de plaque sensible dans l'étude de phénomènes psychiques, Troisième Partie, les Trashisons de la plaque sensible». In: *Annales des Sciences psychiques*, 21. Jg., November/Dezember 1911, S. 349-355, S. 351 zit. n.: Geimer: «Kein Bild», S. 330.
31 Roland Barthes: *Die helle Kammer. Bemerkungen zur Photographie*. Frankfurt/M. 1989, S. 14.

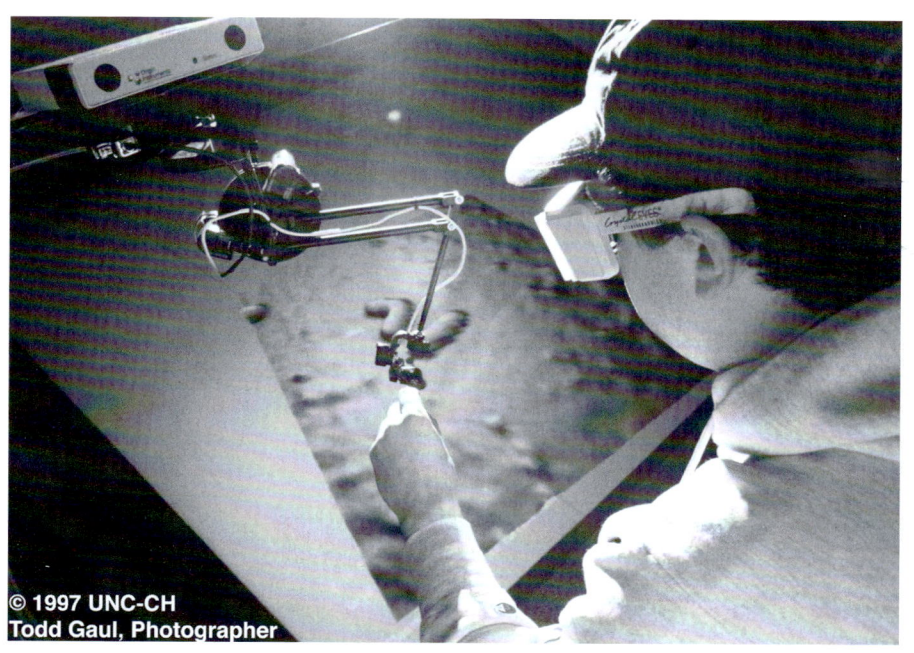

«Hot Stuff»: Referentialität in der Wissenschaftsforschung

Abb. 1: Untersuchung eines virtuellen Tabakmosaikvirus' an der «nanoWorkbench» mit Stereosicht und haptischer Kraftrückführung, 1997. (Abdruck mit freundlicher Genehmigung von NIH Resource for Computer-Integrated Systems for Manipulation and Microscopy der University of North Carolina at Chapel Hill.)

Das Material beginnt zu stören und zugleich zu bilden. Eine unhintergehbare Referentialität wird behauptet. Berührungsstellen, Schnittstellen von Referent und Apparat (Instrument) werden durch Störungen wahrnehmbar. Das Material unterbricht, kontaminiert, bestimmt und bildet. Die Penetranz der Störung wäre insofern mithin nichts Negatives, kein Defizit, kein Ausnahmefall, sondern im Gegenteil eine mögliche Manifestation.

Es geht also mit der Störung um die randständigen Geschichten, Brüche, Inflationierungen von Bildern. Beispiele wären neben der Fotografie ebenso die Mikroskopie, welche Dauerpräparate voraussetzt, die Elektronenmikroskopie, bei der das Präparat im Prozess der Visualisierung verloren geht, und die verschiedenen ultrazentrifugalen Techniken, eingesetzt als Präparationsverfahren für die Elektronenmikroskopie, oder auch die eingebrachten Tracer (radioaktive Isotope), die die Orte der Reaktion selbst sichtbar machen. Die Störungen und Unfälle in der Vor-Stellung bestimmen die Entwicklung der Instrumente, bestimmen aber auch die Entscheidungen für oder gegen ein instrumentelles Patent. Verschiebt sich der referentielle Zusammenhang, verschieben sich auch die Schnittstellen zwischen dem, was noch als biologische Natur gelten könnte (z. B. einem Virussubstrat) und dem, was als (Arte)Fakt fungiert.

Durch die Störung, die nur vorübergehend als Störung wahrgenommen wird, kann deutlich werden: es gibt kein Außerhalb des Netzes, kein Außerhalb des referentiellen Zusammenhangs. Erkenntnis ist auf einen Bruch angewiesen. Einen Bruch, der wechselnde Zusammenhänge stiftet: Referenz wird reflektierbar durch Übertragung, die unterbrochen und gestört wird.

Insofern können mit dem Konzept der Störungen die Verschiebungen der Nahtstellen vom Biologischen und Technischen exploriert werden. Der Status des evidenten Beweises, der in der Naturwissenschaft wie auch im «alltagspragmatischen» wissenschaftlichen Handeln eine große Rolle spielt, wird auch durch den Einfall der Störung in eine Krise gestürzt.

Evidenzstiftung

Gerade aber dieses alltagspragmatische Handeln am Bild (maßgeblich als ein sozial-medial ausgehandeltes Fabrikationsverhältnis zu charakterisieren) verdient unter der Perspektive des Referentiellen genauere Betrachtung. Die Störung verweist auf den Zusammenhang von Bild und Wissen als einer (krisenhaften) Form der ‹verifizierenden› Bezugnahme und des ‹evidenzierenden› Beweises; die Perspektive des epistemischen Dings entkleidet das Bild-Objekt-Verhältnis seiner distinkt bipolaren Betrachtungsweise – und dennoch werden die Visualisierungsformen der Laborwissenschaft zusammen gehalten durch das Diktum von (pragmatischen) *Objektivierungsmechanismen*. Die wissenschaftliche Visualisierung ist (als Aussagepraxis) auf alle Fälle eine Form der Beglaubigungs-, Gewissheits- oder Evidenzstiftung anhand der Referentialität behauptenden Darstellung eines Objekts. Die innerwissenschaftliche Postulation einer Objektivitätsbehauptung impliziert aber einige wichtige epistemologische Mechanismen, die zur Bewertung der Produktion von Visualisierungen wichtig sind.

Die vorgebliche Evidenz des Bildes im Sinne einer Referenz von Aussage und Beweis ist aber krisenhaft und verschiedentlich kritisch thematisiert worden – maßgeblich beispielsweise von Lorraine Daston und Peter Galison.[32] Deren Position fasst Peter Geimer so zusammen, dass sie für die wissenschaftlichen (fotografischen) Visualisierungsverfahren die Objektivität des fotografi-

---

32 Daston/Galison: «Das Bild der Objektivität»; Lorraine Daston: «Fear and Loathing of the Imagination in Science». In: *Daedalus. Journal of the American Academy of Arts and Sciences.* Cambridge, Mass. 1998, S. 73-93; Peter Galison: «Urteil gegen Objektivität». In: Herta Wolf (Hrsg.): *Diskurse der Fotografie. Fotokritik am Ende des fotografischen Zeitalters.* Frankfurt/M. 2003, S. 384-426.

schen Bildes nicht als mitgegebene Eigenschaft annehmen, sondern als einen historisch und kulturell wandelbaren Typus von Evidenz.[33]

Im Gegensatz beispielsweise zum Status des dokumentarischen Bildes aber behauptet die naturwissenschaftliche Visualisierung nicht die Welt in ihrer optischen Erscheinung zu reproduzieren, sondern oftmals (in Form von Simulationen, Grafen und Modellierungen) die Welt als Datum aufzuschreiben und somit aus einer evidenten Sichtbarkeit eine (logische) Aussage herzustellen. Ein solches Verfahren bedient sich dabei, wie noch zu zeigen sein wird, dem Verfahren der «Kaskaden von Inskriptionen», kann aber auch als eine Strategie der Herstellung von Korrespondenzen verstanden werden.

Zumindest im Kontext der formalen Logik oder der Erkenntnistheorie ist die «Wahrheit von Aussagen» zunächst eine Frage von Referenz bzw. terminologisch tradierter Korrespondenz, also die Bestimmung der Verhältnismäßigkeit von Aussage und Sachverhalt. Es geht zunächst um eine Unterscheidung in ‹übereinstimmend oder nicht-übereinstimmend›, die im aristotelischen Diktum ‹Wahrheit ist Übereinstimmung mit der Wirklichkeit› kulminiert.[34] Schon in einem solchen Schlagwort wird deutlich, dass die Referenz-/Korrespondenzfrage innerhalb der formalen oder sprachlogischen Denkweise in eine Sackgasse führt – wie ließe sich Übereinstimmung definieren, wenn Parameter wie Identität, Ähnlichkeit oder Kausalität als ebenso auf Korrespondenz beruhende Begriffe erkennbar werden?[35] Am Ende solcher Überlegungen steht dann oftmals die Erkenntnis, dass Wahrheit eine Fundamentalbehauptung bzw. apriorisch und daher per se nicht definierbar sei.[36] Die Herstellung einer Wahrheitsdefinition (als Referenzfunktion) wäre eben ein Aussagesatz, der auf Wahrheit abzielt und damit zu seiner eigenen Funktionalität das benötigen würde, was er definieren will. Damit ist Wahrheit als Referenz- oder Korrespondenzfunktion per se nicht ‹beweis›- und ausdrückbar und selbstverständlich auch nicht ‹augenscheinlich sichtbar›.[37]

Evidenz, die sich durch eine aufeinander verweisende Referenz von Dingen, Objekten und Aussagen einstellt, ist demzufolge nicht bzw. nur schwer im Rahmen einer formalen Theorie begründbar. Dennoch ist die Strategie der Evi-

33 Geimer: «Einleitung», S. 17.
34 Aristoteles: *Metaphysik*; vgl. 1051b (deutsch nach der Übersetzung von Hermann Bonitz, Berlin 1890).
35 Vgl. Oliver R. Scholz: *Bild, Darstellung, Zeichen: philosophische Theorien bildhafter Darstellung*. Freiburg/München 1991.
36 Zusammenfassend hierzu: Alfred Tarski: «Der Wahrheitsbegriff in formalisierten Sprachen». In: *Studia Philosophica* 1, 1935, S. 261-405.
37 In einer solchen Perspektive ist Wahrheit nicht mehr die Beziehung zwischen Aussage und Wirklichkeit, sondern im strengen Sinne zwischen Aussage und Aussage. Damit ist ein erkenntnistheoretischer Realismusbegriff zugunsten einer semantischen Ebene aufgegeben, Wahrheit ist letztendlich eine symbolische Äquivalenzfunktion und damit zwar pragmatisch aber nicht mehr logisch zu verwenden.

denz- oder Objektivitätsbehauptung innerhalb der Naturwissenschaften vor allem in Bezug auf das Visuelle pragmatisch und als kulturelle Praxis präsent.

Und deswegen scheint es sinnvoll, über eine funktionale Evidenztheorie nachzudenken, die sich ebenfalls auf einen Korrespondenz-Begriff bezieht, um zu verstehen, wie dennoch ein stabiles System von Wahrheitsaussagen in der Laborwissenschaften anhand beispielsweise des Visuellen hergestellt wird. Innerhalb eines solchen Konzeptes muss die starke und ein-eindeutige Referentialität von Aussage und empirischer Welt dahingehend modifiziert werden, dass ihr Bezug eben nicht nur in einer dinglich-objektivierbaren-empirischen Welt gesucht wird, sondern auch in einer eher diskursiv konzeptualisierten Welt, was zugleich eine Trennung von subjektivem und intersubjektivem Wissen impliziert.

Ludwig Jäger[38] hat den Vorschlag gemacht, eine epistemische und eine diskursive Form der Evidenz zu unterscheiden. Die epistemische Evidenz ist dabei die subjektive, mentale und unmittelbare Gewissheit, die auf Anschauung und einer ‹Denknotwendigkeit› des Angeschauten rekurriert, ist also einem klassischen Begriff der Wahrheit der Dinge in der Anschauung durch das Subjekt verpflichtet. Demgegenüber wären diskursive Formen von Evidenz als Ergebnisse prozeduraler Grammatiken zu fassen (beispielsweise in Form von Beweis, Argumentation, Erklärung oder rhetorischen Figuren), also durch eine intersubjektive und kommunikative Operativität gekennzeichnet.

Und diese diskursive Evidenz wäre es denn auch, die mit einem zwar ‹schwächeren›, aber eben pragmatischen Begriff von ‹Wahrheit-als-Referenz› aufwartet – und vor allem für die Fragestellung nach den Funktionen der Herstellung von Wahrheitspraktiken (und eben nicht empirischen Wahrheiten) sinnvoll genutzt werden kann.

So kann z. B. mit Bill Nichols[39] argumentiert werden, dass hier auch die (alte) Frage nach dem Dokumentarischen, der Unterscheidung von Fakt und Fiktion aufgerufen ist. Evidenz wäre hierbei als die Auslagerung des Beweises als externem Referenten, auf den der Diskurs dann verweisen und auf den er seine Autorität und Glaubwürdigkeit stützen kann, zu verstehen:

> Alle Diskurse […] trachten danach, die Evidenz des Beweises auszulagern, also danach, sie außerhalb des eigenen Bereichs zu situieren, um dann gestenreich auf diesen Ort zeigen zu können, der jenseits und vor jeder Interpretation liegt. In der Referenz auf diesen externen Ort wird dann sichtbar gemacht und benannt, was dort angeblich der Benennung harrt.[40]

---

38 Ludwig Jäger: «Schauplätze der Evidenz. Evidenzverfahren und kulturelle Semantik. Eine Skizze». In: Cuntz et. al, S. 37–52.
39 Bill Nichols: «Evidence - Fragen nach dem Beweis». In: Cuntz et. al (Hrsg.): *Die Listen der Evidenz*. Köln 2006, S. 86–101.
40 Nichols: «Evidence», S. 86.

Mit dieser Figur der Auslagerung des Beweises aber ist eine wesentliche verbindende Figur der Evidenz benannt: Das gestenreiche Zeigen auf ein aus dem Aussageort exkludiertes Eigenes, das zum Anderen gemacht wird. Es ist dies die Rhetorik des ‹Sieh hin! Das sieht man doch›, also der künstlichen Korrespondenz/Referenz auf ein vorgeblich externes Argument, symbolisches System oder ein Wahrnehmbares. Der ‹Beweis› der Augenscheinlichkeit wäre somit als zunächst dem augenscheinlichen Ding selbst Zugehöriges zu verstehen. Substantiell wäre somit auch (sowohl in einer diskursiven wie auch in einer subjektiven und in Folge: intersubjektiven) Perspektive die Evidenz von einer eigentlichen (und per se wohl nicht zu deklinierenden) Wahrheitsfunktion unterschieden.[41]

Wissenschaftliche Wahrheit wäre somit als (per se unerreichbare) Idealkonstruktion und Wunschkonstellation in der erkenntnistheoretischen Postulation dem Ding innewohnend und funktional als Behauptung konstitutiv für die Effektivität eines Begriffs von Wissenschaft. Sie wäre demnach nicht exkludierbar, während faktische Evidenz ggf. als eine Funktion der Auslagerung zu verstehen wäre, die danach trachtet, den Prozess der Auslagerung zu verunsichtbaren, ihn zu naturalisieren. Das Erlebnis der (gelungenen) Unmittelbarkeit wäre somit das Ergebnis einer gelungenen Naturalisierung, die Analyse der Evidenz als Effekt die Aufdeckung bzw. die grundsätzliche Wahrnehmung dieser Hergestelltheit, und die Frage nach der Referenz wäre eine nach der Herstellung bzw. Aufdeckung von Exkludierungen.

Das Beispiel Elektronenmikroskopie: Bilder aus Daten

Ein Beispiel des instrumentellen Bildherstellungsprozesses aus dem Kontext der Nanotechnologie mag die vorhergehenden Ausführungen veranschaulichen. Die in den Bildwelten der Nanowissenschaften dargestellten Strukturen belaufen sich auf ein Millionenstel eines Millimeters und sind daher weder vom menschlichen Auge noch vom Licht-Mikroskop erfassbar. Entscheidend für die Vorbereitung von Wissenschaftsfeldern wie der Nanotechnologie mit ihren hoch spezifischen Referenz-Objekten war die Elektronenmikroskopie. Es handelt sich dabei um nicht-optische Bildgebungsverfahren, sie sind *bildgebend*, nicht *abbildend*. Die Elektronenmikroskopie liefert Bilder als Messdatenergebnisse. Vereinfacht dargestellt, wird die Mikroskop-Spitze an einem Arm auf die Probe abgesenkt. Setzt die Spitze auf der Probenoberfläche auf, so wird ein Kontakt ausgelöst, der Arm wieder hochgezogen und der nächste Rasterpunkt abgefahren.

---

41 Und somit wiederum an das auch von Daston/Galison gewählte Verfahren angeknüpft, die Herstellung von Objektivitätsmechanismen jeweils aus dem kulturellen, symbolischen und technischen Kontext heraus zu klären «Was gilt als eine objektive bildliche Wiedergabe der natürlichen Welt – welche Funktion hatte die Objektivität zu bestimmten Zeiten für Wissenschaftler [...]» (Galison: «Urteil», S. 385).

Über die vertikale Auslenkung des Arms erhält die Auswertungssoftware Messdaten zu Höheninformationen der Probe. Am Anfang steht also die physikalische Wechselwirkung zwischen der feinen Messspitze und der Oberfläche der Probe. Dieses Verfahren beruht auf den Berührungsstellen von Referent und Apparat. Es erlaubt die Erfassung und in der Folge auch die Visualisierung von Oberflächen in einem Größenbereich einzelner Atome und Moleküle bis hin zu mikrometer-großen Objekten. Der Blick in und (wichtiger:) das Handeln im Mikrokosmos der Nanotechnologie wird erst durch diese bildgebenden Techniken möglich, in denen aus einem ‹Signalgewitter› ein Bild der Oberfläche errechnet wird. Anstatt aus diesen Zahlen visuelle Elemente zu erstellen, könnten sie theoretisch ebenso in eine Klangfolge oder eine Skulptur umgerechnet werden.[42] Dieser Vorgang der Modellierung des Bildes durchläuft verschiedene Ebenen, die sich von der Erfassung zur Umsetzung von Daten, über den Einsatz von Filtern und schließlich der Addition von Elementen (wie Größenskalen oder wiedererkennbaren Elementen aus dem Makrobereich) erstrecken. Die Daten selbst haben per se kein eigenes Aussehen, so dass sich die aus diesen Daten erstellten Bilder immer auf andere Bilder beziehen. Die Elektronenmikroskopie dient hier als ‹verifizierendes› Bezugssystem.

Eines der bekanntesten Bilder der Rastertunnelmikroskopie ist das zum Leitbild der Nanotechnologie gewordene atomare IBM-Logo (siehe Abb. 2). Losgelöst von seinen Entstehungsbedingungen wurde es in den 1990ern zur Metapher für die bevorstehende Zukunft der Naturwissenschaft. Seine Verwendung betont die neuen Möglichkeiten der Manipulation, die den Einsatz des Mikroskops vom Anschauen zum Anfassen erweitert. Ursprünglich Teil einer wissenschaftlichen Veröffentlichungsstrategie, bei der das IBM-Bild Teil einer Serie war, die einen bestimmten Laborprozess verdeutlichen sollte, wurde es schnell zur Werbeikone der Nanotechnologie.[43]

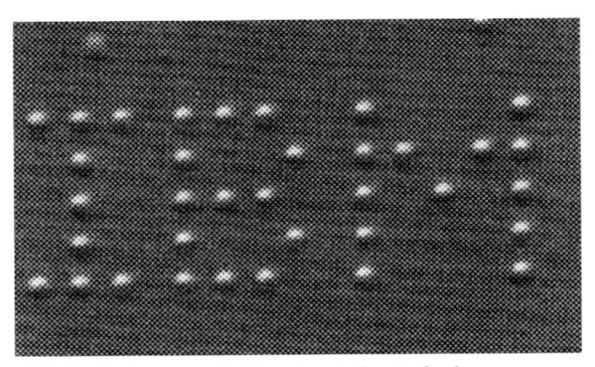

Abb. 2: Rastertunnelmikroskopische Aufnahme

42 Zur Rolle akustischer Signale in der Laborpraxis der Nanotechnologie: Jens Soentgen: «Atome Sehen, Atome Hören». In: Alfred Nordmann et al. (Hrsg.): *Nanotechnologie im Kontext*. Berlin 2006, S. 97–113.
43 Jochen Hennig: «Aspekte instrumenteller Bedingungen in Bildern der Rastertunnelmikroskopie». In: Helmar Schramm et al. (Hrsg.) *Instrumente in Wissenschaft und Kunst – Zur Architektonik kultureller Grenzen im 17. Jahrhundert* (Theatrum Scientiarum Bd. 2). Berlin 2006,

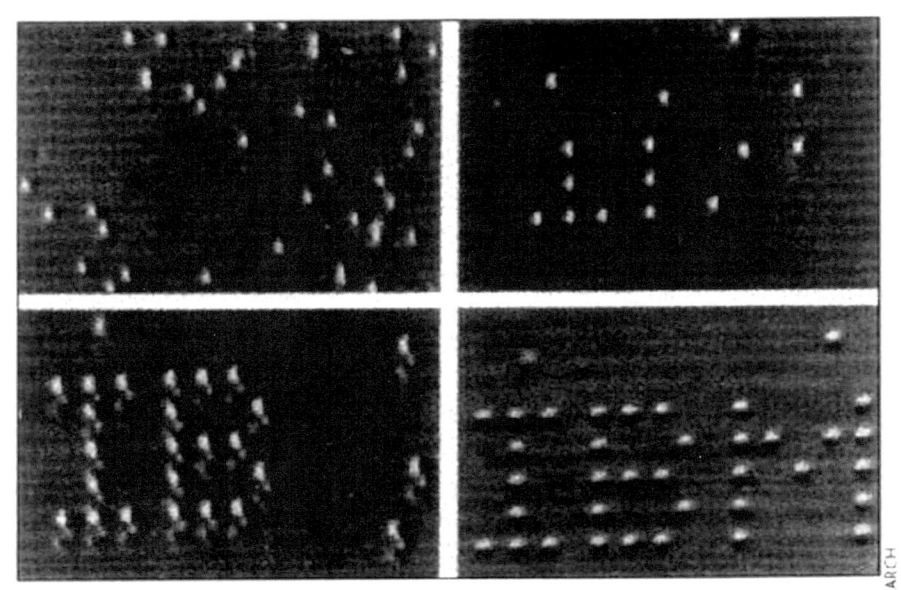

«*Hot Stuff*»: *Referentialität in der Wissenschaftsforschung*

Smallest Writing. This famous set of images, now about 10 years old, helped prove to the world that people indeed can move atoms. The series shows how 35 atoms were moved to form a famous logo.

Abb. 3

Der Physiker Donald Eigler arbeitete Ende der 1980er Jahre in einem IBM-Forschungslabor an einem Projekt zur Entwicklung eines höchstmöglich auflösenden leistungsstarken Rastertunnelmikroskops. Eine spezielle Anwendung wurde hierbei nicht anvisiert. Um Störungen und Verunreinigungen durch andere Atome auszuschließen, wurde zusammen mit Erhard Schweizer intensiv an einer Apparatur gearbeitet, die ein Ultrahochvakuum sowie Tiefsttemperaturen gewährleistet. In zahlreichen Experimenten sollte die Adsorption, d.h. die Anlagerung von Stoffen, hier: Xenon-Atome, an eine Fläche, hier: eine reine Platin-Oberfläche, untersucht werden. Die Zuverlässigkeit des Mikroskops war jedoch geringer als erhofft, die aufwändigen Probenpräparationen mussten immer und immer wieder durchgeführt werden, brachten oft keinerlei Ergebnis oder zeigten Streifen und Versetzungen. Diese Streifen interpretierte Eigler als Verschie-

S. 377–391; ders.: «Die Versinnlichung des Unzugänglichen – Oberflächendarstellungen in der zeitgenössischen Mikroskopie». In: Martina Heßler (Hrsg.): *Konstruierte Sichtbarkeiten. Wissenschafts- und Technikbilder seit der frühen Neuzeit*. München 2005, S. 111–129; ders.: «Vom Experiment zur Utopie: Bilder in der Nanotechnologie». In: Horst Bredekamp et al. (Hrsg.): *Bildwelten des Wissens. Instrumente des Sehens* 2, 2004, Heft 2, S. 9–18.

bung der Atome während des Abtastens. Um der Störung nachzugehen, verwendete man eine raue Nickeloberfläche, so dass sich die adsorbierten Atome nicht so schnell verschieben lassen sollten. In den nun folgenden Experimenten konnte entweder mit der Mikroskopspitze die Oberfläche störungsfrei gerastert oder aber es konnten die Atome gezielt mit der Spitze bewegt werden.

Um dieses Verfahren zu demonstrieren erzeugte Eigler mit dieser Apparatur den Schriftzug IBM und visualisierte diesen (s. Abb. 3). Der Begleittext der Erstveröffentlichung in *Nature*[44] verweist darauf, dass die Positionierung der Atome nur an diskreten Orten in gleichmäßigen Abständen möglich, die Nickeloberfläche im Bild jedoch nicht atomar aufgelöst ist. Die Oberfläche erscheint somit im Bild gleichmäßig und lässt nicht auf die Entstehungsbedingungen im Labor schließen. Die exakte Positionierung scheint das Verdienst des Experimentators zu sein und dient somit als Ausweis der Manipulierbarkeit und somit nicht zuletzt des referentiellen Potenzials der Bilder. Anschließend werden in Vorträgen zunächst Bilder der unbeabsichtigt verschobenen Atome gezeigt, um die Motivation des Experiments zu erläutern. Dieser Kontext wird in nachfolgenden Publikationen nicht mehr angesprochen. Die komplexen Anforderungen und die artifiziellen Bedingungen des Experiments sind im Bild selbst nicht sichtbar. Zudem vermerkten Eigler und Schweizer in der Bildunterschrift (die in anderen Publikationskontexten nicht übernommen wurde), dass es sich um eine Differenzialdarstellung handelt. Gegenüber den im Labor verwendeten Darstellungen wurde demnach in der Publikation ein anderer Darstellungsmodus gewählt. Diese Form der Bildgestaltung wird in der Publikationspraxis eher selten eingesetzt. Hier werden die Höhenpositionen der Probe beim Abrastern nicht in Graustufen umgewandelt, d.h. es wurde ein anderer Algorithmus genutzt. Die Lichtgebung der Darstellungsweise suggeriert den Anblick von erhellten und schattenwerfenden Höhen. Indem man an makroskopische Sehgewohnheiten anknüpfte, wurde auch Laien plausibel, dass hier Atome verschoben wurden. Die Darstellung ‹verschiebbarer Kugeln› entspricht zudem der gängigen Vorstellung von Atomen. Es entsteht der Eindruck, nun seien einzelne Atome wie Lego-Steine beherrsch- und beliebig zusammenbaubar.[45] Jochen Hennigs Forschungen zur Rastertunnelmikroskopie verdeutlichen die vielfältigen Einflüsse und den Publikumsbezug in den Visualisierun-

---

44 Don Eigler/Erhard Schweizer: «Positioning single atoms with a scanning tunnelling microscope». In: *Nature* 344, 1990, S. 524-526.
45 Das Bild fand u.a. im Rahmen von IBM-Anzeigen in Tageszeitungen Verbreitung. Der Anzeigentext bezüglich des Bildes lautet: «Als es Wissenschaftlern der IBM zum ersten Mal gelang, einzelne Atome gezielt zu positionieren, setzten sie daraus unseren Firmennamen zusammen» – keinerlei Verweis auf die quantenphysikalischen Bedingungen, welche die Gesetzmäßigkeiten bei Versuchen auf der Nanoskala dominieren. Damit wird das Motto der Nanotechnologie, die ganze Welt Atom um Atom gestalten zu können, vorbereitet. 1999 äußerte sich Don Eigler zu der Vorstellung, in Zukunft die Zusammensetzung jedweden Gegenstands aus atomaren Zutaten zu bewerkstelligen, mit der Bezeichnung «completely ridiculous». Dennoch wird die-

gen dieser Bildwelten. Instrumentelle Bedingungen, persönliche Gewohnheiten, disziplinäre Traditionen, die Auswahl von Zielgruppen, die Konventionen bestimmter Publikationsorgane und vieles mehr finden ihren Ausdruck in der Bildgestaltung.[46]

Wohin aber kann es führen, so heterogene Elemente – darunter Gegenständliches und Vorgänge – zusammen zu denken, und gelingt es damit, Aspekte der Referentialität zu erhellen?

Robuste Fugungen

Gerade an solchen Bildern, deren Referenz im Übergang von Laborpraxis und unterschiedlichen Publikationsorten kontextuell erzeugt wird und somit variabel bleibt, zeigt sich auch, dass die Referenzen und Wahrheiten der Wissenschaften, wie wiederum Latour betont hat, weder schlicht universal noch bloß lokal gültig sind. Insbesondere in Untersuchungen zum wissenschaftlichen Bild setzt sich Latour mit den Schwierigkeiten auseinander, einen Rahmen zu finden, um Konstellationen von lokal Erforschtem und global Gültigem zu erfassen: «Es ist diese Mischung aus Unmittelbarkeit (beruhend auf der Disziplin der Zwischenglieder [vgl. das ‹Blackboxing›, d.Verf.]) und Vermittlung (beruhend auf der wirklich schwindelerregenden Anzahl der Mittler), wodurch es so schwierig wird, den Blick wirklich auf das wissenschaftliche Bild einzustellen. Die Epistemologen haben nur die neutralen Zwischenglieder gesehen, und die Lokalisten nur die vielen Vermittlungen.»[47] Um dieses oder ein ähnliches Fokussierungsproblem zu haben, muss man die Betrachtungsskala nicht unbedingt so groß wählen, dass man alles in den Blick nimmt – von der ersten Skizze des Untersuchungsgegenstandes bis hin zu (s)einer bildhaften Wissenschaftsikone (das IBM-Nanobild ist als solches zu bezeichnen). Es taucht bereits dann auf, wenn man die Grundbedingungen wissenschaftlicher Bilder beleuchten, sich somit an deren Funktionieren herantasten möchte. In den Worten Latours bedeutet dies für die Arbeit mit dem wissenschaftlichen Bild, «beide Aspekte zu berücksichtigen: das Stillstellen und die Bewegung, das Lokale und das Globale, das Papier des Bildes und seine Zirkulation.»[48] Um sich sowohl dem (lokalen) ‹Papier des Bildes› als auch seiner (globalen) ‹Zirkulation› zu nähern, müsste

---

ser Bedeutungszusammenhang gerne hergestellt, wie der Slogan des US-Nanotechnologie-Reports «shaping the world atom by atom» demonstriert.
46 Jochen Hennig: «Lokale Bilder in globalen Kontroversen: Die heterogenen Bildwelten der Rastertunnelmikroskopie». In: Inge Hinterwaldner/Markus Buschhaus (Hrsg.): *The Picture's Image. Wissenschaftliche Visualisierung als Komposit*. München 2006, S. 243-260.
47 Bruno Latour: «Arbeit mit Bildern oder: Die Umverteilung der wissenschaftlichen Intelligenz». In: Ders.: *Berliner Schlüssel*, S. 187.
48 Latour: «Arbeit mit Bildern», S. 182.

man beide Beschreibungsebenen miteinander in Verbindung treten lassen. Zum einen stellt sich gerade mit Blick auf wissenschaftliche Visualisierungspraktiken heraus, dass es nicht ausreichend ist, sich ausschließlich auf den Gegenstands- und Artefaktcharakter der Bilder zu konzentrieren, weil so die diversen kulturellen Verschränkungen in der Produktion und in den jeweiligen Neukontextualisierungen aus den Augen geraten. Zum anderen differenziert aber ein soziologischer Blick, der nur den Umgang mit Bildern verfolgt, nicht ausreichend, wie das auf der Bildfläche Wahrzunehmende – die ästhetische Struktur und materiale Qualität der Visualisierung – den Forschungs- und Kommunikationsprozess beeinflusst. Ohne behaupten zu wollen, dass Bilder in jedem Forschungsprozess Angelpunkte darstellen, gibt es Indizien dafür, dass sie sich ob ihrer medialen Fähigkeiten und Operabilität in besonderer Weise als ‹vorläufige Haltepunkte› innerhalb der Verweisungskette eignen und als wesentlicher Impuls für den Verlauf der Forschung in den Blick kommen. Bilder können sich als Gegenüber erweisen, das Widerborstigkeiten der untersuchten Materie konkretisiert oder glättet, sie können Störungen eintreten lassen, das handwerkliche Geschick der Forscher materialisieren, die angewandten Vorannahmen widerspiegeln und dies alles vor (sehr konkrete) Augen stellen. Bilder können als Gestalthabendes und Gestaltendes Prozesse bündeln, deren Teil sie selbst sind, was nicht zuletzt an der Kombination der technischen Dimension von Produktion, Speicherung und Übertragung sowie ihren Handlungsangeboten liegt.

Dass manche Komponenten im Forschungsprozess eine herausragende Rolle spielen können, lässt sich mit dem Konzept der ‹robusten Fugung› analysieren: Der Biologe Richard Levins bezeichnet Theoreme, die durch die Resultate verschiedener Modelle bestätigt werden, als ‹robust›.[49] Wichtig ist hier, dass mehrere gleichartige Elemente (in seinem Falle Modelle) am Prozess beteiligt sind und dass Robustheit angehäuft werden kann.[50] Auch beim Wissenschaftsphilosophen William Wimsatt, der Levins Begriff übernimmt, ist ‹Robustheit› akkumulierbar. Seinem Verständnis nach gibt es verschiedene Grade der Robustheit, die eine Rolle in der Bewertung spielen, wenn es darum geht, eine Entität, Eigenschaft, Relation, größere Theoriegebäude oder Ähnliches als real existent zu interpretieren.[51] Wimsatt erweitert das Konzept sowohl im Hinblick darauf, was alles robust werden kann, als auch bezüglich der Weisen, in denen

---

49 Richard Levins: «The Strategy of Model Building in Population Biology [1966]». In: Elliott Sober (Hrsg.): *Conceptual Issues in Evolutionary Biology*. Cambridge/Mass. 1984, S. 18-27, hier S. 20.
50 Levins, S. 22 und S. 27.
51 Robustheit bezeichnet hier ein Kriterium «which offers relative reliability [...]. Rather than opting for a global or metaphysical realism [...], I want criteria for what is real which are decidedly local - which are the kinds of criteria used by working scientists in deciding whether results are ‹real› or ‹artefactual›, trustworthy or untrustworthy [...].» (William Wimsatt: «The ontology of complex systems: Levels of organization, perspectives, and causal thickets». In: Mohan Matthen/Robert X. Ware (Hrsg.): *Biology and Society: Reflections of Methodology*. Canadian Journal of Philosophy, Suppl. 20, 1994, S. 207–274, hier S. 210).

dies möglich wird. Zudem kann etwas ‹als etwas› robust werden, beispielsweise ‹als Artefakt›, ‹als Reales›[52] (oder etwa ‹als epistemisches Ding›). Auch der Wissenschaftstheoretiker Ian Hacking bezieht sich auf Wimsatts Verständnis der ‹robusten Fugung›. Diese verortet er im Forschungsprozess, der sich gemäß seiner Auffassung in der Dialektik zwischen Widerstand und Anpassung abspielt: «Das Endprodukt [dieser Modifikationen] ist eine robuste Fugung, von der alle […] Elemente zusammengehalten werden.»[53] Während das Konzept der Robustheit stets als sukzessive akkumulierbar den Blick in die Zukunft richtet, legt der Begriff der ‹Fugung› ein Innehalten nahe. «Die Fugung zwischen Theorie, Phänomenologie, schematischem Modell und Geräten ist dann robust, wenn bei Versuchen der Wiederholung eines Experiments keine Schwierigkeiten auftreten.»[54] Hacking spricht in diesem Zusammenhang von einem ‹vorläufigen Haltepunkt›, den die Dialektik zwischen Widerstand und Anpassung erreichen kann und der zu einem «bleibenden Bezugspunkt» werden könnte.

Möchte man dieses Konzept der ‹robusten Fugung› übertragen und rückt dazu Bilder bzw. Darstellungsmedien ins Zentrum des Interesses, so konzentriert man sich darauf, wie sie selber auf mehreren, Globales wie Lokales einschließenden, gekoppelten Ebenen (und damit flexibel und robust zugleich) gefugt werden könnten – als eine Entität mit mannigfaltigen Komponenten zwischen Praxis und Gegenstand.

Realität hinzufügen

In den Natur-, Ingenieurs-, aber auch den Humanwissenschaften werden zahllose hoch artifizielle Geräte und Verfahren eingesetzt, die – wie das geschilderte Tunnelrastermikroskop – Darstellungen von Sachverhalten in Form von Bildern, Zahlen, Tönen etc. produzieren. Damit solche Darstellungen überhaupt als solche von bestimmten Objekten, die auf dieser Basis nicht nur ‹verstanden›, sondern in der Regel auch ‹manipuliert› werden sollen, fungieren, bedarf es immer auch des «Blackboxing» und der «Auslagerung». Insbesondere wenn die Darstellungen in Zirkulation geraten, zumal wenn dies über den engeren akademischen Diskussionszusammenhang hinaus in populärwissenschaftlichen Publikationen geschieht, werden ihre Produktionsvoraussetzungen ausgeblendet. Dies heißt aber keineswegs, dass die Referenz in der wissenschaftlichen Praxis nur ein ‹Konstrukt› ist, das nur solange stabil ist, wie die artifiziellen Produktionsbedingungen ‹verdeckt› werden können.

---

52 Ian Hacking ist zuzustimmen, wenn er Wimsatt dahingehend interpretiert, dass dessen Konzept der Robustheit dazu dient, philosophische Auseinandersetzungen über den wissenschaftlichen Realismus zu vermeiden. Vgl. Ian Hacking: *Was heißt ‹soziale Konstruktion›?* Frankfurt/M. 1999, S. 115.
53 Hacking, S. 113.
54 Hacking, S. 114f.

Die ‹post-konstruktivistische› Wissenschaftsforschung, auf die wir uns hier beziehen, zielt gerade nicht darauf, die Möglichkeit von Referentialität zu bestreiten (wie es in der Medienwissenschaft seit den 1970er Jahren zum Teil bis heute dominant war). Wissenschaft hat es ihr zufolge keineswegs nur mit (semiotisch erzeugten) Bedeutungen, sondern sehr wohl mit Referenzen (und somit auch mit ‹Realität›) zu tun. Ganz dezidiert formuliert Latour deshalb gegen die Unterstellung, er (und mit ihm weite Teil der Wissenschaftsforschung) würden konstruktivistisch verfahren: «Wenn die Wissenschaftsforschung insgesamt etwas erreicht hat, […] so hat sie der Wissenschaft Realität hinzugefügt, nicht jedoch entzogen.»[55]

Ein zentraler Anspruch der Wissenschaftsforschung besteht deshalb genau darin zu rekonstruieren, wie Wissenschaft unter den gegebenen artifiziellen Bedingungen immer wieder neu Realitätshaltigkeit und Referentialität sicherstellt. Nun tragen dazu auf der einen Seite zwar auch «Blackboxing» und «Auslagerung» (also im konventionellen Sinne die Leugnung oder Verdeckung der Artifizialität) bei; auf der anderen Seite lässt sich in den wissenschaftlichen Praktiken aber auch eine konkrete Arbeit an der Referentialität feststellen, die gerade nicht auf ‹Ausblendung›, sondern auf Ausstellung und Reflexion der Artifizialität, auf Infragestellung und Neujustierung der Geräte wie der eigenen Sinneswahrnehmung zielt. Das Beispiel der Störung hatte ja schon gezeigt, wie erst die fortlaufende Auseinandersetzung mit möglichen Störungen (etwa ‹Artefakten› im technischen Bild) und die (wiederum referentiell orientierte) Bestimmung von Quellen der Störungen den Objekten der Erkenntnis Kontur verleiht.

Entgegen häufig vorschnellen wissenschaftskritischen Äußerungen ist gerade wissenschaftliche Praxis davon geprägt, dass sie nicht nur ihren Instrumenten und ihren Sinneswahrnehmungen misstraut. Sehr viel sorgfältiger und konstanter als etwa die kulturwissenschaftlichen Forschungen den konstitutiven Stellenwert von Videorekordern oder von Diapositiven bei ihrer Erkenntnisgewinnung mit reflektieren[56], setzen sich die Naturwissenschaften mit den konstruktiven Effekten ihrer Geräte auseinander. Gerade darin, so Latour, liegt ihre historische «Leistung» oder zumindest «Leistungsfähigkeit» begründet; gerade daraus resultiert aber auch der Status der Referenz, weil es eben immer neu auf etwas zu zeigen und immer neu Darstellungen anzufertigen gilt, die verdeutlichen, akzentuieren und Störungen beheben und die nicht zuletzt die vermeintlichen Wahrnehmungsgewissheiten gegenüber isolierten medialen Darstellungsformen (die oben so benannte «epistemische Evidenz») auf Distanz halten. «Wir bewundern die Findigkeit der Wissenschaftler, und das ist auch

55 Latour: *Hoffnung der Pandora*, S. 9.
56 S. aber beispielhaft: Heinrich Dilly: «Lichtbildprojektionen - Prothese der Kunstbetrachtung». In: Irene Below (Hrsg.): *Kunstwissenschaft und Kunstvermittlung*. Wien 1975, S.153-172; Ingeborg Reichle: «Fotografie und Lichtbild: Die ‹unsichtbaren› Bildmedien der Kunstgeschichte». In: Anja Zimmermann (Hrsg.): *Sichtbarkeit und Medium. Austausch, Verknüpfung und Differenz naturwissenschaftlicher und ästhetischer Bildstrategien*. Hamburg 2005, S. 169-181.

recht so, aber viel mehr sollten wir den völligen Mangel an Vertrauen bewundern, den sie ihren eigenen kognitiven Fähigkeiten entgegenbringen.»[57]

Eine der Folgen dieser selbstkritischen Arbeit an der Referentialität ist die Vervielfältigung der Darstellungsformen, die alle als Einzelne keinen eindeutigen und verlässlichen Referentialitätsmodus haben, im Durchgang durch die aber sehr wohl Referentialität möglich ist. Allerdings erfordert dies entscheidende Modifikationen eines konventionellen Referenzbegriffs: Während in den (referenzkritischen) semiotischen und linguistischen Diskussionen häufig vor allem «die Möglichkeit einer Welt von Objekten, die den Zeichen als unabhängiges Korrelat gegenübersteht»[58], bezweifelt wird, nimmt Latour die komplementäre Perspektive ein: Er kritisiert die generelle Vorstellung, dass Zeichen oder Zeichensysteme etwas ganz anderes als Realität und dass sie von dieser durch einen Bruch getrennt seien.

Anstelle eines Medialisierungsprozesses, der Realität in ‹bloße Zeichen› verwandelt (aber ebenso anstelle eines Transparenzmodells, das Medien zu ‹bloßen Überträgern› von konstant bleibender Information deklariert), erkennt Latour hier «zirkulierende Referenzen»[59] und «Kaskaden von Inskriptionen»[60], die in vielfältiger Weise den vermeintlichen großen Bruch zwischen Zeichen und Realität unterlaufen. Wissenschaftliche Erkenntnisse sind generell an Inskriptionen, also Aufzeichnungen, Notizen, Bilder, die etwas still stellen und sich zugleich bewegen/transportieren lassen, gebunden; diese Inskriptionen tauchen aber nur in Häufungen auf, in denen eine Inskription von einer weiteren transformiert wird, in denen zwei Inskriptionen – genau darin besteht ihr Vorteil – nebeneinander oder übereinander gelegt werden und so wieder zu einer weiteren Einsicht und Inskription führen. Zusätzlich setzen diese Inskriptionen in der Regel kondensierte Elemente von hochkomplexen und artifiziellen Systemen voraus – insbesondere standardisierte Maßeinheiten und Codierungssysteme (die in gewisser Weise «ausgelagert» sind).[61] Gerade diese artifizielle Vielfalt an Inskriptionen, die sich wechselseitig überbieten, umformen, ergänzen, korrigieren etc. stellt aber wiederum sicher, dass nicht bloße Zeichensysteme, sondern dass «Welt» bewegt wird in den Inskriptionen.

Deshalb existiert Referenz für die Wissenschaft nie in einer Inskription, die als Zeichensystem auf die Welt, die Realität oder die Dinge verweisen würde; Referenz existiert in einer Bewegung (oder eben einer Zirkulation) durch diese «Kaskaden von Inskriptionen». Keine Inskription alleine kann somit Referen-

---

57 Latour: «Zirkulierend», S. 75.
58 Winfried Nöth: *Handbuch der Semiotik*. 2. vollständig neu bearb. u. erw. Aufl, Stuttgart/Weimar 2000, S. 153.
59 Latour: «Zirkulierend», S. 36–95.
60 Bruno Latour: «Drawing Things Together». In: Michael Lynch/Steve Woolgar (Hrsg.) *Representation in Scientific Practice*. Cambridge, MA 1990, S. 19-68, hier S. 52.
61 Latour: «Drawing», S. 57.

tialität aufweisen; sie erhält es in dieser Kette. In dieser Kette hat aber jedes Element einen doppelten Status: Mit Blick auf die vorangegangene Inskription, die aufgegriffen und transformiert wird, erscheint die folgende Inskription als Zeichensystem, als Abstraktionsschritt; mit Blick auf die nächst folgende Inskription hat jede vorhergehende Inskription allerdings Dingcharakter und erscheint als konkret. In der Konsequenz verweigert sich Latour der dichotomischen Gegenüberstellung von Konkretion/Abstraktion und somit eben auch der dichotomischen Gegenüberstellung von Realität/Zeichen: In jedem Schritt der Kette verliert der Gegenstand eine bestimmte Realität, gewinnt dafür aber eine andere Realität hinzu.[62] Weil die im Archiv abgelegte Bodenprobe (Latour begleitet hier eine geologische und pedologische Forschungsexpedition) durch die Kaskaden von Inskriptionen, von denen sie ein Teil ist, allein durch *einen* Blick Aussagen über eine Landschaft erlaubt, hat sie an Realität hinzugewonnen. Deshalb hat sie als isolierte Bodenprobe eben auch keinen Referenten; der Referent einer Landschaft, einer Bodenqualität, einer wissenschaftlichen Frage besteht in dem, was durch die Kaskaden von Inskriptionen nicht unbedingt bestehen bleibt, aber immer mehr Realität erhält. Genau in diese Richtung modifiziert ja auch das Konzept des epistemischen Dings die Vorstellung von Referenzialität. Es hat als «synthetische Natur» gleichermaßen Ding- wie Zeichencharakter und ermöglicht gerade durch diese Zwischenstellung in einer spezifischen Konstellation die Möglichkeit referentieller Beziehung, also das Verweisen auf und die Manipulation von konkreten Objekten oder Sachverhalten.

In der Folge wird dann der Prozess der Transformation nicht zum Gegensatz, sondern zur Voraussetzung von Referentialität. Und Referentialität wird nicht ausgesetzt, sondern ermöglicht, indem Dinge, Aspekte in den Diskurs hineingeholt werden: «Wir vergessen immer, daß das Wort ‹Referenz› vom lateinischen Verb referre abgeleitet ist, was soviel wie ‹herbeischaffen› heißt. Ist der Referent das, worauf ich mit dem Finger zeige und was außerhalb des Diskurses bleibt, oder das, was ich in den Diskurs hineinhole?»[63]

Resümee

Die Ansätze der Wissenschaftsforschung sind, wie auch die Apparate, Zeichensysteme und Medien, mit denen sie sich beschäftigen, zu vielfältig und zu heterogen, um sie hier schlicht auf eindeutige Rezepte für die Medienwissenschaft herunter zu brechen. Zumal die medienwissenschaftlichen Ansätze und deren Gegenstände ebenso wenig über konsensuelle Konturen verfügen. Dass sich jedoch viele mögliche Schnittflächen und somit auch methodologische und theo-

---

62 Latour: «Zirkulierend», S. 75.
63 Latour: «Zirkulierend», S. 45.

retische Anregungen ergeben könnten, hoffen wird deutlich gemacht zu haben. Hier ist es sicher von mehr als nur anekdotischem Interesse, dass Latour die unterschiedlichen historischen Positionen, die sich bei aller Gegensätzlichkeit entlang der Dichotomie von Realität vs. Zeichen/Repräsentation gebildet haben, unter Rückgriff auf Medienmetaphorik erläutert: Die Modelle der Empiristen ähneln ihm zufolge einem «Fernsehgerät mit schlechtem Empfang […], derart unsicher waren die Verbindungen der Sinne zu einer noch weiter nach draußen gerückten Welt geworden»[64]; die Konstruktivisten empfingen dagegen stets ein «stabiles Bild, das von den vorgefertigten Kategorien des geistigen Apparates an Ort und Stelle gehalten wurde.»[65] Dass er das «Blackboxing» am Beispiel des Overheadprojektors erläutert, hatten wir schon erwähnt.

Es ließe sich an solchen Beispielen sicherlich nachweisen, dass weder Latour noch andere VertreterInnen der Wissenschaftsforschung über einen differenzierten Medienbegriff verfügen. Vielleicht entgehen sie aber gerade dadurch auch einigen in der Medienwissenschaft weiterhin gängigen (und längst kontraproduktiven) Dichotomien – wie etwa der schlichten Gegenüberstellung von fotografischem/analogem und digitalem Bild oder der ebenso schlichten Gegenüberstellung arbiträr-codierter und ikonisch-motivierter Zeichen. Stattdessen könnten wohl auch Filme, Fernsehsendungen, Romane oder Comics – so sehr sie auch in ganz andere Pragmatiken eingewoben sind als Elektronenmikroskope, Bodenproben, Diagramme etc. – auf «zirkulierende Referenzen», vielleicht auch auf die mit ihnen entstehenden «epistemischen Dinge» hin untersucht werden. Vielmehr als eine enge Differenzierung nach Medienspezifiken würden so eher die vielfältigen Voraussetzungen auf Seiten dessen, was immer noch etwas vereinfacht als Produktion und Rezeption geschieden wird, in den Blick geraten, die alle gleichermaßen Bestand haben müssen, damit Referenz geschehen kann. Die Medienwissenschaft muss sich wohl erst noch darüber Klarheit verschaffen, ob sie den Medien (wie es die Wissenschaftsforschung mit der Wissenschaft erreicht hat) «Realität hinzufügen» möchte, statt sie diesen immer wieder zu entziehen.

---

64 Latour: *Hoffnung der Pandora*, S. 12.
65 Latour: *Hoffnung der Pandora*, S. 13.

Sektion I

Referenz und Historiographie

Wolfgang Fuhrmann

Ethnographie und Film in Deutschland

Anmerkungen zu einem vergessenen Teil deutscher Mediengeschichte

Auf der Jahrestagung der Anthropologischen Gesellschaft im August 1928 in Hamburg forderte der Direktor des Leipziger Museums für Völkerkunde Fritz Krause die Gründung eines völkerkundlichen und anthropologischen Filmarchivs:

> Filme die unter Fremdvölkern aufgenommen sind, wie Nanook der Eskimo; Moana, der Sohn der Südsee; einzelne Neuhebriden- und Neuguineafilme; Zabels Tarahumarefilm u.a. stellen Kulturdokumente hervorrangendster Art dar. Sie führen uns nicht nur den körperlichen Habitus jener Völker, ihre Bewegungen, die Art ihres Verhaltens vor Augen, sondern auch Szenen aus ihrem Kulturleben, sind wertvoll zugleich für Anthropologie wie für die Völkerkunde. [...] Sind wir also überzeugt, dass in solchen Filmen unschätzbare wissenschaftliche Werte enthalten sind, so erhebt sich die Forderung, diese Werte der Wissenschaft dauernd dienstbar zu machen. Zeitweilige und gelegentliche Vorführungen genügen dafür nicht. [...] Wir müssen deshalb die Forderung erheben, dass diese Filme der Wissenschaft dauernd gesichert werden.[1]

Fritz Krauses Forderung bietet sich in mehrfacher Hinsicht als Ausgangspunkt für eine medien- bzw. filmhistorische Forschung an. Naheliegend wäre zu fragen, was in den folgenden Jahren aus Krauses Forderung folgte und welche Maßnahmen ergriffen wurden, um das von ihm angedachte Archiv zu gründen. Nehmen Fragen wie diese Krauses Forderung zum Anlass, um nach der Geschichte danach zu fragen, so soll in dem folgenden Beitrag über die Geschichte davor gesprochen werden bzw. diskutiert werden, in welcher Weise man über den ethnographischen Film in den ersten Jahrzehnten seiner Praxis sprechen kann.

---

1 Georg Thilenius (Hrsg.): *Tagungsbericht der deutschen Anthropologischen Gesellschaft.* Hamburg 1929, S. 67.

Die Geschichte des ethnographischen Films in Deutschland gilt bisher als eine weitgehend ungeschriebene Geschichte. Ebenso wenig wie die Bemerkung des Münchener Ethnologen Werner Petermann, dass es wahrscheinlich sehr viel mehr Feldforschungsfilme in der Frühzeit der Kinematographie gab als bisher bekannt, zu der Untersuchung beigetragen hat, in welchem Umfang der Film in der Frühzeit der Kinematographie tatsächlich verwendet wurde, hat Assenka Oksiloffs Feststellung, dass ethnographische Filme von deutschen Wissenschaftlern zu den «best documented and preserved» gehören, dazu geführt, den bisherigen Filmbestand filmhistorisch zu kontextualisieren, geschweige denn zu klären, welchen Stellenwert der Film in der Wissenschaft hatte bzw. was dessen Geschichte in der Wissenschaft ist.[2]

Eine grundsätzliche Frage, die Krauses Forderung in Bezug auf eine historische Untersuchung des ethnographischen Films stellt, muss daher lauten, auf welchen Grundlagen und Erfahrungen Krause seine Forderung Ende der zwanziger Jahre formulieren konnte. Zweifellos macht es wenig Sinn, ein Filmarchiv zu fordern, wenn man nur über vereinzelte und geringe Erfahrung mit dem Film verfügt.

In diesem Sinne ist Krauses Forderung nicht ausschließlich als ein historiographischer Beginn zu betrachten, sondern zugleich als Resultat und Wendepunkt einer historischen Entwicklung, der eine kontinuierliche Reflexion über Vor- oder Nachteile des Films, Möglichkeiten seiner Anwendung und Auswertung in der ethnographischen Wissenschaft vorausging.

Schlägt man in der ethnographischen Filmliteratur nach, so stößt man immer wieder auf denselben Kanon von frühen ethnographischen «Filmpionieren»: Genannt werden der französische Anthropologe Félix-Louis Regnault, der 1895 mit einem Chronophotographen während der Exposition *Ethnographique de l'Afrique Occidentale* in Paris Bewegungsabläufe einer Wolof Frau studierte, der britische Zoologe und Anthropologe Alfred Cort Haddon, der 1898 mit einer Filmkamera seine Expedition zu den australischen Torres Straits Inseln unternahm und Walther Baldwin Spencer, der auf Anraten von Haddon seine ethnographische Expedition 1901 ebenfalls mit einer Filmkamera dokumentierte.[3] Für den deutschen «missing link» steht stets der österreichische Mediziner und Anthropologe Rudolf Pöch, der, wiederum von Haddon inspiriert, Filmaufnahmen während seiner Neu-Guinea Expedition 1904-1906 anfertigte.

---

2   Werner Petermann: «Geschichte des ethnographischen Films: Ein Überblick». In: Friedrich M. et. al (Hrsg.): *Die Fremde sehen: Ethnologie und Film*. München 1984, S. 22. Assenka Oksiloff: *Picturing the Primitive: Visual culture, Ethnography, and Early German Cinema*. New York 2001.
3   Michael Böhl: *Entwicklung des ethnographischen Films. Die filmische Dokumentation als ethnographisches Forschungs- und universitäres Unterrichtsmittel in Europa*. Göttingen 1985, S. 68.

Stehen die Verdienste Regnaults, Haddons, Spencers oder Pöchs außer Zweifel, so erklären sie doch noch nicht die Etablierung des Films in der ethnographischen Beobachtung der deutschsprachigen Ethnographie.

Darüber hinaus folgt man in der ethnographischen Filmliteratur der weit verbreiteten, teleologischen Auffassung, nach der es sich bei den frühen Filmen nicht um ethnographische Filme im Sinne eines NANOOK OF THE NORTH / NANUK, DER ESKIMO (Robert Flaherty, USA 1922) handelt, sondern um unzusammenhängende Versuche seitens einiger weniger Ethnographen.[4] So schreibt Michael Böhl 1985 in *Entwicklung des ethnographischen Films* zum frühen Film: «In der Tat wirken die Filme eher wie potpourriartige unzusammenhängende, bruchstückhaftartig aufgenommene Bewegungsvorgänge, die nur im Zusammenhang mit einer Erläuterung des Autors verständlich werden.»[5]

Nach Böhl entspricht der frühe Film in keiner Weise den Kriterien des ethnographischen Films im Sinne einer «teilnehmenden Beobachtung». Zu fragen bleibt dennoch, warum «potpourriartige unzusammenhängende, bruchstückhaftartig aufgenommene Bewegungsvorgänge» für lange Zeit in der Ethnographie von Interesse waren. Darüber hinaus verlangt ein Verweis wie der Fritz Krauses auf kommerziell erfolgreiche Filme wie NANUK oder MOANA danach, die Frage nach dem Verhältnis von «seriöser» Wissenschaft und «populärem» Kino zu stellen.

Eine Geschichte ist nie identisch mit der Quelle ...

Wenn der Zeithistoriker Rainer Koselleck von einer «Theorie möglicher Geschichte» spricht, so weist er darauf hin, dass es in der geschichtlichen Erkenntnis immer um mehr geht, als um das, was in den Quellen steht:

> Jede Quelle, genauer jeder Überrest, den wir erst durch unsere Frage in eine Quelle verwandeln, verweist uns auf eine Geschichte, die mehr oder weniger ist, jedenfalls etwas anderes als der Überrest selber. Eine Geschichte ist nie identisch mit der Quelle, die von der Geschichte zeugt.[6]

Die Frage, die sich in Bezug auf den Film stellt, ist die, wie eine Theorie der möglichen Geschichte des ethnographischen Films aussehen könnte. Nicht die

---

4   Jörg Bockow: «Exotische Objekte der Begierde? Vorüberlegungen zu einer Geschichte des ethnographischen Films». In: *Film-Korrespondenz*, Nr. 8, 1985, S. 6–10.
5   Böhl: *Entwicklung* (wie Anm. 3), S. 77.
6   Reinhart Koselleck: «Standortbindung und Zeitlichkeit. Ein Beitrag zur historiographischen Erschließung der geschichtlichen Welt». In: ders.: *Vergangene Zukunft. Zur Semantik geschichtlicher Zeiten*. Frankfurt am Main 1979, S. 176–207.

Quelle, sondern die Fragen, die an die Quellen gestellt werden, entscheiden darüber, was die Quellen über die Geschichte verraten.

Will man über Geschichte reden und über sie berichten, so ist man genötigt, Aussagen zu riskieren.[7] Dieses Risiko, so Koselleck, ist unumgänglich, man kann aber versuchen, es durch eine Theorie möglicher Geschichte in den Griff zu bekommen.

Wenn Koselleck betont, dass eine Geschichte nie identisch mit der Quelle ist, scheint bereits ein grundlegendes Problem der ethnographischen Filmhistoriographie genannt zu sein. Betrachtet man allein die überlieferten Filme als Quelle, die wiederum schon als ihre Geschichte verstanden wird, dann führt dies zu einer teleologischen Auffassung. Frühe Filme sind zweifellos wichtige Quellen, deren Beurteilung aber nicht allein nach ästhetischen Gesichtspunkten erfolgen kann. Flahertys NANUK, DER ESKIMO als Referenz für eine Geschichte des ethnographischen Films zu nehmen, lässt Filme aus den Jahren zuvor in der Tat nur als unzusammenhängende Bewegungsstudien erscheinen.

Wie auch immer eine mögliche Geschichte des ethnographischen Films aussehen mag, sie ist nur dann gegeben, wenn die Geschichte des Films nicht ausschließlich im Hinblick auf seine Erzählstrategien oder seine Aufzeichnungsqualität im Sinne des ethnographischen Rettungsgedankens verstanden wird; das gilt ähnlich von einer technikorientierten Geschichtsschreibung, mit der eine teilnehmende Beobachtung erst durch Synchronton und Handkamera gesichert war.

Somit geht es nicht ausschließlich um die Produktion bzw. Anwendung des Films im Feld, sondern auch um seine Verwendung und Auswertung in der wissenschaftlichen und nichtwissenschaftlichen Praxis. Ethnographische Filmpraxis schließt demnach strukturelle Rahmenbedingungen mit ein, die ethnographische Filmaufnahmen möglich und wünschenswert machten, sie beeinflussten und modifizierten. Dazu zählen Vertriebs- und Aufführungsbedingungen sowohl im musealen wie im kommerziellen populären Bereich.

Zentral in den folgenden Ausführungen ist der Versuch, den ethnographischen Film neu in seiner Geschichte zu positionieren; die Filme als Quelle immer wieder in ein diskursives Netzwerk einzubinden und damit neue historiographische Wege zu beschreiben, neuere als es bisher in der ethnographischen Filmgeschichtsschreibung getan wurde. Die Anmerkungen beabsichtigen keinen detaillierten Abriss der frühen ethnographischen Filmgeschichte zu geben, sondern am Beispiel verschiedener Befunde aus den Bereichen der Produktion, Distribution und Aufführung Beobachtungen aus erfolgten «Feldforschungen» in den Archiven und in der Primärliteratur zu präsentieren, die Anlass sein können, eine mögliche Geschichte des ethnographischen Films zu entwickeln.

---

7 Koselleck ebd., S. 204.

Wolfgang Fuhrmann

Etablierung des Films in der ethnographischen Beobachtung

Der erste Einsatz einer Filmkamera in der ethnographischen Beobachtung lässt sich nicht exakt belegen, wohl aber ist es möglich, den Zeitraum zu bestimmen, ab wann der Film Teil des ethnographischen Medienrepertoires wurde. Fast zeitgleich erkennen Wissenschaftler in Deutschland um 1904/05 die zunehmende Bedeutung des Kinematographen für die Ethnographie: In Berlin ist es Felix von Luschan, der 1904 in seiner *Anleitung für ethnographische Beobachtungen und Sammlungen in Afrika und Oceanien* die Kinematographie erstmals in seinen Leitfaden mit aufnimmt.[8] 1905 betont Georg Thilenius, Direktor des Hamburger Museums für Völkerkunde, in einem Memorandum über die Ziele der ethnographischen Forschung die besondere Rolle des Films, die er in der Zukunft spielen wird.[9] Als einer der ersten deutschen Ethnographen entscheidet sich 1906 der Leipziger Völkerkundler Karl Weule seine ethnographische Expedition in den Südosten der deutsch-ostafrikanischen Kolonie mit einer Filmkamera zu dokumentieren.[10]

Die theoretische Grundlage für die Etablierung des Films bildete, wie Martin Taureg betont, der deutsche Diffusionismus bzw. die Kulturkreislehre.[11] Im Dezember 1904 stellen die Ethnologen Bernhard Ankermann und Fritz Gräbner in der Berliner «Gesellschaft für Anthropologie, Ethnologie und Urgeschichte» ihre Abhandlungen von der Kulturkreislehre vor. Die Kulturkreislehre gründet auf dem Studium von Form und Quantität einer Kultur und deren Vergleich mit anderen Kulturen, um hieraus Schlüsse über Migration und Entlehnung abzuleiten.[12] Da Kulturkontakte in erster Linie über das Studium von geistigen und materiellen Gütern nachgewiesen werden konnten, bildete das Studium materieller Kultur einen wesentlichen und unverzichtbaren Bestandteil, womit auch der Filmkamera eine entscheidende Rolle zukam.[13]

Methodisch fand jedoch die Sicherstellung materieller Kultur durch Medien nicht, wie man annehmen könnte, über die Photographie statt, sondern im Rahmen eines «multimedialen» Ansatzes in der deutschsprachigen Ethnographie. Die wahrscheinlich erste Erwähnung der Kinematographie erfolgte während einer intensiven Diskussion über den Einsatz des Phonographen im Juni 1903

8 Felix von Luschan: *Anleitung für ethnographische Beobachtungen und Sammlungen in Afrika und Oceanien*: Abschnitt L. Musik / Königl. Museum für Völkerkunde in Berlin 1904.
9 Hans Fischer: *Die Hamburger Südsee-Expedition. Über Ethnographie und Kolonialismus*. Frankfurt a.M. 1981, S. 94.
10 Karl Weule: *Wissenschaftliche Ergebnisse meiner ethnographischen Forschungsreise in den Südosten Deutsch-Ostafrikas*. Ergänzungsheft der Mitteilungen aus den deutschen Schutzgebieten, Berlin 1908.
11 Martin Taureg: «Wissenschaftlicher Film und Ethnographie. Die Entwicklung von Standards». In: *Zelluloid*, 1983, Nr. 16/17, S. 26-42.
12 Dieter Haller: *dtv-Atlas Ethnologie*. München 2005, S. 41.
13 Haller ebd., S. 41.

in der Berliner «Gesellschaft für Anthropologie, Ethnologie und Urgeschichte», in der man sich auch für den weiteren Einsatz neuer Medien wie die Stereoskopie und den Film aussprach.[14] Von der Kombination des Phonographen mit dem Film erhofften sich Ethnographen ein Gesamtbild einer indigenen Gruppe bzw. eines Elements der materiellen Kultur zu erhalten, das mit Hilfe eines Einzelmediums nicht möglich war. In der Kombination von Ton und Bild konnten Ethnographen sowohl Musik- und Dichtkunst als auch deren Umsetzung in Mimik und Gestik studieren.[15] Darüber hinaus erlaubte das Studium medialer Dokumente die konzentrierte Arbeit des Wissenschaftlers ohne externe Einflüsse, wie sie bei Völkerschauen vor Ort nicht zu vermeiden waren.[16]

Studiert man Luschans Anleitung genau, erkennt man, dass jedem Medium ein sehr genau definierter Aufgabenbereich zugewiesen wurde.[17] Mit der Aufzeichnung von kinetischen Ereignissen wie Initiationsfeierlichkeiten, Tänzen, Ritualen oder Spielen erlagen Ethnographen nicht einer Art wissenschaftlicher Spielerei oder Experimentiererei. Kein anderes Aufzeichnungsmedium zu dieser Zeit konnte diese spezifischen Bestandteile der materiellen Kultur technisch sichern. Filmaufnahmen dienten damit der systematischen Bestandsaufnahme aller Elemente der materiellen Kultur.

Damit kam dem Film eine zweite wichtige Rolle zu, die später Teil von Krauses Archivforderung wurde und als «Rettungsgedanke» bezeichnet werden kann. Der Leipziger Völkerkundler Karl Weule betrachtete den Film nicht nur als perfektes Unterrichts- und Demonstrationsmittel im Vortragssaal, dessen Verbreitung möglichst gefördert werden sollte, sondern auch als «Archiv der dahinschwindenden Sitten», in dessen Eigenschaft die Anwendung des Films mit allen Mitteln und in größter Ausdehnung angestrebt werden sollte, solange noch Zeit wäre.[18]

In technischer Hinsicht war um 1904 ebenfalls die Voraussetzung für das Filmen in den Tropen gegeben. Im März 1904 erscheint in der *Deutschen Kolonialzeitung* ein Bericht über die Vorteile der Mitnahme einer Filmkamera auf Reisen, die, so der Text, in Kürze genauso populär werden wird wie die bereits etablierte Fotokamera.[19] Zur Begründung heißt es, dass der Film viel näher am Leben sei und somit von größerem Nutzen für den Reisenden und das Publikum.[20]

---

14 O. Abraham und E. von Hornbostel: «Über die Bedeutung des Phonographen für vergleichende Musikwissenschaft». In: *Zeitschrift für Ethnologie* Jg. 1904, S. 223.
15 Ebd., S. 223.
16 Ebd., S. 228. Die Verbindung mit dem Phonographen hat weitreichende Bedeutung, insbesondere für den Film in seinem Aufführungskontext, wie weiter unten gezeigt wird.
17 Luschan: *Anleitung* (wie Anm. 8), S. 94.
18 Karl Weule: *Negerleben in Ostafrika. Ergebnisse einer ethnologischen Forschungsreise*. Leipzig 1908, S. VII.
19 Oberstleutnant z.D. Hübner: «Der Kinematograph in der Ausrüstung des Reisenden». In: *Deutsche Kolonialzeitung*, Nr. 12, 1904, S. 113-114.
20 Ebd.

Handelte es sich in der Empfehlung des Autoren um eine «Amateur Aufnahme Kino» der Firma Ernemann in Dresden, bewiesen um 1904 der Zoologe Carl Georg Schillings sowie der Altenburger Brauereibesitzer Carl Müller, dass auch mit einer professionellen 35mm Kamera unter tropischen Bedingungen erfolgreich gefilmt werden kann.[21] Nach derzeitiger Erkenntnis arbeitete in den folgenden Jahren nur der Leipziger Völkerkundler Karl Weule mit dem Ernemann Amateur Model mit 17,5mm Film, während Ethnographen wie Richard Thurnwald, Emil Stephan oder Koch-Grünberg ihre Aufnahmen mit 35mm Kameras anfertigten. Mit anderen Worten, in technischer Hinsicht bot sowohl der Amateur- wie der professionelle Bereich dem Ethnographen die technischen Voraussetzungen eine Filmkamera im Feld zu verwenden. Das heißt nicht, dass Ethnographen nicht mit technischen Schwierigkeiten zu kämpfen hatten. So resultierten Probleme im «Feld» nicht selten aus der technischen Unkenntnis des jeweiligen Ethnographen und nicht aus der generellen Unzulänglichkeit des Materials.

Die Aufnahme der Kinematographie in den wissenschaftlichen Geräte-Katalog der Völkerkunde war ein nahe liegender, wenn nicht zwingender Schritt für eine Disziplin, die den Anspruch einer neuen modernen Wissenschaft erhob. Die genaue Erforschung indigener Völker und Volksgruppen erforderte ihre Durchführung auf einem technischen Niveau, das dem Standard der Zeit entsprach. In den darauf folgenden Jahren entsandten sowohl Berlin, Leipzig wie Hamburg, die drei größten Museen im Deutschen Reich, ihre Ethnographen, um Filmaufnahmen anzufertigen.

Produktion

In der Frühzeit der Kinematographie war die Anwendung des Films in der ethnographischen Beobachtung keine Ausnahme, sondern eher die Regel. Nach derzeitiger Kenntnislage lässt sich davon ausgehen, dass ab 1906 die Kinematographie auf ethnographischen Reisen eingesetzt wurde, wann immer es finanziell möglich war bzw. sich problemlos die Gelegenheit bot, Filmaufnahmen anzufertigen. Um dies zu gewährleisten, wurden Filmaufnahmen nicht zwingend in Eigenregie durchgeführt, sondern in Zusammenarbeit mit professionellen Filmproduktionsfirmen. Korrespondenzen zwischen Richard Thurnwald und der Berliner «Internationalen Kinematographen- und Licht-Effekt-Gesellschaft» im Februar 1906[22], zwischen Karl Weule und Ernemann in Dres-

---

21 Wolfgang Fuhrmann: «Lichtbilder und kinematographische Aufnahmen aus den Kolonien». In: *KINtop* 8, 1999, S. 101–116.
22 Museum für Völkerkunde Berlin: «Acta betreffend Reisen und Erwerbung von Sammlungen aus der Stiftung des Professors Dr. Baessler». 20.03.1903-31.03.1907. Pars: IB 21a Vol.1., E 308/06, Blatt 5.

den 1906/07²³ oder Theodor Koch-Grünberg und der Express Film in Freiburg 1911 belegen das große Interesse seitens der Produktionsfirmen an wissenschaftlichen Expeditionen.²⁴

Für die filmenden Ethnographen bedeutete der Kontakt und die Zusammenarbeit mit erfahrenen Produktionsfirmen die unentgeltliche Bereitstellung der Technik, so im Fall von Richard Thurnwald, oder das Angebot, einen erfahrenen Operateur der Filmgesellschaft an die Hand zu bekommen, so im Fall von Koch-Grünberg. Damit wurden von vornherein amateurhafte Fehler wie das falsche Einlegen des Films oder die unsachgemäße Lagerung des Filmmaterials vermieden. Die Kosten- und Risikoübernahme durch Produktionsfirmen entlasteten wiederum die Museen in ihrer Kalkulation und befreiten sie von möglichen Rechtsansprüchen von Dritten, da es sich bei Verträgen zwischen Wissenschaftlern und Produktionsfirmen um privatrechtliche Verbindlichkeiten handelte.²⁵

Für die Produktionsfirmen wiederum bedeutete die Zusammenarbeit sowohl eine Erweiterung ihres Filmprogramms mit neuen spektakulären Aufnahmen aus bisher unbekannten Regionen der Welt als auch die Nobilitierung des Unternehmens durch den Kontakt zur Wissenschaft, was wiederum die Marktposition des Unternehmens sicherte bzw. ausbaute.

Die Zusammenarbeit zwischen Wissenschaft und kommerziellen Filmgesellschaften stellt aber auch Böhls Beobachtung des «potpourriartigen» Films in ein anderes Licht.

Auf Grund unserer heutigen Kenntnisse über das frühe nicht-fiktionale Kino könnte man potpourriartige Filme eher als Ansichten oder Reisebilder bezeichnen, womit sich der Herstellungsmodus der Filme erklären würde.²⁶ Reisebilder waren die geläufigste Filmform im frühen Kino, um ferne Länder, Kontinente und deren Bewohner abzubilden. In ihrer Zusammenstellung setzten sich Reisebilder aus verschiedenen «Ansichten» eines Ortes oder einer Region zusammen.²⁷ Nach Tom Gunning ist die «Ansicht» die *Urform* des frühen nicht-fiktionalen Films, deren Reiz in der Eigenschaft der Kamera besteht, als Forscher, Tourist oder Betrachter aufzutreten. Die «Ansicht» ist Teil des Kinos der

---

23 Archiv des Museums für Völkerkunde zu Leipzig (AMVL): «Aktenstück Expedition 1908/90 Prof. Weule».
24 Nachlass Theodor Koch-Grünbergs in der Völkerkundlichen Sammlung der Philipps-Universität Marburg: VK Mr A.
25 Museum für Völkerkunde Berlin: «Acta betreffend Reisen und Erwerbung von Sammlungen aus der Stiftung des Professors Dr. Baessler». 20.03.1903-31.03.1907. Pars: IB 21a Vol.1, E 1464/06.
26 Tom Gunning: «Vor dem Dokumentarfilm. Frühe non-fiction-Filme und die Ästhetik der ‹Ansicht›». In: *KINtop* 4, 1995, S. 111–122. In einer überarbeiteten Version ist der Artikel im Englischen erschienen unter: Tom Gunning: «Before documentary: Early nonfiction films and the ‹view› aesthetic». In: D. Hertogs, D. / Nico de Klerk (Hrsg.): *Uncharted Territory. Essays on early nonfiction film*. Amsterdam 1997, S. 9–24.
27 Gunning: «Vor dem Dokumentarfilm», S. 114.

Attraktionen, aber sie zeigt ein Ereignis in der Natur oder der Gesellschaft, das auch ohne die Teilnahme der Kamera stattgefunden hätte:

> In dieser Hinsicht gehört die *Ansicht* ganz eindeutig zu dem Feld dessen, was ich «Kino der Attraktion» nenne: Betonung der Zurschaustellung und die Befriedigung der Schaulust. Als Aktualitätenfilm geht es bei der *Ansicht* eher darum, ein Ereignis in der Natur oder in der Gesellschaft aufzunehmen, während Attraktionsfilm oft künstlich Inszeniertes präsentierte, um die Neugierde der Zuschauer zu wecken und zu befriedigen.[28]

Unter der Hand eines erfahrenen Operators folgten auch ethnographische Filme einer Filmform, die sowohl einem kommerziell verwertbaren Standard gerecht wurde, wie auch dem Wissenschaftler als Schau- und Studienobjekt diente. Dass aber auch der amateurhaft filmende Ethnograph nicht unbedingt ästhetisch unvorbereitet ins «Feld» zog, belegt ein Manuskript über die Anfertigung kinematographischer Aufnahmen auf Reisen, das Rudolf Pöch zugeschrieben werden kann. In dem Manuskript empfiehlt Pöch dem Aufnehmenden nicht nur darüber nachzudenken, was im Film wirkt, sondern praktische Übungen mit dem Besuch guter Vorführungen zu verbinden.[29] Was filmende Ethnographen in «guten» Kinos sahen, waren jedoch die zuvor beschriebenen Reisebilder, die so typisch für das nicht-fiktionale Kino der Frühzeit sind. Mit anderen Worten, Ethnographen fertigten ihre Filme auch auf Grund einer gewissen ästhetischen Ausbildung an.

Ebenso wie die Untersuchung der Produktionsseite verlangt, zwischen den Interessensgruppen von Wissenschaft und «Kommerz» zu unterscheiden und deren Verhältnis zu analysieren, verlangt die Distribution eine doppelte Perspektivierung.

Distribution

In der Regel folgte jeder Expedition eine Publikation, die sich, wie bei Karl Weule, im besten Fall sowohl an die wissenschaftliche Öffentlichkeit als auch an ein breites Lesepublikum wandte. Ähnlich der Aufbereitung der Expedition durch eine populärwissenschaftliche Publikation bot auch der Vertrieb und Verkauf von Filmen, die während einer Expedition entstanden, eine weitere Möglichkeit Öffentlichkeit für sich herzustellen, und sich durch den Verkauf

---

28 Ebd.
29 Manuskript im Berliner Phonogramm-Archiv im Ethnologischen Museum Berlin. Mein Dank gilt an dieser Stelle Frau Dr. S. Ziegler, die mich auf das Manuskript aufmerksam gemacht hat.

der Filme eine interessante zusätzliche Einnahmequelle zu erschließen. So finden sich in Richard Neuhauss' *Deutsch-Neu-Guinea*, einem Buch, das nach seinem Aufenthalt in der Südsee erschien, nicht nur eine Reihe von Illustrationen, die aus seinen Filmen stammen, sondern Neuhauss lässt keine Gelegenheit aus, den Leser auf Bezugsquelle und Preis seiner Filmaufnahmen hinzuweisen.[30]

Ebenso Theodor Koch-Grünberg, dem von der Express Film eine Gewinnbeteiligung an dem Verkauf seiner Aufnahmen aus dem Amazonasgebiet aus den Jahren 1911-1913 zugesagt wurde.[31] Ohne das finanzielle Interesse der Ethnographen überbetonen zu wollen, so scheint doch die Distribution bzw. der Verkauf von Filmen eine sehr viel größere Rolle in der Entwicklung des ethnographischen Films gespielt zu haben als bisher angenommen.

Vor seiner letzten Amazonas-Expedition mit dem Amerikaner Alexander Hamilton Rice im Jahr 1924 versuchte Koch-Grünberg erneut die Express Film für die bevorstehende Expedition zu gewinnen und bat Hamilton im Falle von Filmaufnahmen die Hälfte des Reingewinns in Europa an ihn abzutreten.[32] Zu diesem Zeitpunkt hatte jedoch bereits Rice eine Filmfirma engagiert bzw. Filmaufnahmen eingeplant, so dass Koch-Grünbergs Wunsch nicht entsprochen werden konnte.

Was veranlasste Koch-Grünberg sich für den Film einzusetzen und auf einen finanziellen Vorteil zu hoffen? Obwohl Koch-Grünberg selbst Filme auf seiner Brasilien Expedition im Jahre 1911 drehte, war seine Meinung wenige Jahre später einer gewissen Ernüchterung gewichen. In einer Korrespondenz zwischen Fritz Krause, zu der Zeit noch Assistent am Leipziger Museum für Völkerkunde, und Koch-Grünberg im Jahr 1914 tauschen sich beide Wissenschaftler über ihre Erfahrungen mit dem Film aus:

> Was Sie [Koch-Grünberg, W.F.] über den [sic!] Kino schreiben, deckt sich ungefähr mit meinen Ansichten. Ich wollte ihn nur mitnehmen, wenn ich ihn von einer Firma zur Verfügung gestellt erhielte, weiss aber nicht ob die Firmen das noch tun. Wissenschaftlich wertvolle Aufnahmen kommen sicher nur in geringer Zahl in Betracht; meist bleiben Aufnahmen doch mehr oder weniger Mittel, die Vorträge über die Reise auszuschmücken, denn wissenschaftlich verwerten lassen sie sich bisher nicht.[33]

---

30 Der Verkauf des Films erfolgte durch Oskar Messter in Berlin. Richard Neuhauss: *Deutsch-Neu-Guinea*. Berlin 1911.
31 VK Mr A 13.
32 VK Mr A 37.
33 VK Mr A 14.

Krauses Brief an Koch-Grünberg verweist bereits auf eine veränderte Marktsituation, in der der Ethnograph nicht mehr unbedingt auf die Unterstützung der Filmfirmen hoffen konnte. Mit der Etablierung des Langfilms veränderte sich auch das Filmprogramm, was zur Reduzierung des nicht-fiktionalen Repertoires führte. Arbeiteten Ethnographen in der Vergangenheit den Film in ihre Vorträge mit ein, so schien er nun für die ethnologische Forschung unbrauchbar. Eine Erklärung, warum der Film erneut in den zwanziger Jahren für Koch-Grünberg von Interesse war, könnte in dem internationalen Erfolg von Robert Flahertys NANUK, DER ESKIMO liegen. Die Bedeutung von Flahertys «unwissenschaftlichem» Film auch für die deutsche Ethnographie zeigt Krauses Forderung, in der er Flahertys Filme in einem Zug mit Aufnahmen von deutschen Wissenschaftlern nennt.

Lässt man für einen Moment Narrativierung und Dramatisierung indigenen Lebens, für das Nanuk in der ethnographischen wie dokumentarischen Filmliteratur steht, beiseite, so stellt sich vor dem Hintergrund der Verwertbarkeit die Frage, ob nicht NANUK, ähnlich wie das zuvor beschriebe ethnographische Reisebild, eine Filmform bot, mit der die Frage der wissenschaftlichen Verwertbarkeit ethnographischer Filme für Wissenschaft und Publikum zufriedenstellend gelöst war. Spekulierte Koch-Grünberg zu diesem Zeitpunkt auf einen deutschen NANUK-Film, der nicht nur finanziell erfolgreich, sondern wissenschaftlich eigenständig und unabhängig vom Ethnographen vertrieben werden konnte?[34]

Ein zweiter Distributionskontext neben der kommerziellen Auswertung sind die Distributionskanäle zwischen den Museen. In seiner Untersuchung von ethnographischen Museen zur Zeit des deutschen Kaiserreichs hat der Historiker Glenn Penny u.a. auf die Wettbewerbssituation unter den Museen hingewiesen.[35] Größere Budgets bedeuteten den Erwerb von neuen Sammlungen, wobei nicht unbedingt nationale Interessen die Museumspolitik der Völkerkundemuseen beeinflussten, sondern nicht selten waren regionale und lokale Interessen für die Museen von Bedeutung. In Bezug auf den Film ist zu fragen, inwieweit auch der Film an diesem Wettbewerbsvorteil teilnahm.

Gemäß einem Bundesratsbeschluss aus dem Jahre 1889 mussten alle ethnographischen Sammlungen von Expeditionen in die deutschen Kolonien, die durch den Staat finanziert wurden, zuerst dem Berliner Museum zugeleitet werden. Durch diese Resolution genoss das Berliner Museum eine privilegierte Stellung unter den deutschen Völkerkundemuseen, während nicht preußische

---

34 Es soll keineswegs unterschlagen werden, dass Koch-Grünberg 1924 den Posten des Direktors am Linden Museum in Stuttgart nieder legte und als selbstständiger Wissenschaftler ein Interesse haben musste, sein Einkommen zu sichern.
35 Glenn H. Penny: *Objects of Culture: Ethnology and Ethnographic Museums in Imperial Germany.* Chapel Hill, The University of North Carolina Press 2002.

Museen wie z. B. das sächsische Museum in Leipzig erst im zweiten Durchgang, nach Auswahl der Berliner, von ethnographischen Sammlungen profitierten.[36]

Trotz dieses strukturellen Nachteils verstand es Karl Weule als Direktor des Leipziger Museums, das Museum zu dem zweitgrößten völkerkundlichen Museum seiner Art zu machen. Weule bemühte sich stets, die Hegemonie des Berliner Museums zu brechen, aber auch wenn es im Laufe der Zeit zu Veränderungen im Verteilungsschlüssel kam, so behielt doch Berlin seine Vormachtstellung.[37]

Obwohl Leipzig, wie bemerkt, nicht das erste Zugriffsrecht auf ethnographische Sammlungen besaß, scheint die Frage nach den Auswertungsmodalitäten von ethnographischen Filmen, die Karl Weule während seiner Expedition anfertigte, durch das administrative Raster gefallen zu sein.

So besaß zwar das Reichskolonialamt die Rechte auf Weules Filme und Ernemann verfügte über die Negative in Dresden, aber alle Positive waren bei Weule in Leipzig. Dies verschaffte ihm den Vorteil die Distribution seiner Filme zu kontrollieren, je nach Anfrage von interessierten Vereinen und Gesellschaften Kolonialpropaganda, Museumspolitik oder Bildungsarbeit zu leisten.

Nach seiner Expedition erklärte Weule in einem Vortrag vor den Stadtverordneten der Stadt Leipzig seine Absicht, seine phonographischen und kinematographischen Aufnahmen auch in der Museumsdidaktik einzusetzen zum Nutzen der lokalen Bevölkerung.[38] Archivunterlagen zeigen, das Weule seine Filme z. B. in völkerkundlichen Kursen benutzte oder zumindest benutzen wollte, die für alle Klassen der Bevölkerung offen waren.[39] Die ersten Kurse begannen im Winter 1908/09 und wurden im Winter 1909/10 erneut angeboten.[40] Die Kurse waren beliebt, gut besucht und wurden insbesondere von der Arbeiterklasse frequentiert.

Die lokalen Interessen zu stärken war eine Seite, sie gegenüber anderen Museen zu verteidigen eine andere. Die Filmaufnahmen verschafften Weule eine Popularität, wie sie wohl keinem zweiten Völkerkundler zu dieser Zeit zukam, und es konnte nicht in seinem Interesse sein, seine Filme mit anderen Museen zu teilen.

---

36 Das Deutsche Kolonialmuseum war keine echte Konkurrenz für das Berliner Völkerkunde Museum, da es keine Zuschüsse von dem Staat bekam. Cornelia Essner: «Berlins Völkerkunde-Museum in der Kolonialära». In: *Berlin in Geschichte und Gegenwart. Jahrbuch des Landesarchivs Berlin* 5 (1986), S. 65–94.
37 Gerhard Blesse: «Karl Weule als Feldforscher». (Zur wissenschaftlichen Expeditionstätigkeit Karl Weules in Südost-Tansania 1906). Sonderausdruck aus *Jahrbuch des Museums für Völkerkunde zu Leipzig*. Band XI, Münster 1994, S. 155–167.
38 Archiv des Museums für Völkerkunde zu Leipzig (AMVL): C 17 AF.
39 AMVL: C 17 AF.
40 Karl Weule: «Die nächsten Aufgaben und Ziele des Leipziger Völkerkundemuseums». In: *Jahrbuch des Städtischen Museums für Völkerkunde zu Leipzig*. Nr. 3, 1908/09, Leipzig (1910), S. 151–174.

Verfolgt man die teilweise überlieferte Korrespondenz zwischen dem Direktor des Rautenstrauch-Joest Museums in Köln Wilhelm Foy und Weule, so sieht man, wie Weule mit seinen Filmen Honorarverhandlungen zu seinen Gunsten entscheiden konnte und durch ein taktisches Hin und Her das Kölner Museum schließlich dazu bewegte, von einem Ankauf seiner Filme abzusehen, wobei am Ende anscheinend niemand mehr so recht wusste, wer die Rechte besaß und wo die Filme zu erwerben waren.

Die Korrespondenz beginnt im November 1905, vor Weules Expedition und betrifft zu diesem Zeitpunkt einen Vortrag von Weule in Köln. Nach Weules Rückkehr beginnt jedoch Weule die Honorarverhandlung erneut. Der Grund ist das vorhandene Filmmaterial.

Betrug das Honorar vor seiner Reise noch 100 Mark, so argumentierte Weule nach seiner Reise mit den immensen Ausgaben für sein technisches Equipment, was er mit den sehr direkten Worten kommentiert, dass «ich zu meinem Leidwesen einen halben blauen Lappen mehr verlangen» muss.[41] Obwohl Foy seine Verwunderung über diese neuerliche Forderung Weule mitteilte, bestand Weule darauf, dass, wenn Foy nicht zustimme, er nur Lichtbilder zeigen würde, oder es ganz ablehnen müsse, nach Köln zu reisen.[42]

Mit Weules Vortrag im April 1908 fand die Korrespondenz kein Ende, sondern eröffnete eine zweite Runde, in der es um den Erwerb von Weules Filmen ging, um sie in Köln in der Museumsarbeit einzusetzen. Dem ersten Hin und Her folgte nun ein noch verwirrenderer Briefwechsel, da Weule eine Hinhalte- und Verzögerungstaktik begann, die Foy letztendlich davon abbrachte, weiterhin Kopien der Filme zu fordern, was ihm nach einem Beschluss des Reichskolonialamts als Träger der Expedition zugestanden hätte.[43]

Im Juli 1908 scheint die Korrespondenz zu ihrem Ende gelangt zu sein, denn Foy äußert in seinem letzten dokumentierten Brief, dass das Museum nur über die Möglichkeit von Filmvorstellungen in Zukunft nachdächte und somit nur Informationen über Einkaufspreise von Kameras und Unterhaltungskosten einholen wolle. Über den Erwerb von Weules Filmen wäre noch nicht entschieden und man würde dies evtl. später in Betracht ziehen.[44]

Auch wenn der genaue Grund für das plötzliche Ende der Korrespondenz nicht bekannt ist, so deutet doch Weules Verzögerungstaktik darauf hin, dass der Besitz ethnographischer Filme einen Wettbewerbsvorteil bedeutete, den er nur ungern verlieren wollte.

---

41 Historisches Archiv der Stadt Köln, Bestand 614, no. 364. S. 16–19.
42 Ebd., S. 5.
43 AMVL: Expedition, Brief von Rautenstrauch-Joest - Museum Cöln, 16.05.1908.
44 AMVL: Expedition, Rautenstrauch Joest Museum an Weule, 03.07.1908.

Aufführung

Wenn Michael Böhl von «potpourriartigen» Bildern spricht, die nur im Zusammenhang mit einem Redner Sinn ergeben, so verweist er auf die Bedeutung des gesprochenen Wortes während der Filmvorführung.

Ethnographische Darstellung im Film sprach nie für sich selbst, sondern wurde durch die Ausführung des jeweiligen Ethnographen unterstützt. Vortragsunterlagen wie die des Leipziger Völkerkundlers Karl Weule zeigen, wie seine Filmaufnahmen durch Erklärungen, Anekdoten und Anspielungen an Bedeutung gewannen. Kurzüberschriften wie «Die Vorgeschichte meiner Expedition», «Danksagungen», «Generalkarte: Forschungsgebiet», «Einführung in das Forschungsinstrument und Ziel der Forschung», «Mein erstes Fieber», «Photospaziergang», «Mein Abend mit den Damen», «Der Beginn der ethnographischen Arbeit» usw. in seinen Vortragsmanuskripten zeigen, wie seine Vorträge einer ausgearbeiteten Dramaturgie und narrativen Struktur folgten, die mit Hilfe des gesprochenen Textes, Lichtbildern, photographischen Bildern, Kino und der damit verbunden Licht-Dramaturgie, den Saal zu beleuchten bzw. ihn zu verdunkeln, in Szene gesetzt wurden. Multimedia *avant la lettre*. Seine Vorträge endeten nicht selten mit einer Phono-Film-Kombination im Sinne einer Apotheose, die seine Expeditionsgruppe auf dem Rückmarsch darstellte.

Schon während seiner Expedition in Deutsch-Ostafrika hat der Leipziger Völkerkundler Karl Weule über den möglichen Einsatz des Films nachgedacht und überlegt Filmaufnahmen mit seinen Phonographen-Aufnahmen zu kombinieren, um dem «Nichtostafrikaner» mit Afrikanischen Gebräuchen bekannt zu machen:

> Sind die Kino [sic!] gut, so besitzen wir durch gleichzeitige Vorführung von Kino und Phono die Möglichkeit, einmal dem Nichtostafrikaner das Gesamtbild eines solchen Ngoma vorzuführen; vor allem aber sind die eigenartigen Singreigen doch für die Nachwelt festgelegt worden.[45]

Die Unverständlichkeit früher ethnographischer Filme, von denen Böhl spricht, ist demnach ein Resultat fehlender Kenntnis über die frühen Aufführungskontexte, die bis heute die Archivierungspraxis ethnographischer Filme kennzeichnet. Befinden sich historische ethnographische Bilddokumente im Bundesarchiv-Filmarchiv bzw. dem Archiv des Instituts Wissen und Medien, so befinden sich die auditiven Pendants im Phonogrammarchiv des ethnologischen Museums Berlin bzw. im Lautarchiv der Berliner Humboldt Universität.

---

45 Bundesarchiv (BArch), R 1001/5673-2, Bl. 57.

Zusammenfassung

Eine Geschichte des ethnographischen Films in Deutschland steht noch aus, doch lässt sich, wie gezeigt, die Beziehung zwischen Ethnographie und Film auf vielfache Weise neu diskutieren. Fritz Krauses Forderung nach einem ethnographischen Filmarchiv verweist auf eine lange und in allen Bereichen sehr komplexe Filmpraxis in den Jahren zuvor. Ohne den ethnographischen Film in seiner Beziehung zur Populärkultur zu diskutieren, können Produktions-, Distributions- und Aufführungskontexte des ethnographischen Films nur unzureichend beschrieben und analysiert werden.

Wenn Alison Griffiths in ihrer Untersuchung des frühen ethnographischen Films in den USA zu dem Schluss kommt, dass im Gegensatz zur wachsenden Popularität des Films nur eine Hand voll Anthropologen in der Welt eine Filmkamera zu Beginn des 20. Jahrhunderts verwendeten, so scheint die Situation in Deutschland demgegenüber eine andere gewesen zu sein.[46]

Ob es sich hier um einen deutschen «Sonderweg» handelt, wird die weitere Erforschung des ethnographischen Films zeigen.

---

46 Alison Griffiths: *Wondrous Difference: Cinema, Anthropology, and Turn of the Century Visual Culture*. New York: Columbia University Press 2002, S. 176.

Nina Gerlach

Der Tierfilm zwischen Repräsentation und Simulation

Aktuelle Tendenzen

> «Dass uns der Anblick der Tiere so ergötzt, beruht hauptsächlich darauf, dass es uns freut, unser eigenes Wesen so vereinfacht vor uns zu sehn.»
>
> *(Arthur Schopenhauer)*

Derek Bousé stellte 2000 für das Genre des Tierfilms fest: «Acknowledging wildlife films as a distinct film and television genre means separating them once and for all from documentary.»[1] Bousé übt in seinem Werk *Wildlife Films* einen lokalen Skeptizismus, der dem Tierfilm per se jegliche dokumentarische Qualität abspricht.[2] Der *blue-chip*-Film[3], wie der traditionelle Tierfilm in der angloamerikanischen Forschung oftmals genannt wird, konstruiere vielmehr eine spielfilmartige «period-piece fantasy of the natural world».[4] Das Verhältnis zur außermedialen Realität bewege sich dabei im Anschluss an Baudrillard irgendwo zwischen Repräsentation und Simulation. Durch die Verbannung des Menschen und der deflorierten, historisch gewandelten Natur aus dem Genre maskiere der Tierfilm eine Basisrealität und erwecke die Suggestion einer zivilisatorisch unberührten Natur. Die Maskierung der Absenz dieser Basisrealität er-

---

1 Derek Bousé: *Wildlife Films*. Philadelphia 2000, S. 20.
2 Bousés Theorie ist als lokaler Skeptizismus zu bezeichnen, da er sich lediglich auf den Tierfilm und nicht in Form eines globaleren Skeptizismus auf den gesamten Dokumentarfilmsektor bezieht.
3 «[...] the term was first used in this context by a legendary head of the BBC Natural History Unit, John Sparks. [...] He used this stock exchange language to relentlessly stress the high production values he was after: Stories that get under your skin, packed into films that deserve to be called films. From this origin, the definition of blue-chip programming has taken many turns. For years, it designated films wherein no human being was permitted to tread primeval wilderness.» Walter Koehler: *The Opening Shot. The World Needs More Blue-Chip*. URL: http://www.wildfilmnews.org/displayNewsArticle.php?block_id=218, 30.09.2006.
4 Bousé zitiert hier Stephen Mills, einst Vorsitzender der *International Association of Wildlife Film-Makers (IAWF)*: Stephen Mills: «Pocket Tigers. The Sad Unseen Reality Behind the Wildlife Film». In: *Times Literary Supplement*. 21.02.1997, S. 6.

fülle das Genre etwa durch die starke Überrepräsentation von Megafauna wie Großkatzen, Bären, Haien und ähnlichem.

Das Hauptaugenmerk der Bouséschen Kritik liegt jedoch auf der dramatisierten Handlung, denn ganz im Sinne Hayden Whites sei Narration kein Bestandteil der Realität. Der Tierfilm gestalte sich demnach als realistische Fiktion gleich dem Klassizismus des Hollywoodfilms. Einzig der natürliche Gegenstand bewirke noch eine Abgrenzung gegenüber dem avantgardistischen Formalismus der puren Simulation. Zudem konterkariere nach Bousé das animalische Subjekt per se das dokumentarische Modell, da das fehlende Bewusstsein darüber, dass das Subjekt gefilmt wird, die medienethisch gebotene Konsensbildung zwischen Filmschaffendem und gefilmtem Objekt unmöglich mache. Die Folge sei ein größerer Bedarf an interpretatorischem Kommentar zur Handlung sowie eine veränderte, da unethische Haltung des Filmemachers gegenüber seinem Objekt. Selektion, Dramatisierung und das animalische Subjekt per se seien mit dem dokumentarischen Modell unvereinbar.

Die grundlegende Fragwürdigkeit der von Bousé konstatierten Homogenität des dokumentarischen Genres als eines dokumentarischen Modells[5] soll hier nicht Gegenstand des Beitrags sein, demnach also die Ausdifferenziertheit und definitorische Problematik des Dokumentarfilmbegriffs nicht auf den Plan gerufen werden; vielmehr soll hier ganz im Gegenteil eben gerade auf die Einbettung des Tierfilms in und die Veranschlagung des animalischen Subjekts für die generelle gegenwärtige non-fiktionale Praxis aufmerksam gemacht werden.

Der Tierfilm als dokumentarischer Blockbuster

Eine explizit wissenschaftliche Erforschung des Tierfilms und seiner Position innerhalb der dokumentarischen Gattung ist im deutschsprachigen Raum kaum auszumachen.[6] Die vereinzelten Annäherungen kreisen um Spezialfelder des Themenbereichs wie etwa die medienrechtlichen Spezifika des Tierfilms in Hedigers «Tierfilme, Vertragsbrüche und die Justiziabilität von kommuni-

---

5 Bousés Dokumentarfilmbegriff erweist sich als ein Surrogat aus dem Oberflächenrealismus des *direct cinema* und dem analytischen Ansatz eines John Grierson. So zeichnet sich für Bousé der Dokumentarfilm einerseits vor allem durch das Streben nach Transparenz und die Ablehnung jeglicher Ästhetisierung aus. Dabei begreift Bousé ähnlich den Vertretern des *direct cinema* die profilmische Realität als Taburaum. Andererseits bedarf er jedoch eines gewissen Griersonschen Duktus, der soziale oder umweltpolitische Thematiken in Form eines Kommentars implementiere. Die narrativen Tendenzen des Griersonschen Ansatzes werden dabei jedoch von Bousé vollkommen negiert. Bousé (Anm. 1), S. 14–16.

6 Die wenigen Publikationen erweisen sich bei genauerer Betrachtung zudem oftmals als Selbstzeugnisse einschlägiger Tierfilmer. So u.a.: Eugen Schumacher: *Meine Filmtiere*. München 1953. Horst Stern: *Mut zum Widerspruch*. München 1974.

kativen Kontrakten» aus dem Jahre 1998[7] oder beziehen sich nur auf einzelne Vertreter des Genres.[8] Einen ersten Überblick zur Thematik versuchte 2000 Teutloff mit *Sternstunden des Tierfilms*.[9] Doch hier, ebenso wie auf der 2006 von der Angloamerikanischen Abteilung des Histori-

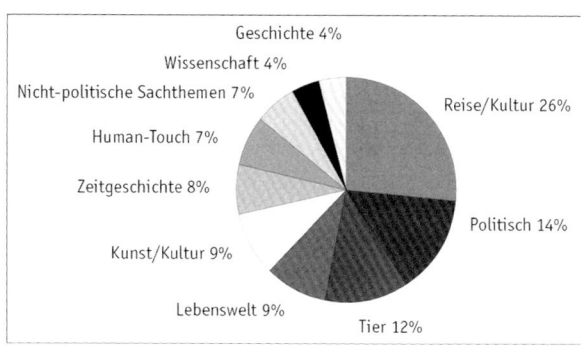

Abb. 1

schen Seminars der Universität Köln durchgeführten Tagung *Tiere im Film, eine Menschheitsgeschichte*, kommt leider die gegenwärtige Situation des Genres zu kurz.[10]

Im Verhältnis zu dem hohen Stellenwert des Tierfilms im deutschen Fernsehen ist diese nahezu generelle wissenschaftliche Abstinenz als äußerst verwunderlich zu betrachten. Wie es aus einer quantitativen Programmanalyse des Fernsehmonats Oktober 2002 des Adolf Grimme Instituts bereits hervorgeht, okkupierten zwölf Prozent aller dokumentarischen Sendungen diesen Themenbereich (Abb. 1). In der ARD stellten die Tierfilme rund 40% aller überhaupt gesendeten Dokumentationen.[11] Aktuellere Einschätzungen sind für das Themenfeld *Tier* nur bedingt möglich. Die in *Media Perspektiven* veröffentlichte inhaltliche Programmanalyse des Instituts für empirische Medienforschung (Köln) erweist sich aufgrund der stark begrenzten Programmauswahl als nicht repräsentativ genug.[12] Sie spart nicht nur die für dieses Themenfeld so wichtigen Dritten Programme, sondern auch den mit sechs fest etablierten Sendeplätzen für den inhaltlichen Bereich *Tier* wichtigsten Privatkanal VOX aus.[13]

---

7   Vinzenz Hediger: «‹Mogeln, um besser sehen zu können, ohne deswegen den Zuschauer zu täuschen›. Tierfilme, Vertragsbrüche und die Justiziabilität von kommunikativen Kontrakten». In: *montage/av* 11,2/2002, S. 87-96.
8   So etwa Knut Hickethier: «Die Fernsehfilme Horst Sterns. Bemerkungen zu einem Kapitel deutscher Fernsehgeschichte». In: Ludwig Fischer (Hrsg.): *Horst Stern. Das Gewicht einer Feder. Reden, Polemiken, Essays, Filme*. München 1997, S. 287-298.
9   Gabriele Teutloff: *Sternstunden des Tierfilms*. Steinfurt 2000.
10   Der geplante Tagungsband war bis Redaktionsschluss leider noch nicht veröffentlicht.
11   Fritz Wolf: *Alles Doku – oder was? Über die Ausdifferenzierung des Dokumentarischen im Fernsehen*. Expertise des Adolf Grimme Instituts im Auftrag der Landesanstalt für Medien NRW, der Dokumentarfilminitiative im Filmbüro NW, des Südwestrundfunks und des ZDF. LfM-Dokumentation Bd. 25. Düsseldorf 2003, S. 39.
12   Udo Michael Krüger / Thomas Zapf-Schramm: «Sparten, Sendungsformen und Inhalte im deutschen Fernsehangebot». In: *Media Perspektiven* 4/06, S. 201-221.
13   MENSCHEN, TIERE & DOKTOREN, BBC EXKLUSIV: SUPER-VETS – TIERE IM OP, DOGS WITH JOBS – PROFIS AUF VIER PFOTEN, TIERZEIT, DR. WOLFS HUNDEWELTEN und HUNDKATZEMAUS.

Doch selbst wenn gegenwärtig keine genauen Zahlen zu diesem Themenfeld vorliegen, scheint das aktuelle Angebot die mediale Dominanz weiter zu bestätigen. Eine quantitative Programmanalyse der 38. Kalenderwoche des Jahres 2006 hat ergeben, dass das tägliche free-tv-Angebot dieses Themenfeldes im Durchschnitt bei neun Stunden und 44 Minuten liegt – Wiederholungen, Tiervermittlungsmagazine und die digitalen Programme der öffentlich-rechtlichen Sendeanstalten nicht mit einbegriffen.[14] Allein der digitale *ARD*-Kanal *EinsPlus* widmet dem inhaltlichen Gegenstand *Natur* aber zusätzlich eine eigene Rubrik mit einer Sendezeit von vier Stunden täglich. Und im Oktober 2004 ging der europäische Naturfilm-Sender *terra-nova* auf Sendung und stellt somit den ersten free-tv-Spartensender neben der im selben Jahr in Deutschland eingeführten pay-tv-Variante *Animal Planet* und *National Geographic Channel*.

Anders als es Bousé vermuten ließe, beschreibt gerade die gegenwärtige Ausdifferenzierung des animalischen Genres die Situation des non-fiktitiven Films im Allgemeinen. Die Analyse des Adolf Grimme Instituts zeigt, dass unformatierte, dokumentarische Sendungen, so genannte Einzelstücke, vom hohen prozentualen Anteil der Reihen-, Serien- und Mehrteilerprogramme zunehmend auf späte Sendeplätze verdrängt werden.[15] Von den im Oktober 2002 ausgestrahlten über 1400 dokumentarischen Sendungen zeigten 66% eine formatierte Form. Und diese Tendenz steigt. Um dies zu fördern, wird das Prinzip der so genannten Dachmarke aus dem Printjournalismus übernommen, um «Thema und Machart»[16] des Sendungstypus besser zu bestimmen. So subsumiert zum Beispiel die Dachmarke WUNDERBARE WELT neben dem Themenbereich des Tierfilms unter anderem den der *Wissenschaft* und den *Fremder Länder und Kulturen*.

Als Typus der Tier- und Naturfilmreihe erweist sich zum Beispiel die wöchentlich ausgestrahlte WDR-Produktion ABENTEUER ERDE. Waren es im Oktober 2002 wöchentlich nur vier Reihen, die ausschließlich Tierfilme zeigten, so ist diese Zahl gegenwärtig auf neun gestiegen.[17] Auch Sendungsformate der Mehrteiler- oder Serienstruktur umfassen den Tierfilm. Doch gerade hier scheint sich vor allem die von Bousé kritisierte Tendenz zur Fiktionalisierung zu bestätigen. In den regelmäßig wiederholten, komplett animierten Mehrteilern THE FUTURE IS WILD (D/A/F/USA 2002) und der BBC-Produktion WALKING WITH DINOSAURS[18] (GB

---

14 In die Analyse miteinbezogen wurden: ARD, ZDF, 3SAT, ARTE, WDR, NDR, BAYERN, SÜDWEST, HESSEN, MDR, RBB, RTL, SAT.1, PRO SIEBEN, KABEL EINS, RTL II, SUPER RTL, VOX.
15 Wolf: *Alles Doku – oder was?* (wie Anm. 11), S. 48.
16 Ebd., S. 27.
17 ABENTEUER ERDE, KLEINE GESCHICHTE VON WILDEN TIEREN, TIER-REICH – DIE SPEKTAKULÄRSTEN BEISPIELE AUS DEM TIERLEBEN; EXPEDITION INS TIERREICH; NATURWELTEN (HR); WELT DER TIERE, NATUR-EXCLUSIV (BR); DAS DUELL (XXP); NETZNATUR (3sat).
18 Die BBC gilt immer noch als der führende Produzent von Tierfilmen. Sie unterhält eine eigene Produktionsabteilung, die so genannte *Natural History Unit*. Lexikon der Filmbegriffe. Stichwort Tierfilm. URL: http://www.benderverlag.de/lexikon/suche2.php?Suchbegriff=Tierfilm

1999) finden sich nahezu alle Charakteristika der Bouséschen *blue-chip*-Version des Genres wieder (Abb. 2). Sie drängen nicht nur, wie Bousé im Anschluss an Grierson fordert[19], soziale oder umweltpolitische Fragestellungen, die sich in Bezug auf das futuristische Sujet sogar anbieten würden, an den Rand, sondern stellen die «periodpiece fantasy of the natural world»[20] geschickt gerade durch die Wahl ihrer Sujets her, denn diese erlauben per se gar keine historischen Referenzpunkte der Zivilisation.

Auf diese Weise garantiert die möglichst weit entfernte Vergangenheit, ebenso wie die ferne Zukunft, anscheinend wie von selbst die Absenz der menschlichen Gestalt. Was für die Vergangenheit Fakt ist, erscheint doch zumindest für die Zukunft fragwürdig, eine diesbezügliche Skepsis wird jedoch nie formuliert. Die Dinosaurier stellen zudem die von Bousé kritisierte Fokussierung auf die Megafauna dar[21] und der Missbrauch der Evolutionsbiologie in Form von Gemeinplätzen des *survival of the fittest* bietet dazu die dramaturgische Grundlage. Tendenziell wird im Tierfilm die darwinistische Konkurrenz um die beste Anpassung an das natürliche Umfeld als direkter Kampf einzelner Spezies aufgefasst und damit fehlinterpretiert. Plötzlich auftauchende Augen aus dem Dunkel der Nacht und fletschende Zähne garantieren dabei – wie im Falle von DRAGONS ALIVE (GB 2004) – narrative Höhepunkte (Abb. 3) und transportieren somit die Naturauffassung des 19. Jahr-

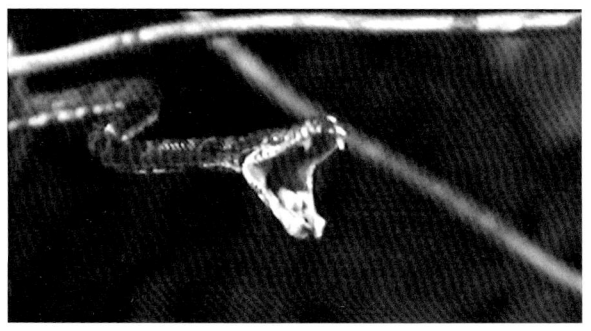

Abb. 2–3

&Eintrag=Term&anzahl=10&Suche=Suche, 25.09.06. In Deutschland stellt allein das ZDF eine eigene Natur- und Umweltredaktion. Teutloff (Anm. 9), S. 94.
19 John Grierson: «Grundsätze des Dokumentarfilms». In: Eva Hohenberger (Hrsg.): *Bilder des Wirklichen: Texte zur Theorie des Dokumentarfilms*. Berlin [1998¹] 2000, S. 100–113.
20 Mills: «Pocket Tigers» (wie Anm. 4), S. 6.
21 Bereits die im Zeitraum von 1989-1991 ausgestrahlten Tiersendungen befassen sich zumeist mit größeren Wirbeltieren; vgl. Teutloff: *Sternstunden* (wie Anm. 9), S. 94.

hunderts in der Tradition von Tennysons populärem Schlagwort «Tho' Nature, red in tooth and claw» weiter.[22]

Auch der zwar unbestritten existente wissenschaftliche Inhalt der beiden Mehrteiler wird im Sinne Bousés dramaturgisch intelligent nutzbar gemacht. Die wissenschaftlichen Erkenntnisse werden als Postulate formuliert. Sie dienen als Grundlage einer geschlossenen dramaturgischen Form, die im Falle der Dinosaurier den viel versprechenden Plot vom AUFSTIEG UND FALL EINER GATTUNG, wie es im Untertitel heißt, garantieren. Die namhaften Protagonisten der BBC-Produktion BIG AL und LITTLE BIG AL muten in ihrem Identifikationspotential wie Spielfilmhelden an. Und sogar die klare Abgrenzung gegenüber dem avantgardistischen Formalismus der puren Simulation gilt es durch die Komplett-Animierung, deren wissenschaftliche Basis im futuristischen Sujet sogar in der Spekulation enden muss, anzuzweifeln. Eine ontologische Differenz zwischen Tier- und Spielfilm ist hier nur noch schwer auszumachen.

Animalische Hybride

Die im Jahr 2000 erstmals im WDR ausgestrahlte und von einer Erzähltechnik getragene dokumentarische Serie EIN HEIM FÜR ALLE FELLE (D 2000) war innerhalb der deutschen Tierfilmgeschichte der Auftakt eines weiteren jüngeren Phänomens, nämlich des der Genre-Hybridisierung. Genauer spezifiziert ist die Sendung dem Genre der ortsgebundenen Tier-Doku-Soap zuzuordnen. Gangloff sah bereits 2001 eine mögliche Abhilfe für die zeitweilig schwache Konjunktur des Tierfilms in dem gesteigerten Unterhaltungswert solcher Genre-Kreuzungen. Inzwischen existieren sechs werktags ausgestrahlte Varianten dieses Hybrid-Typs, die sämtlich in deutschen Zoos gedreht wurden.[23]

Zoologische Gärten wurden innerhalb der Tierfilmgeschichte vor allem aus ökonomischen Gründen besonders von DDR-Filmemachern favorisiert.[24] Bei genauerer Betrachtung sind die Gründe für diese Wahl jedoch keinesfalls auf die wirtschaftlichen Vorteile solcher Produktionen beschränkt. So ist im heutigen Programmangebot für die kritische Reflexion der zwar artgerechteren, aber oftmals unnatürliches Verhalten provozierenden Käfighaltung ebenso wenig Platz wie einst im sozialistisch kontrollierten TIERPARKTELETREFF (DDR 1959-1990)

---

22 Das Schlagwort entstammt dem 1849 abgeschlossenen, elegischen Zyklus *In Memoriam A.H.H.* Vgl. . Susan Shatto/Marion Shaw (Eds.): *Alfred Lord Tennyson: In Memoriam.* Oxford 1982.
23 WEICHES FELL UND SCHARFE KRALLEN (ARD); EISBÄR, AFFE & CO. (ARD/ SWR); RUHRPOTT-SCHNAUZEN (ZDF); PINGUIN, LÖWE & CO. (WDR/ NDR); ELEFANT, TIGER &. CO. (MDR); PANDA, GORILLA & CO. (RBB).
24 Teutloff: *Sternstunden* (wie Anm. 9), S. 36.

der 60er Jahre (Abb. 4).[25] Fest etabliert geglaubte Authentisierungsstrategien des Tierfilms wie die Langzeitbeobachtungen eines Heinz Sielmann, das Filmen im natürlichen Lebensraum eines Eugen Schumacher oder die systemkritische «Schocktherapie» Horst Sterns sind keine Bestandteile dieses Formats.

Stattdessen zeigt sich hier eine gegenaufklärerische Entwicklung, die nicht das Tier, sondern den Menschen als «Krönung der Schöpfung» zum Hauptdarsteller des angeblichen Tierfilms macht. Der durch wackelnde Kamera und Off-Kommentar zu einer dokumentarisierenden Lektüre animierende Blick hinter die Kulissen stellt den Zoo als das eigentliche Paradies des animalischen Daseins dar, als einen Ort, an dem zwischen Gitterstäben herumtapsende Bärenjungen einen – wie es im Off-Kommentar heißt – «Bärenspaß» haben (Abb. 5). Das Tier, bezeichnet als «Rübe», «Mäuschen» oder «Schnecke», unterliegt dabei anknüpfend an die Tradition Disneys erneut einer Anthropomorphisierung. Die Verniedlichung, die der deutsche Tierfilm seit dem «possierlichen Freund» Grzimeks weitgehend hinter sich gelassen hatte, etabliert sich in diesem Format neu, und der koloniale weiße Pionier der ersten Tieraufnahmen kehrt als selbstloser Retter in Zoouniform in das Genre zurück. Der verwandte Hybrid der Tierarzt-Doku-Soaps,

Abb. 4–5

---

25 Die Sendung ist auch bekannt als ZU BESUCH BEI PROF. DATHE oder PROF. DATHE LÄDT EIN. Ab 1973 wurde sie unter dem Titel TIERPARKTELETREFF ausgestrahlt.

Abb. 6

vertreten durch MEN-SCHEN, TIERE UND DOKTOREN (D 2006 VOX) und BBC-EXCLUSIV: SUPER-VETS – TIERE IM OP (GB 2006 VOX), macht sogar ausschließlich den menschlichen Rettungsakt selbst zum Schwerpunkt der Sendung.

Kritik an mangelnder Transparenz des Tierfilmgenres proviziert im Zusammenhang mit der zunehmenden Formatierung auch das vom traditionellen dokumentarischen Arbeiten zumeist abgelehnte Drehbuch. Die Wissenschaftsabteilung der BBC als der immer noch wichtigste Produzent von Tierfilmen bietet sogar ein Schulungsprogramm *story-telling*.[26] In diesem Zusammenhang gilt es jedoch darauf hinzuweisen, dass Drehbücher oder das aus programmökonomischen Verflechtungen heraus immer notwendiger gewordene Storyboard nicht allein die Vorproduktion des Tierfilms betreffen und keineswegs, wie in traditionellen Spielfilmproduktionen üblich, als starres Gerüst verstanden werden. Vielmehr war und ist gerade in der Drehsituation mit dem animalischen Objekt bereits aufgrund dessen unvorhersehbaren Verhaltens Spontaneität gefragt.[27]

Ähnliches gilt für das so genannte *Reenactment* im deutschen Fernsehdokumentarismus. Ist es in Tierdokumentationen zumeist virtueller Art, so zeigt es sich auch in Geschichtsdokumentationen sogar als an Spielfilme erinnernde fiktive Dialoge.[28] Demgegenüber bleiben aber weniger stark fiktionalisierte, unformatierte, eine klare Autorenhandschrift tragende Tierdokumentarfilme zumindest auf den so genannten Dritten Programmen und den Kulturkanälen 3SAT und ARTE erhalten. So knüpft 3SAT mit dem Dokumentarfilm KNOR- EIN SCHWEINELEBEN ODER 110 KILO IN 25 WOCHEN (D 2003) an den provokativ-kritischen Journalismus eines Horst Stern an und fragt in einem Sendungstitel des Magazins DELTA nach unserem Verhältnis zum Nutztier bewusst offensiv

---

26 Heiner Gatzmeier und Bodo Witzke in einem Gespräch mit Fritz Wolf, vgl. Wolf (Anm. 11), S. 68.
27 Teutloff: *Sternstunden* (wie Anm. 9), S. 108.
28 Fritz Wolf verweist hier etwa auf die dreiteilige Geschichtsdokumentation DIE GEHEIME INQUISITION von Yury Winterberg und Jan Peter, Arte, 19.10.2002, vgl. Wolf: *Alles Doku – oder was?* (wie Anm. 11), S. 86.

Erst kommt das Fressen dann die Moral? Und auf den skeptizistischen Vorwurf mangelnder Transparenz hat auch der Tierfilm – etwa mit der BBC-Produktion WILD PASSIONS (GB 1998) oder im deutschen Fernsehen mit dem Tierfilmteam Hans Schweiger und Ernst Arndt - bereits in den 90er Jahren schon mit dem autoreflexiven Blick hinter die Kulissen reagiert (Abb. 6).

Zwischenresümee

Es gilt demnach festzuhalten, dass es die dokumentarische Gattung im Fernsehen, die sich ohnehin nie einheitlich formiert präsentierte, generell so nicht gibt. Auch die in letzter Zeit zunehmende Formatisierung hat den Fernsehdokumentarismus und damit auch den Tierfilm nicht einheitlicher gestaltet, sondern in unterschiedlich ausgeprägte hybride Formen ausdifferenziert, in denen sich Formate und Inhalte kreuzen. Bousés Annahme, dokumentarische Tierbilder seien von einer starken Fiktionalisierung und Dramatisierung geprägt, kann man angesichts heutiger Programmangebote wie Doku-Soaps und komplett animierter Produktionen zwar bestätigen, entscheidend ist aber, dass die Formatierung dokumentarischer Produktionen – anders als es Bousé vermutet – kein Spezifikum des Tierfilms ist. Vermischungen von Informations- und Unterhaltungskomponenten durchziehen vielmehr das gesamte dokumentarische Angebot, das Label des Dokumentarischen ist dieser Entwicklung jedoch bislang nicht zum Opfer gefallen.

Das animalische Subjekt und die Kamera

Damit abschließend zu Bousés zentraler These, dass das animalische Subjekt per se einer Authentizität des gefilmten Materials im Wege stehe, da es unethische und damit undokumentarische Dreharbeiten provoziere.[29] Diese These erweist sich ebenfalls nur auf den ersten Blick als kohärent.

Vor allem auf privaten Sendeplätzen, aber auch in wissenschaftlichen Tierdokumentationen öffentlich-rechtlicher Sender hat eine von Seeßlen mit dem Lorenzschen Begriff besetzte *soziale Sodomie* Einzug gehalten.[30] Zum zentralen Charakteristikum des Tierfilms sei hier – so die häufig vertretene These – die

---

29 Siehe hierzu vor allem: Bousé: *Wildlife Films* (wie Anm. 1), S. 20-28. Für Diskussion und Kommentar der verhaltens- und evolutionsbiologischen Argumente dieses Teilbereichs danke ich dem Biologen Dr. Roland Gromes.
30 Seeßlen verweist paradigmatisch auf die Ende der 90er Jahre ausgestrahlte WDR-Produktion REPORTER DER SCHÖPFUNG. Georg Seeßlen: «Animal Charme - Schamlose Blicke in eine barbarische Paradieswelt: die Renaissance der Tierfilmserien im deutschen Fernsehen». In: *Konkret* 5/97. URL: http://www.comlink.de/cl-hh/m.blumentritt/agr305.htm, 20.12.2006.

Abb. 7

Aufhebung einer moralischen Grenze zwischen Filmemacher und dem Tier als Objekt geworden, die in einen ungestillten Voyeurismus münde[31]:

> Mit immer grandioseren Kameras, immer längeren Langzeitbeobachtungen, immer genaueren Maßnahmen zur Verfolgung einer Tierbiographie, immer mikroskopischeren Beobachtungsweisen dringt dieser Blick gleichsam unter die Oberfläche der Natur, [...] um [...] allem, was da kreucht und fleucht, hautnah beim Fressen, beim Ficken, beim Gebären, beim Töten und beim Sterben zuzusehen. [...] Wenn es beim Beobachten des anderen Menschen noch eine moralische oder wenigstens juridische Grenze gibt, bei den Tieren gibt es diese Grenze nicht.[32]

Diese «mediale Perversion» des Tierreichs geht mit einer anscheinend gegenläufigen Entwicklung einher, die eine zunehmende Ästhetisierung der Natur favorisiert.[33] Der auf PHOENIX 2006 ausgestrahlte Mehrteiler DRAGONS ALIVE (GB 2004) verwandelt in der Tradition von Claude Nuridsanys und Marie Pérennous MIKROKOSMOS – LE PEUPLE DE L'HERBE (F 1996) Klein- und Kleinstlebewesen mittels hochdifferenzierter Makrooptik zu monumentaler Megafauna (Abb. 7), oftmals auch vor farblich opulenter Kulisse.

---

31 Zu medienethischen Fragestellungen des Themenkomplexes: Jeffrey Boswall: «The Moral Pivots of Wildlife Filmmaking». In: *EBU Diffusion*, Summer 1997, S. 9-12.
32 Seeßlen: «Animal Charme» (wie Anm. 30).
33 Teutloff: *Sternstunden* (wie Anm. 9), S. 99.

Bei Seeßlen birgt solch ein ethischer Nihilismus die gleiche formale Konsequenz wie bei Bousé: «Die Nahaufnahme, die Zeitlupe, die verfolgende Kamerabewegung, jene Mechanismen der Beobachtung, die uns im ‹Menschenfilm› eher suspekt sind, werden im Tierfilm exzessiv angewandt.»[34]

Aber auch hier ist die argumentative Konsistenz nicht überzeugend. So hat die Verhaltensforschung gezeigt, dass humane und animalische Verhaltensweisen gerade hinsichtlich einer moralischen Kritik nicht ohne weiteres gleichzusetzen sind, und damit sollten die Bilder dieser Handlungen ebenfalls nicht den gleichen ethischen Bewertungsmaßstäben unterliegen.[35] Und nicht zuletzt macht der Tierfilm selbst auf diese Differenz aufmerksam. So wird in der auf 3sat im Jahre 2006 ausgestrahlten Reihe NETZ-NATUR (CH seit 1994) der Kopulationsakt zweier Gänse mit den Worten eingeführt: «Wenn beide einverstanden sind und sie dem Manne nicht mehr wegschwimmt, dann darf er schließlich das, was wir bei Menschen so zu dieser Sendezeit nicht zeigen dürften.»

Zudem bleiben die Bedienung eines Voyeurismus und der Einzug der so genannten *Unterhaltungspublizistik*[36] im Dokumentarischen keineswegs auf den Tierfilm beschränkt. Reality TV, BIG BROTHER (D seit 2000 RTL2) oder auch der erfolgreiche Mehrteiler SCHWARZWALDHAUS 1902 (D 2002 SWR) bieten menschliche, in ihrer «Humanität» jedoch nicht weniger fragwürdige dokumentarische Äquivalente: «Der Menschenfilm wird zum Tierfilm. Zum exklusiven zoologischen Ereignis. ‹SCHWARZWALDHAUS 1902› ist eigentlich auch so. Eine exotische Spezies wird ausgestellt.»[37]

Die Differenz zwischen fiktionalem und non-fiktionalem Film kann demnach weder dem Subjekt vor der Kamera selbst geschuldet sein noch – wie eingangs dargelegt – auf einer unterschiedlichen Oberflächenstruktur beruhen. Ganz im Gegenteil scheint es so, als müsste man dem Tierfilm gerade zufolge eines naiven Abbildrealismus aufgrund seines filmischen Objekts einen Mehrwert an Authentizität zubilligen. Das *direct*-Prinzip des *fly on the wall* transferierte jüngst Hediger für den Tierfilm – ebenso treffend wie wortgewandt – in das *fly on a tree*-Prinzip.[38] Die enge Verwandtschaft der beiden Dokumentarfilm-Formen begründet gemeinhin das Verhältnis zum Profilmischen. Trotz der

---

34 Seeßlen: «Animal Charme» (wie Anm. 30).
35 Ethik ist eine Errungenschaft kultureller Entwicklung: «I am not advocating a morality based on evolution. […] Among animals, man is uniquely dominated by culture, by influences learned and handed down. Some would say that culture is so important that genes, selfish or not, are virtually irrelevant to the understanding of human nature.» Richard Dawkins: *The selfish gene*. Oxford [1976¹] 1989, S. 2f.
36 Peter Zimmermann: «Dokumentarfilm. Reportage, Feature. Zur Stellung des Dokumentarfilms im Rahmen des Fernseh-Dokumentarismus». In: Heinz-Bernd Heller/ Ders. (Hrsg.): *Bilderwelten-Weltbilder. Dokumentarfilm und Fernsehen*. Marburg 1990, S. 111.
37 Interview mit dem Regisseur, Produzenten, Filmemacher und Professor an der Filmhochschule Ludwigsburg Thomas Schadt in Wolf: *Alles Doku – oder was?* (wie Anm. 11), S. 182.
38 Hediger: «Mogeln» (wie Anm. 7), S. 90.

gegenwärtigen Hochkonjunktur von Zoo-Doku-Soaps fungiert bei vielen Tierfilmern immer noch der unbeeinflusste, natürliche Lebensraum als Garant für die filmische Authentizität.

Und mehr noch als im *direct cinema* ist es dem filmischen Subjekt geschuldet, dass die Geschichte des Tierfilms als eine Geschichte der Camouflage möglich wird. Denn das animalische Subjekt kann gemeinhin nicht lügen oder gegen seine Instinkte handeln. Die Möglichkeit, diese zu dressieren oder ursprünglich angeborenes Verhalten zu konditionieren, soll hier nicht geleugnet, jedoch auch nicht von der Ausnahme zur Norm erhoben werden.[39] Dieses Phänomen bleibt vorwiegend auf den Spielfilm beschränkt[40], und selbst dann garantiert das animalische Subjekt einen gewissen Authentizitätsbonus gegenüber seinem humanen Pendant. Truffauts autoreflexiver Kunstgriff LA NUIT AMÉRICAINE (F 1973) schafft es sowohl auf die Regel als auch auf die Ausnahme zu verweisen:

> **Stimme und Klappe:** «Pamela 24, die Zweite!» **Truffaut:** «Also los Bernard. Die Katze jetzt ins Bild.» **Bernard:** «Wo bleibt sie denn jetzt?» Die Katze rennt kurz vor dem Tablett und den Milchtassen aus dem Bild. **Truffaut:** «Ach Scheiße. Aus!» Alle ärgern sich. «Wiederholen.» **Bernard zur Katze:** «Dieses mal gehst Du aber hin, sonst geht's Dir schlecht.» **Truffaut:** «Achtung Walter, auf die Katze. So Bernard. Jetzt die Katze.» **Bernard:** «Los auf!» Die Katze läuft in die richtige Richtung, aber an der Tasse vorbei. **Kameramann Walter:** «Scheiße, was is'n das für 'ne Katze!» **Bernard:** «Ich versteh das nicht. Es müsste gehen, sie hungert jetzt schon drei Tage.» **Klappe:** «24, die Achte!» **Truffaut:** «Wirf sie einfach ins Bild.» Die Katze schnuppert nur an der Kaffeekanne und dreht dann um und läuft weg. **Truffaut:** «Ach, aus, aus, aus. Die Sache ist ganz einfach. Wir verschieben die Szene so lange, bis ihr 'ne Katze gefunden habt, die spielen kann.»[41]

---

39 Es soll hier darauf hingewiesen werden, dass einige höhere Primaten in der Lage sind aus taktischen Gründen zu lügen: Ebd., S. 90. Bernd Heinrichs und Thomas Bugnyars Experimente mit Kolkraben machen auch für diese Vögel das Potential zur Lüge wahrscheinlich: «Kolkraben verstehen oder unterstellen Absichten anderer und können diesen durch eigenes Verhalten vorgreifen – woher auch immer sie davon wissen.» In einem Experiment durfte ein Rabe mehrere Futterbrocken in einer Voliere verstecken. Er wurde dabei von einem anderen Vogel beobachtet (kundiger Vogel) und ein weiterer hatte lediglich die Möglichkeit, das Geschehen zu hören, sein Sichtfeld war jedoch vermittels eines Vorhangs verdeckt (unkundiger Vogel). Als man nun beide hintereinander in den Käfig des «Verstseckers» ließ, verhielt sich dieser jeweils unterschiedlich. Im Falle des Zeugen versuchte der Kolkrabe verstärkt seine Beute neu zu verstecken und vertrieb diesen, wenn er sich einem Versteck nähert. Hielt sich der unkundige Vogel in der Nähe eines Verstecks, verursachte dies keinerlei besondere Reaktion, ebenfalls wurde das Futter wesentlich weniger häufig wieder versteckt. Bernd Heinrich/ Thomas Bugnyar: «Intelligenztests für Kolkraben.» In: *Spektrum der Wissenschaft* 7/07, S. 2–31.
40 Siehe hierzu das Kapitel «Tiere als Filmstar: Von Fury bis Free Willy». In: Teutloff (Anm. 9), S. 116–123.
41 François Truffaut: LA NUIT AMÉRICAINE (F 1973).

Da der Fake als potentieller Störenfried des Authentizitätskriteriums aber immer auch im Tierfilm präsent bleibt, forderten die beiden Tierfilmer des Bayrischen Fernsehens Schweiger und Arendt zuletzt in den 90er Jahren dessen Stigmatisierung im Abspann der Filme, um einen hohen Grad an Transparenz doch noch zu garantieren.[42] Doch auch in diesem Zusammenhang gilt es zu unterscheiden, dass nicht jede Inszenierung von der Dokumentarfilmtheorie als Fake und damit als reine Fiktion verworfen wurde:

> Szenische Rekonstruktionen und ‹gestellte› Handlungselemente dienen nicht per se der Verfälschung; sie können vielmehr der Zielstrebigkeit der Argumentation förderlich sein und die agitatorischen Effekte, die der Wirklichkeit selbst innewohnen, herausarbeiten.[43]

Eine ähnlich «konstitutionelle Monarchie» der technischen Potenz, als deren Regulativ sich die Moral erweisen soll, hat die Filmtheorie auch auf den Naturfilm anzuwenden gewusst. 1957 ließ Bazin über die Authentizität in Malles und Jaques-Yves Cousteaus Unterwasserfilm LE MONDE DU SILENCE (F 1956) folgendes verlauten:

> Das Nachstellen oder Inszenieren von Szenen ist im Naturdokumentarfilm unter zwei Bedingungen zulässig: 1. dass man nicht versucht die Zuschauer zu täuschen, 2. dass die Natur des Ereignisses (seine ursprüngliche Form) seiner Rekonstruktion nicht widerspricht.[44]

Die Differenz zwischen fiktionalem und non-fiktionalem Film ist demnach vor allem in der unterschiedlichen Verpflichtung der Texte gegenüber ihren Rezipienten zu suchen. Carroll fasste dies für den Tierfilm folgendermaßen zusammen:

> In einem Science Fiction Film wie ORCA ist ein Killerwal, der versteht, daß Petroleum entflammbar ist, unproblematisch, in einem Dokumentarfilm wie KILLER WHALE nicht. Als Dokumentarfilm, der als solcher indiziert und vertrieben wird, muß sich KILLER WHALE bestimmten Grundregeln der Genauigkeit (Hediger nennt es die so

---

42 Teutloff: *Sternstunden des Tierfilms* (wie Anm. 9), S. 105.
43 Klaus Kreimeier über das Filmschaffen Joris Ivens': In: Klaus Kreimeier: *Joris Ivens. Ein Filmer an den Fronten der Weltrevolution*. Berlin 1976, S. 22.
44 Übersetzung: Hediger: «Mogeln» (wie Anm. 7), S. 88. «En effet la reconstitution est admissible en ces matières à deux conditions: 1. qu'on ne cherche pas à tromper le spectateur; 2. que la nature de l'événement ne soit pas contradictoire à sa reconstitution.» André Bazin: *Qu'est-ce que le cinéma?* Paris 1985, S. 38.

genannte *Probabilitätsprüfung*⁴⁵) beugen, die ein Film wie ORCA, der als Science Fiction indiziert und vertrieben wird, nicht beachten muss.⁴⁶

Durch die Semiopragmatik wird somit eine Differenzierung der Gattungen möglich, die in ontologischer Hinsicht so problematisch ist, da es in der Praxis der Geschichte des Films zwischen Dokumentarfilm und Spielfilm immer wieder zu Überschneidungen gekommen ist, die die Konturierung ihrer ontologischen Differenz verschwimmen lassen. Authentizität als Genreerwartung trifft jedoch jeden Dokumentarfilm.

Der Tierfilm unterscheidet sich demnach nur durch ein einziges Moment vom herkömmlichen Dokumentarfilm: seine ungebrochene Popularität. EIN PLATZ FÜR TIERE (D 1956-1980 HR) ist mit 175 Sendungen in 24 Jahren nicht nur immer noch eine der erfolgreichsten Dokumentarserien der Welt⁴⁷, sondern gehört genauso wie Sielmanns EXPEDITIONEN INS TIERREICH (D 1959-1992 NDR) zu den beliebtesten Sendungen der deutschen Fernsehgeschichte überhaupt. Grzimeks Reihe erreichte Sehbeteiligungen von 78-80 Prozent⁴⁸ und Sielmanns ZIMMERLEUTE DES WALDES (D 1954) schlugen bei der Ausstrahlung im britischen Fernsehen laut Quote das Endspiel der Fußballweltmeisterschaft im gleichen Jahr.⁴⁹

---

45 Hediger wendet diesen Begriff erstmalig auf den Tierfilm an, um das Zuschauerverhalten während eines Dokumentarfilms begrifflich zu umschreiben. Erlaubt ist demnach, was plausibel, realiter auch möglich, ist. Als Referenzquelle dieser Prüfung gilt das textfremde Weltwissen des Zuschauers. Hediger: «Mogeln» (wie Anm. 7), S. 88.
46 Noël Carroll: «Dokumentarfilm und postmoderner Skeptizismus». In: Eva Hohenberger (Hrsg.): *Bilder des Wirklichen: Texte zur Theorie des Dokumentarfilms*. Berlin [1998¹] 2000, S. 40-41.
47 Teutloff: *Sternstunden des Tierfilms* (wie Anm. 9), S. 60.
48 Seeßlen: «Animal Charme» (wie Anm. 30), URL: http://www.comlink.de/cl-hh/m.blumentritt/agr305.htm, 20.12.2006.
49 Teutloff: *Sternstunden des Tierfilms* (wie Anm. 9), S. 79f.

Joan Kristin Bleicher

Das Private ist das Authentische

Referenzbezüge aktueller Reality-Formate

Fernsehen – das «Fenster zur Welt»; diese bereits in den fünfziger Jahren häufig verwendete Metaphorik signalisierte das Versprechen eines globalen Referenzbezugs des Mediums. Im weiteren Verlauf der Programmentwicklung reduzierte sich das Versprechen des umfassenden Einblicks in das Weltgeschehen schrittweise auf die Metaphorik des Fernsehens als «Bildtapete», die nur noch Basisfunktionen eines Begleitmediums erkennen lässt. Doch selbst in dieser Bildtapete öffnen sich noch immer Fenster in unterschiedliche Teilbereiche der Wirklichkeit. Zu diesen Teilbereichen zählt das private Lebensumfeld, das einen aktuellen Programmschwerpunkt im Bereich des sogenannten Realitätsfernsehens bildet, der im Zentrum dieses Beitrags steht.

Realitätsdimensionen der Fernsehvermittlung

In der Fenstermetaphorik erscheint Wirklichkeit als direkter Endpunkt der im Rahmen des Empfangsapparats medial gesteuerten Blickrichtungen. Wissenschaftliche Untersuchungen zeugen jedoch von einer besonderen Komplexität der Referenzbezüge innerhalb unterschiedlicher Programmangebote. So unterscheidet Harald Burger verschiedene Formen der vom Medium zu repräsentierenden Realität:

> (1) eine außermediale Realität, die unabhängig vom Medium existiert bzw. sich ereignet und die im Medium als solche präsentiert wird (Beispiel: Naturkatastrophe, Wirtschaftscrash, Sportereignis);
>
> (2) eine außermediale Realität, die aber fürs Medium bzw. im Hinblick auf die Präsentation im Medium geschaffen wird;
> von nichtmedialen Akteuren geschaffen (Beispiel: Pressekonferenz, Pressekommuniqué, Leserbrief);
> von Akteuren des Mediums selbst geschaffen (z. B. eine Meinungsumfrage, die im Auftrag eines Mediums durchgeführt wird);

(3) eine innermediale Realität, die außerhalb des Mediums keine Existenz hat (Beispiel: Talkshow); auch diese Realität ist nicht einfach identisch mit der medialen Realität.[1]

Doch auch diese Kategorien unterschiedlicher Referenzbezüge sind Veränderungen unterworfen. Aktuelle Programmentwicklungen im deutschen Fernsehen zeigen immer stärkere Grenzverwischungen zwischen der außermedialen und der innermedialen Realität. So verstärken sich seit einigen Jahren innerhalb der Programmangebote vom Fernsehen selbst geschaffene Referenzbezüge auf das private Lebensumfeld. Dennoch suggeriert der Begriff des sogenannten Realitätsfernsehens den gleichen Abbildcharakter, den im Verlauf der Fernsehgeschichte unterschiedliche Genres des Informations- (etwa Live-Übertragungen) und Dokumentationsbereichs etablierten. Das Realitätsfernsehen richtet seinen Blick in die von der Öffentlichkeit abgeschlossenen Räume des Privatlebens. Sie bilden den Schauplatz für die mediale Inszenierung einer in ihren Grundzügen gleich bleibenden emotionalisierenden Handlungsabfolge, in der von televisionären Heldengestalten aus einer unglücklichen, problematischen Ausgangssituation ein mit Glück behaftetes und tränenreich begrüßtes Endprodukt erstellt wird. Trotz ihres Abbildversprechens basieren solche Referenzen in das Privatleben letztlich auf unterschiedlichen Konstruktionsmustern fiktionaler Erzählungen wie der von Helden herbeigeführten Wandlung des Unglücks in Glück.

Vom Abbild zur Medienerziehung.
Ein fernsehhistorischer Streifzug

Aus fernsehhistorischer Perspektive lässt sich ein langsamer Wandel von Formen des dokumentarischen Abbildes hin zu Formen der inszenierten Wiedergabe von Wirklichkeit beobachten. DIE FUSSBROICHS (WDR, 1979 zunächst als Dokumentarfilm) als seit 1990 ausgestrahlte dokumentarische Familienserie von Ute Diehl versuchte den Alltag einer Kölner Arbeiterfamilie möglichst authentisch zu beobachten. Die im Vergleich zu BIG BROTHER wenig beachtete Reality-Soap DAS WAHRE LEBEN (1994), von Markus Peichl als einem der Hauptvertreter deutscher Grenzgänger zwischen Journalismus und Literatur[2] für Premiere produziert, war ein Vorläufer vieler aktueller medialer Inszenierungen von Privatheit. Im Unterschied zu aktuellen Formaten fand 1994 die Präsentation des WAHREN LEBENS nicht im eigenen privaten Wohnumfeld, son-

---

1 Harald Burger: «Intertextualität in den Massenmedien». In: Ulrich Breuer / Jarmo Korhonen (Hrsg.): *Mediensprache - Medienkritik*. Frankfurt a.M. 2001, S. 20.
2 Siehe dazu: Joan Kristin Bleicher / Bernhard Pörksen (Hrsg.): *Grenzgänger. Formen des New Journalism*. Wiesbaden 2004.

dern an einem televisionär vorgegebenen Handlungsort, einem Berliner Loft, statt und wurde durch das Leben in der Metropole ergänzt. Bereits das Casting der Loftbewohner setzte auf Konfrontationen etwa zwischen einem ausländerfeindlichen Ostdeutschen und einem jungen Türken. Eine Strategie, die eine Vielzahl von Auseinandersetzungen in den einzelnen Folgen auslöste. Doch nicht 1995, sondern erst im Jahr 2000 folgte auf DAS WAHRE LEBEN der televisionäre Menschenzoo BIG BROTHER und leitete den Beginn einer Vielzahl von Sendeformen des Realitätsfernsehens ein.

Die aktuellen televisionären Fenster zur Welt beteiligen sich immer mehr an der Gestaltung des Lebensumfelds, das sie präsentieren.[3] Nicht nur die Kulissen und Requisiten werden in den zahllosen Renovierungssendungen fernsehgerecht umgestaltet, auch der Körper der Lebensdarsteller und das menschliche Beziehungsverhalten wird den besonderen dramaturgischen Anforderungen angepasst. Selbst das präsentierte Wertesystem entspricht den medialen Rahmenbedingungen. So wird die Bereitschaft, sich den Anforderungen mediengerechter Inszenierungen zu unterwerfen, als eigener televisionärer Wert konstruiert und in Sendungen wie DEUTSCHLAND SUCHT DEN SUPERSTAR (RTL, seit 2002), POPSTARS (Pro Sieben, seit 2000) und LET'S DANCE (SAT.1, seit 2006) einem jugendlichen Publikum vermittelt. Ein Vorbild mit Folgen, denn berühmt zu werden, gerät zum Lebensideal immer mehr jugendlicher Zuschauer. Georg Francks Aufmerksamkeitskapitalisten haben, so scheint es, sich an der Spitze der gesellschaftlichen Hierarchie etabliert und beeinflussen von dort die Träume ihrer Bewunderer.[4]

Die Format-Entwicklung des Realitätsfernsehens

Diese Entwicklungen der Castingshows zeigen, dass sich seit dem Erfolg von BIG BROTHER im Jahr 2000 der Bereich des Realitätsfernsehens immer weiter in unterschiedliche Genres ausdifferenziert: Doku-Soaps wie die ÖZDAGS (WDR, 2007) begleiten Menschen in ihrem gewohnten Lebens- oder Berufsumfeld. Reality-Soaps konfrontieren ihre Darsteller mit ungewohnten Umgebungen und Situationen (DIE FAHRSCHULE 1999-2003, SAT.1). Reality Shows integrieren auch diverse Showelemente wie etwa Wettkampfsituationen in die Sendungen (INSELDUELL 2000, SAT.1). Auch in den sich in den letzten Jahren boomartig erwei-

---

[3] Dabei geraten auch historische Lebenswelten in den Blickwinkel des Fernsehens wie etwa in den zahlreichen Living-History-Formaten, die Christian Hißnauer in seinem Beitrag in diesem Band vorstellt.
[4] Vergleiche hierzu auch: Joan Kristin Bleicher / Knut Hickethier (Hrsg.): *Aufmerksamkeit, Medien und Ökonomie*. Hamburg, Münster 2002. Sowie Georg Franck: *Mentaler Kapitalismus. Eine politische Ökonomie des Geistes*. München 2005.

ternden «Making-Over-Formaten»[5] innerhalb der Doku-Soaps tritt das Medium Fernsehen immer stärker als eigentlicher Initiator der Ereignisse hervor, deren authentisches Abbild es zu präsentieren vorgibt. Vielen dieser aktuellen Formate scheint ein Versprechen gemeinsam zu sein: «Wir können Dein Leben ändern.»

Produktionsfirmen wie Tresor TV oder Janus TV gestalten in vielfältigen Sendereihen ihre Laiendarsteller und ihre Lebenswelt mediengerecht. Die neuen Helden des Transformationsfernsehens wie RTL «Dekoqueen» Tine Wittler erweisen sich als Prinzen und Prinzessinnen, die den Alltag der Menschen, ihr Lebensumfeld, ihre Kinder und Hunde sowie ihre Wohnungen und Häuser, ihre Nahrungsmittel und damit auch ihre Körper verzaubern. Vera Int-Veen verwandelt in HELFER MIT HERZ (RTL seit 2006) Unglück in 45 Minuten Sendezeit tränenreich in Glück. Bereits die erste Folge der Reihe war an Emotionalisierungsstrategien kaum zu überbieten. «In der ersten Folge hat das Schicksal der 6-köpfigen Familie Degen sie nach Bayern geführt, wo sich die alleinerziehende Mutter Conny mit ihren fünf Kindern durchs Leben kämpft. Connys ältester Sohn Alexander hat einen unheilbaren Gehirntumor. Ihr Mann Hermann hat sich im März das Leben genommen; nun ist sie mit den Kindern allein.» Zeit für RTL-Märchenfee Vera Int-Veen einzugreifen: «Als Vera vom Dilemma der Familie erfährt, beschließt sie sofort zu helfen. Sie macht gleich Nägel mit Köpfen und schickt Conny und die Kinder für eine Woche in den Urlaub! [...] Vera mobilisiert Freunde, Bekannte und Nachbarn, macht Experten ausfindig, spricht Dienstleister und Behörden an – wie gewohnt mit ganzem Einsatz und viel Herz. Mit der Unterstützung vieler Helfer macht sie das Unmögliche möglich – und verhilft Conny und ihrer Familie zum Sprung in ein neues Leben...»[6] Solche emotionalen Angebote wie HELFER MIT HERZ ersetzen seit der Jahrtausendwende die noch in den 90er Jahren erfolgreichen TV-Movies als Melodramen bei den kommerziellen Anbietern.

Kombination von Erzählmustern und Authentisierungssignalen

Die im Bereich des Realitätsfernsehens selbst inszenierte Wirklichkeit strukturiert sich aus grundlegenden Erzählmustern fiktionaler Genres und diversen Authentisierungssignalen des Fernsehdokumentarismus. Den Ausgangspunkt der Handlung bilden unterschiedliche Referenzen zu einer authentischen Lebenswelt echter, da nicht prominenter Personen. Die Wohnungen entsprechen in ihrer Gestaltung zunächst eher dem Lebensumfeld der Zuschauer als der Kulisse von

---

5 Vgl. hierzu Joan Kristin Bleicher: «We Love to Entertain you. Beobachtungen zur aktuellen Entwicklung von Fernsehformaten». In: *Hamburger Hefte zur Medienkultur* No. 8, Hamburg 2006, S. 21ff.

6 Vera Int-Veen – Helfer mit Herz. «Conny & Co – Eine Familie kämpft ums Überleben». http://www.vera.de/artikel/full,10/startpage_small_left.html, 4.9.2008.

Daily Soaps. Die zunächst dokumentarische Raum- und Figur-Referenzstruktur verändert sich durch die Integration prominenter Fernsehfiguren schrittweise in fiktionale Inszenierungs- und Erzählmuster. Es folgt eine standardisierte Abfolge von Konflikt und Konfliktlösung mit einem tränenreich inszenierten glücklichen Ende, dem neuen Leben in Zimmern, die aktuellen Möbelkatalogen entsprechen und somit durchaus als Soapkulissen fungieren können. Diese Struktur kennzeichnet etwa die Sendereihe WOHNEN NACH WUNSCH (seit 2004, VOX) oder EINSATZ IN VIER WÄNDEN (seit 2003, RTL). Der authentisch wirkende Ursprungsort weicht innerhalb einer Sendung einer künstlich wirkenden Raumkulisse. Auf diese Weise wird die außerdiegetische Welt in den Handlungsort der diegetischen Welt des Fernsehens umfunktioniert. Der Referenzbezug des Fernsehens bleibt auf die selbst konstruierte televisionäre Wirklichkeit begrenzt.

Öffentlicher Raum versus privater Raum

Das Fernsehen etablierte, wie ich bereits an anderer Stelle gezeigt habe, eine spezifische Form der Raumästhetik[7], die den Zuschauer schnell die Art der Geschichten identifizieren lässt, die gerade im laufenden Programm erzählt werden. An die Seite der öffentlichen Räume mit ihren politischen und gesellschaftlichen Themen treten in fiktionalen Sendeformen und den Reality-Formaten private Räume, die uns vom Leben und den Konflikten der Menschen erzählen, die in ihnen leben. Der in Sendungstiteln wie UNSERE ERSTE GEMEINSAME WOHNUNG (seit 2005, RTL) versprochene Einblick in das Privatleben erweist sich trotz vielfältiger Authentisierungssignale in Moderation und Postproduktion als oberflächlich, in seiner grundlegenden Struktur letztlich als audiovisuelle Inszenierung, die Vorgaben fiktionaler Erzählformen wie dem Märchen mit alt hergebrachten ideologischen Weisheiten à la «gemeinsam sind wir stark» kombiniert.

Auch die Präsentation von Familien schließt sich mit alltagsnahen Varianten der klassischen Handlungs-Abfolge von Harmonie, Konflikt und Konfliktlösung an etablierte Erzählmuster an. So können etwa die Urlaubsausgaben in FAMILIE XXL (seit 2003, RTL II) einen Konflikt zwischen den präsentierten Personen darstellen, der eine ganze Folge durchträgt. In Dokumentationen und Reportagen mit Reihentiteln wie etwa 24 STUNDEN... (seit 1993, SAT.1) wird die gleiche Konfliktstruktur auf drei oder mehr in der Postproduktion verknotete Erzählstränge verteilt. Auf diese Weise lässt sich bestehendes Bildmaterial wie ca. 3-minütige Familienplots aus Magazinsendungen wie dem SAT.1 FRÜHSTÜCKSFERNSEHEN zu einer großflächigen Dokumentation im Hauptabendprogramm ausweiten.

---

7   Joan Kristin Bleicher: «‹Zum Raum wird hier die Zeit›. Anmerkungen zum Verschwinden der Vergangenheit im Fernsehprogramm». In: Knut Hickethier / Eggo Müller / Rainer Rother (Hrsg.): *Der Film in der Geschichte*. Dokumentation der GFF-Tagung. Berlin 1997, S. 56-62.

Grenzverwischung von Fakten und Fiktion

Die Beispiele zeigen, das Erzählsystem Programm bietet seit der Jahrtausendwende viele, so verheißen es die Programmankündigungen, «wahre» Geschichten über Menschen, Tiere, ihre Existenzprobleme und Alltagsorgen als Kontrast zu den fiktionalen Traumwelten der Telenovelas. Ihre fiktionalen Traumwelten wie VERLIEBT IN BERLIN (2005–2007, SAT.1) bringen in scheinbar unendlichen Kapiteln Liebesträume ihrer Prinzessinnen trotz vielfältiger Bedrohungen und intriganter Gegner zum glücklichen Ende vor dem Traualtar. Trotz des intendierten Kontrastes zeigt sich, dass das Realitätsfernsehen mit vergleichbaren Handlungsstrukturen an die Erlebniswelten der Telenovelas anschließt: die erkennbar gleich bleibende Struktur aus privaten Problemen und televisionärer Problemlösung in unterschiedlichen Programmbereichen lässt erkennen, dass die traditionellen Grenzen aus Fakten und Fiktion nicht nur in Literatur und Journalismus, sondern auch im Fernsehen immer stärker verwischen.

Die Programme der Sendeanstalten schaffen in vielfältigen Mischungen aus Reality und Fiktion eine Balance aus unterschiedlichen Erzählungen und Spielformen, ihren Raumstrukturen und der Beteiligung prominenter und nicht prominenter Protagonisten. Insbesondere im Verlauf des Tagesprogramms, wo vor allem Hausfrauen und Arbeitslose zu den von den Programmplanern anvisierten Hauptnutzer-Gruppen des Fernsehens zählen, werden die die Zuschauer umgebenden privaten Räume im Fernsehen verdoppelt. Der Bildschirm im Wohnzimmer zeigt andere Wohnzimmer, ihre Bewohner und ihre Probleme, verspricht aber auch, dass sich letztlich dank des Fernsehens alles zum Guten wenden lässt.

Die Wendung zum Guten scheint etwa in der SUPER NANNY (seit 2004, RTL) authentisch abgefilmt, lässt in vielen Szenen jedoch Inszenierungsvorgaben vermuten. «Fernsehen lebt nun einmal von Spannung» heißt es in einem Artikel, «weshalb auch das Familienleben Dramatik bieten muss. Da befiehlt der Kamera-Mann schon mal, dass der Siebenjährige ein bockiges Gesicht ziehen und beleidigt unter dem Bett verschwinden soll – Tobsucht auf Bestellung, denn auch die Filmcrew will mal Feierabend haben» (bildungsclick.de).[8] Die Moderation dramatisiert und emotionalisiert das Gezeigte noch zusätzlich.

Mit dem Vorwand der Präsentation von Abbildern tatsächlicher Ereignisse lassen sich konventionelle fiktionale Motive wie Familienkonflikte besser verkaufen und ihre Wirkung steigern. Der echte Konflikt streitender Mütter in FRAUENTAUSCH (seit 2003, RTL II) vermag die Wirkung von vergleichbaren Konflikten in Langzeitserien noch zu intensivieren.

---

8   http://bildungsklick.de/a/13151/die-super-nanny-ein-tv-maerchen/, 4.9.2008

Televisionäre Glücksversprechen

Die aktuellen Darstellungsformen von Authentizität im Fernsehen folgen trotz ihres Realitätsanspruchs deutlich fiktionalen Strukturen. Bereits auf der thematischen Ebene vermittelt die Welt der Privatheit im Fernsehen in den Ausmaßen ihres Glücksversprechens utopisch anmutende Lebensmodelle wie etwa die Großfamilie (FAMILIE XXL, seit 2003, RTL II), die trotz Problemen zusammenhält und das Glück im Familienensemble findet. Sollten unerwartete Katastrophen das Familienglück gefährden, so ist der bereits aus unzähligen Talkshows bekannte rettende Engel Vera Int-Veen zur Stelle, der in GLÜCK-WUNSCH – VERA MACHT TRÄUME WAHR 2006, RTL II) vielfältige helfende Hände dazu motiviert, wieder das ersehnte Glück für bedürftige Familien herbei zu führen.

Besonders wichtig bei diesen televisionären Grundmustern des fiktionalen Erzählens ist das schnelle Glücksversprechen, das innerhalb der Sendezeit von 45 Minuten (ohne Werbung) umzusetzen ist. So agieren die vielfältigen Fernsehhelfer meist in sehr kurzen Fristen. In WOHNEN NACH WUNSCH (seit 2004, VOX) wird von Enie van de Meiklokjes in 24 Stunden renoviert, die Kinder- und mittlerweile auch Hundemonster (DIE TIER-NANNY, VOX 2005, mit Katja Geb-Mann) werden von diversen Super Nannies[9] in 14 Tagen in kleine Engel verwandelt, aus unscheinbaren Jugendlichen werden in wenigen Wochen POPSTARS (seit 2000, Pro Sieben). Selbst für die Komplettrenovierung des eigenen Körpers werden in THE SWAN (2004, Pro Sieben) gerade einmal sechs Monate angesetzt.

Die narrative Basisstruktur des Realitätsfernsehens mit schier unlösbaren Konflikten und märchenhaften Lösungen durch televisionäre Ratgeber schließt die Vermittlung traditioneller Schönheitsideale, Lebens- und Wertemodelle ein. Fasst man die Idealbilder unterschiedlicher Formate zusammen, so ist die Traumfrau der Reality-Formate schlank mit einer auffälligen Oberweite, gleichzeitig Hausfrau und Mutter mit ausgeprägtem Sinn für Reinlichkeit und einem festen Glauben an die Gültigkeit traditioneller Werte. Sowohl FRAUENTAUSCH als auch die Berichterstattung zu der Buchpublikation von Eva Herman können als medialer Beleg für Susan Faludis These vom Backlash gegen die bislang erreichten Ziele des Feminismus[10] fungieren. Dies geht auch mit gesellschaftlichen Trends einher, was die Diskussionen um die Buchpublikation von Eva Herman 2007 belegen.[11]

---

9   Dazu zählen auch die SUPER MAMMIES auf RTL II.
10 Susan Faludi: *Backlash*. Hamburg 1995.
11 Vgl. Eva Herman: *Das Eva-Prinzip: Für eine neue Weiblichkeit*. München 2007 (mit inzwischen 142 Kundenrezensionen zu Buch und Mediendebatte auf www.amazon.de [4.7.2008]).

Fernsehwandel und Gesellschaftswandel

Bereits in den achtziger Jahren zeigte die amerikanische Fernsehforschung enge Wechselwirkungen zwischen gesellschaftlichen Entwicklungen und den jeweiligen Programmschwerpunkten des Fernsehens.[12] Bezogen auf die aktuellen Entwicklungen des deutschen Fernsehens führen Phasen des schnellen gesellschaftlichen Wandels und mit ihm einhergehende Gefühle der Unsicherheit zu einem gestiegenen Orientierungsbedarf in Sachen Lebenshilfe. Zwei implizite Botschaften an den Zuschauer werden in den diversen Formaten des Realitätsfernsehens auf unterschiedliche Weise kombiniert:

Botschaft 1: Veränderung ist positiv, da sie dein Leben verschönert und dich medientauglich macht.
Botschaft 2: Für dein Verhalten jedoch solltest du dich an traditionellen Werten und Lebensmodellen orientieren.

Fragte man früher die Großmutter, sind nun vor allem televisionäre Ratgeber gefragt, die aber gerne selbst auf traditionelle Ratschläge der Großmütter zurückgreifen oder das Lebensglück durch aktuelle Konsumangebote etwa aus dem Möbelbereich anpreisen. Im Zentrum der televisionären Orientierungsangebote stehen nur vordergründig hilfreiche Gebrauchsanweisungen für die Lebensführung, dahinter verbirgt sich eine konservative Wertevermittlung, aber auch die Vermittlung unterschiedlicher Lebens- und Konsummodelle. Insbesondere die Frauen, so scheint es, sollen durch Glücksversprechen in das traditionelle Umfeld der Privatheit zurückgedrängt werden, um der steigenden Konkurrenz auf dem Arbeitsmarkt zu begegnen. FRAUENTAUSCH und diverse andere Formate präsentieren immer wieder das Glücksversprechen des reinen Familienlebens ohne beruflichen Erfolg.

Fazit

Die in diesem Beitrag präsentierten Darstellungen des Privaten im Fernsehen reihen sich ein in eine die Mediengrenzen überschreitende Grenzverwischung aus Fakten und Fiktion, die einige der Grundmuster erkennbar werden lässt, nach denen Medien Referenzen in die Realität durch eigene Konstruktionen ersetzen. Dazu zählt auch die Dramatisierung der Berichterstattung über authentische Ereignisse wie etwa den Hurrikan Katrina, die Authentisierungs- und Emotionalisierungsstrategien kombiniert. In den zu beobachtenden vielfältigen

---

12 Vergleiche dazu die Beiträge in den unterschiedlichen Auflagen des Sammelbandes: Horace Newcomb (Hrsg.): *Television: The Critical View*. New York 1976, 1979, 1982, 1987, 1994, 2000, 2004.

Mischungen von Authentifizierungssignalen, narrativen Grundstrukturen und einer emotionalisierenden Dramaturgie gründet aus meiner Sicht die jüngst von Angela Keppler betonte besondere Rolle des Fernsehens bei der Konstruktion sozialer Realität und kollektiver Vorstellungen zur menschlichen Lebenswelt.[13]

In den in diesem Beitrag vorgestellten Reality-Formaten gerät der Bildschirm zum Spiegel privater Lebenswelten. Echte Menschen in ihren eigenen vier Wänden zeigen die gleichen Konflikte und Wünsche wie ihre Zuschauer vor den Bildschirmen. Auch die Abfolge des Wechsels von Unglück in Glück durch Veränderungen der eigenen Wohnung oder des eigenen Körpers durch die Hilfe von Fernsehexperten scheint Vorbildcharakter zu besitzen. Gleichzeitig markieren die in diesem Beitrag vorgestellten Formate den Übergang des klassischen Fernsehens zu den vielfältigen Angeboten des Online-Fernsehens. Die Darstellung von Privatheit in den von Zuschauern produzierten Beiträgen der Videotauschbörsen wie YouTube oder MyVideo nutzen vergleichbare Handlungsfolgen und Kulissen wie etwa die Renovierungssendungen von RTL und RTL II. Der Slogan «Broadcast Yourself» signalisiert, die Inszenierungen von Transformationen des privaten Lebensumfeldes der Zuschauer sind Teil des Übergangs hin zur eigenständigen Selbstinszenierung im Online-Fernsehen.

---

[13] Angela Keppler: *Mediale Gegenwart: eine Theorie des Fernsehens am Beispiel der Darstellung von Gewalt*. Frankfurt a.M. 2006, S. 93.

Christian Hißnauer

living history – Die Gegenwart lebt

Zum Wirklichkeitsbezug des Geschichtsformates

> Die Welt ist nicht einfach eine große Bühne.
> (Erving Goffman)

Living history-Formate sind zweierlei: Geschichtsspiel und Gegenwartsspiegel. Die Simulation der Vergangenheit dient dabei als eine Art Krisenexperiment: Fehlende Alltagsroutinen im historischen Setting decken die Selbstverständlichkeiten unseres heutigen Alltages auf. Schon der Soziologe Erving Goffman befasste sich mit dem Außeralltäglichen, um den Alltag beziehungsweise Alltagsinteraktionen und -rituale besser verstehen zu können: «Daraus ergibt sich die von Goffman wie von den Ethnomethodologen strategisch genutzte Möglichkeit, Abweichung als Schlüssel zur Normalität zu verwenden [...], d.h. im Spiegel des Anderen der Normalität, Normalität zu erkennen.»[1] Neben dem Außeralltäglichen war für Goffman auch das Spiel ein ernstzunehmender Analysegegenstand, denn «Spiele scheinen auf einfache Art die Struktur von Situationen des wirklichen Lebens zur Schau zu stellen.»[2] In *living history*-Formaten verbinden sich für die Protagonisten beide Aspekte, denn sie *spielen* in einer *außeralltäglichen* Umgebung und Situation einen historischen Alltag. Über den Umweg des Spiels wird dabei jedoch vor allem über unsere aktuelle Wirklichkeit erzählt. Von daher ist es nicht verwunderlich, dass *living history*-Formate zuweilen als Doku-Soaps bezeichnet werden.[3] Es sind die Brüche im ‹Spiel›, die Formate wie SCHWARZWALDHAUS 1902 (2002), ABENTEUER 1900 – LEBEN IM GUTSHAUS (2004), ABENTEUER 1927 – SOMMERFRISCHE (2005), DIE HARTE SCHULE DER 50ER JAHRE (2005) oder STEINZEIT – DAS EXPERIMENT – LEBEN

---

1 Herbert Willems: *Rahmen und Habitus. Zum theoretischen und methodischen Ansatz Erving Goffmans: Vergleiche, Anschlüsse und Anwendungen.* Frankfurt a.M. 1997, S. 57.
2 Erving Goffman: *Interaktion: Spaß am Spiel/Rollendistanz.* München 1973, S. 38. – Bereits George Herbert Mead betonte die Bedeutung des antizipatorischen Rollenspiels (*play*) und des Wettkampfes (*game*) für die Entwicklung der Identität (vgl. George Herbert Mead: *Geist, Identität und Gesellschaft aus der Sicht des Sozialbehaviorismus.* 11. Aufl., Frankfurt a.M. 1998; insbesondere S. 194ff.).
3 So z. B. DIE BRÄUTESCHULE 1958 in der *TV Spielfilm* 01/07.

WIE VOR 5000 JAHREN (2007) unterhaltsam, aber auch für die Fernsehforschung interessant machen, denn diese Brüche stellen in erster Linie die Wirklichkeitsreferenz her.

Das «wahre Leben» erobert den Bildschirm

Anfang der 1990er Jahre machten einige Sendungen der privaten Programme Furore, die als *Reality TV* bezeichnet wurden und ihre Attraktion nicht unwesentlich aus ihrem Authentizitätsversprechen bezogen. So schreibt auch Claudia Wegener in ihrer Arbeit über Reality TV: «Nun hat das Fernsehen ‹die wahre Geschichte› für sein Programm entdeckt.»[4] Eine Entwicklung, die in der ARD ihren Anfang nahm:

> Neuerdings hat die ARD einen Typus von Dokumentarsendung entwickelt, mit dem das Fernsehen Menschen wie du und ich aus der Masse heraushebt, in der Absicht, sie als Identifikationsobjekte zu präsentieren. Es handelt sich um Porträts, Berichte aus dem Privatleben Nicht-Prominenter.

Dies schrieben Michael und Karin Buselmeier bereits 1973! Und weiter:

> Die Skala reicht von menschenverachtenden Unterhaltungsserien («Sehsack», «Stellen Sie sich vor») über unkritisch-feuilletonistische Reihen («Lebensläufe», «Notizen vom Nachbarn», «Skizzen aus dem deutschen Alltag») und kunstvoll-ambitionierte Filme wie Bittorfs «Untergrundbahn», in denen harmlose junge Menschen Gelegenheit zur Selbstdarstellung bekommen, bis hin zu Ansätzen von Sozialkritik in den Filmen von Eberhard Fechner und Georg Friedel.[5]

In gewisser Weise zeigt sich hier erneut, wie gering das programmgeschichtliche Wissen oft selbst bei denjenigen ist, die sich mit dem Fernsehen beschäftigen. Das wesentlich Neue am Reality TV kann, wie das Zitat von Buselmeier und Buselmeier zeigt, eben nicht der Rückgriff auf das *«wahre Leben»* sein.[6] Was also ist Reality TV, zu dem auch die Real Life Soaps gezählt werden?

---

4   Claudia Wegener: *Reality TV. Fernsehen zwischen Emotion und Information.* Opladen 1994, S. 10.
5   Michael und Karin Buselmeier: «Zur Dialektik der Wirklichkeit. Dokumentarische Fernsehsendungen». In: Heinz Ludwig Arnold / Stephan Reinhardt (Hrsg.): *Dokumentarliteratur.* München 1973, S. 96-119; hier 107.
6   Die Etablierung des Begriffes lässt sich vielleicht auch marketingstrategisch erklären: In den 1990er Jahren boomten Daily Soaps und (oftmals actionreiche) TV Movies, also gerade die fiktionalen Programme. Reality TV versprach dagegen Spannung und Dramatik des realen Lebens.

Winterhoff-Spurk et al. stellten 1994 basierend auf einer Inhaltsanalyse verschiedener Reality TV Sendungen[7] eine empirisch ermittelte Arbeitsdefinition auf:

> Als RTV [Reality TV; CH] definieren wir TV-Sendungen, in denen im allgemeinen
> - bereits vergangene negative Deviationen des Alltäglichen (kriminelles und nicht-kriminelles deviantes Verhalten sowie Unglücksfälle) und deren erfolgreiche Bewältigung,
> - vornehmlich mit nachgespielten oder für die Sendung inszenierten Ereignissen, mit Originalaufnahmen und mit Interviews,
> - mit meist männlichen Einzelpersonen in den Rollen von Rettern oder Opfern,
> - vorwiegend unter Verwendung von Groß- und Nahaufnahmen mit häufigem Einsatz von Living Camera, Schwenk und Zoom in Auf- und Untersicht,
> - in den Schritten Vorgeschichte, Verbrechen bzw. Notsituation sowie Ermittlung bzw. Rettung
>
> dargestellt werden.[8]

Claudia Wegener führt folgende Merkmale von Reality TV Sendungen an:

- Realereignisse werden entweder wirklichkeitsgetreu nachgestellt oder durch originales Filmmaterial dokumentiert.
- Die Ereignisse haben in erster Linie keinen (oder nur selten) unmittelbaren Bezug zu aktuellen, gesellschaftlich-relevanten Themen.
- Die Ereignisse zeigen im wesentlichen Personen, die entweder psychische und/oder physische Gewalt ausüben und/oder erleiden.
- Die einzelnen Beiträge thematisieren verschiedene Ereignisse, die in keinem unmittelbaren Zusammenhang miteinander stehen.[9]

Beiden Definitionen gemein ist, dass sie zum einen die Verwendung von *re-enactments* oder originalen Film-/Videodokumenten und zum anderen die thematische Fokussierung auf Unfälle/Rettungsaktionen und (Gewalt-)Kriminalität betonen. Dies spiegelt vor allem die medienpädagogische und -kritische Debatte jener Zeit wider, die sich an diesen Aspekten abarbeitete. Andere Formen, die

---

7   Im Zeitraum November 1992 bis Februar 1993 (in einzelnen Fällen auch September 1992 resp. März 1993) wurden die Sendungen K – Verbrechen im Fadenkreuz, SK-1 5, Aktenzeichen XY – ungelöst, Polizeireport Deutschland, Auf Leben und Tod, Notruf, Retter, Spurlos, Bitte melde Dich und Augenzeugen Video analysiert.
8   Peter Winterhoff-Spurk / Veronika Heidinger und Frank Schwab: *Reality TV. Formate und Inhalte eines neuen Programmgenres.* Saarbrücken 1994, S. 206.
9   Wegener: *Reality TV* (wie Anm. 4), S. 17.

heute dem Reality TV zugerechnet werden (z. B. die so genannten Beziehungsshows und die Daily Talks), werden bewusst ausgeklammert, da «weder original Filmdokumente benutzt, noch [...] ein reales Ereignis nachgestellt» werden.[10]

Stephanie Lücke weist in ihrer Arbeit über die Real Life Soaps darauf hin, dass sich der Begriff *Reality TV* innerhalb von zehn Jahren stark gewandelt habe. Auffällig sei z. B., dass Sender und Programmzeitschriften aufgrund der massiven öffentlichen Kritik Sendungen kaum noch mit diesem *Label* belegten. De facto gebe es aber ein höheres (und differenzierteres) Angebot als in der Zeit der Etablierung dieser Sendeform Anfang der 1990er Jahre:

> Der Wandel in der Bezeichnung der betrachteten Sendungen von Fernsehzeitschriften und Meinungsführermedien unterstützt die [...] These, dass Reality TV heute vielfältiger ist als zu Beginn der 90er Jahre. Vor allem zeigt er deutlich, dass die Real Life Soaps [...] Teil des Reality TV sind. Genau **sie** werden von vielen heute als Reality TV betrachtet, nicht mehr die Sendungen von vor einem Jahrzehnt.[11]

Damit einher geht auch eine thematische Verschiebung vom Spektakulären hin zum Alltäglichen[12] – gerade in der Real Life Soap. Als Gemeinsamkeit verschiedener Reality-TV Formate arbeitet Stefanie Lücke folgende Punkte heraus:[13]

- (zumeist) Nicht-Prominente als Akteure
- Personalisierung
- Intimisierung
- Stereotypisierung
- Dramatisierung
- (zumeist) Live-Charakter[14]
- Vermischung von
  - Fiktion und Realität,
  - Information und Unterhaltung sowie
  - Authentizität und Inszenierung.

---

10 Wegener ebd., S. 16. Sie weist an dieser Stelle jedoch darauf hin, dass im Rahmen einer Untersuchung des *Instituts für Medienanalyse und Gestalterkennung (IMAGE) Essen* auch so genannte Reality Shows und Suchsendungen berücksichtigt wurden. Sie lehnt dies jedoch mit dem Verweis auf das Selbstverständnis von Reality TV-Produzenten ab.
11 Steaphanie Lücke: *Real Life Soaps. Ein neues Genre des Reality TV*. Münster 2002, S. 50; Herv. i. Orig.
12 Wobei natürlich oft eher das Spektakuläre im Alltäglichen, das Alltagsspektakel von Interesse ist.
13 Vgl. Lücke: *Real Life Soaps* (wie Anm. 11) S. 52.
14 Dies gilt vor allem für Beziehungsshows und Daily Talks und nicht für Sendungen, die z. B. dramatische Rettungsaktionen (NOTRUF) o.ä. darstellen.

Hier wird deutlich, dass Reality TV sich nicht in erster Linie durch den Rekurs auf das ‹wahre Leben› bestimmt, sondern durch seine spezifischen Präsentationsmodi, mit denen die Ware Leben durch sie inszeniert wird. Darin unterscheidet sich Reality TV von anderen dokumentarischen Formen der Alltagsdarstellung.

Real Life Soap als eine Form des Reality TV ist ein Oberbegriff für verschiedene Formen der *seriellen* Alltagserzählung. Ihr Schnittmuster ist ursprünglich den fiktionalen Daily Soaps entlehnt.[15] Mittlerweile werden aber auch Formate als Real Life Soap bezeichnet, die jeweils abgeschlossene «Episodenhandlungen» haben. Grundsätzlich lassen sich Doku und Reality Soaps unterscheiden:

> Während in **Docu Soaps** die zu beobachtenden Menschen in *ihrer gewohnten privaten oder beruflichen Umgebung* begleitet werden, setzt man sie in **Reality Soaps** in ein *künstlich arrangiertes soziales Setting*, d.h. sie werden aus ihrer natürlichen Umgebung in eine eigens für die Reality Soap entstandene Umgebung versetzt.[16]

Es ist nahezu müßig zu betonen, dass auch dieses Begriffsverständnis nicht einheitlich ist. So wird die im Januar 2007 vom WDR ausgestrahlte Doku-Soap DIE ÖZDAGS in der *TV Spielfilm* (01/07) als Reality-Soap bezeichnet, während die *TV Movie* (Nr. 1/07) sie als Doku- oder Alltags-Soap klassifiziert.

Im Vordergrund steht in den Real Life Soaps nicht die Alltags*beobachtung*, sondern die Alltags*erzählung*. Das Material wird also nach narrativen Aspekten organisiert. Bode Witzke und Ulli Rothaus unterscheiden anhand der verschiedenen Personenkonstellationen, um die die Narration kreist, vier Typen von Real Life Soaps:[17]

- **Typenorientierte Doku-Soap**: Eine zusammengehörende Gruppe von Protagonisten wird in ihrem Alltag begleitet (FUSSBROICHS [1991 – 2003], THE OSBOURNES [2002-2004] – als ein Beispiel für die mittlerweile öfter zu sehenden «Promi-Soaps»).

15 Vgl. dazu z. B. Joan Kristin Bleicher: «Die Dramatisierung der Privatheit in neuen Sendungskonzepten». In: Martin K.W Schweer / Christian Schicha / Jörg-Uwe Nieland (Hrsg.): *Das Private in der öffentlichen Kommunikation. «Big Brother» und die Folgen.* 2., leicht korrigierte Aufl., Köln 2002, S. 51–63; hier S. 51f.
16 Lücke: *Real Life Soaps* (wie Anm. 11), S. 63; Herv. i. Orig. An anderer Stelle schränkt sie jedoch ein: «Die Verbindung des Reality TV mit dem Thema Alltag anstelle von außergewöhnlichen Ereignissen wie öffentlichen Heiratsanträgen, Versöhnungsversuchen oder Gerichtsverhandlungen ist neu [...]. Auf den zweiten Blick betrachtet, ist der in Real Life Soaps betrachtete Alltag jedoch gar nicht so weit von den Ereignissen in den anderen Formen des performativen Reality TV entfernt: Docu Soaps erzählen über den Alltag ihrer Akteure, aber meist handelt es sich um besondere Ereignisse des Alltags» (Lücke ebd.,. S. 112f.; Herv. i. Orig.).
17 Vgl. Bodo Witzke / Ulli Rothaus: *Die Fernsehreportage*. Konstanz 2003, S. 313: Und Bodo Witzke: «Doku-Soap». In: Martin Ordolff: *Fernsehjournalismus*. Konstanz 2005, S. 295-308; hier S. 301.

- **Themenorientierte Doku-Soap**: Protagonisten werden um ein gesetztes Thema herum gesucht, sie müssen keine Gruppe sein, sich nicht einmal kennen (ABNEHMEN IN ESSEN [2000 – 2001], IM NETZ DER MORDKOMMISSION [2001], VON NULL AUF 42 [2004]).
- **Ortsbezogene Doku-Soap**: Es werden Protagonisten begleitet, die einen gemeinsamen örtlichen Bezug haben (GEBURTSSTATION [2004], OP – SCHICKSALE IM KRANKENHAUS [1998 – 1999], FRANKFURT AIRPORT [1999 – 2000]). Auch sie müssen keinen persönlichen Bezug zueinander haben.
- **Reality Soap** («*Gebaute Doku-Soap*»): Gecastete Protagonisten oder Personengruppen werden in ein inszeniertes Setting gesetzt.[18] (BIG BROTHER [seit 2000], aber auch: ABENTEUER 1900 – LEBEN IM GUTSHAUS, WINDSTÄRKE 8 [2005]).

Diese Abgrenzungen sind natürlich idealtypisch zu verstehen, es ist daher «überflüssig darauf hinzuweisen, dass sich Mischformen und fließende Übergänge zwischen den Typen bilden.»[19]

Auch die Reality Soaps haben sich mittlerweile ausdifferenziert. Meines Erachtens kann man folgende Formen unterscheiden:

- Die «**Container**»-Soap im Stile von BIG BROTHER: Die Protagonisten agieren in einem abgeschlossenen, künstlichen Setting (Container, Haus, Bus etc.) und werden in der Regel von verdeckten Kameras rund um die Uhr beobachtet.[20] Diese Form ist oft mit Elementen der Game- und/oder Talk-Show kombiniert.[21] – Grundprinzip ist oft der Wettkampf der Protagonisten, von denen einer am Ende Sieger eines nicht unerheblichen Geldpreises ist.
- Die **Adventure-Soap** à la STERNFLÜSTERN – DAS SIBIRIEN-ABENTEUER (2004 – 2005): Eine bestehende oder gecastete Gruppe lebt für eine gewisse Zeit in einer für sie fremden Kultur (z. B. auf einer

---

18 In einem Seminar zum Fernsehdokumentarismus an der Uni Göttingen (WS 04/05) drückte eine Studentin den Unterschied zwischen Doku und Reality sehr bildlich aus: «*Bei der Doku-Soap kommt die Kamera zu den Leuten. In der Reality-Soap kommen die Leute zur Kamera.*»
19 Witzke/Rothaus: *Die Fernsehreportage* (wie Anm. 17), S. 314.
20 Gerade an dieser Orwellschen «Rund-um-die-Uhr-Überwachung» entfesselte sich in Deutschland die Debatte um BIG BROTHER. Zur damaligen Debatte vgl. Reiner Mathes; Alexander Möller und Christian Hißnauer: «Medienerfolg durch Medien-Hype. Wie im zunehmenden Wettbewerb um die Aufmerksamkeit des Publikums die selbstreferenziellen Mechanismen des Mediensystems an Bedeutung gewinnen». In: Karin Böhme-Dürr / Thomas Sudholt (Hrsg.): *Hundert Tage Aufmerksamkeit. Das Zusammenspiel von Medien, Menschen und Märkten bei «Big Brother»*. Konstanz 2001, S. 63-78.
21 Vgl. Lothar Mikos, et al.: *Im Auge der Kamera. Das Fernsehereignis Big Brother*. Berlin 2000.

Südsee-Insel oder in Sibirien) und wird dabei zeitweise offen mit der Kamera begleitet.[22]
- **Living history**-Formate wie SCHWARZWALDHAUS 1902: In dieser Real Life-Variante des Dokumentarspiels agiert eine bestehende oder gecastete Gruppe in einem historischen Setting und in den adäquaten Kostümen der Zeit. Den Protagonisten werden Rollen und Aufgaben zugewiesen, die sie zu erfüllen haben (z. B. eine Magd in ABENTEUER MITTELALTER [2005] oder Gutsherr in ABENTEURER 1900 – LEBEN IM GUTSHAUS). Oberflächlich geht es bei diesen Produktionen um ein Nacherleben von (Alltags-)Geschichte.[23] Auch hier werden die Protagonisten in der Regel zeitweise offen mit der Kamera begleitet.[24]
- **Event-Soaps** wie GOTTSCHALK ZIEHT EIN (2004 – 2005), WAS FÜR EIN TAG! (2006) oder GLÜCK-WUNSCH! – VERA MACHT TRÄUME WAHR (2006). In den Even-Soaps findet sich das serielle Prinzip in der Regel nur noch in der Wiederholung der Ausgangssituation:[25] Ein besonderes (inszeniertes) Ereignis bringt den Alltag der Protagonisten durcheinander. Dies kann der FRAUENTAUSCH (seit 2003) sein oder der kurzzeitige Einzug eines Prominenten, der die Familienmitglieder mit besonderen Events überrascht (GOTTSCHALK ZIEHT EIN). Reaktion von Alltagsmenschen auf Ausnahmesituationen – oder eben Thomas Gottschalk, wie er *Alltag spielt* – sind Gegenstand dieser Formate.
- **Making over**-Formate wie DIE SUPER-NANNY (seit 2004)[26] gehen sogar noch einen Schritt weiter und wollen das Leben (oder zu-

---

22 Oder wie Christoph Hauser (SWR-Kulturchef) es ausdrückt: «Die Zeitreise nimmt Leute von heute und setzt sie nach gestern. Im ‹sozial Event› nimmt man Leute von hier und setzt sie nach dort» (in Fritz Wolf: *Alles Doku – oder was? Über die Ausdifferenzierung des Dokumentarischen im Fernsehen. Expertise des Adolf Grimme Instituts im Auftrag der Landesanstalt für Medien NRW, der Dokumentarfilminitiative im Filmbüro NW, des Südwestrundfunks und des ZDF*. Düsseldorf 2003, S. 79).
23 Vgl. Wolf: *Alles Doku – oder was? Über die Ausdifferenzierung des Dokumentarischen im Fernsehen* (wie Anm. 22), S. 77ff. In den Adventure-Soaps und den *living history*-Formaten findet in der Regel kein Wettkampf zwischen den Protagonisten statt. Vielmehr geht es darum gemeinsam das *Abenteuer Fremde* (räumlich oder zeitlich) zu bestehen.
24 Pro Sieben versuchte 2005 eine Mischform aus Container-Soap und *living history*: DIE BURG. Hier wurden C-Klasse-Promis in «privaten» Situationen verdeckt und in den «Spielen» offen aufgenommen. Wie wenig das mit *living history* zu tun hat, erkennt man bereits daran, dass Sonya Kraus und Elton (d.i. Alexander Duszat) kalauernd durch die Sendung führen. Das ABENTEUER MITTELALTER wurde in der ARD im selben Jahr auch ernsthaft umgesetzt.
25 Insgesamt sind sie eher als eine Reihe von Einzelfolgen konzipiert.
26 Hierzu kann man auch die «Deco-Soaps» zählen (z. B. WOHNEN NACH WUNSCH – EIN DUO FÜR VIER WÄNDE (2003 – 2007)), in denen Protagonisten Ideen und tatkräftige Unterstützung für ihre lang hinausgezögerten Renovierungsprojekte im Haushalt bekommen. Zuweilen bleibt dabei unklar, wie viel Einfluss die Protagonisten auf die Umgestaltung ihrer vier Wände überhaupt haben. Diese Formate sind ein Hybrid aus RATGEBER WOHNEN (seit 1971) und Real Life Soap.

mindest einen Teil des Alltags) ihrer Protagonisten (dauerhaft) verändern.²⁷

Event-Soaps und *making over*-Formate unterschieden sich zuweilen von der ‹klassischen› Reality-Soap, da die Protagonisten nicht in ein künstliches Setting gebracht werden, sondern ihr tatsächlicher Alltag künstlichen Situationen ausgesetzt wird.²⁸

Real Life Soaps leben – trotz der ihnen innewohnenden fiktionalen Inszenierungsmuster – von ihrem Authentizitätsversprechen. Dies ist kein Widerspruch, denn «Authentizität schließt [...] auf verschiedenen Ebenen dokumentarischer Darstellung Inszenierung ein, funktioniert nicht ohne sie.»²⁹ Aber schon vor mehr als dreißig Jahren wies z. B. Götz Dahlmüller darauf hin, «daß der Gegensatz zwischen Dokumentation und Fiktion eine Scheinantinomie [ist], daß der Realitätsbegriff der Dokumentaristen fragwürdig ist.»³⁰ Frühe Dokumentarfilme waren notgedrungen inszeniert (z. B. NANOOK OF THE NORTH/NANUK, DER ESKIMO von 1922 oder THE BATTLE OF THE SOMME/DIE SCHLACHT AN DER SOMME von 1916) und selbst das *direct cinema* kommt nicht ohne narrative Strukturen aus.

Auffällig ist zunächst die jeweilige Kamerastrategie, mit der Real Life Soaps ihr Versprechen einlösen wollen. Die «Container»-Soap unterscheidet sich von den anderen Reality- und den Doku-Soaps vor allem in der dauerhaften Überwachung mit verborgenen Kameras. Dies impliziert eine gewisse Authentizitätsrhetorik.³¹ Die Voyeursästhetik suggeriert die zeitlich nicht begrenzte unentdeckte Beobachtung der Protagonisten in ungestellten Situationen. Damit einher geht das Versprechen, dass *alles* dokumentiert wird und somit auch gezeigt werden kann – dies ‹rechtfertigt› auch den Einsatz von Kameras, die in völliger Dunkelheit Bilder liefern können.³² Die Insassen sollen durch das Verbergen die Anwesenheit der Kamera vergessen.

---

27 Vgl. Bleicher, S. 116 in diesem Band. Es wäre m.E. aber noch näher zu überprüfen, inwiefern sämtliche derzeit etablierten *making over*-Formate auch Reality-Soaps sind.
28 Bei den *making over*-Formaten variiert dies allerdings sehr stark, so dass hier beide Formen möglich sind.
29 Andrea Nolte: «Wirklichkeit auf Abwegen? Zum Verhältnis von Authentizität und Inszenierung im aktuellen dokumentarischen Fernsehen am Beispiel des Formats Popstars». In: dies. (Hrsg.): *Mediale Wirklichkeiten. Dokumentation des 15. Film- und Fernsehwissenschaftlichen Kolloquiums Universität Paderborn März 2002.* Marburg 2003, S. 55-67; hier S. 58.
30 Götz Dahlmüller: «Nachruf auf den dokumentarischen Film. Zur Dialektik von Realität und Fiktion». In: Heinz Ludwig Arnold / Stephan Reinhardt (Hrsg.): *Dokumentarliteratur.* München 1973, S. 67-78; hier S. 67.
31 Authentizität verstehe ich immer als einen Wahrnehmungseffekt. Vgl. dazu vor allem Manfred Hattendorf: *Dokumentarfilm und Authentizität. Ästhetik und Pragmatik einer Gattung.* 2. Aufl., Konstanz 1999; und Nolte: «Wirklichkeit auf Abwegen?» (wie Anm. 29).
32 Das Ganze erinnert vom Aufwand her an die Beobachtung von Tieren in «freier Wildbahn» – nur dass die Protagonisten hier in einem zooähnlichen Ambiente leben. Analog dazu sind die

Die offene Kamera – in Doku-Soaps obligatorisch – impliziert ein Begleiten des Alltags, nicht die Überwachung. Sie wird zu einem ‹Freund› und ‹Gesprächspartner› für den Protagonisten. Ihr gegenüber erklärt und kommentiert er seinen Alltag – und sie ermöglicht ihm damit, diesen Alltag zu reflektieren. Idealtypisch betrachtet tendieren Real Life Soaps mit offener Kamera zum Alltags*bericht*, Soaps mit verdeckter Kamera zur Alltags*beobachtung*.

Lothar Mikos betont mit Blick auf die erste breit wahrgenommene und diskutierte Reality-Soap im deutschen Fernsehen (BIG BROTHER)[33], dass das ‹wahre Leben› eher eine «Sonderform des Alltags»[34] darstellt:

> Sie [die Kandidaten, CH] befinden sich in einer außeralltäglichen Situation, die aber so ritualisiert und routiniert ist, daß in ihr eine spezifische Form von Alltagsleben stattfindet, eben Urlaubs- oder Klostertage.[35]

Er beschreibt dies in Anlehnung an Goffman als «Alltag auf einer hervorgehobenen Bühne»[36].

Goffman behauptet jedoch nicht, dass «wir schon im Alltag der sozialen Realität alle Theater spielen»[37] – das ist ein weitverbreiteter Irrtum, der auf den irreführenden deutschen Titel von *The Presentation of Self in Everday Life – Wir alle spielen Theater* – zurückgeht. Goffman selbst betont in diesem Buch, dass er sich lediglich der Theatermetaphorik bedient, um Aspekte der Alltagsinteraktion beschreiben und analysieren zu können. Er spricht von einer «begrifflichen Analogie», die «zum Teil ein rhetorisches Manöver» ist.[38] «Die Behauptung, die ganze Welt sei eine Bühne, ist so abgegriffen, [...] daß sie nicht zu ernst genommen werden darf.»[39]

---

derzeitigen ELEFANT, TIGER UND CO.-Klonen (seit 2003) – Hybride aus Tierdokumentation und Doku-Soap – tatsächlich Beobachtungen aus dem Zoo.

33 Die erste – allerdings oft als Doku-Soap – wahrgenommene Reality-Soap war DAS WAHRE LEBEN auf Premiere (1994).

34 Lothar Mikos: «Die spielerische Inszenierung von Alltag und Identität in Reality-Formaten». In:. Schweer, / Schicha / Nieland: *Das Private in der öffentlichen Kommunikation* (wie Anm. 15), S. 30–50; hier S. 34.

35 Ebd.

36 Ebd., S. 36.

37 Ebd.

38 Vgl. Ervin Goffman, Erving: *Wir alle spielen Theater. Die Selbstdarstellung im Alltag*. 5. Aufl., München 1996, S. 232.

39 Ebd.. Und so hebt er am Ende von *Wir alle spielen Theater* hervor: «Deshalb lassen wir nun die Sprache und die Maske der Bühne fallen. Gerüste sind letzten Endes dazu da, andere Dinge mit ihnen zu erbauen, und sie sollten im Hinblick darauf errichtet werden, daß sie wieder abgebaut werden. *Unser Bericht hat es nicht mit Aspekten des Theaters zu tun, die ins Alltagsleben eindringen.* Er hat mit der Struktur sozialer Begegnungen zu tun [...]» (ebenda, S. 232f.; Herv. CH). Vgl. auch Erving Goffman: *Rahmen-Analyse. Ein Versuch über die Organisation von Alltagserfahrungen*. 4. Aufl., Frankfurt a.M. 1996, S. 9.

Aber auch wenn Reality-Soaps eine Sonderform des Alltags darstellen, so muss dennoch die Frage gestellt werden, was – und wie – sie uns über unseren ‹normalen› Alltag erzählen, welchen Wirklichkeitsbezug sie also haben. Dies möchte ich hier am Beispiel der *living history*-Formate näher untersuchen.

Geschichtsspiele als Krisenexperiment

Living history ist ein Spiel (mit) der Geschichte. Einen *documentary value* kann man ihnen aufgrund der Künstlichkeit des Settings, der Kostümierung und der gespielten Verhaltensweise augenscheinlich nicht zusprechen. Und doch gibt es auch in diesen Produktionen Wirklichkeitsbezüge, die es rechtfertigen, sie als dokumentarische Sendungen zu begreifen. In der *living history* lebt vor allem die Gegenwart. M.E. kann man Sendungen wie WINDSTÄRKE 8 oder DIE HARTE SCHULE DER 50ER JAHRE fast wie ein ethnomethodologisches Krisenexperiment lesen.

Die Experiment-Rhetorik ist dabei mit Blick auf die *Reality-Soap* nicht neu: Bereits die ‹Urmutter› des Formates BIG BROTHER wurde als Experiment vermarktet. Udo Göttlich spricht z. B. mit Bezug auf die Container-Soap von einer *Laborsituation*.[40] – Dies impliziert die Kontrolliertheit des Settings, die im krassen Widerspruch zum Authentizitätsversprechen von ungestellten Situationen und echten Reaktionen der Protagonisten steht. Doch auch Krisenexperimente haben zum Ziel, durch Irritationen und ein bewusstes Falsch-Agieren im Alltag etwas über den ‹normalen› Ablauf von Interaktionen zu erfahren. Aus den Reaktionen der Versuchspersonen schließt man quasi auf selbstverständliche Interaktionsrituale, die im ‹tatsächlichen› Alltag unhinterfragt bleiben. Viele Reality-Soaps – und vor allem die *living history*-Formate – sind in diesem Punkt mit solchen Experimenten vergleichbar: Hier werden Alltagsroutinen jedoch nicht nur irritiert, sondern mehr oder weniger aufgelöst.

Das Experiment *living history* unterliegt einer gewissen Kontrolle seitens der Serienmacher: Dies beginnt bei den Bauten, geht über die Planung von größeren und kleineren Ereignissen (z. B. einer Hochzeit in ABENTEUER 1927 – SOMMERFRISCHE) hin zur Auswahl der Protagonisten (und gegebenenfalls einer trächtigen Kuh) und endet bei der Zuweisung sozialer Rollen. Für *living history*-Formate gilt daher noch im stärkeren Maße, was Fritz Wolf bereits für Doku-Soaps sagt: «Das Genre ist ambivalent. Es balanciert zwischen Authentischem und Erzähltem, zwischen Beobachten und Inszenieren, zwischen Finden und Erfinden.»[41]

---

40 Vgl. z. B. Udo Göttlich: «Fernsehproduktionen, *factual entertainment* und Eventisierung. Aspekte der Verschränkung von Fernsehproduktion und Alltagsdarstellung». In: *montage/av* 10 (2001), S. 71–90; hier S. 82.
41 Vgl. Fritz Wolf: *Alles Doku – oder was?* (wie Anm. 22), S. 95.

Im Sinne eines *So-tun-als-ob* wird hier ein historischer Lebensalltag nachgespielt. Dieser macht sich oftmals vor allem an den getragenen Kostümen und den verwendeten Requisiten fest. Diese sind möglichst authentisch den Originalen nachempfunden. Daher kann man generell – wie Stephanie Lücke – die These vertreten: «Die Reality Soap simuliert Alltag in einem außergewöhnlichen Umfeld und unter besonderen sozialen Bedingungen, damit unterscheidet sie sich fundamental von dokumentarischen Genres.»[42] Für *living history*-Formate gilt dies sogar verschärft, da die Protagonisten zusätzlich in bestimmte – ihnen zugewiesene – Rollen schlüpfen, die sie zu erfüllen haben.

Reality-Soaps sind mittlerweile jedoch so ausdifferenziert (s.o.), dass man diese These m.E. in der Form nicht mehr vertreten kann. Beispielsweise lebten die beiden Familien für STERNFLÜSTERN – DAS SIBIRIEN-ABENTEUER tatsächlich mehrere Monate einen kargen Alltag in einem kleinen sibirischen Dorf. Die Kamera begleitet aber keine Auswanderer. Künstlich ist die Situation insofern, als die gecasteten Familien eigens für dieses Format für einen überschaubaren Zeitraum in ein ihnen fremdes Land verbracht werden. Der Alltag dort ist jedoch – im Gegensatz zu Formaten wie BIG BROTHER oder GIRLS CAMP (2001) – in keiner Weise simuliert. Der Unterschied zu einer Doku-Soap besteht hier lediglich darin, dass die Familien sich *eigens* für eine Fernsehserie in die Fremde wagen. In anderen Formaten kommt die Kamera – und mit ihr zuweilen gravierende Veränderungen – in den Alltag der Protagonisten (z.B: RACH – DER RESTAURANTTESTER [seit 2005], DIE SUPER-NANNY, FRAUENTAUSCH oder in den so genannten Deco-Soaps). Die Demarkationslinie zwischen Doku- und Reality-Soap verläuft daher nicht mehr (nur) zwischen künstlichem und authentischem Setting, sondern zwischen Beobachtung und einschneidender Veränderung der Situation.[43]

Living history-Formate erfüllen wie kaum eine andere Reality-Soap das Kriterium der Künstlichkeit. Doch nur auf den ersten Blick. *Living history*-Formate sagen weniger über den historischen Alltag aus, als es die genaue Rekonstruktion der äußeren Umstände vermuten lässt. Dies wird schnell deutlich, wenn man die Protagonisten reden hört und ihre Unsicherheiten im Rollenspiel betrachtet. Dazu ein Beispiel aus einer Folge ABENTEUER 1900 – LEBEN IM GUTSHAUS vom 1. Dezember 2004. Zwei der Bediensteten – Tim und Sepp – haben ein Auge auf das junge Fräulein Karin geworfen, die zu Besuch auf dem Gut weilt:

---

42 Lücke: *Real Life Soaps* (wie Anm. 11), S. 106.
43 Auch dies ist idealtypisch zu verstehen (zumal allein durch die Anwesenheit des Kamerateams die Situation verändert ist). Bereits bei den FUSSBROICHS, der Mutter aller Doku-Soaps im deutschen Fernsehen, gab es dahingehend Eingriffe in die gezeigten Situationen, dass der Weihnachtsbaumkauf ‹auf den letzten Drücker› oder Gänge aufs Amt verabredet waren, damit die Kamera dabei sein konnte (resp. beim Kauf des Weihnachtsbaumes die besondere Stresssituation ausgenutzt werden konnte).

Off-Erzähler: Die gnädige Frau hat Karin nach draußen geschickt: Blumen pflücken für das Hauskonzert. Man erwartet Gäste. Ein paar Meter weiter soll Sepp die Freitreppe fegen.

Sepp beobachtet Karin.

Sepp: Nein, jetzt geh'n wir nicht dahin. Ich putz' erst mal. Die kommt schon gleich.
Off-Erzähler: Doch Fräulein Karin denkt nicht daran, gegen die Etikette zu verstoßen. Mit einem Stallburschen reden? Undenkbar!
Sepp: Die ... Macht die echt mit dem Tim Blumen zusammen, oder was? Kann ja nicht sein.
Off-Erzähler: Er beschließt, die Regeln zu brechen!

Sepp geht zu Karin.

Sepp: Guten Tag, gnädiges Fräulein. Wie heißt Du noch mal, Ka..? Katrin?
Karin: Karin.
Sepp: Karin. Was machst Du? Blumen pflücken?
Karin *(unsicher, zögerlich)***:** Dürfen Sie mich si... duzen?
Sepp: Ach ja, siezen. Entschuldigung.

Karin lacht.

Man erkennt hier sehr schnell, dass die Protagonisten nicht einmal sicher sind, wie sie sich ansprechen sollen – obwohl sich um 1900 wohl kaum ein Stallbursche getraut hätte, eine junge Dame so unverhohlen anzugraben (der Off-Kommentar betont dies in dieser kurzen Szene zweimal!). Beide versuchen aber – nahezu krampfhaft – die Fassade des Spiels aufrecht zu halten, obwohl sie (zumindest ein Stück weit) aus dem Spiel ausgetreten sind. Beide agieren in diesem Moment völlig unsicher. Auf der einen Seite wollen sie dem Spiel gerecht agieren, auf der anderen Seite verhalten sie sich so, wie es in einer Gesellschaft ohne die Standesunterschiede von 1900 ‹normal› ist. – Es ließen sich unzählige andere Beispiele finden, in denen die Protagonisten den historischen Alltag ‹falsch› darstellen. Zuweilen muss auch einfach auf moderne Sicherheitsstandards geachtet werden (besonders auffällig in WINDSTÄRKE 8).

Gerade an dem unsicheren Auftreten und Agieren vieler Protagonisten werden die Grenzen des simulierten Alltags offensichtlich. So steht der Lehrer in ABENTEUER 1900 ratlos vor einem Jungen, der nicht an die Tafel schreiben will.

Solche Widerworte hätte es in jener Zeit zum einen kaum gegeben. Zum anderen hätte der Lehrer nicht lange gefackelt und dem Jungen eine Ohrfeige verpasst oder ihm mit dem Rohstock auf die Finger geschlagen – 2004 geht das natürlich nicht.

An solchen Stellen wird deutlich, was der Kern solcher *living history*-Formate ist. Sie sind – zumindest ein Stück weit – weniger *Geschichtsspiel* als *Gegenwartsspiegel*. Der Schüler tritt hier kurzfristig aus dem Spiel aus und agiert wie ein heute lebender Grundschüler mit seinen (Schul-)Alltagsroutinen.⁴⁴ Aber auch der Lehrer erhält den Rahmen des Spiels nicht aufrecht.

Wie stellen *living history*-Formate ihre unterschiedlichen Referenzbezüge her? Ich möchte dies anhand einer Sequenz aus ABENTEUER 1900 – LEBEN IM GUTSHAUS (Folge vom 19. November 2004) zeigen. Es geht um Probleme, die entstehen, wenn man keinen Kühlschrank hat: Die eingelagerte Wurst ist teilweise verschimmelt, es gibt kein Frischfleisch mehr und weder die Herrschaft noch das Gesinde möchten noch länger das Pökelfleisch essen. Daher wird darüber debattiert, ob ein Schwein geschlachtet werden soll.

In der Küche diskutiert das Gesinde ca. 2 Minuten darüber, ob ein Schwein geschlachtet werden soll.

Mamsell: Also ich, ich werd' mal kurz in mich gehen, denn es gibt hier keine Demokratie. Es interessiert mich überhaupt nicht.
Sepp: Ja eben, letzten Endes müssen Sie das entscheiden.
Bediensteter: Ja aber, da werden sie schon bemerken, was das für'n Scheiß ist mit der Demokratie *[lacht]*.

Sonnenaufgang.

Off-Erzähler: Jetzt muss sie entscheiden.

Mamsell beim Joga in ihrem Zimmer am frühen Morgen.

Off-Erzähler: Das morgendliche Joga hilft beim Nachdenken.

Mamsell in der Küche.

Mamsell: Mamsell hat demokratisch entschieden, dass sie will, dass geschlachtet wird.

---

44 Im Sinne Goffmans handelt es sich dabei um ein Heruntermodulieren des Rahmens.

Mamsell und die Bediensteten draußen an einem Tisch (jeweils Zwischenschnitte auf die kommenden Vorbereitungen).

Mamsell: Tim, du musst alle Messer noch mal schleifen richtig. Dazu gehört auch noch diese ganzen Gewürze noch zu stoßen, das heißt das Pfeffer, der Piment, Kadamon. Und Ulrike, da Du ja keinen gesteigerten Wert legst, dieses Massaker mitmachen zu ... dürfen, darfst du kurz nach dem Schlachten eine Stunde Ausgang haben; frei.

Ulrike strahlt über das ganze Gesicht.
Tim und Sepp befeuern den Herd.

Tim: Wie spät ist es jetzt?
Sepp: Knapp zwei, schätze ich.
Tim: Um vier kommt das Schwein. Bis dahin ist das heiß.

Vorbereitungen draußen.

Mamsell: Dann brauchen wir Schüsseln, Töpfe, Steingut, Wannen, Zuber, Eimer.

Tim stellt einen Tisch auf.

Tim: Da haben wir eben noch dran gegessen – jetzt wird's zur Mordstelle.

Der Schlachter kommt.

Off-Erzähler: Das Personal schlachtet nicht selber. Dafür kommt ein Profi: Metzgermeister Wecker aus dem Nachbardorf. Ein Meister in seinem Beruf. Er beherrscht die alten Techniken.

Wecker packt sein Handwerkszeug aus.

Wecker: So, das ist der Schlaghammer, jetzt.
Tim: So groß, Herr Gott.
Wecker: Die Säge, um das Becken aufzusägen. Wir ham übrigens ... hier ist jetzt dazu der Bolzen, der wird jetzt aufgesetzt auf 'nen Schädel – so praktisch *[demonstriert es am Tisch]* – und der ... trifft ihn.

Mamsell: Aber das scheint doch dann jetzt langsam ernst zu werden ... so hab' ich mir das nicht vorgestellt.
Wecker: Das geht ... gleich los.

Off-Erzähler: Die Schlachtung bleibt umstritten. Die Meinungen gehen weit auseinander.

Videotagebuch der Herrin. Zwischenschnitte auf den Aufbruch zum Ausflug.

Herrin: Ich persönlich esse zwar auch Fleisch, aber ich kann mir auch gut vorstell'n, auch ohne Fleisch auszukomm', wenn ich die Tiere selber töten müsste. Das ist ein Problem, was sicherlich viele Leute heute haben. Ich möchte dieser Schlachtung auf gar keinen Fall beiwohnen. Ich möchte es auch meinen Kindern nicht zumuten. Und insofern werden wir heute Nachmittag diesen Hof hier verlassen.

Vorbereitungen gehen weiter.

Off-Erzähler: Die Herrschaften geh'n. Das Gesinde bleibt. Vielleicht sollte man sich die Sache noch mal überlegen. Ein Schwein schlachten. Passiert zwar tausendmal am Tag, aber normalerweise hinter den Mauern der Schlachthöfe.

Das Schwein wird gebracht [O-Ton]. Zwischenschnitte auf Ulrike beim Spülen in der Küche und die Gesichter des Gesindes. Der Metzger setzt den Bolzen auf.

Sepp: Das war's. Jetzt ist es tot.

Formal betrachtet besteht die Sequenz aus verschiedenen Elementen:

- Dem aufgezeichneten Spiel, also der Beobachtung des Spielalltags,
- den intervenierenden Fragen und Aufforderungen zur Kommentierung (‹lautes Denken›)[45],
- dem Erzählerkommentar, der zum einen den Spielhintergrund, aber auch historische Aspekte erklärt und
- den Videotagebüchern der Protagonisten.

---

45 Wobei in der Regel die Fragen/Aufforderungen herausgeschnitten sind.

- Dazu können sparsam eingesetzte Archivaufnahmen kommen, die vor allem die Authentizität der Rekonstruktion unterstreichen sollen. Daher fokussieren sie auf technische Geräte, die Darstellung von Tätigkeiten wie Wäschewaschen mit einem Waschbrett oder Aufnahmen, in denen die zeitgenössische Kleidung deutlich erkennbar ist. Sie werden jedoch sehr selten eingesetzt.

Die kommentierende, allwissende Erzählerstimme hat in *living history*-Formaten (aber auch in vielen anderen Real Life Soaps) wichtige dramaturgische Funktionen, da sie erst die Narration organisiert. Sie verbindet die zuweilen recht fragmentarischen Beobachtungen zu kleineren Plots, ergänzt notwendige Informationen und erläutert das Geschehen. Dabei versorgt sie den Zuschauer auch mit den notwendigen historischen Hintergrundinformationen. Über den Erzähler werden so auch die beiden Zeitebenen verbunden. Es wird z. B. immer wieder betont, dass hier Alltagsmenschen von heute in einem historischen Setting agieren. Dies soll zum einen neue Zuschauer schnell involvieren. Zum anderen dienen die Hinweise immer wieder dazu, die Korrektheit der Rekonstruktion hervorzuheben. Der komplette Erzählstrang ist jedoch ein gutes Beispiel dafür, wie wenig das «Nachspielen» eines historischen Alltages funktioniert. Um 1900 wäre es wohl kaum zu einer Diskussion unter den Bediensteten darüber gekommen, ob ein Schwein geschlachtet werden soll.[46] Auf einem Gut gehörte dies zum Alltag. In gewisser Weise trifft auch hier ein Kritikpunkt zu, der bereits in den 1960er und 70er Jahren gegen die so genannten Dokumentarspiele vorgebracht wurde: Es gehe lediglich um «eine Authentizität der Kostüme und Dekoration.»[47] So erinnert die Schlachtung hier eher an ein Freilichtmuseum, in dem ein Handwerker eine alte – uns nicht mehr vertraute – Technik vorführt.

Darin ist auch der Bezug zum Dokumentarspiel oder szenischen Dokumentarismus zu sehen:

> Dokumentarspiel meint ganz vordergründig ein dramatisches Spielgeschehen, das auf Ereignissen basiert, die tatsächlich stattgefunden haben. In welcher Weise dies dramaturgisch realisiert wird, ist eine Frage, die für den Terminus als solches nicht entscheidend ist. Das Spiel kann den Ereignissen frei nachempfunden sein; es ist aber wichtig, die Ereignisse nicht formal zu verfremden.[48]

---

46 Der Mamsell fällt dies anscheinend irgendwann auf («es gibt hier keine Demokratie. Es interessiert mich überhaupt nicht»).
47 Werner Waldmann: *Das deutsche Fernsehspiel. Ein systematischer Überblick*. Wiesbaden 1977, S. 63.
48 Waldmann ebd., S. 63.

In *living history*-Produktionen geht es weniger um konkrete (zumeist herausragende) historische Ereignisse und deren dramatische Darstellung, sondern um eine freie Rekonstruktion eines historischen Alltags, der so tatsächlich hätte stattfinden *können* – wie hier das Schlachten –, und die *anschließende* dramaturgische Bearbeitung. So wurden z. B. für ABENTEUER 1900 ca. 400 Stunden Material zu 16 mal 25 Minuten Film verarbeitet – allein an diesem Schnittverhältnis von 60 zu 1 wird erkennbar, wie stark die auswählenden Eingriffe in das Material sind.[49] Da man nur einige Ereignisse im Vorfeld planen kann (z. B. wenn im Gutshaus ‹1927› das erste Telefon installiert wird oder eine richtige Hochzeit stattfinden soll), werden die einzelnen Plots aus dem Material herauspräpariert. *Living history* kann man also als hybrides Subgenre[50] der Reality-Soap begreifen, in dem Merkmale des «Echte-Leute-Fernsehens» mit solchen des Dokumentarspiels kombiniert werden. So entstehen die zwei Zeitbezüge dieser Form der Real Life Soap: Die Formate changieren nicht nur zwischen Inszenierung und Beobachtung, sondern auch zwischen Vergangenheitsinszenierung und Gegenwartsdarstellung. Wesentlich für diese Formate ist gerade die Konfrontation dieser Zeit- und Wirklichkeitsbezüge und nicht das authentische Nacherleben oder Nachspielen einer längst vergessenen Zeit. Das perfekte *reenactment*, das man z. B. im Doku Drama durchaus anstrebt[51], ist hier geradezu unerwünscht. So betont Volker Heise, Regisseur der Zeitreisen ABENTEUER 1900 und ABENTEUER 1927:

> «Abenteuer 1927» ist keine reine Dokumentarserie, da sich fiktionale und dokumentarische Elemente mischen. Wir schaffen zuerst die historische Situation Gutshaus 1927 und dokumentieren dann, was im Gutshaus passiert. Wir geben auch Ereignisse vor, die 1927 wahrscheinlich gewesen wären, mit denen sich die Protagonisten auseinandersetzen müssen, um diese Zeit auch sinnlich zu erfahren. Die Protagonisten sind so Kundschafter in einer anderen Welt, durch deren Augen wir und die Zuschauer das Jahr 1927 auf einem Gutshof erle-

---

49 Gerade das *direct cinema* rühmt sich der unverfälschten Wiedergabe der Realität. Peter Krieg rechnete mit Bezug auf Klaus Wildenhahn – den wichtigsten deutschen Vertreter dieser Dokumentarfilmschule – modellhaft vor, wie wenig das Gezeigte mit dem Erlebten zu tun hat: «Nehmen wir an, Wildenhahn dreht einen 100-minütigen Dokumentarfilm im Drehverhältnis 1:20. Drehzeit: 2 Monate. Dann ergibt sich ein Verhältnis von realer Zeit und Filmzeit von 864:1, d.h. von 43,2 realen Minuten hat sich Wildenhahn 1 zum Drehen herausgesucht, von 864 realen Minuten dieser Zeit erscheint die einzige im fertigen Film.» (Vgl. Peter Krieg: «Das blinde Auge der Kamera oder ‹die Spiegel täten besser daran, etwas nachzudenken, bevor sie die Bilder zurückgeben› (Jean Cocteau). Zur Debatte über dokumentarischen und ‹synthetischen› Film». In: Stadt Duisburg/Filmforum der Volkshochschule (Hrsg.): *Bilder aus der Wirklichkeit. Aufsätze zum dokumentarischen Film und Dokumentation 4. Duisburger Filmwoche `80*. Duisburg 1981, S. 53–56; hier S. 54.
50 Es wäre allerdings noch zu überlegen, inwiefern Real Life Soaps überhaupt ein Genre darstellen.
51 Vor allem Heinrich Breloer inszeniert oftmals anhand von Originalfotos.

ben. Gleichzeitig reflektieren sie mit ihrem Wissen von heute das Leben von damals: Ihre Stellung in der Hierarchie, die Arbeit, den Alltag. Diese, auch für uns oft überraschenden Erkenntnisse, sind das eigentliche Ziel von «Living History».[52]

Auf der Homepage zur Sendung ABENTEUER 1900 heißt es weiterhin:

> Verstöße gegen die Regeln, die das historische Leben bestimmen, sind ein wichtiger Bestandteil eines Living-History-Projekts. An ihnen sieht man am deutlichsten, was den Menschen von heute am Leben von damals am meisten zu schaffen macht. Regelverstöße werden daher wann immer möglich mit der Kamera dokumentiert.[53]

Regelbrüche und Fehler sind somit *integraler* Bestandteil des Konzeptes. Dadurch unterscheiden sich *living history*-Formate auch von anderen Reality-Soaps wie z. B. BIG BROTHER. In ihnen dienen Regeln zum einen zum Spannungsaufbau (Wettkampfcharakter) und zum anderen natürlich der televisionären Verarbeitung des Materials.[54] Damit wird aber auch deutlich, dass eine Kritik, die sich an einem ‹falschen Spiel› der Protagonisten festmacht, an *living history*-Formaten völlig vorbei zielt.

Regelbrüche – oftmals sind es Wechsel der *Rahmung* – und andere ‹Fehler› im Spiel (z. B. das Unvermögen in ABENTEUER MITTELALTER eine Ziege zu melken) erzählen sehr viel über unseren gegenwärtigen Alltag, denn in ihnen kommen Alltagsroutinen (auch durch ihr Fehlen oder ihre Unangemessenheit im historischen Setting) zum Ausdruck, die ohne die Spiegelung an den historischen Begebenheiten oftmals übersehen werden. Auf einer Burg kann man nicht einfach einen Liter Milch aus dem Kühlschrank holen, im Gutshaus gibt es keine Spülmaschine. Damit wird deutlich, dass Dinge, die uns in unserem Alltag selbstverständlich sind (auch im sozialen Miteinander), eben keine Selbstverständlichkeiten sind. Und so betonen die Protagonisten auch immer wieder, dass sie durch das Rollenspiel ihren eigentlichen Alltag mit anderen Augen sehen. Joan Kristin Bleicher hat an anderer Stelle betont, dass dadurch in Reality-Soaps kollektive Vorstellungen, Modelle der Lebensführung sowie Werte und Sinnkonfigurationen verhandelt werden.[55] Für so genannte *making over*-Formate hat sie folgende implizite Botschaften an den Zuschauer herausgearbeitet:

---

52 http://www.daserste.de/abenteuer1927/interview_regie.asp.
53 http://www.daserste.de/abenteuer1900/faq.asp#16.%20Wie%20verlaufen%20die%20Grenzen%20zwischen%201900%20und%202004?.
54 Da z. B. Regeln besagen, wie geschlafen werden muss oder, dass die Ansteckmikrophone nicht abgelegt werden dürfen.
55 Bleicher in diesem Band, S. 117.

- «Veränderung ist positiv, da sie dein Leben verschönert und dich medientauglich macht!
- Orientiere dich an traditionellen Werten und Lebensmodellen!»[56]

Auch *living history* beinhaltet eine solche implizite Botschaft:

- Sei zufrieden mit dem, was du hast; lerne *deinen* Alltag, *dein* Leben zu schätzen![57]

Es ist daher nicht verwunderlich, dass nach SCHWARZWALDHAUS 1902, in das sich eine fünfköpfige Familie begab, das Augenmerk der einzelnen Formate vor allem auf Jugendliche gerichtet ist, die sich mit körperlicher Arbeit oder strenger Disziplin besonders schwer tun. Dies wird vor allem in DIE HARTE SCHULE DER 50ER JAHRE und jüngst DIE BRÄUTESCHULE 1958[58] betont.

Für den Zuschauer wird dieses «Mit-anderen-Augen-sehen» des Alltages leider nicht immer *ersichtlich*. Besonders auffällig ist dies m.E. in DIE HARTE SCHULE DER 50ER JAHRE. In dieser ZDF-Produktion sind 24 Schülerinnen und Schüler auf dem Schloss-Internat Hohenfels kaserniert. Ein Experiment im Geiste der PISA-Studie: *Fleiß*, *Disziplin* und *Härte* sind die Schlagworte, um die herum das Sendungskonzept gestrickt ist. Sie werden im Vorspann und auch von der Erzählerstimme immer wieder – oft allerdings als leere Versprechen – bemüht. Das Aufeinanderprallen des Spielalltags und der Alltagsroutinen wird hier fast nur in den Videotagebüchern der Protagonisten deutlich, die zwar immer wieder beschreiben, wie schwer ihnen der Schulalltag fällt, aber im Bild, in der Beobachtung fällt dies kaum auf. Hier geht die Dramaturgie also nicht auf. – In den anderen erwähnten Beispielen (ABENTEUER 1900 und ABENTEUER 1927) gibt es deutlich häufiger Momente, in denen eine Kollision der Alltagsebenen deutlicher wird. Dies liegt vor allem daran, dass der Zuschauer die Probleme mit veralteter Technik und Arbeitsweisen *sehen* kann.[59] Doch auch hier führt der ‹Zwang zum schnellen Schnitt› dazu, dass längere beobachtende Sequenzen die Ausnahme sind.[60] So dienen das «laute Denken» – die Kommentierung durch die Prot-

56 Vgl. ebd. S. 118.
57 Z. B. betont Nadja aus der BRÄUTESCHULE: «Nun weiß ich, wie gut es uns heute geht!» (zit. nach Wolf Berg: «Petticoat statt Piercing». In: *TV Spielfilm* 01/07, S. 13-14; hier S. 14).
58 Die Gruppen sind jedoch vom Alter her in der Regel gemischt. In den letztgenannten Zeitreisen übernehmen ältere Protagonisten aber Lehrerrollen. Sie stehen damit – im Gegensatz zu anderen *living history*-Formaten – mehr auf der Seite der Spielleitung.
59 Jugendlichen beim Lernen zuzuschauen ist a) nicht wirklich spannend und unterscheidet sich b) nicht so deutlich vom heutigen Lernen. Hier wird auch ersichtlich, dass sich nicht jedes Thema für ein *living history*-Format eignet.
60 Ganz im Sinne der Soap wird z. B. die Verarbeitung des Schweins zu Wurst parallel geschnitten mit dem Ausflug der Herrschaft und der ‹Flucht› Ulrikes, die mit dem Hauslehrer zusammen in der nahen Kirche Orgel spielen darf. Dies dient zum einen der Entlastung des Zuschauers vom Schock der Schlachtung, also zum anderen erneut dazu, den Konflikt von Vergangen-

agonisten im laufenden Spiel – und gegebenenfalls die Videotagebücher (also eine eher nachträgliche Reflexion) dazu, diese Brüche verbal zu thematisieren. Oft übernimmt auch der auktoriale Erzähler diese Funktion; vor allem, wenn die Brüche nicht so offensichtlich und für den Zuschauer nichts sofort nachvollziehbar sind. Gleichzeitig bewertet der Erzähler damit das Geschehen.

In der hier dargestellten Schlacht-Sequenz wird dieser Bruch allein durch die Beobachtung der Gesichter und kleiner Gesten deutlich (und dennoch immer wieder von den Protagonisten und dem Off-Erzähler betont). So zieht Tim z. B. im Moment des Tötens seine Mütze vom Kopf. Mit der Mamsell und dem Hauslehrer steht er so um das Schwein herum, wie auf einer Beerdigung – dazu passt auch diese Geste. Sie alle sind tief betroffen und mitgenommen von einer alltäglichen Handlung, die jedoch aus unserem heutigen Lebensalltag – der Off-Erzähler hebt dies heraus – verbannt ist.

Die Einsicht in den historischen Alltag bleibt letztendlich (wie zu erwarten) vage, da das Verhalten nicht immer adäquat ist – vor allem was das soziale und sprachliche Verhalten anbelangt. Dazu kommt, dass aufgrund des Sendeplatzes am Vorabend einige Ereignisse nicht detailliert gezeigt werden können. So sieht man nicht, wie der Bolzen in den Schädel des Schweins eindringt und ihm die Kehle aufgeschnitten wird.

Das Potenzial, dass in *living history*-Formaten steckt, wird m.E. also kaum genutzt, da der Unterhaltungswert deutlich im Vordergrund steht. Dies wird in ABENTEUER 1927 deutlich, wenn bewusst Ereignisse inszeniert werden, die ein wenig Sex in eine ansonsten prüde Serie bringen sollen. So findet ein Herrenabend statt, an dem erotische Filme gezeigt werden. Einige wenige Ausschnitte mit einer halbnackten Tänzerin sind auch zu sehen, obwohl der Erzähler suggeriert, dass es sich eigentlich um pornografische Aufnahmen handelt. Doch das Versprechen nach ‹heißen› Bildern wird nicht eingelöst. Vielmehr sieht man notgedrungen den Männern beim Zuschauen zu. Dabei werden sie ebenfalls durch das Schlüsselloch von den Frauen beobachtet.[61] Auffällig dabei ist, dass die Männer alles andere als entspannt aussehen. Ihnen ist die Situation eher unangenehm. Dies ist m.E. ein Indiz dafür, dass ihnen der Herrenabend von der Produktion vorgegeben wurde. Für den zukünftigen Bräutigam gibt es zuvor schon ein wenig Aufklärungsunterricht, bei dem man erfährt, dass es «neuerdings» auch Kondome aus Gummi gibt.

Solche und ähnliche Episoden bilden das dramaturgische Gerüst, das – entsprechend des Soapcharakters der Formate – kaum auf längere Spannungsbögen setzt. Eine Ausnahme bildet diesbezüglich WINDSTÄRKE 8, da hier die Überque-

---

heit und Gegenwart zu thematisieren. Ulrike liebt Musik und spielt in ihrem ‹wahren› Leben Geige, doch ihre eigentlich feinen Hände sind nun von der harten Küchenarbeit zerschunden.
61 Ihr Beobachten der Situation legitimiert rhetorisch den voyeuristischen Blick auf die Gesichter der Männer.

rung des Atlantiks eine geschlossenere Dramaturgie vorgibt. Es sind daher oft nur kleine Momente, die einen *documentary value* haben, in dem Sinne, dass sie auf unsere gegenwärtige Alltagswirklichkeit rekurrieren. Oft wird (muss) Referenz lediglich über die Aussagen der Protagonisten hergestellt werden.[62]

In der medialen Aufarbeitung wird aus dem Krisenexperiment so vor allem eine Nummernrevue, die allzu oft auf Dramatisches (kleinere Unfälle und Missgeschicke), Emotionales (z. B. die betroffenen Gesichter der Protagonisten bei der Hausschlachtung oder den Nervenzusammenbruch einer Schülerin in DIE HARTE SCHULE DER 50ER JAHRE) und unterhaltend Witziges (‹Dr. Sommer› anno 1927) setzt.[63] – Dem Bräutigam ist es allerdings heute genauso peinlich wie früher, offen über Sexualität zu sprechen.

---

62 Dies ist zudem zeitökonomischer, da in ein/zwei Sätzen oftmals vieles schneller erzählt werden kann als durch das Beobachten von Situationen.
63 Doch dies lässt sich auch von vielen anderen dokumentarischen Arbeiten behaupten. So ist die dreiteilige Reportage über DIE ROCKIES, die zum Jahreswechsel 2006/2007 von der ARD ausgestrahlt wurde, lediglich eine Aneinanderreihung von unzusammenhängenden Eindrücken und Anekdoten von Klaus Bednarz, Fritz Pleitgen und Gerd Ruge.

Ursula von Keitz

Drama der Dokumente

Zur Referenzproblematik in Andres Veiels Film DER KICK

Zur Theorie der dokumentarischen Referenz

Eva Hohenberger unterscheidet in ihrer Studie *Die Wirklichkeit des Films* von 1988 fünf verschiedene Realitätsbegriffe, die für die Beziehung von Film und Wirklichkeit relevant sind: eine nicht-filmische Realität, eine vorfilmische Realität, die Realität Film (i.e. die apparative Materialität des Filmemachens), die filmische Realität (als «Sinn evozierende Anordnung von Einstellungen») und die nachfilmische Realität.[1] Spezifisch für den Dokumentarfilm ist dabei nach Hohenberger primär die filmische Realität – dieser Terminus meint die Struktur des jeweiligen (audio-)visuellen ‹Textes› – sowie die nachfilmische Realität – dieser Terminus meint die Rezeptionssituation und Rezeptionsweise des Films. Hohenberger greift damit die von den französischen Filmologen Etienne Souriau und Gilbert Cohen-Séat in den 1950er Jahren vorgeschlagenen Termini «afilmique» und «profilmique» auf.[2] «Un documentaire se définit comme présentant des êtres ou des choses existant positivement dans la réalité afilmique.»[3] Wichtig an dieser Definition Souriaus sind folgende Aspekte, die sich für die Referentialitätsdebatte ebenso wie für die Spezifika eines ‹dokumentarischen Realismus› produktiv erweisen: zum einen die Einschränkung auf Lebewesen und Sachen anstatt der gemeinhin generalisierenden Rede von «der» Realität, die der Dokumentarfilm «abbilde». Damit konzedieren Souriau und Cohen-Séat den schon stets selektiven Charakter jeglicher Form medialer Realitätsaneignung; andererseits wird jedoch auf einer empirisch gegebenen, nicht-filmischen Realität tatsächlich existierender Entitäten insistiert. Die nichtfilmische Realität bildet damit das «Reservoir überhaupt abbildbarer Realität».[4]

Die vorfilmische Realität definiert Souriau demgegenüber als «tout ce qui existe réellement dans le monde, mais qui est spécialement destiné à l'usage filmique; notamment: tout ce qui est trouvé devant la camera et a impressionné la

---

1 Eva Hohenberger: *Die Wirklichkeit des Films*. Hildesheim 1988, S. 29.
2 Vgl. Etienne Souriau: *L'univers filmique*. Paris 1953.
3 Ebd., S. 7.
4 Hohenberger: *Wirklichkeit* (wie Anm. 1), S. 29.

pellicule.»⁵ Diese Definition hat zwei Komponenten: Einerseits bezieht sich der Begriff «vorfilmisch» auf den in der Filmproduktion praktizierten Umgang mit den Entitäten, die in der empirischen Realität gegeben sind, auf deren «Bestimmung für den filmischen Gebrauch»; andererseits auf das Ergebnis der für das Drehen elementaren Auswahl der «Motive» vor der Kamera, die sich physikalisch in die Filmschicht einprägen. Diese komplexe Definition des Vorfilmischen bezieht zumindest theoretisch diejenigen Begleitumstände mit ein, welche die *preproduction*, also die Vorbereitung der eigentlichen filmischen Arbeit, flankieren und den Schritt von der primär-afilmischen, empirischen Welt zur vorfilmischen, deren Einrücken in die Zone des Gefilmtwerdens, begleiten.

Für Hohenberger ist die nichtfilmische Realität aber auch «die Realität, die der Produzent als mögliche Rezeptionsrealität intendiert, auf die er hinarbeitet.»⁶ Mit dieser Definition rückt sie den Blick weg vom Feld der Produktion und damit von Souriaus Definition eines empirisch/außen Gegebenen und lenkt ihn sozusagen auf die andere Seite des Films. Was aber ist die «Rezeptionsrealität»? Gemeint sein kann nicht die Realität, in der Filmrezeption stattfindet, die konkrete Realität des Rezipierens in den Sehanordnungen Kino oder Fernsehen. Denn diese Ebene rangiert bei Hohenberger unter dem Begriff «nachfilmische Realität». Ihrer Definition der nichtfilmischen Realität liegt ein weiterer Realitätsbegriff zugrunde als der von Souriau. Manfred Hattendorf schreibt zu dieser Differenz, Hohenberger berücksichtige im Unterschied zu Souriau, dass für die

> Bestimmung des Dokumentarischen [...] das Verhältnis zwischen nichtfilmischer und vorfilmischer Realität wesentlich [sei], da sich die notwendige und zumeist intendierte Differenz zwischen den beiden Ebenen – Film muß und will einen Ausschnitt aus einer in ihrer Ganzheit nie darstellbaren Wirklichkeit repräsentieren – in den filmischen Diskurs einschreibt und als solche von den Rezipienten decodiert werden soll (> Parteilichkeit).⁷

Dies überrascht aber insofern, als Souriau gerade im Beharren auf der Differenz zwischen «afilmique» und «profilmique» die Selektionsmechanismen im Blick hat, welche zwischen beiden Stufen greifen. Entscheidend ist hier die Zuschreibung «destiné à l'usage filmique». In dieser sehr kurzen und zugleich präzisen, um die Produktionsbedingungen dokumentarischen Arbeitens wissenden Formulierung ist eine Darstellungsintention oder auch Haltung des Filmemachers mitgedacht.

---

5   Souriau: *L'univers filmique* (wie Anm. 2), S. 8.
6   Hohenberger: *Wirklichkeit* (wie Anm. 1), S. 29.
7   Manfred Hattendorf: *Dokumentarfilm und Authentizität. Ästhetik und Pragmatik einer Gattung*. Konstanz 1994, S. 46.

Anders als Souriau bestimmt Joachim Paech das Dokumentarische in Abgrenzung zum Fiktionalen über unterschiedliche Darstellungsansprüche und -effekte:

> Das Besondere an Dokumentarfilmen gegenüber fiktionalen Filmen, die alles, was sie sind, im Augenblick der Projektion repräsentieren, ist, daß sie nicht nur bedeuten, was sie repräsentieren, sondern auch auf etwas hindeuten, was sie selbst nicht sind, was in ihnen abwesend ist.[8]

Die Kategorie des Nichtfilmischen ganz aufzugeben, wie Paech dies anfangs der 1990er Jahre wegen der zunehmend problematisch werdenden Legitimation des Realen in den Medien und im Anschluss an die postmodernen Medientheorien Baudrillards und Jamesons vorgeschlagen hat[9], erscheint schon deshalb nicht sinnvoll, weil damit die spezifische Wahl von «Motiven» aus dem Reservoir des potentiell Filmbaren, die jede Produktion begleitet und jeder (audio-)visuellen Bedeutungsgenerierung zugrunde liegt, als Kategorie verloren ginge. So erscheint etwa die Situierung von Interviewpartnern an einem bestimmten Platz ihres häuslichen oder beruflichen Umfeldes hoch signifikant. Professor(inn)en oder Schriftsteller(innen) z. B. werden, was zumal im televisionären Kontext schon zum Topos geworden ist, gern vor (ihren) Bücherwänden platziert, obwohl sich prinzipiell die Küche als Gesprächsort ja genauso anböte. Doch konnotiert die Bücherwand Belesenheit und Bildung, während die Küche weniger mit intellektuellen Anstrengungen als mit leiblichen Genüssen assoziiert ist. Die Bücherwand wird damit als vorfilmisches «Requisit» für die filmische Bedeutungsgenerierung funktionalisiert.

Dokumentarisches Arbeiten am Undarstellbaren

Komplexere Referenzen zwischen vorfilmischer und nichtfilmischer Wirklichkeit, bildlich/tonlich Präsentem und Absentem ergeben sich dann, wenn der Dokumentarfilm ‹Geschichte› und damit per se (i.e. nichtfilmisch) Absentes zu repräsentieren beansprucht. Im Dokumentarfilm der sprechenden Akteure artikulierte sich in den 1970er und 1980er Jahren mit der kinematographischen Aufnahme der Körper und Stimmen und der konsequenten Sichtbarkeit der Sprechenden

---

8 Joachim Paech: «Das Dokumentarische, Geschichte und Film. Notizen beim Lesen von Wilhelm Roths *Der Dokumentarfilm seit 1960*». In: *Medium* 1 (1984), S. 30–34, hier: S. 31.
9 Vgl. Joachim Paech: «Einige Anmerkungen/Thesen zur Theorie und Kritik des Dokumentarfilms». Unveröff. Typskript eines Vortrags an der Universität Gießen im Rahmen der Veranstaltung «Zur Didaktik des amerikanischen Dokumentarfilms», 7.–9.12.1992, erwähnt in Hattendorf: *Dokumentarfilm* (wie Anm. 7), S. 46.

on screen eine spezifische Form der Zeugenschaft als *oral history*. Dabei waren stets zweierlei Dimensionen von Referenz kopräsent, eine ikonische und eine indexikalische. Mit diesen Begriffen sind hier nicht die für die Dokumentarfilmtheorie in der Nachfolge der Peirceschen Semiotik bzw. Bazins Metapher des «Abdrucks» relevante Unterscheidung zwischen der Ikonizität oder Indexikalität des Filmbildes selbst gemeint (also die Frage, welchen Status das fotografische Engramm auf dem filmischen Träger habe)[10], sondern die komplexen Beziehungen zwischen Anwesendem, dem Zuschauerblick Zugänglichem, und Abwesendem, dem in der Rede Gesagten. Mit der Überlagerung von Präsenz und Absenz wurden in diesen Filmen die Wahrnehmung und Vorstellung der Zuschauer gleichermaßen adressiert. Zwei Beispiele seien herausgegriffen:

Konzeptuell so verschiedene Filme wie der dem *direct cinema* verpflichtete WINTER SOLDIER (Winterfilm-Kollektiv, USA 1972) und Eberhard Fechners dreiteiliger PROZESS (BRD 1975–1984) dokumentierten, indem sie die Zeugen und Zeuginnen als Sprech-Handelnde zeigten, jeweils zugleich auch den Widerschein dessen, was diese im Sprechen und Erinnern erlebten, auf deren Körperoberflächen und/oder in deren stimmlicher Artikulation. Hier entäußerten sich Emotionen als mimisch-gestische Zeichen oder als Intonationsmerkmale, die wiederum nur als Anzeichen/Indices einer psychischen Bewegung filmfähig sind und durch ihre Exponierung lesbar gemacht wurden. Mit den Interview-Filmen, so sprachlastig sie sind, bewegen sich die Filmemacher nach wie vor im Kracauerschen Paradigma[11]: In ihnen macht die Kamera etwas sichtbar, was das natürliche Auge so sonst nicht sähe.

In WINTER SOLDIER gestehen während eines Hearings 1971 in Detroit ehemalige Vietnam-Kämpfer ihre Verbrechen. Sie haben weit mehr als nur getötet, haben Gefangene aus dem Hubschrauber geschleudert, wobei es darum ging, möglichst weit zu werfen. Oder sie haben eine Frau aufgeschlitzt und ein kleines Kind gesteinigt.

> Der scheinbar kunstlose Film verläßt sich ganz auf die Gesichter der jungen Männer, auf einige Fotos und Amateuraufnahmen von unvorstellbaren Grausamkeiten. Trotzdem wird er nie zur Horrorshow. Er erschüttert – auch noch Jahre nach den Ereignissen – durch den Kontrast zwischen den Taten und dem Bewusstsein dieser Soldaten. Von ihren Ausbildern zur äußersten Grausamkeit erzogen, töten sie teils mechanisch, teils mit Lust. Erst bei den Tränen während ihrer Aussa-

---

10 Eva Hohenberger: «Dokumentarfilmtheorie. Ein historischer Überblick über Ansätze und Probleme». In: dies. (Hrsg.): *Bilder des Wirklichen. Texte zur Theorie des Dokumentarfilms*. Berlin 2000, S. 8–34, hier: S. 21.
11 Vgl. Siegfried Kracauer [amerik. Orig. 1960]: *Theorie des Films. Die Errettung der äußeren Wirklichkeit*. Frankfurt am Main 1985, Kap. 3: «Die Darstellung physischer Realität», S. 71–93.

gen scheint ihnen bewusst zu werden, was sie taten. Juristisch kaum zu belangen, weil sie in der Regel auf Befehl handelten, müssen sie mit ihrer Schuld nun ein Leben lang fertig werden.[12]

Dasjenige, was spontan-unkontrolliert in den Gesichtern dieser Vietnam-Veteranen erschien, sich auf ihnen abzeichnete, wurde zum Garanten der Authentizität des Gesagten. Und damit knüpfte WINTER SOLDIER an ein eingeführtes Prinzip des Realismus schon seit dem 19. Jahrhundert an: Körper und Gesicht werden als Symptomträger konzipiert, die ihrerseits vor aller sprachlich oder schriftlich codifizierten Aussage indexhaft auf das realhistorische Geschehen zurückverweisen, es beglaubigen und bezeugen.

Damit der Körper selbst in diesem Sinne zum (vorfilmischen) Dokument werden kann, bedarf es umgekehrt der im Interview evozierten Erinnerung, die sich als Narration ausspricht. Dieses Prinzip liegt Fechners multiperspektivischem Majdanek-Film DER PROZESS zu Grunde, der Opfer-, Täter- und Richterseite im Wechsel zeigt. Gerade im interventionistischen Moment, das die Anwesenheit des Apparates und die (nicht hörbaren, aber gleichwohl zur Voraussetzung des Sprechens gehörenden) Fragen des Filmemachers nach sich zieht, offenbart sich hier der «referentielle Mehrwert» des Dokumentarischen.[13]

In dezidierter Abkehr von diesen heute gern abschätzig als *Talking Heads*-Filme bezeichneten, klassischen dokumentarischen Verfahren überführen die aktuellen TV-Geschichtsdokumentationen die Rede der Zeugen manchmal schon nach wenigen Sekunden in *Re-enactment*. Durch die *Soundbridge* in der Bild-Ton-Montage transformiert sich die Stimme des Zeugen in eine *Voice over*, welche die nachinszenierte historische «Szene» überspricht. Der Zeuge wird damit zum «metadiegetischen» Erzähler (Genette), ganz im Sinne der Rahmen-/Binnenstruktur von Spielfilmen. Der Wechsel von Interview-Rede und inszenierter Binnenhandlung zeigt an, dass es offensichtlich im Fernsehkontext immer weniger möglich ist, sprechenden Körpern jene Dignität zuzugestehen, die historische Zeugenschaft ehedem hat für sich beanspruchen können.

Der «(Medien-)Fall Potzlow» und die Produktionsgeschichte von DER KICK

In der Nacht zum 13. Juli 2002 wurde der 16jährige Marinus Schöberl im brandenburgischen Dorf Potzlow durch drei Jugendliche, die Brüder Marco und Mar-

---

12 Wilhelm Roth: *Der Dokumentarfilm seit 1960*. München 1982, S. 51f.
13 Vgl. Heinz-B. Heller: «Der Dokumentarfilm als transitorisches Genre». In: Ursula von Keitz / Kay Hoffmann (Hrsg.): *Die Einübung des dokumentarischen Blicks. Fiction Film und Non Fiction Film zwischen Wahrheitsanspruch und expressiver Sachlichkeit*. Marburg 2001, S. 15–26, hier: S. 15ff.

cel Schönfeld und ihren Freund Sebastian Fink grausam misshandelt und in den Morgenstunden getötet. Täter und Opfer kannten sich gut. Die Täter schlugen auf ihr Opfer über Stunden hinweg ein. In einem Schweinestall musste Marinus in die Kante eines Futtertroges beißen und wurde nach dem Vorbild des Bordsteinkicks aus dem Spielfilm AMERICAN HISTORY X hingerichtet. Marcel Schönfeld sprang mit beiden Beinen auf den Hinterkopf seines Opfers und tötete ihn anschließend mit einem Stein. Die Täter vergruben daraufhin die Leiche in einer Jauchegrube. Vier Monate später wurden die Überreste von Marinus Schöberl gefunden und nach kurzer Zeit Marcel und Sebastian verhaftet. Marco, der zur Tatzeit schon eine dreijährige Jugendstrafe hinter sich hatte, saß, als die Ermittlungen begannen, bereits wieder wegen Körperverletzung und Diebstahls ein.

Das 450 Einwohner zählende Dorf in der Uckermark wurde als Raum wie als Sozietät nach Bekanntwerden des Mordes zum beliebten Areal der konzeptuellen Transformation nicht-filmischer Realität in vorfilmische Realitäten. Menschen, die der empirischen Wirklichkeit des Dorfes angehören, waren in filmische respektive televisionäre Wirklichkeiten verwandelt worden. Sie waren – in Abwandlung von Vertovs Terminologie[14] – zu «Medienfakten» geronnen, abgeschöpft, ja abgegrast von der Boulevardpresse und den auf Aktualität zielenden Programmen der Fernsehanstalten. «Potzlow» war zum «(Medien-)Fall» geworden. Es verfestigten sich durch diese Berichterstattung Klischees über die Ursachen der Tat: Alkoholismus und Arbeitslosigkeit, die einen Großteil der Dorfbewohner erfasst hatten, wurden als Hauptursachen identifiziert.

Das mediale Bild, das nach dem Bekanntwerden der Tat von dem Dorf und den Tätern entstand, gehört zu den Produktionsvoraussetzungen von Andres Veiels Theaterstück und Film DER KICK. Die Recherchen, die er zusammen mit der Dramaturgin und Koautorin Gesine Schmidt vom Berliner Maxim Gorki-Theater in der Uckermark zunächst unternahm, hatten zum Ziel, dieses primär auf Abwehr und Abscheu des Publikums setzende Bild zu korrigieren. «Während des Prozesses», so Veiel in einem Interview,

> wurden die Täter auf kalte, unberührbare Monster reduziert, rechtsradikale Täter ohne Reue, ohne Reflektion. Das ganze Dorf stand unter dem Generalverdacht, die Tat zu decken. In den Medien und

---

14 In dem programmatischen Artikel «Filmfabrik der Fakten» fasste Dziga Vertov 1926 einen «Zusammenschluss aller Gattungen der ‹Kinoglaz› [i.e. ‹Kinoauge›]-Arbeit, von der laufenden Blitzchronik bis zu wissenschaftlichen Filmen, von themenbestimmten ‹Kino-Prawdas› [i.e. sowjetischen Wochenschauen] bis zu revolutionär-pathetischen Filmrundfahrten» ins Auge, was er mit der Idee verknüpfte, Archiv und Produktionsstätte für nicht-fiktionale Filme unter einem Dach zu vereinen. Sein Fakten-Begriff selbst schillert zwischen vorfilmisch und filmisch: «Aufnahmen von Fakten. Sortierung von Fakten. Verbreitung von Fakten. Agitation mit Fakten. Propaganda mit Fakten.» In: Dziga Vertov: *Schriften zum Film*, hrsg. von Wolfgang Beilenhoff. München 1973, S. 32f., hier: S. 33.

> aus der Politik wurden formelhaft die üblichen Klischees als Ursache der Gewalt zitiert: Perspektivlosigkeit, Alkoholismus, Arbeitslosigkeit. Schon beim zweiten Blick auf den Fall wird deutlich, dass diese schnellen Zuweisungen nicht weiterhelfen. In den meisten Debatten wurden die Täter in einen Monsterkäfig gesperrt. Ich wollte sie da von Anfang an herausholen. Wir müssen uns die Täter als Menschen vorstellen. [...] Am Anfang wollte niemand mit uns reden [...]. Wir konnten über Monate Vertrauen bei den Beteiligten aufbauen. Dabei machten wir die Erfahrung, dass es ein Bedürfnis gibt, zu sprechen. Es existiert diese Ambivalenz zwischen dem Schweigen, dem Verhüllen, und dem Wunsch, dann doch darüber zu reden [...]. Wir sind zu den Eltern der Täter dreimal ohne Aufnahmegerät hingegangen und haben mit ihnen gesprochen und zugehört. Erst beim vierten Mal haben wir gewagt, überhaupt ein Tonband aufzustellen.[15]

In diesem Horizont stellt sich die gefundene ästhetische Form des abstrahierenden Dokudramas als komplexe Lösung des Entschlusses dar, «keine Bilder zu nehmen» und stattdessen für den Text, der der Inszenierung zugrunde liegt, nur Ton- und Schriftdokumente zu verwenden. Indem die Autoren die Weigerung der zentralen Potzlower Gesprächspartner, vor die Kamera zu treten, akzeptierten, kamen sie zu einer ästhetischen Lösung, bei der der filmische Raum respektive die sichtbare filmische Wirklichkeit von DER KICK keine visuelle Wiedererkennbarkeit des Dorfes oder seiner Bewohner mehr inkludiert. Diese Abstraktion dient nicht zuletzt auch dem Schutz dieser Gesprächspartner.

> Für mich war von Anfang an klar: Ich wollte nicht den Bordsteinkick naturalistisch nachinszenieren. Das fände ich absurd und obszön. Wenn ich Gewalt nur zeige, bin ich schockiert oder fasziniert – woher sie kommt, habe ich deshalb noch lange nicht ergründet. Wir versuchen, dasselbe Phänomen in verschiedenen Sprachebenen zu sezieren. Das heißt, ein Verteidiger, ein Staatsanwalt, ein Kriminalbeamter spricht eben anders als ein Täter. Manchmal gibt es sogar innerhalb des Dorfes ganz unterschiedliche Einfärbungen, so dass scheinbar gleiche Inhalte durch die Sprache zu etwas vollkommen Anderem werden.[16]

Für die referentielle Dimension des Theaterstücks wie des Films DER KICK bedeutet dies, dass seine Bilder auf eine Transparenz setzen, deren Bezug zur nicht-filmischen Realität nicht Wiedererkennbarkeit, sondern gleichsam imaginative Re-

---

15 Andres Veiel: «Raus aus dem Monsterkäfig». Interview, publiziert auf www.piffl-medien.de/der_kick/der_kick.php (3.10.2006).
16 Veiel ebd.

Abb. 1: Der nach außen transparente, Tageszeiten beiläufig in die Lichtsituation aufnehmende Inszenierungsraum

Abb. 2: Markus Lersch und Susanne-Marie Wrage sprechen die Mütter von Täter und Opfer

präsentation ist. Diese Durchlässigkeit entsteht durch das Beharren auf der Differenz zwischen den sichtbaren sprechenden Körpern der beiden Schauspieler, Susanne Marie Wrage und Markus Lersch, und den nicht-filmischen, empirisch-historischen Akteuren.

Das Theaterstück DER KICK wurde 2004/05 vom Stadttheater Basel und vom Maxim Gorki-Theater Berlin koproduziert und in beiden Häusern abwechselnd aufgeführt. Der Uraufführungsort des Stücks, der Berliner Gewerbehof in der alten Königsstadt, bildete dann auch den Raum der filmischen Inszenierung.

Die Gespräche, die Veiel und Schmidt mit den Tätern, Dorfbewohnern, Angehörigen von Tätern und Opfer führten, wurden mit Textsegmenten aus Verhörprotokollen, Prozessakten und Plädoyers zu einem Text montiert, den die beiden Schauspieler sprechen. Die Statements von Tätern, Angehörigen, Freunden, Staatsanwalt etc., insgesamt 16 Sprech-Akteuren, werden im Wechsel vorgetragen.

Methodisch und textgenetisch knüpft Veiel damit an das Dokumentartheater der 1960er Jahre an, deren Vertreter auf eine damals neue Form der Dramatik setzten, indem sie historisch-authentische Szenen oder textliches Quellenmaterial auf die Bühne brachten, dieses Material aber dramaturgisch ordneten. Das bekannteste Beispiel der Subgattung ist DIE ERMITTLUNG. ORATORIUM IN 11 GESÄNGEN (1965) von Peter Weiss, das eine Darstellung des Frankfurter Auschwitz-Prozesses versucht, der sich über die Jahre 1963 bis 1965 erstreckte. Der Autor verdichtete die Aussagen der 18 Angeklagten – Angehörige des Aufsichts-, Sanitäts- und Wachpersonals von Auschwitz – und der 300 in der Beweisaufnahme gehörten Zeugen zu einem «Konzentrat» (Weiss). Wesentliche

Aspekte der dramaturgischen Arbeit mit den Textdokumenten sind Gliederung und Strukturierung des Materials, Anordnung und Verteilung der Figuren, Reduktion und Umkehrungen des realhistorischen Prozessverlaufs.[17] Die Benennung «Oratorium» und die Gliederung der Sprechsegmente in «Gesänge» bringen überdies poetische und hinsichtlich seines referentiellen Anspruchs auch explizite Verfremdungselemente in das Dokumentarstück.

Eine Renaissance des dokumentarischen Theaters im deutschsprachigen Raum zeichnet sich seit Ende der 1990er Jahre ab. An die klassische Tradition des dokumentarischen Theaters knüpft neben Veiel auch der 1962 geborene Hans-Werner Kroesinger an. Neue Wege geht die Gruppe *Rimini Protokoll*, die etwa im Stück *Deadline* die Begräbnisbranche auf ihre theatralen Aspekte untersucht und das «Theater in der Wirklichkeit» entdeckt.[18] Im Unterschied zu Kroesinger und Veiel jedoch werden bei *Rimini Protokoll* die Dokumente aus der Wirklichkeit nicht mehr von Schauspielern in Kunst verwandelt, sondern kommen als darstellerische ‹Ready-mades› persönlich auf die Bühne. Eben dies birgt Konfliktstoff: So wurde Volker Löschs Inszenierung von Gerhart Hauptmanns *Die Weber* 2004 am Staatsschauspiel Dresden wegen «Ergänzung des Originaltextes» verboten[19], weil darin ein Chor von 33 echten Arbeitslosen mit einer Textcollage auftrat, die auf ihren eigenen Ängsten und Existenzsorgen basierte.

Was diese aktuellen Arbeiten verbindet, ist ihr Abstand zu den ideologischen Gewissheiten, mit denen das Dokumentartheater der 1960er Jahre seine Gesellschaftsdiagnosen vermittelte. Waren sich Hochhuth (*Der Stellvertreter*, 1963), Heinar Kipphardt (*In der Sache J. Robert Oppenheimer*, 1964) oder Peter Weiss ihrer eigenen moralischen Überlegenheit sicher und wussten sie immer sehr genau, wen sie anklagten, so gewinnt Veiels DER KICK seine Kraft gerade daraus, dass er, auf die trostlose Lebenswirklichkeit der zentralen Potzlower Akteure fokussierend, «mehr Fragen als Antworten» aufwirft.[20] So verfehlt etwa die kriminologische Frage nach dem Motiv des Mordes an Marinus Schöberl eigentlich die Tatrealität – Birgit Schöberl (die Mutter des Opfers) nimmt Zuflucht zum Begriff der «Bestie», wenn sie das Verhalten der Täter beschreibt –, und auch die Täter schreiben sich in ihren Aussagen selbst keine Tatgründe zu.

Neben der Zurückhaltung in der eindeutigen Zuschreibung persönlicher Verantwortung für die Gewalt zwischen Jugendlichen in einem sozialen Klima, das von Arbeitslosigkeit, Frustration, sehr diffusem rechtsextremen Gedankengut und Alkoholismus geprägt ist, und der Betonung des eigenen moralischen

---

17 Vgl. Artikel «Die Ermittlung». In: *Kindlers Literaturlexikon*, Bd. 8. München 1974, S. 3210f.
18 Zit. nach Peter Laudenbach: «Hexenküche Wirklichkeit. Theatertreffen 2006: Das Dokumentartstück ist wieder da». In: *Süddeutsche Zeitung* Nr. 117, 22.5.2006, S. 11.
19 Ebd.
20 Ebd.

Standpunkts auf Seiten der Autorenschaft heben sich Veiels Drama und Film aber vor allem in ihrer inszenatorischen Methode ab.

Im Dokumentartheater wie im filmisch-televisionären Dokudrama[21], wie es etwa Heinrich Breloer entwickelt hat, körpern sich die realhistorischen Figuren (z. B. Albert Speer und Adolf Hitler in dem Dreiteiler SPEER UND ER, D 2005) in die Schauspieler ein. Der Schauspielerkörper wird dabei von der Rolle mehr oder minder absorbiert, und der Grad der Verschmelzung von Schauspielerkörper und Rolle ist so gewählt, dass der vor der Kamera agierende, in seinem Spiel durch Maske, Kostüme und Dekors unterstützte Schauspieler die verkörperte historische Figur in der Darstellung «hält». Diese – für das Spiel modellbildende – Figur gewinnt eine szenische Gegenwärtigkeit, die ganz in den Binnenraum der fiktionalisierenden Nachstellung des als historisch verbürgt ausgewiesenen Ereignisses hineinwirkt. Den dadurch implizierten Illusionismus bricht Breloer als einer der wenigen Regisseure und Autoren des gegenwärtigen Film- respektive TV-Dokudramas regelmäßig auf, indem er Interviewsequenzen mit Zeitzeugen zwischen die Fiktionsszenen montiert.

Veiel hingegen verweigert sich mit DER KICK sowohl dem theatralen und filmischen Illusionismus[22], wie ihn das klassische Dokumentartheater und das TV-Dokudrama pflegen, als auch einem Gestus des Authentischen und Unmit-

---

21 Das zeitgeschichtlich orientierte, audiovisuelle Dokudrama ist kein genuines Fernsehformat; vielmehr hat der Regisseur und Produzent Richard Oswald dieses Genre, das er «Historische Reportage» nannte, «erfunden». Oswald drehte 1930 den Film 1914. DIE LETZTEN TAGE VOR DEM WELTBRAND, dessen von Heinz Goldberg und Fritz Wendhausen verfasstes Drehbuch sich auf Quellen der seit April 1921 tätigen «Zentralstelle zur Erforschung der Kriegsursachen» stützt. Im Rekurs auf die Form des Kammerspiels montiert Oswald alternierend Gesprächsszenen zwischen den Monarchen Russlands, Deutschlands, Österreichs, Englands und Frankreichs und ihren Ministern und Diplomaten und legt das Räderwerk der politischen Entscheidungsfindung zwischen dem 28. Juni und 1. August 1914 bloß. Die Kriegsschuldfrage bleibt offen, aber die Verstrickungen aller Potentaten und damit ihre spezifische Verantwortung werden deutlich, und dies steht im Gegensatz zu den Dezisionen des Versailler Vertrages. Vgl. Wolfgang Mühl-Benninghaus: «1914. Die letzten Tage vor dem Weltbrand». In: Helga Belach/Wolfgang Jacobsen (Red.): *Richard Oswald, Regisseur und Produzent*. München 1990, S. 107–112. Sowie Michael Wedel: «Richard Oswald und der Tonfilm». In: Jürgen Kasten/Armin Loacker (Hrsg.): *Richard Oswald. Kino zwischen Spektakel, Aufklärung und Unterhaltung*. Wien 2005, S. 317-369, hier: S. 344–351.

22 Trotz gewisser Parallelen zur Inszenierungsmethode des filmischen Raums in Lars von Triers DOGVILLE (DK 2003), die manche Kritiker Veiels Film attestiert haben, enthält DOGVILLE noch der illusionistischen Elemente genug. Als anti-illusionistisch, gemessen an der klassischen Kinoinszenierung, lässt sich hier nur die Ästhetik des diegetischen Raums qualifizieren. Noch weniger Inszenierungsgesten als Veiels DER KICK weist Romuald Karmakars gut dreistündiger Film DAS HIMMLER-PROJEKT (D 2000) auf, in dem der Schauspieler Manfred Zapatka Heinrich Himmlers Posener Geheimrede vor SS-Gruppenführern vom 4. Oktober 1943 vorträgt. Gedreht in einem Fotostudio mit verhängten Wänden, als «Requisiten» nur das Stehpult, die Redemanuskriptblätter und ein Glas Wasser zulassend, radikalisiert der Film die Differenz von anwesendem Schauspieler und abwesendem realhistorischem Akteur. Er dokumentiert mit der Performance Zapatkas einerseits den Kampf des Schauspielers mit einem «der erschreckendsten Zeugnisse deutscher Sprache» (Joachim C. Fest), andererseits bringt Zapatka den Text durch seinen betont gegenwärtigen Sprechduktus und seine unaufgeregte Intonation in eine unerhörte Nähe zum Zuschauer.

telbaren, wie ihn der Dokumentarfilm, sei er in der Nachfolge des *direct cinema* beobachtend, reflexiv oder performativ strukturiert[23], geformt hat.

Nichts ist, was es ist – einige Aspekte der beweglichen Referenzen in DER KICK

Am Anfang steht Schwarzfilm. Nach einigen Sekunden schiebt sich aus dem unteren Off ein Textblock ins Bild, der in der Art eines Rolltitels in einer vertikalen Bewegung ins obere Off verschwindet. Er fasst die in den Verhören und im Gerichtsverfahren rekonstruierten Tatbestände knapp zusammen. Der Text endet mit folgendem Satz: «Täter und Opfer kennen sich. Sie kommen aus Potzlow, einem Dorf 60 km nördlich von Berlin.» Statt, wie der Vorspanntext durchaus insinuiert, uns nun in einem *establishing shot* das Dorf Potzlow zu zeigen und die im Text evozierte kataphorische Dimension des Orts*namens* in einer filmischen Orts*begehung* einzulösen, folgt auf den Textblock nach einer Aufblende aus der schwarzen Fläche eine Halbnahe in flacher Schärfe, im Hintergrund eine Gestalt, im Vordergrund eine zweite, silhouettenhaft. Aus diesem Bild wird nur ersichtlich, dass die Topographie, der Raum um die Gestalten, ein großer Innenraum mit relativ hohen Wänden ist. Die Gestalt im Vordergrund wird nun von rechts angeleuchtet und erhält ein Gesicht, Plastizität und körperliche Kontur. Sie starrt mit geneigtem Kopf und hochgezogenen Schultern ins rechte Off. Der Name der Schauspielerin Susanne-Marie Wrage wird eingeblendet. Dann ein Schnitt zur Großaufnahme der zweiten Silhouette, der Name des Schauspielers Markus Lersch wird eingeblendet. Die Gestalt dreht sich um, als sie ein Geräusch hört. Schnitt. Beide Figuren bewegen sich nun im Raum nach hinten, die eine betritt eine schwarze, auf Stelzen stehende Box, dazu das Geräusch einer schweren Eisentür, die zuschlägt. Es folgt eine Einstellung vom *point of view* der Box zur anderen Seite des Raums, der durch drei Säulen strukturiert ist. Vergitterte dunkle Fensterhöhlen in der Hinterwand deuten Abend oder Nacht im Außenraum an. Die ersten kurzen Einstellungen wirken wie Probenbilder: Wrage öffnet die Tür zur Box, Lersch geht auf sie zu, sie schließt die Tür, kommt auf ihn zu und die beiden nehmen Tanzhaltung ein. Eine aufsichtige Totale: Die Box ist dunkel, in zwei der vergitterten Fenster sind erleuchtete Fenster von einem gegenüberliegenden Gebäude sichtbar. Ein Scheinwerfer zeichnet eine Lichtbahn auf den Boden, links vorn steht eine schlichte Steinbank. Im Verlauf des Films wechselt das Außenlicht zwischen Dämmerung/blau, Tageshelle/hellgrau und Abend/Nacht – unkontrolliert und in explizitem Kontrast zum kontrollierten Innenraumlicht der filmischen Inszenierung stehend. Die Filmarbeit fügt sich ein in die nichtfilmischen Lichtzyklen, die als

---

23 Die Begriffe beobachtend, reflexiv und performativ verstehen sich im Sinne der «documentary modes» von Bill Nichols. Vgl. Bill Nichols: *Introduction to Documentary*. Bloomington [etc.] 2001.

vorfilmische beiläufig eine Zeitlichkeit mitprotokollieren, welche die Arbeit des Filmens als a-kontinuierlichen Prozess selbst transparent machen.

Wrage (bekleidet mit schwarzer Hose, Schnürstiefeln und Kapuzenpulli) sagt die Figur «Jutta Schönfeld, Mutter von Marco und Marcel» an und spricht, nahezu frontal in die Kamera blickend, den ersten der Monologe, die den Film strukturieren. Danach folgt Lersch (bekleidet mit schwarzer Hose, schwarzem T-Shirt und schwarzen Schuhen) und spricht den ersten Monolog der Mutter des ermordeten Marinus, Birgit Schöberl. Zu Beginn werden die Monologe jeweils noch mit der Ansage der Figurennamen eingeleitet, später unterbleibt dies.

Neben der Entkoppelung der Geschlechter von Schauspielern und gesprochenen Figuren bzw. stimmlich/sprachlich evozierten, extrafilmischen Referenten weist der Film eine Reihe weiterer Inszenierungscharakteristika auf, die ich mit dem Begriff der beweglichen Referenz bezeichnen möchte. Diese Beweglichkeit betrifft zum einen die mimische und gestische «Herstellung» der Figuren: Die beiden Schauspieler formen sie vor der Kamera, wobei sie von einem körperlichen «Neutralstatus» in eine die jeweilige Figur anzeigende Haltung hinüberwechseln und diese Form, sobald der Monolog beendet ist, wieder auflösen, um erneut in ihren temporären «Neutralstatus» zurückzukehren.

Jede der Figuren wird durch eine «Kenngeste» und einen spezifischen Sprechgestus indiziert. Marcel Schönfeld durch hochgezogene Schultern und das Vergraben beider Hände in der Hosentasche, sein Bruder Marco durch die gebückt stehende Haltung und das Senken des Kopfes, was den Eindruck erweckt, er ducke sich; im Sitzen werden die Hände vor dem Bauch verschränkt. Seine Freundin Sandra Birke gewinnt Kontur durch die aufrecht stehende, leichte Kontraposthaltung und die locker am Körper hängenden Arme. Alle drei Figuren werden von Wrage verkörpert und gesprochen, wobei sie stimmlich in die Extreme geht: Marco spricht langsam, die Tonlage lässt einen Bass vermuten, Sandra spricht schnell, enthusiasmiert und mädchenhaft hoch in der Klangfarbe.

Lersch verkörpert neben dem bisweilen gedehnt sprechenden Jürgen Schönfeld die bürgerlichen Autoritäten: den Staatsanwalt, der die Hände aufstützt und kerzengerade steht, sein korrektes Hochdeutsch stützt einen schneidenden Plädoyer-Ton, und in der leichten Überartikulation lässt Lersch eine Spur feiner Ironie durchklingen, ebenso in der lauten Artikulation der beiden Bürgermeister. Wenn er die Trauerrede des Pastors auf Marinus spricht, sind die Hände vor der Scham gekreuzt. Die Art der Artikulation bei den Tätern ebenso wie ihren Angehörigen und Freunden gibt ferner den situativen Kontext an, in dem die jeweilige Äußerung gemacht wird. Verhör- und Gerichtssituation fordern den Tätern und Zeugen eine an der Schriftsprache orientierte Rede und der Hochlautung angenäherte Aussprache ab, Wortwahl und Grammatik wirken hier fremd und wie aufgesetzt, während die implizierten, privaten Gesprächssituationen ein dialektgefärbtes, «bei sich seiendes» Sprechen ermöglichen.

Drama der Dokumente

Abb. 3: Wrage «modelliert» Marcel bei der Vernehmung

Abb. 4: Wrage «modelliert» Marco im Gespräch

Abb. 5: Wrage «modelliert» Jutta Schönfeld

Abb. 6: Wrage «modelliert» Herrn Schönfeld

Der sichtbare Wechsel von einer performierten «Identität» zur anderen und der explizit imitatorische Formungsprozess *on screen* erhalten stets die Differenz von Schauspieler bzw. Schauspielerin und den verwiesenen – eben nicht dargestellten – realen Personen aufrecht und verhindern einen illusionistischen Effekt. Richard Barsams Formel «Documentary dramatizes fact instead of fiction»[24] erfährt eine folgenreiche Relativierung, insofern DER KICK die nichtfilmische, intrinsische Dramatik der Misshandlung und des Mordes an Marinus gerade entdramatisiert. Andres Veiel vergegenwärtigt und abstrahiert hier zugleich. Und indem die Kamera ganz nahe an die Sprechenden heranrückt, das Spiel als Spiel sichtbar macht, löst sie die psychologischen Personen auf.

Ebenso wie die Schauspielerkörper keine Identität von Figur und Darsteller(in) behaupten, sondern in einem beständigen Fluktuieren von Verkörperung und Entkörperung Veiels Textmosaik monologischen Redens entfalten, das die Mordtat aus den unterschiedlichsten Perspektiven erzählt, analysiert und auf seine Hintergründe abklopft, so nehmen auch der szenische Raum und sein karges, abstraktes Interieur mit jedem Wechsel der Rede imaginär einen anderen Charakter an. So kann die auf Stelzen stehende, fahrbare Box sowohl den Verhörraum indizieren, in dem «Marcel»/Wrage den Tathergang schildert, als auch die Rednerbühne im Gerichtssaal markieren, von der aus der «Staatsanwalt»/Lersch plä-

---

24 Vgl. Richard Barsam: *Nonfiction Film. A Critical History*. Bloomington [etc.] 1992.

Abb. 7: Lersch «modelliert» Birgit Schöberl

Abb. 8: «Trauerfeier» für Marinus

Abb. 9: Wrage «modelliert» Marcos Freundin Sandra Birke

diert. Die Steinbank, auf der das «Ehepaar Schönfeld» sitzt und über die Zeit vor und nach der Wende spricht und darüber, dass es seine Söhne gut erzogen habe, zeigt den inoffiziösen, privaten Gegenraum zur Box an.

Licht und Kameraarbeit schaffen in DER KICK einen Resonanzboden für den Text und das Schweigen, das den Wechsel von Monolog zu Monolog und die Bewegung der Schauspieler zwischen den szenischen Binnenräumen begleitet.

Zur Referenzproblematik im Zentrum der Tat

In der Nicht-Identität von Schauspielerkörper und Figur weist Andres Veiels Film eine Schließung, wie sie in der Formulierung «Agieren als...» aufscheint, zurück und ersetzt den Re-Präsentationsgestus der Figuren-Einheiten des dokumentarischen Theaters durch eine am Brecht'schen Konzept der Verfremdung orientierte schauspielerische Performanz, die mit jedem Monolog neu eine indexikalische Referenz auf die abwesenden, bloß in ihren sprachlichen Äußerungen präsenten, realen Beteiligten und Betroffenen aus Potzlow aufbaut. DER KICK setzt damit nicht auf Evidenz, sondern auf die Evokation von Vorstellungen im Zuschauer, die das Bild mit seiner abstrakten, in den Mitteln reduzierten Szenerie, transparent und offen für das absente Reale machen.

Das künstlerische Prinzip der Inszenierung – zwei Schauspieler/Sprecher formen durch Kenngesten, Sprachstil und -duktus 16 verschiedene Figuren, wobei sie sichtbar und hörbar durch die Wechsel von Körperhaltung, Gestik,

Mimik und Intonation von einer anzitierten Identität in die andere driften, die jeweilige Form finden und sie wieder auflösen – hat indes ein ‹schwarzes Korrelat› im Innern der Tat selbst. Wenn Referenz im System sprachlicher Zeichen bedeutet, dass das Aussprechen eines Namens ein als es selbst gemeintes Subjekt anruft, ein Begriff eine als sie selbst benannte Sache bezeichnet, wobei pragmatisch eine Stabilität von Identitäten mitgedacht ist, dann geht der rituellen Mordtat an Marinus Schöberl ebenfalls ein Driften der Identitäten voraus. Eingeleitet wird die Tat durch eine Sprechhandlung, die erst den Weg frei gibt für die spezifische Mixtur aus Kontrolle und, dem alkoholisierten Zustand folgend, in dem sich das Quartett befindet, excessiver Verhaltensentgrenzung: Marco verlangt von Marinus, dass er sagen soll, er sei ein Jude, was jener schließlich unter der extremen Gewaltanwendung, die er durch die drei anderen Jugendlichen erfährt, auch tut. Diese aufgenötigte, einer «Semiotik des Suffs» entspringende Verschiebung vom individuellen Namen zum Element einer ethnischen Gruppe entindividualisiert Marinus einerseits, andererseits macht es ihn zum Fremden. Das Hineinprügeln des Opfers in eine fremde Identität ereignet sich unmittelbar vor der Tat und dem letzten Raumwechsel der vier betrunkenen Jugendlichen in den Schweinestall, in dem dann der Mord geschieht. Mit der Selbstzuschreibung «Jude» spricht sich Marinus performativ gleichsam sein Todesurteil. Das Wort wirkt als Schlüsselwort und löst bei Marco und Marcel jene Enthemmung aus, die in eine forcierte Prügelei und zuletzt in das Tötungsritual mündet. Marinus «ist» nicht mehr Marinus, sondern wird zur fremden *persona* und kann, da mit dem Begriff «Jude» extreme Aggressionen mobilisiert werden, getötet werden.

Dass sich mit der Bezeichnung der Bezeichnete offenbar mehr als symbolisch transformiert, gibt einen Eindruck davon, wie im Rausch Sprache Wahrnehmung transformiert und die herausgepresste Identität die eigentliche Identität überlagert. Annähernd dasselbe Prinzip gilt für die Art der Tötung selbst: Hier wirkt nach Aussage von Marcel das Gedächtnisbild der Mordszene aus dem Film AMERICAN HISTORY X nach, das als Modell des Mordes an Marinus als Entlastungsargument im Verhör von Marcel vorgebracht wird. Indem er sich selbst ein Nachahmungshandeln zuschreibt (und dies qua Identifizierung mit einer fiktiven Filmfigur), stellt er sich in Distanz zu seiner primären Identität. Die Referenzen auf ein Ich oder ein Selbst sind damit frei verfügbar; das alltägliche Spiel dieser Jugendlichen könnte heißen: Wer ist heute der Fremde? Wen kann ich heute als «nicht eigen» ausgrenzen? Mehrfach kommt in den Aussagen zur Sprache, dass prinzipiell jeder in diesem Milieu «der Fremde» werden kann. Außerdem werden die Symbolpraktiken der Jugendlichen so dargestellt, dass die neonazistische Symbolwelt (Glatze, Springerstiefel, 88 [‹Heil Hitler›]-T-Shirt) von der Person Besitz ergreift, ein mythisches Konzept, das etwa – um ein fiktionales Filmbeispiel zu nennen – auch im Verhältnis Bruce Vanes zu seinem Batman-Anzug aufscheint.

Andres Veiel zeigt mit dem Verfahren der Zerdehnung und dem Bruch einer homogenen Narration von Tatvorgeschichte, Tathergang und Nachgeschichte durch die Facettierung in der Anordnung der Textsegmente, dass das Spiel mit der Referenz, verstanden als Bezeichnungsfunktion von Sprache, in ein tödliches Ritual mündet. Dieses Ritual fußt auf der erzwungenen Verkennung, auf der falschen Selbstbezichtigung des Marinus. Das Erschreckende dieses Falles ist, dass die Mutter der Täter mit der Behauptung Recht haben könnte, es hätte genauso gut einen ihrer Jungen treffen können.

Sektion II

Hybride

Henning Wrage

Wahrheit im Fernsehen

Die dokumentarisch-fiktionalen Hybriden des Deutschen Fernsehfunks

> So verschieden diese beiden Möglichkeiten [Spiel- und Dokumentarfilm] auch der Natur ihrer faktischen Manifestation und Realisierung (Faktum oder Fixierung einer Vorstellung) sind, so stehen sie doch vor dem Objektiv ‹wie vor dem Auge Gottes› und sind auf dieser Ebene gleichrangig.[1]
>
> *(Sergej Eisenstein)*

Pseudo- und semidokumentarische Formate sind derzeit *in* im Fernsehen: von BIG BROTHER bis zur SUPER NANNY, von TOTO UND HARRY[2] bis zur BRÄUTESCHULE 1958 – es garantiert offenbar gute Quoten, wenn es irgendwie «echt» ist, oder anders gesagt: wenn Sendungen die dramaturgische Struktur fiktionaler Formen mit der Kommunikation von dokumentarer Authentizität verkoppeln. Guido Knopps Geschichtskitsch über Schurken[3] (und andere Promis[4]) und historische Ereignisse[5] (der den Juroren des österreichischen *Kurier* 1998 immerhin eine *Goldene Romy* für die beste Programmidee wert war) lebt nicht nur vom Gründeln im Pathos oder davon, dass die Deutschen auch einmal Opfer sein dürfen.[6] Knopps Erfolg gründet nicht zuletzt in der Suggestion von ‹Nähe› zum Geschehen, die durch den Einschnitt von fiktionalen Elementen in die Sendungen evoziert wird.

1 Sergej Eisenstein: «Das Mittlere von Dreien» (1934). In: *Schriften 1: Streik*. Hrsg. von Hans-Joachim Schlegel. München 1974, S. 238-273, S. 242.
2 Inzwischen auch als Buch zur 24 STUNDEN-Serie auf Sat 1: Torsten Heim / Thomas Weinkauf: *Toto & Harry. Das kriegen wir geregelt! Über Polizei, Promis und Privates.* Essen 2004.
3 HITLERS HELFER I UND II (1996, 1998), HITLERS KRIEGER (1998), STALIN (2003).
4 VATIKAN – DIE MACHT DER PÄPSTE (1997), KANZLER – DIE MÄCHTIGEN DER REPUBLIK (1999).
5 STALINGRAD – DER ANGRIFF, DER KESSEL, DER UNTERGANG (2003) oder – prophetisch – DER DRITTE WELTKRIEG (1998).
6 Vgl. etwa DIE GROSSE FLUCHT (2001), dazu auch Samuel Salzborn: «Deutsche als Opfer. Anmerkungen zu Funktion und Intention der neuen Debatte um Flucht und Vertreibung». In: *Freitag*, 26.4.2002.

Wahrheit im Fernsehen

Dabei sind Hybriden dieser Art so neu nicht. Gegenstand dieses Textes sind die weithin vergessenen Vorgänger des heutigen Hypes: ganz eigentümliche Zwitterformate aus Fakt und Fiktion, Dokument und Drama, die im Deutschen Fernsehfunk der DDR zwischen dem Ende der 1950er und dem Anfang der 1960er Jahre entstanden sind. Ihre damalige Konjunktur ist gleichwohl weniger der Quote als einer besonderen Konstellation politischer und medialer Umstände im «Ätherkrieg»[7] zwischen Ost und West geschuldet.

Es soll im Folgenden darum gehen, an ausgewählten Beispielen Aufschluss über ein ganzes Panorama fernsehgeschichtlicher Eigentümlichkeit zu geben: über szenische Dokumentationen, Filmessays, kurze politische Fernsehspiele mit anschließendem Rundtischgespräch, Fernsehfeuilletons, Dokumentarspiele und nicht zuletzt die Produktionen der Arbeitsgruppe *Roter Stern*.[8] Sie alle sind Narrative mit publizistischem Anspruch, in die neben Bilddokumenten, Interviews und Zeichentrick auch Spielszenen eingeschnitten werden. Die Betrachtung dieser Hybridformen erlaubt einige, wie ich finde, grundsätzliche Einsichten in das Funktionieren von Referenz im Fernsehen. Darüber hinaus beleuchten sie zentrale Aspekte der DDR-Kultur der frühen 1960er Jahre: Umfang und Modus ihrer Darstellungsweisen, aber, wie zu sehen sein wird, auch die blinden Flecken im kulturellen Diskurs dieser Zeit.

Der Gegenstandsbereich zerfällt, inhaltlich und deckungsgleich auch formal, in zwei große Gruppen: solche, die die Bundesrepublik und ihre Medien fokussieren, und solche, die die eigene Gesellschaft reflektieren. Die erste Gruppe weicht regelmäßig von den nicht immer unbegründeten Vorurteilen zum DDR-Fernsehen ab: formal etwa von der immer wieder thematisierten Entschleunigung der Schnittfrequenz, der allgegenwärtigen Doktrin des sozialistischen Realismus, inhaltlich der standardisierten Langeweile einer politisch normierten Fernsehproduktion. Die dokumentarisch-fiktionalen Produktionen der selbstreflexiven zweiten Gruppe sind in ihrer formalen Gestaltung hingegen eher typisch für das DDR-Fernsehen. Der durch Paratexte und tektonische Dramaturgie als fiktional bestimmte Charakter einiger dieser Produktionen wird jedoch dadurch unterlaufen, dass explizit die Identität von Zeichen

---

7 So Erich Honecker in Reinhold Andert, Wolfgang Herzberg: *Der Sturz. Erich Honecker im Kreuzverhör*. Berlin und Weimar 1990, S. 264.
8 Die Arbeitsgruppe *Roter Stern* unter Horst Sindermann, damals Leiter der Abteilung der Agitation und Propaganda beim ZK der SED, produzierte neben den hier besprochenen Formaten weitere serielle Mischformen wie 1961-62 UND WO ES AUFHÖRT, IST EUCH BEKANNT (Regie: Heinz Seibert). Vgl. ausführlicher Brigitte Thurm, Gustel Perrin: «Künstlerisch-journalistische und journalistisch-künstlerische Mischformen». In: Hochschule für Film und Fernsehen der DDR (Hrsg.): *Film- und Fernsehkunst der DDR. Traditionen - Beispiele - Tendenzen*. Berlin (DDR) 1979, S. 258–266; sowie Brigitte Thurm: «Besonderheiten der Mischformen in Film und Fernsehen». In: Hochschule für Film und Fernsehen der DDR (Hrsg.): *Beiträge zur Theorie der Film- und Fernsehkunst. Gattungen - Kategorien - Gestaltungsmittel*. Berlin (DDR) 1987, S. 301-387.

und Bezeichnetem behauptet wird. Die «Filmerzählung von Cherry und den anderen»[9] etwa offenbart sich durch ihren Titel und einen märchenartigen Erzähleingang zunächst als eindeutig fiktional; zugleich wird jedoch die Identität von Darsteller und Dargestelltem behauptet: die Schauspieler im Bild geben es nicht nur vor, sondern sind tatsächlich die Arbeiter aus dem Abschnitt 964 der Leunawerke, die Handlung spielt in eben diesem Abschnitt und wird immer wieder von längeren dokumentarischen Sequenzen unterbrochen, die teils im Detail Allegorien der Arbeitswelt zeigen, teils Totalen des ganzen Werks. Am Beispiel der Fühmann-Adaption HELLING, KABELKRAN UND KAI wird später ausführlicher besprochen, wie die elaboriertesten dieser Formate gezielt das Fernsehen als Authentizitätsmaschine einsetzen und dabei einen Effekt instrumentalisieren, der die Entstehung eigentlich jedes neuen Mediums begleitet: ein Unmittelbarkeitsversprechen, das Günter Kaltofen[10] für die Frühzeit des Fernsehens als «suggestive[n], faszinierende[n] Reiz, als Zuschauer bei einer Fülle von Ereignissen unmittelbar *dabei*, Augenzeuge sein zu können»[11], beschrieben hat. Zuvor jedoch zur ersten Gruppe:

Dokumentarisch-fiktionale Mischformen mit ‹West›-Referenz

Eine der oben bereits erwähnten «Szenischen Dokumentationen» der Gruppe *Roter Stern* trägt den nachgerade paradigmatischen Titel JENSEITS UND DIESSEITS DER STAATSGRENZE.[12] An ausgewählten Beispielen (unter anderem an der Situation der Arbeiter und in der Landwirtschaft, aber auch bezüglich der Aufarbeitung des Dritten Reiches) versucht sich die Sendung an einem Vergleich der Lebensbedingungen in der DDR und der Bundesrepublik, in dem, kaum verwunderlich, stets die Überlegenheit der DDR festgestellt wird.

Umso mehr überrascht die Sendung formal: Der Titel ist von einem schmissigen Fanfarenauftakt untermalt. Man sieht ein «Jenseits», darunter in einem Balken «der Staatsgrenze», und darunter das «und diesseits» in zwei Versionen. Zunächst eine Variation über den Geist: dem «Jenseits» wird eine Weinbrandwerbung («...darauf einen Dujardin») zugeordnet, dem «Diesseits» das Weimarer Goethe-Schiller-Denkmal (vgl. Abb. 1); es folgt, bei gleich bleibender Titelei, eine Gegenüberstellung öffentlicher Mengen: oben eine Kundgebung der Vertriebenenverbände – unten eine fröhlich winkende, werktätige Frau auf ei-

---

9   DENKEN IST DIE ERSTE BÜRGERPFLICHT. EINE FILMERZÄHLUNG VON CHERRY UND DEN ANDEREN, ESD (=Erstsendung): o.A., Regie: Richard Schrader.
10 Damals Chefdramaturg des Deutschen Fernsehfunks.
11 Günter Kaltofen: «Dramatische Kunst auf dem Bildschirm». In: Günter Kaltofen (Hrsg.): *Das Bild, das deine Sprache spricht. Fernsehspiele.* Berlin (DDR) 1962, S. 8-58, S. 21.
12 JENSEITS UND DIESSEITS DER STAATSGRENZE, DFF, Studio Halle, ESD: 10.3.1962, Regie: Heinz Seibert.

Abb. 1: JENSEITS DER STAATSGRENZE UND DIESSEITS*: der Titel gibt das Sendeprinzip – eine Gegenüberstellung von Ost und West (links), rechts: ein Geier ersetzt den Bundesadler, zugleich kommuniziert das Insert die Authentizität des Dargestellten*

ner Demonstration. Das ist bislang nur subtil spitzfindig. Nach einem Schnitt sieht man jedoch eine Ansagerin, die – in Bild und Ton bis zur Mickymaushaftigkeit beschleunigt – mehrfach das Motto des RIAS wiederholt: «Eine freie Stimme der freien Welt.» Eine erneute Nennung ohne Zeitraffung beschließt die Einstellung.

Einem harten Schnitt folgt eine Naheinstellung auf einen Moderator, dessen Stimme mit einem Halleffekt akustisch verzerrt wird: «Aufgepasst Brüder und Schwestern, macht die Fenster zu und stopft Watte in die Türritzen. Jetzt kommt ein Twist.» Die Einstellung ist mit einem Insert unterlegt, das, wie in der folgenden Einstellung, die Authentizität des bis ins Extrem verfremdeten Bildes beglaubigen soll («Originalton West-Fernsehen»). Keine dieser Einstellungen, die aus einer heutigen Perspektive durchaus verwirrend wirken, ist bis hierhin explizit erklärt. Es bleiben schnell und sichtbar aneinandermontierte Assoziationsträger, die abbilden und nur in der Form kommentieren, wogegen sich die DDR mit unterschiedlichen Mitteln wehrte: den RIAS, einen Sender, den man anderenorts als «Agentensumpf der Kriegshetzer» qualifizierte[13], und den Twist: einen Tanz, gegen den man drei Jahre vor dieser Sendung eigens den *Lipsi* erfunden hatte.[14] Nach einem weiteren Schnitt sehen wir, stellvertretend für den

---

13 Stellvertretend für den RIAS, einen «Agentensumpf der Kriegshetzer», waren bereits 1955 vier DDR-Bürger zu hohen Zuchthaus- bzw. zur Todesstrafe verurteilt worden. Vgl. Karl Wilhelm Fricke: «Der DDR-Schauprozess gegen den RIAS». In: *Politische Meinung* 427 (2005), S. 63-67. Für Belege, dass im Gegenzug der RIAS nicht immer höflich mit den Machthabern im Osten umging, vgl. Manfred Rexin (Hrsg.): *Radio-Reminiszenzen. Erinnerungen an RIAS Berlin*. Berlin 2002, S. 431ff.

14 vgl. Hans Georg Hofmann: «‹Die Tanzmusik muss neue Wege gehen›. Bemerkungen zur kulturtheoretischen Diskussion der Tanz- und Unterhaltungsmusik in der DDR in den 1950er und 60er Jahren und zu ihrem Einfluss auf die Musikpraxis». In: Mathias Spohr (Hrsg.): *Geschichte und Medien der gehobenen Unterhaltungsmusik*. Zürich 1999, S. 147-163.

Bundesadler, einen Geier, kommentiert durch: «Unsere ganze abendländische Geisteshaltung beruht letzten Endes auf christlichen Grundwahrheiten», was selbst wiederum durch ein «Originalton West-Fernsehen»-Insert kommentiert wird (vgl. Abb. 1). Nach einer Blende erscheint endlich Horst Sindermann auf dem Bildschirm, der mit sichtbarer Schadenfreude das zuletzt Gesehene kommentiert: «Und um eine dieser Grundwahrheiten entbrannte in der Bundesrepublik ein heißer Streit. Brennt in der Hölle wirklich ein Feuer? Wird der Mensch in der Hölle gebraten oder geröstet? Ein tiefsinniger Streit.»

Das Funktionsprinzip dieses Beispiels kann als exemplarisch für die meisten Produktionen des *Roten Sterns* gelten:[15] Das Dargestellte wird explizit als authentisch qualifiziert, während die Art der Darstellung die Funktion des Kommentars übernimmt. Dies unterscheidet die Darstellungsform nach einem Muster, das später ausführlicher zu besprechen ist, von den Prinzipien, die für die Gegenwartsstücke mit DDR-Bezug gelten.

Beide Gruppen bilden gleichwohl eine Gesamtkategorie, weil sie fiktionale Mittel und als empirisch-historisch-real behauptete Ereignisse synthetisieren. Die erzähltheoretischen Implikationen dieser Kategorie seien zunächst kurz bestimmt. Unterstellt man, dass Narrationen medienübergreifend funktionieren, dann gilt auch für Film und Fernsehen Todorovs Unterscheidung von *histoire* und *discourse*, die Unterscheidung von zwei Ebenen in erzählenden Texten, die gleichwohl eng aufeinander bezogen sind. Auf der Ebene der *histoire*, die das «Was» der Darstellung bezeichnet, unterscheidet man reales und fiktives Geschehen, *discourse* bezeichnet das «Wie» der Darstellung, das fiktional oder nicht-fiktional sein kann.

In diese Opposition lassen sich nun die Mischformen ohne großes Kopfzerbrechen einordnen. Es handelt sich um «Narrationen, deren inhaltlich-semantische Ebene vollständig referentialisierbar ist (oder als solche behauptet wird), die aber teils oder überwiegend mit fiktionalen Mitteln erzählt sind.»[16] Sie unterscheiden sich damit von herkömmlichen Fiktionen (also der fiktionalen Darstellung fiktiver Gegebenheiten) genauso wie etwa von der Normalform der Kommunikation (der nicht-fiktionalen Darstellung referentialisierbarer Gegebenheiten) und von der Lüge (der faktualen Darstellung fingierter Geschehnisse).[17]

15 vgl. etwa WOHIN GEHT DIE REISE?, ESD: 12.06.1962, Regie: o.A., und ... UND WO ES AUFGEHÖRT, IST EUCH BEKANNT, ESD: 01.09.1961, 20.10.1961, 01.12.1961 uns 02.02.1962, Regie: o.A.
16 Meike Herrmann: «Fiktionalität gegen den Strich lesen. Was kann die Fiktionstheorie zu einer Poetik des Sachbuchs beitragen?» In: *Arbeitsblätter für die Sachbuchforschung 7* (2005), S. 7.
17 Vgl. für einen Überblick über die aktuelle Fiktionalitätsdebatte: Dorrit Cohn: «Narratologische Kennzeichen von Fiktionalität». In: *Sprachkunst* 26 (1995), S. 105-112; Frank Zipfel: *Fiktion, Fiktivität, Fiktionalität. Analysen zur Fiktion in der Literatur und zum Fiktionsbegriff in der Literaturwissenschaft*. Berlin 2001; John R. Searle: «Der logische Status fiktionalen Diskurses». In: ders.: *Ausdruck und Bedeutung*. Frankfurt a. M. 1990, S. 80-97; Ansgar Nünning: «‹Verbal Fictions›? Kritische Überlegungen und narratologische Alternativen zu Hayden Whites Ein-

Zwei allgemeine Gründe für das Auftauchen solcher Formate im DDR-Fernsehen liegen auf der Hand. Einerseits ist um 1960 das Fernsehen sichtbar wichtig geworden. Spätestens mit der Anmeldung des einmillionsten Fernsehers 1960 hat es in der DDR den Status eines Massenmediums.[18] Und es taugt, wie so schön heißt, als «Transmissionsriemen» zwischen Politik und Zuschauer insbesondere deshalb, weil es politische Gehalte massenhaft in den Raum des Privaten zu transportieren in der Lage ist. Andererseits ist das Fernsehen noch wenig konventionalisiert. Das Programm ist weiterhin offen für Formate, für die das Agitationstheater, das politische Kabarett und nicht zuletzt die Konzeption des epischen Theaters bei Brecht ein Vorbild abgeben: szenische Formen mit Anspruch auf empirische oder historische Relevanz. Anders gesagt, die Grundlagen für fiktional-dokumentarische Sendungen im Formenkanon sozialistischer Kultur lagen bereit, und ihre Realisierung war zugleich noch kaum durch existierende Programmschemata oder Genrekonventionen behindert.

Doch dieser Erklärungsversuch reicht nicht hin, die Konjunktur der Mischformen zwischen dem Ende der 50er und den frühen 60er Jahren zu erklären. Diese ist letztlich nur durch den Rekurs auf den Begriff der Wahrheit plausibel zu machen, wobei nicht nur auf die alltagssprachliche Verwendung von ‹Übereinstimmung mit der Wirklichkeit› gezielt ist, sondern auch auf die quasi aktivistische Definition aus der zweiten Feuerbachthese: «Die Frage nach der Wahrheit ist keine Frage der Theorie, sondern eine *praktische* Frage. In der Praxis muß der Mensch die Wahrheit, Wirklichkeit und Macht, Diesseitigkeit seines Denkens beweisen.»[19]

Dies wiederum lässt sich unmittelbar aus der besonderen massenmedialen Rezeptionssituation der DDR in dieser Zeit begründen: Das Publikum in der DDR war, wie das der Westberliner und einer Minderheit der Bundesbürger, zunächst durch den Rundfunk, aber am Ende der 50er zunehmend durch das Fernsehen in einer in diesem Ausmaß einmaligen Situation. Auf ganz alltäglicher Ebene konkurrierten zwei widersprüchliche faktuale Kommunikationen

---

ebnung des Gegensatzes zwischen Historiographie und Literatur». In: *Literaturwissenschaftliches Jahrbuch* 40 (1999), S. 351–380, und nicht zuletzt Irmgard Nickel-Bacon, Norbert Groeben u.a.: «Fiktionssignale pragmatisch». In: *Poetica. Zeitschrift für Sprach- und Literaturwissenschaft* 32. Band, Nr. 3–4 (2000), S. 267–299.

18 Schon 1959 würdigt Ulbricht in einer Rede das junge Medium darüber hinaus als künstlerische Avantgarde: «In seinem kulturellen Teil hat das Fernsehen bewiesen, wie diese neue Kunstgattung auf hohem künstlerischen und ideologischen Niveau in den Dienst der sozialistischen Kulturpolitik gestellt werden kann. Diesem Beispiel müssen Rundfunk und Schallplattenproduktion folgen [...].» – Walter Ulbricht: «Der Plan für eine Blüte der sozialistischen Nationalkultur. Rede Walter Ulbrichts vor der Volkskammer am 30. September 1959». In: Elimar Schubbe (Hrsg.): *Dokumente zur Kunst-, Literatur- und Kulturpolitik der SED*. Stuttgart 1972, S. 576–579, S. 578.

19 Und weiter: «Der Streit über die Wirklichkeit oder Nichtwirklichkeit des Denkens – das von der Praxis isoliert ist – ist eine rein scholastische Frage.» Vgl. Karl Marx/ Friedrich Engels: *Werke*. Berlin 1956ff. (=*MEW*), Bd. 3, S. 5.

in den Nachrichtenformaten miteinander. Es existierten mithin dauerhaft zwei Informationskanäle, die sich laufend widersprachen, aber gleichzeitig den Anspruch auf Referentialisierbarkeit erhoben. Das musste unmittelbar zu einem erhöhten Bedarf an Realitätsprüfung führen – mit anderen Worten der Prüfung der *histoire* auf Übereinstimmung mit der Wirklichkeit, also auf Wahrheit.

Das ist offensichtlich auch der Grund dafür, dass in beiden deutschen Staaten bald Formate geschaffen werden, die nicht nur das «Was» der Darstellung (die *histoire*), sondern auch das «Wie» der Darstellung, die Diskurse der jeweils anderen Medien, als Manipulation entlarven sollten. Das bekannteste Beispiel für das, was wir den *kontrastiven Dialog* der Fernsehsysteme nennen, ist weitgehend bekannt und soll hier nur angedeutet werden.[20]

Es handelt sich um Karl Eduard von Schnitzlers SCHWARZEN KANAL, dessen Ausstrahlung am 21.3.1960 beginnt. Jeden Montag nach dem Spielfilm präsentierte Schnitzler kurze Filmclips aus dem bundesdeutschen Fernsehen und kommentierte sie in erklärt polemischer, aber prinzipiell aufklärerischer Absicht. DER SCHWARZE KANAL war als das schlimmste Propagandaformat des DDR-Fernsehens berüchtigt – und das einerseits wohl zu recht. Andererseits hatte schon seit 1958 der NDR das von Thilo Koch moderierte Format DIE ROTE OPTIK ausgestrahlt, das nun seinerseits kurze Filmbeispiele aus dem DDR-Fernsehen kommentierte. Damit war DER SCHWARZE KANAL zweifach auf das bundesdeutsche Fernsehen bezogen: einerseits, weil er den Versuch einer politischen, innerprogrammlichen Reaktion auf die DDR-Rezeption des bundesdeutschen Fernsehens darstellte, andererseits, weil das Konzept dafür aus dem konkurrierenden Medium selbst stammte.[21] Dieser Krieg im Äther löste jedoch die Frage nach der Wahrheit keinesfalls. Diese stellte sich für den Zuschauer, nachdem sowohl das Ost- als auch das West-Fernsehen mit äquivalenten Formaten aufgerüstet hatten, vielmehr erneut – und auf einer zweiten Stufe, die nunmehr sowohl die *histoire* als auch den *discourse* hinterfragte.

Sucht man im DDR-Fernsehen dieser Zeit nach Strategien, den Kampf um die richtige Welt-Anschauung zu gewinnen, stößt man, neben Fiktion und Dokumentation, auf eine dritte Sorte von Formaten – eben die Mischformen. Diese fiktionalen Darstellungen faktischer Ereignisräume basieren per se auf einem anderen Modus von Glaubwürdigkeit als rein faktuale Formate. Diesen Modus bezeichnet man seit Samuel Taylor Coleridge als «willing suspension of disbelief».[22] Sei-

---

20 Der Begriff gehört zu den grundlegenden Konzepten, die die Forschergruppe zur *Programmgeschichte des DDR-Fernsehens* an den Universitäten Halle, Leipzig, Potsdam und Berlin an ihren Gegenstand herangetragen hat. Vgl. etwas ausführlicher: Henning Wrage: «Kontrastiver Dialog. Literarisches Fernsehen». In: *Weimarer Beiträge* 56,3 (2006), S. 454-458
21 Vgl. zum Thema Thilo Koch: «Westlicher Blick: Die rote Optik». In: Heide Riedel (Hrsg.): *Mit uns zieht die neue Zeit... 40 Jahre DDR-Medien*. Berlin 1999, S. 125-129. Sowie Hans Müncheberg: «Schwarze Kanalgeschichten». Ebd., S. 130-131.
22 Samuel Taylor Coleridge: *Biographia Literaria* (1817). Oxford 1907, S. 161

ne für diesen Zusammenhang vielleicht wichtigste Erweiterung findet Coleridges Konzept bei Umberto Eco, dessen Argumentation ungefähr folgendes besagt: Die Grundregel jeder Auseinandersetzung mit einem fiktionalen Text ist, dass der Leser einen Fiktionspakt mit dem Autor schließen muss, der die willentliche Aussetzung von Ungläubigkeit beinhaltet.[23] Der Autor tut so, als ob er die Wahrheit sagt; und wenn der Leser dies akzeptiert, tut er so, als wäre das, was der Autor erzählt, wirklich geschehen. Eine solche Unterdrückung unseres Unglaubens ist jedoch nicht grenzenlos, da fiktive Welten Parasiten der wirklichen sind: Alles, was im Text nicht ausdrücklich als verschieden von der wirklichen Welt beschrieben wird, muss als übereinstimmend mit den Gesetzen und Bedingungen der wirklichen Welt verstanden werden. Eco treibt dieses Argument noch weiter:

> In Wahrheit sind die fiktiven Welten zwar Parasiten der wirklichen Welt, aber sie sind de facto ‹kleine Welten›, die den größten Teil unserer Kenntnis der wirklichen Welt sozusagen ausklammern und uns erlauben, uns auf eine endliche und geschlossene Welt zu konzentrieren, die der unseren sehr ähnlich, aber ontologisch ärmer ist. Da wir ihre Grenzen nicht überschreiten können, fühlen wir uns gedrängt, sie in der Tiefe zu erforschen.[24]

Bezieht man dies auf die Rezeptionssituation in der DDR, wird klar, was die Mischformen anderen propagandistischen Formen voraushaben: sie bilden einen als wirklich deklarierten Abschnitt der Welt ab und gestatten zudem eine Tiefenprüfung dieses Abschnitts, der von unserem allgemeinen Weltwissen und unseren politischen Überzeugungen zunächst freigestellt ist.

Wenn man das auf die Situation in der DDR und die Mischformen bezieht, gelangt man zu der etwas paradox klingenden Hypothese, dass fiktionale Strategien den faktualen Kommunikationen gegenüber gerade ein *Mehr* an Glaubwürdigkeit liefern konnten. Und das ist wohl der Kern, der grundlegende Funktionsmechanismus der Mischformen: Sie zielen grundsätzlich auf eine «willing suspension of disbelief» und einen begrenzten Ausschnitt der Welt. Damit stellen sie Rezeptionsbereitschaft her und können zugleich das erweiterte funktionale Spektrum des Fiktionalen nutzen: die Darstellbarkeit von Introspektion, allwissende, mit den Darstellern interagierende Erzählerinstanzen usw., ein effektives Verfahren, um ganz im Sinne des Marxschen Wahrheitsbegriffs Weltanschauung aktiv zu vermitteln. Die referentiellen fiktionalen Formate des DDR-Fernsehens sind Propaganda einer dritten Art: die intentionale Vermittlung einer als historisch wahr deklarierten Weltanschauung mit fiktionalen Mitteln.

---

23 Vgl. Umberto Eco: *Im Wald der Fiktionen. Sechs Streifzüge durch die Literatur.* München 1994, S. 103f.
24 Eco ebd., S. 115.

Dies soll noch an einem zweiten Beispiel ausgeführt werden: DER PRÄSIDENT IST BELEIDIGT. ÄRGER MIT EINER BIOGRAPHIE.[25] Heinrich Lübke (Bundespräsident von 1959-69), die Person, um die die gesamte Sendung kreist, bot ein lohnendes Ziel, wurde er doch, nicht zuletzt durch seine (unbestätigte, aber legendäre) Begrüßung der Damen, Herren und Neger[26] auf einem Staatsbesuch in Liberia zum Namensgeber der bis heute gültigen, nach oben offenen Lübke-Skala der Sprachverballhornung.

Die Sendung nimmt ihren Ausgangspunkt von einer anderen, heikel deutsch-deutschen Anekdote, die ebenfalls vom Staatsbesuch in Liberia 1962 überliefert ist. Glaubt man dem *Spiegel*, ist «ein hochgestellter Entwicklungsneger von der Physiognomie offensichtlich enttäuscht gewesen. Er vertraute sich einem deutschen Diplomaten an: ‹Ich dachte, Euer Präsident trägt einen Spitzbart; so ist er doch auf allen deutschen Briefmarken zu sehen.›»[27] Damit hatte er nicht ganz unrecht, denn auf den 20-Pfennig-Briefmarken der DDR war tatsächlich ein Spitzbart zu sehen; nur war es der von Walter Ulbricht. Diese Geschichte fand ihren Weg über die *Münchner Abendzeitung* und den *Spiegel* bis zu Otto Ifland. Der wiederum nahm sie zum Anlass, auf einer Titelseite des *Simplicissimus* ein Portrait Lübkes mit einem Bärtchen zu verzieren – und wurde prompt vom Präsidenten verklagt.

Die Sendung selbst beginnt als szenische, akustisch verfremdete Darstellung mit den Protagonisten Heinrich Lübke, seiner Frau Wilhelmine und dem Pressereferenten Hans Eiche. Im Hintergrund ist eine Leinwand erkennbar, die den Titel der Sendung präsentiert. Nach Wilhelmines «Komm Heini, wir gehen zu Bett» – ein weiterer überlieferter Ausspruch, mit dem die Frau des Präsidenten wiederholt Staatsempfänge beendet haben soll[28] – wird die Szene nach dem Muster des epischen Theaters aufgelöst: Heinrich Lübke entlarvt sich als Schauspieler, der, nachdem er sich vorgestellt hat («Ich heiße Christoph Engel, ich bin Schauspieler und ich spiele heute den Bundespräsidenten Heinrich Lübke. Ich habe schon dankbarere Rollen gespielt, Gestalten, die Charakter hatten, die einen etwas größeren Wortschatz besaßen – aber das ist eben die Tragik des Schauspielers») sogleich den faktualen Charakter der *histoire* verstärkt: «Alles, was wir hier sprechen, entspricht der Wirklichkeit.»

Zudem wird ein Off-Kommentator eingeführt, der ‹die Stimme der Objektivität› ins Spiel bringen soll: ein allwissender Akteur, der jedoch zugleich mit dem Publikum identifiziert wird. Das ist nun tatsächlich geschickt, weil so beim Publikum ein Wissen vorausgesetzt wird, das es durch die Sendung selbst erst erreichen soll. Zudem erklärt sich die Off-Stimme zuständig für eine weitere Ebene, die das szenische Spiel kommentiert: die Leinwand im Hintergrund, die

---

25 «Der Präsident ist beleidigt». *ESD*: 31.5.1966, Buch: Lutz Köhlert /Karl-Eduard von Schnitzler.
26 Vgl. dazu: «Lübke und die Neger. Stimmt's?». In: *Die Zeit*, 14/2002.
27 «Mit Bart». In: *Der Spiegel* 44 (1962) S. 53.
28 Vgl. «Wenn das Volk ruft». In: *Der Spiegel* (46).

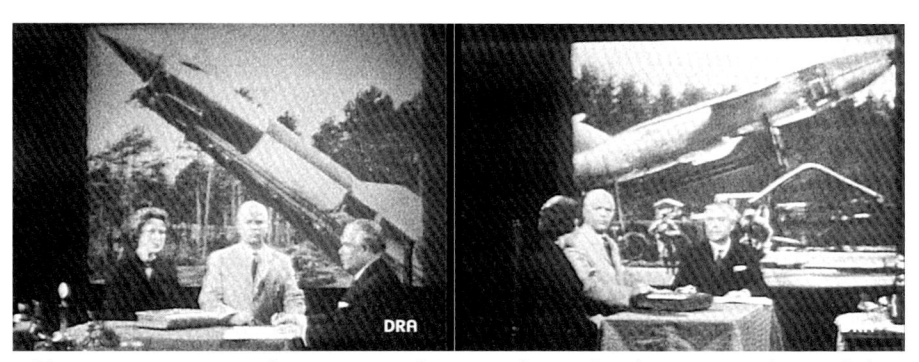

Abb. 2: Die Kontinuität des Gestern in der szenischen Polemik «Der Präsident ist beleidigt». links: Dokumentation der Mitarbeit Lübkes am Bau der V2, rechts die durch den 90-Grad-Schwenk der Kamera auch visuell in die Gegenwart gerückte Verkettung von Präsident und Wiederaufrüstung

zuweilen den Blick einzelner Akteure nachvollzieht, in aller Regel aber Zeitzeugeninterviews, Schlagzeilen und Akten, Schemata und sonstiges Dokumentarmaterial präsentiert.

Ein anderer Abschnitt der Sendung zeigt einen Dialog mit den Darstellern von Präsident, Gattin und dem Biographen Josef Küper, in den plötzlich der Off-Kommentator eingreift – ein unsichtbarer, aber intradiegetischer Akteur. Im Bild (auf der Leinwand im Hintergrund) wie im Ton wird die ungebrochene militaristische Tradition vom ersten über den zweiten Weltkrieg bis zur Wiederaufrüstung in der Bundesrepublik beschrieben: Die Leinwand zeigt Lübke mit Kameraden im ersten Weltkrieg, und nach dessen «Der Krieg ist der Vater aller Dinge, sagten die alten Griechen» greift die Unterbildstimme direkt ins Geschehen ein:

> [Off:] Der Krieg bekommt mir wie eine Badekur, hat Hindenburg gesagt. Der Satz hätte auch von Ihnen sein können, Herr Präsident. Sie sind nicht in Flandern geblieben. […] Sie wurden ins große Hauptquartier versetzt. [die Leinwand zeigt nun eine schwere Kanone] // [Lübke:] Ja, na und? Damals war ich für den Stellungsbau der schweren Artillerie zuständig. [auf der Leinwand: eine V2] // [Off:] 20 Jahre später bauten Sie Stellungen für die V2, die Vergeltungswaffe Hitlers. [im Hintergrund wird nun eine moderne Rakete eingeblendet] Und wieder 20 Jahre später, aus guter Tradition… // [Lübke:] Davon möchte ich nichts hören! // [Küper:] Herr Präsident, jetzt kommt doch aber erst die Weimarer Republik? // [Off:] Ist es nicht wichtiger, zu sehen, was aus der Weimarer Republik geworden ist? // [Lübke:] Bringen Sie uns doch nicht immer durcheinander! Jetzt kommt die Weimarer Republik!

Die Mischung aus Fiktion und Kommentar bringt die Möglichkeiten dieser Sendeform auf den Punkt. Es wird nicht einfach propagandistisch erklärt, dass die Bundesrepublik nur die Maskerade der Fortsetzung des Dritten Reiches ist. Vielmehr wird es möglich, den Darsteller direkt damit zu konfrontieren. Oder genauer: Dank der Behauptung, dass jedes Wort im Spiel wirklichkeitsverbürgt ist, konfrontiert man den Dargestellten selbst mit dem Dargestellten, wobei er die simplifizierende Propaganda durch sein hilfloses Leugnen nur bestätigt.

Die szenische Darstellung steht hier für die Glaubhaftigkeit des Geschehens ein – das Fiktionale für die richtige Weltanschauung. Dieses Verfahren ließe sich an einer Vielzahl von Beispielen noch ausführen. Die Merkmale sind sich jedoch oft ähnlich: ein begrenzter, als ebenso real wie typisch deklarierter Ausschnitt der Welt wird fiktional präsentiert, mit Dokumenten kontrastiert und durch einen entweder intradiegetischen oder außerhalb der Handlung stehenden Kommentator gerahmt. Dabei kommt das ganze Inventar der Fiktionsmittel zum Einsatz: Erzähltechniken, die der Innendarstellung von Figuren dienen (erlebte Rede, innere Monologe usw.), die Allwissenheit einer Erzählinstanz und überhaupt die Differenz zwischen erlebender und erzählender Person, ausführliche Dialoge zwischen Akteuren, die schlichtweg nicht dokumentiert sein können, aber im emphatischen Sinne typisch sind, und solches mehr. Das Ziel des Ganzen ist, um es noch einmal zu wiederholen, die Beglaubigung des Realen, oder vielmehr einer spezifischen Perspektive auf das Reale, mit Mitteln der Fiktion.

Mischformen mit DDR-Bezug: HELLING, KABELKRAN UND KAI

HELLING, KABELKRAN UND KAI steht exemplarisch für eine zweite Unterkategorie der Mischformen im DDR-Fernsehen.[29] Sie hat mit der Reflexion der DDR einen anderen Gegenstandsbereich und folgt einem vom ersten verschiedenen, jedoch komplementären Formprinzip. Die Produktion gilt kaum als «Fernsehereignis», sie ist von der Film- und Fernsehkritik weder unmittelbar nach der Sendung noch später je reflektiert worden. Ich glaube jedoch, dass die Sendung, vielleicht mehr als die opulenten Literatur-Verfilmungen der Zeit, die sich dem Anspruch von Werktreue verpflichtet sahen, für den Versuch steht, eine Form der Adaption zu schaffen, die gerade dem Dispositiv Fernsehen und der ihm zumindest damals zugeschriebenen Spezifik gerecht wird.

Zunächst weist paratextuell nur die Kursivsetzung des *Kabelkran* im Filmtitel, der vor eine ruhig daliegende Wasserfläche montiert ist, auf die Verwandtschaft mit einem Buch. Erst der Abspann («Sie sahen eine Filmreportage nach Motiven des Buches ‹Kabelkran und blauer Peter› von Franz Fühmann») ver-

---

29 HELLING, KABELKRAN UND KAI. Regie: Hugo Herrmann, ESD: 3.10.1962.

weist auf den Zusammenhang zwischen Vorlage und Transformation und expliziert ihn zugleich als losen. Der Film beginnt dann mit einer halbnahen Einstellung aus der Froschperspektive auf einen fast unbeweglich dasitzenden Protagonisten, dessen Name – wie im Buch – zunächst nicht genannt wird. Sein Blick ist leicht nach oben gerichtet – ein ausnehmend fortschrittlicher, zukunftsperspektivischer Blick, der fast leitmotivisch in späteren Szenen und bei anderen Akteuren immer wieder auftauchen wird (vgl. Abb. 3).

Der Eintritt in die Werft wird bildlich nicht in Szene gesetzt, Handlungsort und Protagonist werden – soweit ganz konventionell – über eine Off-Stimme etabliert, die als die Stimme des Protagonisten identifizierbar ist. Anders als es der böhmelnde Akzent nahe legt, handelt es sich beim Sprecher jedoch nicht um Fühmann selbst.[30] Die einführende Rede geht der literarischen Vorlage weitgehend parallel: Ein homodiegetischer, intern fokalisierter Erzähler, der sich später selbst als Schriftsteller zu erkennen gibt, berichtet von seiner Distanz der sich entwickelnden sozialistischen Gesellschaft gegenüber:

> Viele Jahre hatte ich an einem Büroschreibtisch gesessen, unterdessen waren neue Städte und Genossenschaften, Werften und Werke entstanden. Es drängte mich, unser neues Leben kennenzulernen, seine innersten Bezirke. Doch ich hatte Angst, ja Scheu vor dieser eisernen Welt, mit ihren unverständlichen Maschinen und ihrem Hasten und Tosen.[31]

Das Projekt, solche Distanzen zwischen Künstler und Welt durch die Teilhabe des Schriftstellers an der Produktion zu überwinden, entspricht nahtlos dem Konzept des Bitterfelder Wegs. In der Vorlage wird die Frage nach der Darstellbarkeit von Arbeitswelt selbst zum Gegenstand literarischer Darstellung; Fühmanns Vorlage ist durchgehend innerpoetisch poetologisch.

Bis hierhin weicht die Produktion nicht wesentlich von herkömmlichen Adaptionen literarischer Texte ab. Eckpunkte der Narration: Zeit, Ort und Protagonist, sind kurz eingeführt; dieser Exposition folgt, wiederum analog zur literarischen Vorlage, ein zweiter Teil, der den Werdegang eines Schiffes nachvollzieht. Im weiteren Verlauf gestaltet sich die Adaption jedoch als zunehmend irritierend: Einerseits findet die Ankunft auf der Werft nur auf der Ebene des Unterbildkommentars statt, auf der Bildebene sieht man nach der kurzen Nahaufnahme unmittelbar nach dem Titel lediglich dokumentarische Aufnahmen der

---

30 Der Text wird von Wolfgang Heinz eingesprochen. 1977 gibt es noch eine weitere Realisierung des literarischen Textes im Fernsehen, diesmal mit Fühmann selbst, der auf einer Zugfahrt aus dem Buch liest und über die Motive seiner Entstehung spricht – vgl. AUFBRUCH IN DIE NEUE WIRKLICHKEIT. LITERATUR, KLASSE 8. ESD: 7.6.1977.
31 Das Zitat, wie alle folgenden nicht nachgewiesenen Zitate stammt aus HELLING, KABELKRAN UND KAI. a.a.O.

Werft. Andererseits wird die Handlung visuell kaum forciert – nach dem Verstummen des Off-Kommentars werden ohne Ton oder Kommentar weitere dokumentarische Sequenzen vom Betrieb auf der Werft eingeschnitten. Überhaupt wird dem Zuschauer im Ablauf des Films zunehmend bewusst, dass das Miteinander der stets dokumentarisch anmutenden Bilder und der nie körperlich werdenden Stimme nicht der Etablierung einer Spielhandlung dient, sondern das grundlegende Darstellungsprinzip einer «Filmreportage» abgibt.

Abb. 3: *Exposition des Protagonisten in* HELLING, KABELKRAN UND KAI

Auch im zweiten Teil des Films bleibt nicht nur ein seltsam unverbundenes Nebeneinander, sondern eine darüber oft hinausgehende Asynchronität von Bild und Ton auffällig. Zum Text «Ich sehe Eisenplatten, finger- bis daumendick», zeigt das Bild eine Wiese mit Enten und erst verzögert, nach einem Schwenk über Ufer, Wasser und gründelnde Schwäne, die Werft. Visuell wird eine gelungene Symbiose von Natur und Kultur, von Fauna und Werft vorgeführt, die zur erzählten Scheu des Protagonisten vor der Arbeitswelt kaum passen will. Es dauert 40 Sekunden, bis man sieht, was im Unterbildkommentar zuvor beschrieben wurde (Eisenplatten und ihre Bearbeitung) und erst mit einem weiteren Kommentar («Hier beginnt also das Schiff») wird die Synchronität von Text und Bild wieder hergestellt.

Die folgenden Bilder des Films bekommen durch die Verschmelzung zweier Figuren aus der Vorlage (des Protagonisten mit dem ihn durch das Werk führenden alten Bekannten) tatsächlich Züge einer Reportage: die subjektive Betrachtungsweise, die die Vorlage prägt, wird durch einen vorübergehend fast auktorialen Erzähler ersetzt, der seinen literarischen Ursprung nur noch durch eine poetisierte Sprache und die Andeutung der weiteren Analogiebildungen aus der Vorlage verrät:

> Das erste Stück des späteren Rückgrats des Schiffes: ein sanft gebogenes Blatt und der Kiel streckt sich lang. Wand um Wand fährt senkrecht empor, bricht und spannt. Kabel und Rohre. Es formen sich riesige Hohlräume – Maschinenraum, Laderaum, Kesselraum; die Kommandobrücke erhebt sich als Stirn, Radaraugen beginnen zu peilen

> [...] und das Schiff gewinnt immer größere Vollkommenheit, bis es
> schließlich die Reise über die sieben Meere beginnt.

Nach dieser Passage wird auf der Ebene des Unterbildkommentars der objektivierende, wenn auch poetische Sprachduktus wieder zurückgenommen, indem er mit Verweis auf die beobachtende Funktion des Sprechers relativiert wird. Eine weitere Diskrepanz zwischen Ton und Bild entsteht, ist doch dort von einer subjektiven Perspektive der den Protagonisten substituierenden Kamera nichts zu spüren. Im Gegenteil werden weit entfernte Kamerapositionen im Schuss-Gegenschuss montiert; im Gegeneinander von Arbeiter und Apparat sind die Herrschaftsverhältnisse – der physischen Dimensionen ungeachtet – eindeutig geklärt, und immer wieder zeigt die Kamera Totalen und damit eine Übersicht, die dem Protagonisten in Kommentar und Vorlage gerade fehlt.

Während der Schriftsteller-Protagonist zur Darstellung von Arbeitswelt erst finden muss, kommuniziert das Kurzschlusszeichen Bild[32] unmittelbaren Zugang, den Durchgriff auf die Welt – «Fernsehen heißt: Dabei sein.» Dies ist wohl das Substrat des zweiten Teils, von dem zum 11. Bild und damit zum dritten Teil übergeleitet wird:

> Ich hatte nun eine Vorstellung vom Werdegang eines Schiffes. Aber
> ich hatte keine Vorstellung vom Leben auf der Werft. Welche Kräfte
> bewegen diesen Strudel von Menschen und Maschinen – welche Gesetze regieren diese Welt, deren Oberfläche mich verwirrte? Um das
> zu verstehen, muss ich die Menschen kennen lernen – nicht nur als
> Zuschauer, sondern als Arbeiter an ihrer Seite.

Nachdem in der Konkurrenz von Text und Bild, die diese Produktion mal mehr, mal minder explizit austrägt, im eben besprochenen Abschnitt das filmische Darstellungsmittel (schon ob seines Dispositivs) grundsätzlich den Vorteil davonzutragen schien, verweist die Ankündigung des dritten Teils im Gegenzug auf einen für die Literatur wesentlichen Vorzug. Über die Oberfläche hinaus, verspricht die Literatur über die Perspektive des «Zuschauers» hinaus eine echte Binnensicht – eine Erkenntnis, zu der der Protagonist hier, im Gegensatz zu seinem vielfach zögerlichen Double in der Vorlage, sehr direkt gelangt.

Ähnlich bruchlos gestaltet sich dann der eigentliche Eintritt in den Betrieb, bei dem sich die Diskrepanz von Bild- und Tonebene wiederholt: Kommuniziert der Text die Unsicherheit des Protagonisten («Mein erster Arbeitstag. Wie wird man mich aufnehmen, wie wird es beginnen? Ich bin schrecklich befangen

---

32 Vgl. James Monaco: *Film verstehen. Kunst, Technik, Sprache, Geschichte und Theorie des Films.* Reinbek bei Hamburg 1984, S. 185.

Abb. 4: Die erste Begegnung mit den Arbeitern (links), Eintritt ins Schiff (rechts)

und habe Lampenfieber»), gestaltet sich das Zusammentreffen von Intelligenz und Arbeiter im Bild völlig problemlos (Abb. 4).

Dies ist noch nicht als Kohärenzbruch zu werten, da die Bild-Ton-Schere so gewissermaßen einfach eine Differenz von Selbst- und Fremdbild veranschaulicht. Überhaupt verweigert sich die visuelle Darstellung in dieser Produktion allen konventionalisierten filmischen Mitteln der Introspektion, was die Differenz von Sprechertext und Bild zu einer systematischen macht.

Wie in der Vorlage bekommt der Erzähler erst im Moment der Begegnung mit seiner zukünftigen Brigade einen Namen zugewiesen («‹Das ist Franz›, sagt er [der Brigadier, HW].»). Dies eröffnet den ersten Dialog des Films und macht zugleich das Prinzip deutlich, auch die Dialoge zwischen den Protagonisten über die Off-Stimme zu realisieren – man sieht die Protagonisten sprechen, hört jedoch die Stimme des Erzählers: ein weiteres Mittel, durch das Bild und Erzählung getrennt und die der Handlung zugehörigen Einstellungen den dokumentarischen Passagen anverwandelt werden.

Unmittelbar an die erste Begegnung mit der Brigade schließt sich im 14. Bild des Films eine Szene an, die in der literarischen Vorlage vielleicht deutlicher als alle anderen und bis ins Physische die Differenz zwischen Intelligenz und Arbeiterklasse verdeutlicht. In einer dramaturgisch höchst eindringlichen Szene wird dort[33] die Überwindung der den Helden quälenden Höhenangst vor einer Luke, die ins Schiff zum eigentlichen Arbeitsort führt, zum selbstquälerischen Exerzitium: über mehrere Seiten hinweg begreift sich der Protagonist zwar zunehmend als Hindernis im Arbeitsablauf auf der Werft, kann jedoch nur in einem Akt stärkster Selbstüberwindung seine Angst überwinden.[34]

---

33   Vgl. Franz Fühmann: «Kabelkran und blauer Peter. Beginn auf der Werft». In: ders.: *Werke*. Band 3: *Das Judenauto. Kabelkran und Blauer Peter. Zweiundzwanzig Tage oder Die Hälfte des Lebens.* Rostock 1993, S. 173-280, S. 207-210.
34   Ebd., S. 209.

Wahrheit im Fernsehen

Abb. 5: Der Weg zum Arbeitsort als Überwindung einer Phobie

In der Adaption ist die Szene deutlich entschärft: Im Bild gelingt sie nachgerade mühelos (vgl. Abb. 5) und auch im Text hilft der verständnisvolle Rat des Arbeiters dem Protagonisten im Handumdrehen über die lange gepflegte Phobie des Intellektuellen hinweg – eine frappierende fernsehdidaktische Vereinfachung. In der Vorlage ist die einmalige Überwindung seiner Phobie (eine potenzierte Variante der ersten Furcht vor der (Arbeits-)Welt, die im Umkehrschluss die Weltflucht des Intellektuellen disqualifiziert) nur der Auftakt zu einer neuen Angst des Protagonisten.[35] In der Adaption schlagen das Vorbild und der Zuspruch Jakobs unmittelbar auf den Hauptdarsteller durch. Die Integration des Protagonisten in das Werk ist so vollkommen, dass der Sprecher verstummt (der Score ist dominiert vom Sound der Werft: Bohr- und Hämmergeräuschen) und auch nicht mehr im Bild gezeigt wird: er wird Teil eines Getriebes, das in den folgenden Passagen des Films ausschließlich in Totalen von der Werft und Halbnahen von Gruppen betriebsamer Arbeiter gezeigt wird. Als der Film im 16. Bild wieder zum Protagonisten und seinem Arbeitsplatz zurückkehrt, ist es wieder ein Arbeiter, der die Position des Lehrenden einnimmt: Günther[36].

35 Vgl. ebd., S. 210.
36 Es handelt sich hier im Übrigen tatsächlich um einen Arbeiter Günther aus der Brigade *Franz Mehring*, in der Fühmann einige Wochen gearbeitet hatte.

Das im Ton durch eine Sirene signalisierte Ende einer gemeinsamen Spätschicht leitet einen dritten Abschnitt des Films ein, einen Bericht Günthers über sein Leben («eine Jedermannsgeschichte unserer Zeit»), bei dem die Bildregie wiederum auf jede unmittelbare Korrespondenz zum Erzählten verzichtet. Günthers durch die Off-Stimme berichtete Vita wird im Bild nicht retrospektiv, sondern gleichsam final illustriert: durch weitere atmosphärische Einstellungen, die, in Bild und Ton, die Werft in Funktion zeigen.

Wie angedeutet, sind in langen Passagen dieser Produktion die offenbar dokumentarischen Bilder vollständig entkoppelt vom fiktionalen Text des Off-Sprechers. Wenn im Bild Protagonist und Handlung eingefügt werden, dann in einer Weise, die die fiktive Darstellung weitestmöglich der nicht-fiktiven, dokumentarischen Darstellung anverwandelt. Selbst wenn im Bild Dialoge zwischen den Darstellern zu sehen sind, werden sie doch aus dem Off eingesprochen. Immer wieder löst sich die Darstellung von der Fiktion ab und zeigt nur lose mit der Erzählung assoziierte dokumentarische Sequenzen: jede Introspektion wird vermieden, der im Text offenkundig selbstunsichere Protagonist verzieht, selbst im Augenblick höchster Panik, keine Miene; auch retrospektive Passagen existieren in dieser Produktion im Bild nicht.

Für eine solche Diskrepanz zwischen Bild und Text gibt es eigentlich nur eine Erklärung. Entgegengesetzt zu den westgerichteten Mischformen, wo der fiktionale Diskurs für die Wahrheit der *histoire* einstand, steht hier das Dokumentarische der *histoire* für den Realismus, das Typische und die Wahrhaftigkeit der Fiktion. Dieser Effekt wird in einer ‹literaturpropagandistischen› Sendung aus dem gleichen Jahr noch verstärkt: 1962 wird eine Folge der Sendung DAS LEBEN IST LESENSWERT produziert, die die Nominierung der literarischen Vorlage für den Literaturpreis zum Thema macht.[37] Zu Bildern, die der Adaption entnommen sind, spricht die Moderatorin ein: «Dies ist der Schauplatz der Reportage, nämlich die Warnow-Werft, die Franz Fühmann vor anderthalb Jahren besuchte. Menschen, die hier ihrer täglichen Arbeit nachgehen, Schweißer, Schlosser, Meister, sie alle diskutierten ihr Buch, an dem sie mittelbar oder unmittelbar beteiligt sind.» Nach einem Schnitt sehen wir den aus der Adaption vertrauten Günther, der die Wahrhaftigkeit des Romans bestätigt, dann verschiedene weitere Mitglieder der *Mehring*-Brigade, die das Buch in der Regel loben oder Aspekte kritisieren, bis der letzte Sprecher das Fazit zieht:

> Es ist Franz Fühmann tatsächlich gelungen, alle Beteiligten so darzustellen, wie sie im Leben tatsächlich sind. An dieser Stelle, lieber Franz, möchte ich dir sehr danken, dass du auch dieses Buch für uns

---

37 DAS LEBEN IST LESENSWERT. Aufzeichnung 1962. Im Deutschen Rundfunkarchiv existieren keine Angaben zu Regie oder Erstsendedatum. Gleiches gilt für einen zweiten Auftritt Fühmanns in der Sendung: ein Gespräch mit der Moderatorin und seinem Lektor bei Hinstorff.

geschrieben hast. Wir würden uns sehr freuen, wenn du eines Tages, wenn es auch nur für kurze Zeit ist, wieder unter uns weilen würdest. Abschließend möchte ich sagen, dass dieses Buch würdig ist für den Literaturpreis 1962.

Das Verfahren ist dem der Adaption eng verwandt: es ist der hier ganz umgangssprachlich zu verstehende Realismus des Buches (es sei «gelungen, alle Beteiligten so darzustellen, wie sie im Leben tatsächlich sind»), der das Buch preiswürdig macht. Ein Akt der Authentifizierung der Fiktion, in denen reale Akteure aller poetischer Verdichtung zum Trotz («Zuerst habe ich mich gesucht und habe mich auch gefunden bei der Arbeit. Doch plötzlich heiratet der Reinhold, und ich bin gar nicht verheiratet, und habe festgestellt, dass er zwei Personen in eine vereint hat») ihre Identität mit den Protagonisten im Text behaupten.

Im Literaturmagazin genauso wie in der Adaption ist der Mechanismus der gleiche: die quasidokumentarischen Aufnahmen vom Werftbetrieb genauso wie die Zeugen im Interview prüfen und beglaubigen die ‹Wahrheit› des Literarischen. Das Verfahren ist dabei entgegengesetzt, jedoch komplementär zu dem in den westgerichteten Mischformen angewandten Prinzip – in einem Fall verbürgt die Fiktion die Wahrheit des Dargestellten, im anderen das Dargestellte die Wahrheit der Fiktion.

Fazit

Bis hierher war zu zeigen, dass das, was die Forschung gemeinhin unter den Begriff der fiktional-dokumentarischen Mischformen fasst, in der DDR in zwei qualitativ unterschiedliche Kategorien zerfällt, die zwei verschiedenen, aber komplementären Formprinzipien folgen. Interessant ist nun, dass beide Sorten dennoch einen gemeinsamen Fluchtpunkt haben, den man als das je Transitorische der Gegenwart bezeichnen könnte: Bei den Mischformen mit West-Thematik wird in der Summe stets die Tendenz deutlich, die bunte, wohlhabende und liberale Bundesrepublik als Camouflage zu entlarven. Sie ist die Tarnung, hinter der sich die Strukturen des monopolkapitalistischen Systems im Allgemeinen und das ungebrochene Fortwirken der alten Nazis in der neuen Republik verstecken. Das Heute ist nur die Oberfläche des sich fortsetzenden Gestern.

In den Mischformen, die auf die DDR-Gesellschaft selbst zielen, ist die Gegenwart jedoch ebenfalls von einer eigentümlichen Blässe. Ernst Fischer hat das mit Bezug auf die Gesamtkultur im Sozialismus einmal so formuliert:

> Die Wirklichkeit ist niemals das Fertige […] kein fester Zustand, sondern ein Prozeß. In der entschwindenden bildet sich schon die neue

Wirklichkeit heraus, und diese noch unbekannte zu entdecken, ist jedem über den Durchschnitt sich erhebenden Dichter aufgetragen.[38]

Für die Kultur im Allgemeinen wie für die Mischformen im Besonderen gilt also der Grundsatz, stets im Heute schon das Morgen, im Schlamm der Großbaustelle den Kühlturm und in der Scheu des Intellektuellen schon seine restfreie Integration in die Arbeitswelt zu entdecken. Das ist letztlich die ganz buchstäbliche Bedeutung des Begriffs «fortschrittliche Kunst».

Wenn man diesen Gedanken noch ein Stück weiterentwickelt, wird erkennbar, dass sich im kulturellen Diskurs der DDR Ost und West fast spiegelbildlich gegenüberstehen: In der Bundesrepublik verbirgt das Heute das Gestern, in der DDR die Gegenwart die lichte Zukunft. Und was hier nur beispielhaft an den Mischformen entwickelt ist, lässt sich auch für den Deutschen Fernsehfunk insgesamt nachweisen. Die Forderungen nach dem Typischen in der Darstellung der DDR, aber genauso auch die Selektionen für die Darstellungen der Bundesrepublik zeigen, dass das DDR-Fernsehen der frühen 1960er Jahre zwar ein Gestern und ein Morgen, jedoch kein Heute hatte.

---

38 Ernst Fischer: «Kafka-Konferenz». In: Eduard Goldstücker / Frantisek Kautmann / Paul Reimann (Hrsg.): *Franz Kafka aus Prager Sicht*. Prag 1965, S. 157-168, S. 162.

Caroline Elias, Thomas Weber

Defekt als Referenz

Von neuen Hybrid-Formaten zum Verfall der Doku-Kultur

Einleitung

Der Dokumentarfilm hat in den letzten Jahren einen ungekannten Boom erlebt – so scheint es zumindest, wenn man die Inflation des Dokumentarischen im Fernsehen betrachtet, das seit wenigen Jahren die Sendeplätze des Programmschemas in immer größerem Maße füllt. Zugleich hat man den Eindruck, dass die quantitative Ausweitung von dokumentarischen Formaten einhergeht mit einem dramatischen Verlust an Qualität oder zumindest mit einem Wandel des Grundverständnisses dessen, was unter dem Dokumentarischen überhaupt noch zu verstehen sei. Nicht zuletzt wird dabei – gerade von vielen «Insidern» wie z. B. Jürgen Bertram[1] – ein Verfall von Fernsehkultur beklagt, der sich unter anderem auch daran zeige, dass anspruchsvolle Dokumentarfilme immer seltener einen angemessenen Sendeplatz finden oder gar nicht mehr ins Fernsehen gelangen. Gerade für engagierte Filmemacher, die für die Finanzierung ihrer Produktion eine Auswertung sowohl im Kino als auch durch das Fernsehen einplanen müssen, zerbrechen damit grundlegende, über Jahrzehnte hinweg gewachsene Produktionsstrukturen.

In unserem Beitrag «Defekt als Referenz» möchten wir diesem Eindruck nachspüren und mögliche Ursachen benennen. Dabei haben wir nicht nur versucht, zwei verschiedene Sichtweisen miteinander zu kombinieren, die zwei Seiten der gleichen Medaille darstellen; Kino und Fernsehen werden darüber hinaus auch als ökonomischer Regelkreis wahrgenommen, in dem insbesondere das Kino sich als vom Fernsehen abhängig erweist. Dabei gehen wir wie folgt vor:

I. Der erste Teil von Thomas Weber beschäftigt sich mit der ökonomischen Dynamik von neuen, fernsehtypischen Doku-Formaten und ihrer Ästhetik des Defekts.

II. Der zweite Teil von Caroline Elias befasst sich mit den strukturellen Defiziten der aktuellen Dokumentarfilmproduktion und der ökonomischen Situation derer, die versuchen, kinotaugliche Dokumentationen zu produzieren.

---

1 Jürgen Bertram: *Mattscheibe. Das Ende der Fernsehkultur*. Frankfurt a. M. 2006.

Der Begriff des Defekts dient dabei als formale Klammer, um ganz unterschiedliche, disparate Dimensionen eines «Verfalls» der Doku-Kultur zu beschreiben, deren Zusammenhang in der ökonomischen Dynamik zu suchen ist. Ohne den Begriff des Defekts hier als analytische Kategorie systematisch aufarbeiten zu wollen[2], muss deutlich bleiben, dass jeweils unterschiedliche Aspekte visiert werden, woraus folgt, dass es im ersten Beitrag um die Ausweitung eines ästhetischen Phänomens geht, während der zweite Beitrag die individuelle Arbeitssituation der Filmemacher untersucht.

Beide Aspekte beschreiben einen mediologischen Zusammenhang von sozialen Bedingungen, ökonomischen Veränderungen und ästhetischer Ausdifferenzierung, aus dessen Perspektive auch die Frage nach Referenz sich neu stellt und als Frage nach Selbstreferenz eine neue Bedeutung erhält. Wo die Auflösung gewachsener Medienkulturen und nicht zuletzt auch die fortschreitende Auflösung von Vertragsverhältnissen der Wissens- und d.h. auch der Medienmitarbeiter selbst zu beobachten sind, erscheint die von Soziologen wie etwa Manfred Füllsack[3] beschriebene Entwertung von Wissen und Wissensarbeit in der sogenannten Wissensgesellschaft längst nicht mehr als Einzelphänomen.

I. Hybrid-Formate und die Inszenierung von Defekten

In den letzten Jahren zeichneten sich rasante Veränderungen von dokumentarischen Formaten im Fernsehen ab. Noch 2003 stellte Georg Feil von der HFF München fest, dass auch «die neuen hybriden Formen des Dokumentarischen» bei den Machern, Sendern und Zuschauern keine größere Aufmerksamkeit finden;[4] seither hat sich das Bild gewandelt.

Hybride Formen des Dokumentarischen, also Formate, die dokumentarische mit spielerisch-inszenierenden Ausdrucksformen kombinieren, sind en vogue und besetzen in zunehmendem Maße die Sendeplätze. Sie folgen damit einer Tendenz zur Ausdifferenzierung der dokumentarischen Formate, deren «relative thematische Beliebigkeit», wie Wolfgang Mühl-Benninghaus anmerkte[5], kaum mehr einen gemeinsamen Nenner zu haben scheint.

---

2   Der Defekt bzw. die Dysfunktion wurde systematisch beschrieben in Thomas Weber: «Die Erzählung von futurischen Medien als inszenierte Dysfunktion im Kino der 80er und 90er Jahre», in: Corinna Müller / Irina Scheidgen (Hrsg.): *Mediale Ordnungen. Erzählen, Archivieren, Beschreiben.* Marburg 2007, S. 128 – 141.
3   Manfred Füllsack: *Zuviel Wissen? Zur Wertschätzung von Arbeit und Wissen in der Moderne.* Berlin 2006.
4   Georg Feil (Hrsg.): *Dokumentarisches Fernsehen. Eine aktuelle Bestandsaufnahme.* Konstanz 2003.
5   Wolfgang Mühl-Benninghaus: «Kommunikative und ästhetische Funktionen des deutschen Dokumentarfilms». In: Joachim-Felix Leonard / Hans-Werner Ludwig / Dietrich Schwarze /

Entsprechend schwierig ist heute auch eine Auseinandersetzung mit dem Dokumentarischen, dessen Definition keineswegs mehr so selbstverständlich erscheint wie noch zu Zeiten Griersons.

Lange Zeit hindurch galt die begrifflich präzise Differenzierung zwischen Fiktion und Nicht-Fiktion als die eigentliche Herausforderung bei einer Definition des Dokumentarfilms. Doch lässt sich diese Differenz allein auf einer filmsprachlichen Ebene bestimmen? Kritiker von literaturwissenschaftlich oder semiologisch inspirierten filmtheoretischen Ansätzen, wie etwa Eva Hohenberger[6], wenden zudem ein, dass abseits einer wie auch immer eindimensionalen Betrachtung andere Aspekte des Dokumentarfilms wie etwa seine vom Spielfilm zu unterscheidende Ökonomie, seine Verflechtung mit anderen Medien oder seine gesellschaftliche Funktion[7] bei einer Diskussion des Dokumentarischen mit einbezogen werden müssten; denn die enge Vernetzung von institutionellen, gesellschaftlichen, ökonomischen und ästhetischen Faktoren lässt es immer mehr unangebracht erscheinen, sie isoliert voneinander zu betrachten (wie dies in den letzten Jahren auch von einer integrativen Medienwissenschaft oder einer aus Frankreich angeregten Mediologie gefordert wird).

Auch stellt sich die Frage, ob man im Zeitalter digitaler Manipulationsmöglichkeiten überhaupt noch zuverlässig Aussagen über Authentizität treffen kann oder ob nicht vielmehr die Frage nach Authentizität selbst obsolet wird.

Authentizität ist ein Strukturmerkmal dokumentarischer Formate. Sie erscheint als Garant für die Annahme, dass sich dokumentarische Filme auf eine unabhängig existierende Realität, eine – wie auch immer definierte – Außenwelt beziehen. Was genau unter Authentizität zu verstehen ist, kann dabei ebenso variieren wie die ästhetischen Strategien, die verwendet wurden, um den Eindruck von Authentizität zu erzeugen. Auch wenn die Sehnsucht nach Authentizität, die bis heute das Interesse des Publikums an dokumentarischen Ausdrucksformen wachhält, kaum gebrochen ist und umgekehrt proportional anzusteigen scheint zu den wachsenden Möglichkeiten der Bildmanipulation, so haben sich die konkreten ästhetischen Ausdrucksformen von Authentizität im Laufe der Zeit immer wieder gewandelt. Sie sind Teil eines Kommunikationsprozesses zwischen Zuschauern und Produzenten, so wie das Dokumentarische selbst. Entscheidend ist dabei, wie Volker Wortmann feststellt, die Bereitschaft des Betrachters, «der spezifischen Beschreibung folgen zu wollen, die kulturhistorisch variierenden Kriterien authentischer Darstellung anzuerkennen.»[8]

Erich Straßner (Hrsg.): *Medienwissenschaft. Ein Handbuch zur Entwicklung der Medien und Kommunikationsformen.* Berlin / New York 2001, S. 1123-1136.
6   Eva Hohenberger (Hrsg.): *Bilder des Wirklichen. Texte zur Theorie des Dokumentarfilms.* Berlin 1998.
7   Hohenberger, ebd., S. 20f. .
8   Volker Wortmann: *Authentisches Bild und authentisierende Form.* Köln 2003, S. 235.

Geht man davon aus, dass die Vorstellung eines inszenierten Defekts paradox scheint, da es sich bei Defekten um unerwartete, sich einstellende Störungen eines erwarteten Handlungsablaufs handelt, dann mutet auch die hier vertretene These zunächst paradox an: Je mehr die aktuellen hybriden Formate Defekte ästhetisch inszenieren und damit selbstreferentiell auf das eigene Produktionssystem verweisen, desto größer sind die tatsächlichen Defekte, Störungen oder konkreten Verfallsmomente, die dieses System bedingen.

Dies kann selbstverständlich hier nicht erschöpfend behandelt werden. Zwei Fragen sollen hervorgehoben und schlaglichtartig behandelt werden:

1. In welchem Umfang sind die neuen hybriden Doku-Formate im Programm überhaupt vertreten und lässt sich daraus eine ökonomische Strategie erkennen?
2. Was sind die besonderen ästhetischen Merkmale der neuen hybriden Formate und welche Rolle spielt dabei die Ästhetik des inszenierten Defekts?

1. Ökonomische Größenordnung der Hybridisierung

Wenn wir von einer Krise oder einer Umbruchsituation sprechen, dann ist zunächst ein offensichtlicher Widerspruch zu erläutern:

Als vor drei Jahren die Dokumentarfilmer bzw. Medienberater Lutz Hachmeister und Jan Lingemann resümierend feststellten, dass das Fernsehen längst der eigentliche Ort der dokumentarischen Filmarbeit sei, kamen sie nicht umhin einzuräumen, dass das «viel gescholtene Medium [...] seit Beginn der 90er Jahre einen internationalen Boom des dokumentarischen Films» verzeichnet, dass sogar «von einer neuen Ökonomie des Dokumentarischen gesprochen werden muss.»[9]

Doch was ist aus diesem vor wenigen Jahren noch beschworenen Dokumentarfilmboom geworden? Ist das Fernsehen noch immer zentrale Plattform oder längst Totengräber einst anspruchsvoller Sendeformen? Und wie ist die neue Ökonomie des Dokumentarischen organisiert?

Antworten hierauf fallen nicht einfach, da es neben Boulevard-Formaten mit dokumentarischer Geste wie etwa AKTE 06 immer auch DIE MANNS eines Heinrich Breloers gibt und neben einer Doku-Soap wie SUPER NANNY auch anspruchsvolle Dokumentarfilme wie BERUF LEHRER von Thomas Schadt, wenn auch ins Spätprogramm abgedrängt. Die Situation scheint unübersichtlich, doch Tendenzen sind erkennbar.

Im Sommer 2006 haben wir – um die Größenordnung verschiedener dokumentarischer Formate zu bestimmen – schlicht einmal nachgezählt, d.h. eine

---

9 Lutz Hachmeister/ Jan Lingemann: «Die Ökonomie des Dokumentarfilms». In: Feil: *Dokumentarisches Fernsehen* (wie Anm. 4), S. 18-41.

Tab. 1: 2000

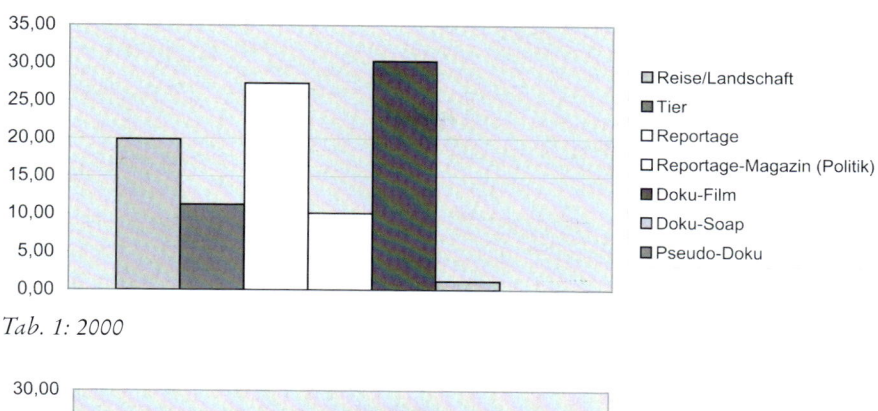

Tab. 2: 2006

Woche 17. – 23. Juli 2006 (Tab. 2) mit einer Woche vom 15. – 21. Juli 2000 (Tab. 1) verglichen. Auch wenn der Umfang der Stichprobe noch zu gering erscheint, um methodisch wirklich verlässliche Aussagen zur Entwicklung der Doku-Formate gewinnen zu können[10], lassen sich an ihr jedoch bereits jetzt Größenverhältnisse erkennen, deren Veränderung eine eindeutige Tendenz aufweist.

Der Anteil an dokumentarischen Formaten am Gesamtprogramm der untersuchten 18 Sender lag im Jahr 2000 bei knapp 2%, im Jahr 2006 bei 4%, d.h. der Gesamtanteil von dokumentarischen Formaten hat sich damit in den letzten 6 Jahren mehr als verdoppelt.

Bei der Zählung wurden 7 Kategorien gebildet:

---

10 Detaillierte Statistiken zu Doku-Formaten fehlen bislang weitgehend oder sind z. T. auch nicht verlässlich, da durch vergröberte Kategorienbildung ein unscharfes oder gar falsches Bild gezeichnet wurde. Auch gegen die hier vorgelegten Zahlen lassen sich methodische Einwände erheben: Auf Grund des geringen Umfangs der Stichprobe sind die Zahlen nicht wirklich repräsentativ und können in Einzelfällen das Bild verzerren, wie etwa bei Tierdokumentationen, deren Anteil in den letzten Jahren tendenziell eher gestiegen ist. Eine umfangreichere Studie mit einer wesentlich breiteren Stichprobe ist derzeit gerade in Arbeit; die Ergebnisse lagen zum Zeitpunkt der Drucklegung dieses Beitrags allerdings noch nicht vor.

1. Reise- und Landschaftsfilme,
2. Tierfilme,
3. Reportagen,
4. Reportage-Magazine,
5. Dokumentarfilm,
6. Doku-Soaps und
7. Pseudo-Dokus.

Unter Doku-Soaps verstehen wir Formate, die eine Situation dokumentieren, die erst dadurch entsteht, dass sie von den Produzenten geschaffen oder zumindest maßgeblich von ihnen beeinflusst wird. Wenn z. B. in FRAUENTAUSCH die Frauen von zwei unterschiedlichen Familien für einige Tage ausgetauscht werden, dann wird dieser Tausch von den Produzenten allein zum Zweck der Produktion einer Doku-Soap organisiert. Entsprechend geben die Produzenten den Teilnehmern an diesem Format die Spielregeln vor.

Die Pseudo-Doku ist keine Dokumentation, sondern ein fiktionales Format, das den Anschein erweckt, es sei dokumentarisch. Der Zuschauer wird über den fiktiven Charakter der Handlung nicht aufgeklärt – im Gegenteil, durch verschiedene Authentifizierungssignale wird er im Glauben bestärkt, es handele sich um reale Ereignisse, die lediglich durch nachgestellte Spielszenen zu illustrativen Zwecken ergänzt worden seien wie z. B. bei LENSSEN & PARTNER, NIEDRIG UND KUHNT etc. etc..

Während Reise-, Landschafts- und Tierfilme zusammengenommen noch 2000 rund 30% von allen Dokumentarformaten ausmachten, sind dies 2006 nur noch 15%, also fast eine Halbierung. Reportagen und Dokumentarfilme zusammen stellten 2000 noch 57% der Dokumentarformate, im Jahr 2006 waren es nur noch 50%, also ein leichter Rückgang. Auch die Reportage-Magazine mussten Sendezeit abgeben. Von 10% im Jahr 2000 schrumpfte ihr Anteil auf nunmehr 8,5%; besonders schmerzhaft ist dies für tradierte Politmagazine wie Monitor oder Panorama, die zum Teil eine Drittel ihrer Sendezeit verloren haben; dafür wurden Boulevard-Formate deutlich ausgeweitet.

Am deutlichsten zeigen sich Unterschiede in den Kategorien Doku-Soap und Pseudo-Doku.

Die Doku-Soap war im Jahr 2000 noch eine Randerscheinung im Gesamtprogramm, die nur 1% der Doku-Formate insgesamt abdeckte; die Pseudo-Doku war noch unbekannt. Im Jahr 2006 machen die Doku-Soaps fast 18% aller Doku-Formate aus, überholen also Reise-, Landschafts- und Tierfilme zusammengenommen. Hinzukommen noch einmal die Pseudo-Dokus, die mit knapp 8% zu Buche schlagen und quantitativ einen Anteil haben, der fast dem der Reportage-Magazine entspricht.

Folgt man Georg Feil, dann ist der Doku-Boom übergegangen in eine Ausdifferenzierung des Genres, die auch solche Formate verzeichnet, die vorher dem Dokumentarischen gar nicht zugerechnet wurden.

Besonders auffällig ist dabei nicht einmal die Aufgabe oder die Marginalisierung des gesellschaftskritischen oder aufklärerischen Anspruchs, der in Einzelfällen – wenn auch vom Publikum nicht immer mitgetragen – durchaus noch eingelöst wird.

Vielmehr erweist sich neben der Hybridisierung als besonderes Merkmal vor allem der serielle Charakter der neueren Produktionen. Nicht mehr die einzelne Sendung wird mit ihren besonderen Eigenheiten dem Zuschauer vorgestellt, sondern ein bestimmter Platz im Programmschema, dem spezifische Merkmale zugeordnet werden und deren Muster in jeder einzelnen Sendung reproduziert wird. Nach einer gewissen Anzahl von Sendungen unter dem gleichen Label wird eine kleine Variation des Labels vorgenommen, deren Merkmale sich jedoch von den vorhergehenden kaum unterscheiden; die Unterschiede zwischen ZUHAUSE IM GLÜCK – UNSER EINZUG IN EIN NEUES LEBEN oder UNSER NEUES ZUHAUSE können hier vernachlässigt werden.

Ökonomisch gesehen folgt dies einer klaren Tendenz zur Verbilligung der Produktion.[11] Während etwa für aufwendige BBC-Dokumentationen von ca. 50 Minuten Länge rund 400.000 EUR an Investitionskosten anfallen, die sich erst durch eine internationale Vermarktung amortisieren, kosten Low Budget Reportagen oder eben auch Pseudo-Dokus oder Doku-Soaps 12- bis 15mal weniger, wenn man für 30 Minuten rund 20.000 EUR einkalkuliert. Diese Produktionen sind auf Grund ihrer deutlich geringeren Qualität zwar international nicht vermarktbar, sie füllen aber einmal etablierte Sendeplätze im Programmschema mit kostengünstigem Filmmaterial. Eine Strategie, die im Hinblick auf die eben beschriebenen Wachstumsraten durchaus aufzugehen scheint.

Doch ist dies nur eine ästhetische Variation von Altbekanntem oder entsteht hier etwas Neues, das sich nicht allein nur auf der Ebene dramaturgischer Konstruktion und Streben nach Wohlgefallen erklären lässt?

2. Ästhetik des inszenierten Defekts als Referenz

Sieht man von affirmativen Formaten (Reise-, Lehr-, Industriefilme u.ä.) einmal ab, zu denen letzthin auch altbekannte Boulevard-Magazine zählen, und konzentriert sich auf die neuen hybriden Formate, dann fällt auf, dass unabhängig vom individuellen Anspruch der Filmemacher (und der Qualität der Filme) das Authentizitätsversprechen der dokumentarischen Formate vor allem

---

11 Vgl. auch Hachmeister / Lingemann, «Die Ökonomie des Dokumentarfilms» (wie Anm. 9), S. 29.

durch inszenierte Störungen und Defekte eingelöst werden soll. Derartige Störungen zeigen sich einerseits auf einer ästhetischen Ebene in der misslungenen Form (der Kameraführung, der Beleuchtung etc.), andererseits in einer thematischen Fixierung auf Defekte der Wirklichkeit, angefangen bei falschen politischen Verhältnissen bis hin zu den Abgründen des (durchaus im Sinne Adornos) beschädigten Alltagslebens.

Die Pseudo-Dokus knüpfen thematisch an bekannte Muster des Boulevard-Journalismus an und konzentrieren sich fast ausschließlich auf Sex and Crime im weiteren Sinne. In LENSSEN & PARTNER, NIEDRIG UND KUHNT oder K 11 treffen die ausgesandten Ermittler immer wieder auf ähnliche soziale Dispositive: Junge Frauen werden mit Drogen gefügig gemacht, zur Prostitution gezwungen, entführt, wechseln die Sexualpartner und treiben damit den Ehemann zu unüberlegten Taten oder entpuppen sich letzthin selbst als skrupellose Verbrecher, die nur hinter dem Geld ihrer Beziehungspartner her sind. Die bevorzugten Szenen folgen bekannten Exploitation-Filmen: Opfer werden entführt, ermordet oder befreit, Ermittler dringen *under cover* in ein Milieu ein oder schleichen sich heimlich an Verdächtige heran. In der Auflösung der Geschichten zeigen sich – typisch für das Kriminalgenre – meist gestörte Familien- und Beziehungsverhältnisse, die durch die kriminellen Handlungen endgültig zerbrechen.

Die ästhetische Konstruktion dieser Pseudo-Dokus orientiert sich an Doku-Formaten, die unter schwierigen Bedingungen gedreht werden und damit den Eindruck von Gefahr, des Heimlichen, des Verbotenen verstärken, das nur mit Mühe von der Kamera aufgezeichnet werden kann.

Die Action-Szenen werden grundsätzlich aus der Hand gefilmt (d.h. mit Schulterstativ), die Kamera imitiert z.T. den Blick der Ermittler (simuliert also eine subjektivierte Kameraperspektive), ist verhuscht, lugt um die Ecke, nimmt ungewöhnliche, nur durch vermeintliche Hast motivierte Positionen ein, der Blick ist verstellt oder unscharf; vielfach werden Überwachungskameras eingesetzt und deren Sichtweise durch schwarz/weiß Bilder mit minderer technischer Qualität und durch Störungen dargestellt.[12]

---

12 Produzentin z. B. von LENSSEN & PARTNER ist die Constantin Entertainment GmbH, eine der vier großen TV-Auftragsproduktionsfirmen, die auf der Webseite der Gruppe erwähnt werden. Bei der Serie wird der dokumentarische Look und das Interesse des Publikums am (vermeintlich) Echten zum Mittel in der Kostendämpfung eingesetzt. Caroline Elias konnte mit einem der Mitwirkenden sprechen: K. aus Berlin bezeichnet sich selbst als «Darsteller», «irgendetwas zwischen Komparse und Schauspieler.» Die Dreharbeiten finden ere nur erträglich, «wenn man es nicht ernst nimmt. Wir bekommen Text, na klar, dürfen es dann aber doch wie im wirklichen Leben in eigenen Worten sagen. Es wird kurz geprobt und oft ist nach ein, zwei Takes die Szene im Kasten. Meistens sind wir schlecht (...), aber das interessiert niemanden.» «Der Look hat bewusst so etwas Unfertiges. Die geben sich mit der Kamera keine Mühe, es soll so sein als wär' es versteckte Kamera.» Eine Folge von 30 Minuten wird im Durchschnitt an einem Tag abgedreht. Von Hause aus gelernter Opernsänger, lebt er vom Gesangsunterricht und dem Darstellen. Seine Gagen liegen bei 120 Euro für einen Drehtag und bei 180 Euro für zwei Drehtage. Vergleichen wir jetzt diese

Abb. 1: Abschluss-
klasse 05, *25.07.06, VIVA*

Abb. 2: Lenssen &
Partner, *17.07.06, SAT.1*

Abb. 3: Lenssen &
Partner, *17.07.06, SAT.1*

Abb. 4: Lenssen &
Partner, *17.07.06, SAT.1*

Abb. 5: Abschluss-
klasse 05, *25.07.06, VIVA*

Abb. 6: Niedrig und
Kuhnt, *17.07.06, SAT.1*

Ästhetisch gestörte, defekte Bilder finden sich auch in den Doku-Soaps, die allerdings Boulevard-Themen geradezu vermeiden. Sex and Crime spielen allenfalls am Rande eine Rolle, im Zentrum steht ausdrücklich betonte Alltagsnähe:

In Frauentausch werden die Frauen verschiedener Familien in einer Art sozialem Experiment für ein paar Tage ausgetauscht und müssen in ihnen fremden sozialen Milieus mit dem Alltag zurechtkommen. Bei der Super Nanny geht es um Kindererziehung, die den überforderten Eltern über den Kopf zu wachsen scheint, und die durch eine Kinderpsychologin geeignete Erziehungsratschläge erhalten (auch Tiertrainer oder Tierkommunikatoren sind sehr beliebt und richten weniger die Vier- als die zugehörigen Zweibeiner ab).

In diesen Formaten, die als Ratgeber letzthin nicht taugen, da die vorgeführten Fälle allzu individuell voneinander abweichen und die geschilderten Probleme kaum auf die Lebenssituation der Zuschauer direkt übertragen werden können, werden letzthin defekte, zum Teil auch hochgradig gestörte Familiensituationen oder charakterliche Deformationen der Protagonisten vorgeführt. Es wird keine heile Welt gezeigt, die sozialen und wirtschaftlichen Probleme bleiben präsent, doch der Fokus liegt auf den psychologischen Defiziten. Für ihre Reparatur wird vom Fernsehsender – der wie ein deus ex machina agiert – ein sogenannter Experte entsandt, der Schwierigkeiten wie mit Zauberhand aus dem Weg zu räumen versteht.

Summen mit Schauspielergagen: Die Einstiegsgage liegt bei 1800 Euro für einen Tag bei einer Krimiserie des Privatfernsehens sowie bis 2500 Euro für einen Drehtag für den Tatort.

Doch nicht allein nur Psychoprobleme werden dargestellt, sondern auch banales Leiden an der alltäglichen Wohnsituation, die als zu langweilig, beengt oder ungeeignet empfunden und von den von den Fernsehteams beauftragten Handwerkern und Innenarchitekten im Nu behoben werden. In Formaten wie DIE HAMMER-SOAP, HEIMWERKER IM GLÜCK oder UNSER NEUES ZUHAUSE werden die Protagonisten durch Profis von überalterten Wohnwelten befreit, nicht selten ohne dass dabei auf die sozialen Probleme hingewiesen wird, die eine entsprechende Lösung bisher unmöglich gemacht haben, z. B. wenn die Familie ein behindertes Kind pflegen muss und sich einen behindertengerechten Umbau des neuen Zuhauses schlicht nicht leisten kann. Das Fernsehen präsentiert sich hier als Retter in der Not, kann aber in anderer Laune in der nächsten Saison sich schon als advocatus diaboli präsentieren wie etwa in der Sendung HILFE! - ZUHAUSE SIND DIE TEUFEL LOS, in der ein Haus nach den Wünschen und Phantasien der Kinder umgebaut wird ohne Rücksicht auf Bedürfnisse der Erwachsenen.

Wer denkt, dass sich die Fernsehteams bevorzugt nur in die heimischen vier Wände zurückziehen, wird überrascht sein von Formaten wie DIE AUSWANDERER oder MEIN NEUES LEBEN, die deutsche Kleinfamilien bei der Auswanderung begleiten.

Doch der Wechsel des Ortes wird im Grunde zum peripheren Ereignis, da nicht der in einem anderen Land gelegene Ort, also das Fremde beobachtet wird, sondern die innere Dynamik der Auswanderergruppe. Wie fühlt man sich, wenn man mit der Bürokratie des Gastlandes Probleme hat, wenn man arbeitslos bleibt oder die Sprache nicht spricht? Die Kamera interessiert sich nicht für die Ursachen der Probleme, sondern nur für die Auswirkungen auf die Protagonisten. Halten sie durch? Werden sie aufgeben und nach Deutschland zurückkehren? Die Alltagssorgen im Ausland sind fast die gleichen, wie jene, die man zu Hause hatte. Der Ortswechsel wird bedeutungslos, der deutsche Problemalltag des Kleinbürgertums ist exportfähig und daher, so sieht es jedenfalls aus, mit Ortlosigkeit geschlagen.

Auch in Sendern, die kein Vollprogramm zu bieten versuchen wie der Musikkanal VIVA, fallen neuerdings hybride Doku-Formate auf, die für die entsprechende Zielgruppe eingegrenzt produziert werden wie etwa FREUNDE oder ABSCHLUSSKLASSE 2005 (was zuvor mit weniger Erfolg auf Pro7 lief). In der ABSCHLUSSKLASSE 2005 werden Abiturienten in ihrem letzten Schuljahr begleitet, genauer gesagt, begleiten sie sich selbst mit der Kamera (so zumindest der Erzählrahmen). Dabei fällt auf, dass in gleichem Maße wie die Unterschiede in diesem Format zwischen Pseudo-Doku und Doku-Soap verwischen, die inszenierten Authentizitätssignale in Form von Störungen und Defekten zunehmen. Das Medium wird dadurch nicht nur intransparent, sondern inszeniert sich auch noch selbst. Immer wieder finden sich Szenen, in denen die Kamera als Akteur mit ins Geschehen eingebunden wird, in denen die Darsteller direkt in die Kamera spielen oder die Kamera selbst ins Bild rückt.

Dies gilt allgemein auch für die anderen Formate. Die Motive für die Inszenierung von Defekten sind neben der Beschleunigung der Dramaturgie (also des Eindrucks von Gefahr, von Hast, von ungünstigen Drehbedingungen, die z.T. noch durch den Zeitraffer verstärkt wird), weniger in einem Verweis auf Authentizität zu suchen (die es so nicht gibt), als vielmehr in der Plausibilisierung einer qualitativ minderwertigen Produktionsweise, die eine optimale Ausleuchtung, Kamerafahrten auf Schienen oder gar ein größeres Verhältnis von gedrehtem zu gesendetem Material kaum mehr mit einkalkuliert.

Abb. 7: ABSCHLUSSKLASSE 05, *25.07.06, VIVA*

Zwar weisen sie durchaus eine Fremdreferenz auf, doch scheint diese beliebig austauschbar zu sein, sofern sie sich in den seriellen Charakter der Produktion und die je vorgegebene Dramaturgie einfügt.

Die Referenz des Defekts bezieht sich dabei nicht mehr auf eine wie auch immer zu definierende, vom Medium unabhängige Wirklichkeit, als vielmehr auf die von Luhmann beschriebene Realität der Massenmedien selbst und d.h. auch auf die soziale Realität der Medienmacher und die kaum mehr verhüllten Marktgesetze, denen sie unterliegen.

II. Zu den strukturellen Defekten des Produktionssystems

1. *Vorrede vom vermeintlichen Markt*

Das Prinzip des Defekts, oder, in seiner möglichen bis in vielen Fällen wahrscheinlichen Konsequenz benannt, das Prinzip permanent drohenden Scheiterns, ist die Lebenswirklichkeit der Mehrheit deutscher Dokumentaristen. Von der klassischen Definition der marktwirtschaftlichen Gesetze her betrachtet ist das Scheitern *per definitionem* Teil des Systems; Angebot und Nachfrage regulieren sich selbst, genauso wie die beteiligten Unternehmen entstehen, wachsen, bestehen und möglicherweise eben auch vergehen. Was so naturgegeben klingt, ist nichts anderes als *survival of the fittest*.

Indes, wir haben es im Medienbereich und insbesondere bei der Herstellung von Dokumentarfilm, Dokumentationen und Features mit keinem sich selbst regulierenden marktwirtschaftlichen System zu tun. Der Medienmarkt zeichnet sich durch eine Vielzahl von Anbietern und eine zu geringe Anzahl von Nachfragenden aus; so wird ein Käufermarkt beschrieben, d.h. derjenige, der das Produkt erwirbt, bestimmt den Preis unabhängig von den Gestehungskosten. Darüber hinaus treten die Käufer oft als Konkurrenten auf, da sie selbst auch Filme herstellen: der Ausgangspunkt ist also bereits ein Markt in Verzerrung. Zusätzlich greifen Dritte in den Markt ein, Filmfördereinrichtungen, die durchaus von positiven Intentionen geleitet sind. Strikt nach Lehrbuch argumentiert, sind die Voraussetzungen freien unternehmerischen Handels nicht gegeben.

Gemessen an der Kaufkraft sinken in den letzten Jahren die durchschnittlichen finanziellen Beteiligungen der Sender. Das gilt jedoch nicht für deren Eigenproduktionen oder Projekte von Tochterfirmen. Standortförderungen und Quersubventionierungen führen zu weiteren Verzerrungen. Hinter vorgehaltener Hand sagen Insider, dass es im AV-Bereich für anspruchsvolle Werke keinen freien Markt gebe, ja im Grunde nie gegeben habe, dafür sei Filmherstellung zu kostspielig. Dies hat auch Auswirkungen auf die Filme. Die Beobachtung des in der Regel mitfinanzierenden Fernsehens brachte den Medienkritiker Fritz Wolf angesichts des hohen Formatierungsdrucks bereits 2003 dazu, den Untergang des Autorenfilms zu prophezeien.[13] Zwei Jahre später, angesichts der sich weiter zuspitzenden Situation, regt er implizit eine «kulturelle Vielfaltsförderung» an.[14]

2. Hybridisierung der Produktionen

Die Sender beteiligen sich in unterschiedlicher Weise an den Herstellungskosten von «non fiction» – mit diesem Begriff aus dem internationalen Marketing werden die verschiedenen dokumentarischen Formate seit einigen Jahren immer häufiger zusammengefasst. Dabei treten die Sender als Auftraggeber, Koproduzent oder Käufer des fertigen Films auf; je nach Status definieren sich finanzielle Beteiligung und Mitspracherechte. Dies geschieht im Rahmen der sogenannten «Auslagerung» von Produktionen, der verstärkten Beauftragung unabhängiger Produzenten, und ist dem Gedanken verpflichtet, dass freie Produktionsfirmen im Wettbewerb untereinander als Dienstleister den verschiedenen Anstalten zuliefern. Vor dem Hintergrund, dass in den 20 Jahren seit

---

13 Fritz Wolf: *Alles Doku – oder was? Über die Ausdifferenzierung des Dokumentarischen im Fernsehen.* Düsseldorf 2003 (=LfM-Dokumentation, Bd.25).

14 Fritz Wolf: *Formatentwicklung im politischen Fernsehjournalismus.* Mainz 2005 (=(10. Mainzer Mediendisput).

Einführung des dualen Rundfunksystems in den Redaktionen die Quote immer stärker die Frage nach der Zielgruppe ersetzt hat[15], minimieren die Anstalten gern ihr jeweiliges Risiko einer Fehlinvestition, indem sie wie an der Börse auf mehrere Formate und Projekte setzen. Innerhalb der Familie der öffentlich-rechtlichen Anstalten standen früher primär die Sender untereinander im Wettbewerb, heute sind es innerhalb dieser Sender die Ideen.[16] Auch diese Splittung führt zu weiter sinkenden Kofinanzierungsanteilen.

Anders als in Frankreich, wo der Senderzuwachs für die Finanzierung von Filmen und die Filmförderung positive Auswirkungen hatte, denn dort sind Koproduktionen zwischen den öffentlich-rechtlichen und den privaten Kabelanstalten üblich, hat sich in Deutschland die Produktionsszene im Reportage- und Dokumentarfilmbereich klar positioniert; von Ausnahmen abgesehen arbeiten die Firmen entweder für die Privaten oder für die anderen Sender.

Die Auftragslage der Masse der Filmproduktionsfirmen, die in der Folge dieser Auslagerungen entstand, ist schlecht. Wolf zitiert in seiner Untersuchung über den Fernsehjournalismus den Medienforscher Horst Röper, der befindet: «Sie (die Produzenten) leben von der Hand in den Mund. [...] Das ist eine Tagelöhnerbranche.»[17] Hachmeister und Lingemann schätzen, dass hierzulande 850 Firmen Dokumentarfilme und Reportagen produzieren, wovon rund drei Viertel nur kleine Unternehmen mit bis zu 500.000 Euro Jahresumsatz sind.

Gleichzeitig heben die Autoren hervor, dass nur 8% der Anbieter drei Viertel der Umsätze machen, während das Gros der Anbieter, drei Viertel, nur ein Zehntel des Auftragsvolumens überantwortet bekommt.

Paradoxerweise firmiert unter den Machern ganz unabhängig von ihrer alltäglichen Arbeitssituation der Kinodokumentarfilm weiter als zentrale Referenz und Qualitätsmaßstab, und auch unter Redakteuren von Fernsehanstalten gilt ein Kinostart als kleiner Ritterschlag. Daher legt die Untersuchung, zu der wir hier einige erste Beobachtungen zusammenfassen, auch den Schwerpunkt auf die Finanzierung von Kinodokumentarfilmen und die sich daraus ableitenden Lebens- und Arbeitssituationen der Macher.[18]

---

15 So sagte Johannes Unger, RBB-Programmbereichsleiter für Modernes Leben und Dokumentation: «Ich gestehe, ich glaube an die Quote. Und jeden Morgen sind die Ein- und Ausschaltzahlen meine erste Lektüre!» Quelle: «Was guckst Du?», Tagung des RBB zusammen mit der AG DOK, 11./12.05.2006.
16 Und die öffentlich-rechtlichen liegen im Wettbewerb um die Zuschauergunst mit den Privaten, und kündigen damit in immer mehr Bereichen einstige Qualitätsstandards auf.
17 Wolf: *Formatentwicklung im politischen Fernsehjournalismus* (wie Anm. 14).
18 Eine Studie von mir über *Kinodokumentaristen in Deutschland – Ein Berufsstand zwischen kreativer Freiheit und ökonomischen Zwängen, dargestellt im Vergleich zu Frankreich am Vorabend der digitalen Distributionsrevolution* ist in Arbeit. Hier werden erste Forschungsergebnisse auf der Basis von 17 Interviews vorgestellt, die im Folgenden anonymisiert präsentiert werden; als Angaben wurden vermerkt «Interview», «anonymisiertes Kürzel des Interviewten» und das «Datum», an dem ich das Interview mit ihm geführt habe.

Kontinuität in der Arbeit ist ein schwer herzustellendes Ziel. Arbeitsbiographien wie die von Klaus Wildenhahn, der 1995 nach 30jähriger Betriebszugehörigkeit als festangestellter Regisseur des NDR in den Ruhestand ging, klingen für den Nachwuchs von heute wie ein Märchen aus guter alter Zeit. Dabei war damals sicher die gute alte Zeit weder gut noch alt, immerhin erlaubt uns der Schritt zurück Erkenntnisse in Sachen Struktur. Denn bei genauerem Hinsehen fällt auf, dass parallel zu Produktionsauslagerungen immer mehr Aufgaben auf die freien Produzenten übertragen worden sind.

3. Große Anstalten versus kleine «Independents»

Gehen wir einmal davon aus, wer welche Aufgaben übernimmt und dafür honoriert wird: Einst planten Redakteure und beauftragten den Hausregisseur oder eine Firma, Geld floss, und die Filmschaffenden konzentrierten sich auf die Herstellung des Filmes. War nicht genügend Geld vorhanden, suchte der Redakteur eine koproduzierende Anstalt. Er war unter Umständen Ansprechpartner bei gestalterischen Fragen und entwickelte die Darstellung des Projekts im Sender, bereitete möglicherweise auch schon die Ideen und Texte für das Programmheft vor.

Bei aller Gefahr des Schematisierens fällt in den Interviews mit den Machern auf, dass viele dieser Aufgaben in den letzten zwanzig Jahren verstärkt auf die Produktionsfirmen verlagert worden sind – bei tendenziell gesunkenen pekuniären Beiträgen der Anstalten. Im Wettbewerb von immer mehr Sendern hat sich das Fernsehen so tiefgreifend gewandelt, dass sich seine Funktion und Aufgabe verändert haben und weiter ändern werden. Die Filmschaffenden konkurrieren nun zum Teil von verschiedenen Standorten aus um die knappe Ressource bezahlter Sendezeit. Globalisierung also auch hier.

Eine Ausweichmöglichkeit wäre die neue Technik, wir erleben die Anfänge der digitalen Distributionsrevolution, die Filmherstellung selbst hat sich in den letzten Jahren radikal verbilligt. Noch vor wenigen Jahren kostete die dazu notwendige Technik den Gegenwert einer Eigentumswohnung; heute ist es möglich, schon mit fünf- bis zehntausend Euro einen Film herzustellen.

Wie stehen nun Produzenten von Dokumentarfilmen wirtschaftlich da, was ist ihre wirtschaftliche Realität im Sinne von Bourdieu, wie arbeiten sie, was sind ihre Strategien für die Zukunft – oder ist die Ballung der Defekte zu groß für ein Überleben?

Der Defekt ist schon auf den ersten Blick ersichtlich, wenn man lediglich die finanziellen Investitionen in die Projekte und ihre Erträge bilanziert. Der üblicherweise in diesem Kontext vernommene Einwand, dass künstlerisches Schaffen auch Risiken birgt, ist berechtigt. Film, darin sind sich alle einig, hat einen Doppelcharakter, ist Kunst – aber eben auch Ware. Am anderen Ende steht also eine ökonomische Verwertungskette und damit Sender, die viele Programmstunden brauchen, um ihren Auftrag zu erfüllen.

Die Sender, aber auch Leiter von Filmfördereinrichtungen, fällen darüber hinaus immer öfter Entscheidungen, die ihnen *per definitionem* nicht zustehen, wenn sie zum Beispiel bestimmte Betriebsgrößen und -formen fordern. Zu Zeiten der «Nouvelle Vague» galt der «auteur, réalisateur, producteur» als Modell der Zukunft. Auf Deutsch wird das mit «Autorenproduzent» wiedergegeben, dieser Begriff kommt jedoch seit einigen Jahren aus der Mode. Ende September 2006 sagte Petra L. Schmitz anlässlich eines von ihr in Köln organisierten Symposiums zum Thema «Protagonisten im Dokumentarfilm»[19]: «Der frühere Autorenproduzent existiert nur noch selten.»[20]

Eine andere Bezeichnung ist «Rucksackproduzent», das Wort hat ein «Gschmäckle», es schwingt in vielerlei Ohren nicht nur Mobilität, sondern auch Improvisation mit, bis hin zu einem gewissen Grad von mangelnder Professionalität. Viele Vertreter der Filmfördereinrichtungen sprachen sich verstärkt ab der Jahrhundertwende für eine Professionalisierung der Branche aus. In dem Kontext sagte Professor Klaus Keil, der damalige Leiter der Berlin-Brandenburger Filmboard»[21] auf einem «Branchentreff» der Region im Jahr 2002[22] öffentlich: «Wir wollen keine Rucksackproduzenten, sondern Vollprofis!» Schon zu Beginn seiner Intendantenzeit legte er Wert darauf, dass Produktion und Regie von zwei verschiedenen Personen verantwortet wird.

Diese Trennung wurde inzwischen auch von etlichen Filmfördereinrichtungen in ihre Regelwerke übernommen. Darüber hinaus schreiben die meisten Förderbehörden bestimmte Betriebsstrukturen vor bzw., je nach Behörde, «empfehlen» sie diese nur. GmbHs wird gegenüber GbRs deutlich der Vorzug gegeben, auch wenn letztere, die Gesellschaften bürgerlichen Rechts, mit dem Privatvermögen für die oft als bedingt rückzahlbare Darlehen vergebene Fördersummen persönlich bürgen, also eigentlich «sicherer» in der Rückzahlung sein müssten.[23] In Einzelinterviews wird häufig moniert, dass in einigen Fällen sogar die Größe der GmbH relevant sei, zum Beispiel bei der Ausschüttung der automatischen Referenzförderung, das heißt von Geldern, die bei erfolgreichen Filmen von den Kinobetreibenden eingezogen und dem Produzenten von der

---

19 Vom 21. bis 23.09.2006 im Museum Ludwig. Veranstalter waren die Dokumentarfilminitiative NRW (dfi) gemeinsam mit dem Stuttgarter «Haus des Dokumentarfilms», der AG DOK und dem Filmhaus Kino Köln.
20 Newsletter der NRW-Filmstiftung, September 2005, S. 22, zitiert nach www.filmstiftung.de/fist/download_pdf/newsletter/newsletter_sept06.pdf (02.01.2007).
21 Seit dem 1.1.2004 in «Medienboard» umbenannt.
22 Am 22.08.2002 auf dem Rundfunkgelände Nalepastraße, einst Sitz des DDR-Rundfunks.
23 Dieser Ansatz spiegelt sich in den Kreditvergaberichtlinien Basel II der europäischen Bankunternehmen, die seit einigen Jahren eine weitere Hürde bildet, selbst wenn diese Richtlinie erst seit dem 01.01.2007 verpflichtend ist.

Filmförderanstalt für die Produktion eines neuen Filmes zur Verfügung gestellt werden – vorausgesetzt, es handelt sich beim Filmhersteller um eine Firma in einer der vorgeschriebenen Rechtsformen, die über ein hohes Stammkapital verfügt. So überrascht es nicht, dass vielerorts Autoren und Regisseure ohne Firma im Hintergrund nicht mehr antragsberechtigt sind.

Ökonomisch macht diese Barriere nur bedingt Sinn. Denn die faktische Präjudizierung des wirtschaftlichen Rahmens, in dem ein Film hergestellt wird, sagt nichts über die Erfolgschancen des Films aus, der ja, ich wiederhole mich, immer beides ist, Ware und Kunst. An Kinostarts oder großen Filmpreisen gemessen, sind kleine und mittlere Firmen genauso erfolgreich wie die großen; ausschließlich in der Anzahl von Festivalteilnahmen bemessen, sind sie sogar erfolgreicher, was an der sehr großen Zahl kleiner, auf Filmkunst, Kunstfilm und Arthouse-Kino spezialisierter Festivals liegt. Einem Aspekt wird hier Rechnung getragen, der nur schwer bilanziert werden kann: Könnerschaft braucht Übung, der Vorlauf findet häufig in kleinen Strukturen statt.

Unter den beteiligten Partnern einer Filmfinanzierung besteht ein deutliches Ungleichgewicht. Im Filmbereich ist eine häufig anzutreffende Betriebsgröße ein bis zwei, manchmal sogar drei Mitarbeiter (Chefin oder Chef inklusive), für die Produktionen werden dann ad hoc freie Kräfte engagiert.

Der Mittelstand ist nicht nur überproportional auf Festivals vertreten, sondern bildet auch überproportional Filmhandwerker aus. Im eigenen Selbstverständnis zählen zum Mittelstand in der Dokumentarfilmproduktion Firmen von fünf bis sieben Personen, die international koproduzieren und mehr als vier Filmförderanträge im Jahr stellen. Bei Firmen dieser Größenordnung bindet die Mittelbeschaffung über die Senderkontakte hinaus bis zu einem Drittel der Arbeitszeit, Kontaktpflege nicht eingerechnet.

Diese Firmen müssen sich, wenn sie Kino-Dokumentarfilm produzieren möchten, anderweitig engagieren, um Mitarbeiter und Strukturen zu finanzieren. Das sind zum Beispiel Reportagen für den NDR: für Auftragsproduktionen stellt der Sender 1500 Euro pro Minute zur Verfügung. Das reiche, so ein Kollege aus Berlin, «um in Greifswald zu drehen, sonst nicht.»[24]

Das war schon immer so, nur hat sich die Fraktionierung verschärft. Die Zunahme der Sendeplätze und der mit ihrer Verwaltung beschäftigten Redakteure und Herstellungsleiter brachte sinkende Redaktionsbudgets mit sich. Früher reichten oft zwei Partner zusätzlich zum Produzenten, um ein mittelgroßes Projekt zu finanzieren, heute sind es oft drei und mehr Sender, zwei und mehr Filmförderungen und der neue Schlachtruf der Branche lautet «Stiftungen».[25]

---

24 Hintergrundgespräch (Interviewvorbereitung) mit L.I. am 12.09.2006.
25 Noch vor 20-25 Jahren war die Beteiligung einer Filmförderung an TV-Projekten ungewöhnlich. Ebenso alt ist die Kritik an den sehr umfangreichen und komplizierten Antragstellungs-

4. Auswirkungen auf die sogenannte «unabhängige Produzentenlandschaft»

Produzent und Vertriebsspezialist H. aus Berlin sagt in einem Interview: «Die finanzielle Situation nimmt mir manchmal die Luft. Es geht weniger ums Geld, mehr um meine geistige Energie und um das Gefühl, ich machte hier die Arbeit der Sender – also das Geld bereitstellen. Viele Filme werden ja auf Sendeplätze zugeschnitten, es sind also Maßanzüge. Nun muss ich aus dem gleichen Stoffballen, zum Glück ist der groß, auch noch Anzüge für andere Auftraggeber schneidern, weil die jeweils ihre eigene Fassung brauchen. Im Extremfall haben wir vier verschiedene Fassungen geschnitten, die letzten beiden für je 5.000 Euro Kofinanzierungsanteil.»[26]

Derzeit ist es also vor allem die günstiger gewordene Technik, die vielen kleinen Firmen das Überleben sichert. Das war schon einmal so, als die öffentlich-rechtlichen Sender in den 90er Jahren mit den Auslagerungen der Produktionen begonnen hatten. Damals kauften sich viele Kollegen teure Schnittplätze und vermieteten sie an die Sender weiter. Das ging so lange gut, bis der nächste technische Innovationsschub kam. Die Rentabilität dieser Investitionen haben wenig Firmen wirklich errechnet. Die betriebswirtschaftlichen Kenntnisse der Produzenten, mit denen ich gesprochen habe, sind, das sei nur nebenbei gesagt, erschreckend gering.[27]

Oder es wird nicht nachgerechnet. Produzent aus Berlin, Ende dreißig: «Du willst auf die Frage hinaus: ‹Lohnt sich das Ganze am Ende?› Das weiß ich gar nicht. Wir haben es nicht ausgerechnet. Solange wir uns und unsere Familien ernähren können, sofern überhaupt eine da ist, geht's halt weiter.»[28] Ein anderer Dokumentarist aus Hamburg, Ende 50: «Ich hab' das mal ausgerechnet. In den siebziger Jahren kam ich auf einen Stundensatz von 20 DM, heute auf 10 Euro.»[29]

Ein anderes Finanzierungsbeispiel: ZDF-Arte stellt für 45 Minuten Film 52.000 Euro zur Verfügung (1.155 Euro je Sendeminute), das ist bei anspruchsvollen Projekten oft weniger als die Hälfte oder nur ein Drittel dessen, was gebraucht wird. Eine Filmemacherin aus München: «Ich glaube, wenn wir nachrechnen würden, was wir da an Zeit reinstecken, um den Film zu finanzieren, würden wir sofort aufhören.»[30]

---

verfahren, siehe Gisela Hundertmark / Louis Saul (Hrsg.): *Förderung essen Filme auf... : Positionen, Situationen, Materialien*. München 1984.
26 Produzent und Vertriebsspezialist J.A. auf der Tagung «Was guckst Du?» von RBB und AG DOK.
27 Erfolgreich sind in diesem Markt lediglich Firmen, die sich auf aufwändige Postproduktionen spezialisiert haben und sich nur ab und zu, zum Teil als Marketingaktion, die Koproduktion eines Filmes erlauben.
28 L.I. am 12.09.2006.
29 Interview mit M.H. am 20.09.2007.
30 Hintergrundgespräch (zur Vorbereitung des Interviews) mit C.P. am 19.10.2006.

Indem die Sender ihren Finanzierungsanteil reduzieren, haben sie den Boom der für die Teilnehmer häufig kostspieligen Pitchings, Stoffmärkte, Master Classes und Messen mitausgelöst. Sehr oft betreten dort jetzt auch renommierte Kollegen den internationalen Markt, die sich wie Berufsanfänger erstmal orientieren müssen, zum Beispiel suchte 2006 auf «Sunny Side of the doc» in La Rochelle ein Paar aus Hessen nach Auftraggebern, sie Ende fünfzig, er Anfang Sechzig, mit einer Filmografie von über 50 Filmen, darunter auch fürs Kino, wichtigen Filmpreisen und der Ausstrahlung von Leuten, die sehr genau wissen, was sie tun. Zum Beispiel drehen sie noch immer auf Filmmaterial – für ein Zwei-Leute-Team war das mit den Finanzen einer normal finanzierten Auftragsproduktion kompatibel und es entsprach den künstlerischen Erwartungen der Sender. Die beiden Filmemacher standen nun hier und konkurrierten mit Berufsanfängern, die alles dafür tun würden, um mit einer Teilfinanzierung den ersten längeren Beweis ihrer Talente abzugeben. Und die Drittverwertung auf dem Weltmarkt, immer mal wieder als Allheilmittel gepriesen, bringt auch allenfalls ein Zubrot, die Preise auf dem Weltmarkt sind niedrig.

Wer ist in dieser Neuordnung im Vorteil? Firmen, die Mitarbeiter ausschließlich für Networking abstellen können, die schon lange über internationale Kontakte verfügen und die daher die wichtigsten Informationen schon lange vor Markt oder Pitching mit den entsprechenden Redakteuren ausgetauscht haben und fast handelseinig mit ihnen sind.

Im Tableau fehlen noch die größeren Firmen mit 10 oder gar 20 festen Mitarbeitern und einem großen Pool an Freien. Hier ist zum Strukturerhalt eine Serie vonnöten, ein fester Sendeplatz mit Polittalk oder eine andere feste Zusage. In diese Kategorie gehört die Berliner Firma Zero Film, die mit «Abnehmen in Essen» das Format der Doku-Soap für Arte nahezu erfunden und seitdem fast alle Doku-Soaps des SFB-/Arte-Kontingents hergestellt hat – und die sich aus wirtschaftlichen Gründen auch in anderen Region engagiert, zum Beispiel in Baden-Württemberg mit der Produktion der Serie SCHWARZWALDHAUS.

Echte Großunternehmen verdanken ihre Existenz in der Regel nur einer größeren Struktur, die sie absichert. Das kann eine Kirche sein oder ein Konzern wie im Falle der Eikon[31], am besten aber ist es ein Fernsehsender. Tochterunternehmen der Sender machen es den kleinen, unabhängigen Firmen schwer, im Extremfall endet der Wettbewerb in einem Unterbietungswettkampf. Dann rechnet sich, dass Tochterunternehmen oft Leistungen «in Beistellung» bekommen, also gratis von der Mutter, und damit billiger sind als die Konkurrenz. So etwas betrifft manches Thema, das nicht autorengebunden ist, also «ein Thema der Zeit» ist, wie sich die Redaktionen auszudrücken pflegen, wobei man oft nicht einmal

---

31 Die Eikon besteht in dieser Geschäftsform seit 1960, daneben ist sie an ZDF- und MDR-Töchtern beteiligt.

Ideendiebstahl unterstellen möchte; viele Stoffe werden zeitgleich von mehreren Autoren entdeckt, das liegt in der Natur der Dinge. Dass der Auftraggeber, der Sender, hier unter anderem Namen als Mitbewerber auftritt, ist indes bitter, zumal für jüngere Kollegen, die noch an die ökonomische Lehre glauben.

Seit den frühen 2000er Jahren setzen die öffentlich-rechtlichen Sender verstärkt auf die große Hochglanzserie, im ZDF sicher angeregt durch den Erfolg der Serien von Guido Knopp. Ich möchte jetzt nicht darauf eingehen, ob «Herr K.», wie er unlängst auf dem Deutschen Historikertag genannt wurde, «visuelle Geschichtspornografie»[32] betreibt oder nicht. Unbestritten ist, dass er bestehendes Publikumsinteresse zu entdecken, zu entwickeln und zu binden verstanden hat. Den Sender habe die Quote überzeugt, sagte mir im April 2003 ein leitender Redakteur der Abteilung Geschichte, Gesellschaft, Kirche und Leben.[33] Und es wird weitergeplant: «Natürlich bereiten wir die Post-Knopp-Ära vor. Und wir haben ja jetzt schon erfolgreiche Kooperationen mit der BBC oder History Channel zum Beispiel. Auch hier ist es wichtig, in Serie zu denken. Wir programmieren 3 x 4 Folgen zu verwandten Themen. Das erlaubt uns, die Werbemittel zu bündeln und das Publikum an eine Art Marke und an regelmäßige Sendeplätze zu gewöhnen, die halt immer wieder durch Feiertage unterbrochen werden. [...] Und wenn wir insgesamt von 12 Folgen ausgehen, liegen mindestens zwei davon in unserer künstlerischen Verantwortung.»

Viele dieser Filme entstehen als Inhouse-Koproduktion, aus Sicht der unabhängigen Produzenten tritt hier der Distributor Fernsehen im Produktionsbereich als Wettbewerber auf den Plan, oder als vom Sender initiierte Koproduktion. Hier leisten die Redakteure in Sachen Geldbeschaffung ganze Arbeit. Und sie empfinden es als eine Ehre, dass international erfolgreiche Autoren auch anderer Länder für sie arbeiten. Man kann diese Art der Kooperation aber auch als Misstrauenserklärung den Kräften im eigenen Land gegenüber interpretieren, die man als Redakteur offenbar nicht gut genug gepflegt, gefördert und gefordert hat.

Der ehemalige Chefredakteur von Radio Bremen wagt es, die Situation direkt auszusprechen: «Heute kann man als Dokumentarfilmautor nicht mehr überleben. Der klassische ‹Rucksackproduzent› wird in der ARD zunehmend an den Rand gedrängt. Man hat kein Vertrauen mehr, weder in seine inhaltliche Kompetenz noch in seine ökonomische Verlässlichkeit. ARD und ZDF wollen Hochglanzserien, die oft wiederholbar und gut international verkäuflich sind. Sender sehen heute nur noch Labels.»[34]

---

32 Norbert Frei (Jena), auf dem 46. Deutscher Historikertag in Konstanz zum Thema «Geschichtsbilder», 19.-22.9.2006, www.historikertag.de, zitiert nach Berichten aus der Tagespresse, u.a. *Tagesspiegel*, 5.9.2006, Frank van Bebber «Aversionen gegen Herrn K.»
33 Wolfgang Homering, 2003 auf der MIP-tv gesprochen, Gedächtnisprotokoll vom 25.3.2003.
34 Zitiert nach Thomas Nowara, Interview mit Michael Schmidt-Ospach anlässlich der Eurodoc-Screenings 2005. http://www.schnittpunkt.de/wissen/Fachartikel/Eurodoc/filmstiftung.htm (02.01.2007).

Für die freien Dokumentaristen verengt sich damit erneut der Markt. Zumal die vielen langjährig funktionierenden Strategien der Querfinanzierung nicht mehr zu greifen scheinen. Ein weiterer Grund dafür ist die Professionalisierung anderer Branchen.

Dazu eine Dokumentaristin aus München[35], sie ist Mitte 50 und war in über 30 Berufsjahren an der Herstellung von über 50 Filmen beteiligt: «Wir haben früher, wenn's wirtschaftlich eng wurde, immer mal wieder einen Industriefilm eingeschoben, wir haben eigentlich über alles gearbeitet.»

Eine andere Möglichkeit ist eine freiberufliche Nebentätigkeit im Team. Dokumentaristin aus Berlin, Mitte vierzig[36]: «Früher hab ich mich noch bei Arte als Journalistin verdungen. Die Nachrichten haben ganz gut gezahlt, man bekam um die 2400 DM für einen gebauten Nachrichtenbeitrag. An sowas sitz' ich schon mal drei bis vier Tage. Heute könnte ich das Gleiche für die Arte-Kultursendung drehen, aber man bietet mir als Autorenhonorar 180 Euro an – pauschal. Das machste dann husch-husch, aber selbst das dauert zwei Tage.»

Das bedeutet, dass eine Summe von 1200 Euro für 3,5 Tage – eine Tagesgage von knapp 343 Euro – nunmehr auf 180 Euro für zwei Tage oder 90 Euro Tagesgage gesunken ist. Hintergrund ist die Zunahme von Informations-Sendeplätzen bei Arte, die offenbar nicht ausreichend gegenfinanziert wurde. Damit überträgt Arte auf Deutschland etwas, was in Frankreich seit Jahren als Prekarisierung der Medienberufe beschrieben wird. Wie in Deutschland ist in Frankreich jeder vierte Journalist nicht mehr bei den Medien festangestellt. In Frankreich werden zu den freelancern indes auch Praktikanten mit Pressausweis hinzugerechnet – in Frankreich ist jeder zehnte Journalist in dieser Situation.[37]

Auch wenn in Deutschland die Situation noch etwas besser aussieht[38], so fällt für viele Dokumentarfilmschaffende auch hier der Journalismus als Haupteinnahmequelle weg.

In der Konsequenz dieser Beobachtungen überrascht es nicht, dass es nur sehr wenig wirtschaftlich gesunde Produktionsfirmen gibt, die auf Dokumentarfilm und Reportage spezialisiert sind. Bislang sorgen die Fülle des Programmangebots und das große Grundrauschen in den Medien dafür, dass am Schirm nichts zu fehlen scheint. Indes, wir sehen nur die Filme, die es im Rahmen der existierenden Strukturen schaffen. Viele Filmprojekte, auch gute, werden wir nie als

---

35 C.P., 19.10.2006.
36 Interview mit Y.H. am 09.10.2006.
37 Studie der «*Commission de la Carte d'Identité des Journalistes professionnels*» (CCIJP). Von den 36.500 Journalisten mit Presseausweis sind 9166 freelancer und Praktikanten mit oder ohne Bezügen, das entspricht 25,11 %.
38 Nach Weischenberger/Malik/Scholl (2006), sind in Deutschland 48.400 hauptberufliche Journalisten tätig, 12.200 davon als Freiberufler, siehe Siegfried Weischenberger / Maja Malik / Armin Scholl: *Die Souffleure der Mediengesellschaft. Report über die Journalisten in Deutschland.* Konstanz 2006. Die Zahl der Praktikanten ist leider nicht erhoben worden. Zitiert nach http://www.journalistik.uni-hamburg.de/jid.html (2.1.2007).

Film zu sehen bekommen. Wo am Ende welcher Film wie zustandekommt, ist hochgradig arbiträr.

Wovon leben Dokumentaristen in Deutschland? Beispielsweise vom Erbe der Gattin, von Hartz IV, von der Arbeit als Schauwerbegestalterin, als Nachhilfelehrerin oder von einer Arbeit im Immobilienbereich hieß es bei einigen; in Interviews wurde auch konkret gesagt: «früher als Journalist, heute schreibe ich Presseerklärungen für einen Pharmaverband.»[39] «Ich verbringe meine Sommer auf Pferderennen. Als gelernter Tierarzt nehme ich Doping-Proben.»[40] – «Gerade habe ich einen Trainerlehrgang zum Lachyogatherapeuten absolviert.»[41] – «Als Grabredner. Vier Tote entsprechen der Miete und den Versicherungen.»[42]

---

39 Interview mit O.F. am 07.09.2006.
40 Interview mit M.W. am 12.12.2006.
41 Interview mit P.K. am 10.10.2006.
42 Hintergrundgespräch (Vorbereitung des Interviews) mit F.T. am 08.01.2007.

Andreas Wagenknecht

Filminterne Beglaubigungen und Kontextualisierungen von Re-Enactments im dokumentarischen Fernsehen

Einleitung[1]

Im Folgenden wird versucht, den Status und die damit verbundene Referenzproblematik von Re-Enactments innerhalb dokumentarischer Formen des Fernsehens theoretisch und exemplarisch zu diskutieren. Dieser Status, so die These, ergibt sich wesentlich aus der filminternen Kontextualisierung der Re-Enactments und der damit einhergehenden Anbindung an konventionalisierte filmische Muster und Signale des Dokumentarischen in Form einer filminternen Beglaubigung.[2] Dabei handelt es sich um unterschiedliche filmische Strategien der Referenz- und Kontextbildung, die die Wahrung des Dokumentationsversprechens der Sendungen gegenüber dem Rezipienten auf der Basis des dem der Sendung entgegengebrachten Vertrauens lancieren.

Re-Enactments

Ein filmisches Re-Enactment[3], der Begriff stammt ursprünglich aus der Geschichtswissenschaft[4], wird in Anlehnung an Behrendt hier als eine audiovisuelle Rekonstruktion historisch dokumentierter oder erlebter Realität von Personen oder Ereignissen verstanden, was den Anspruch einschließt, das Inszenierte so darzustellen, dass es den Eindruck von Authentizität vermittelt.[5] Die Rekonstruktion erfolgt zumeist mit Schauspielern oder Laiendarstellern und kann als grundlegender Inszenierungsmodus ganze Sendungen tragen, in Form von integrierten Szenen in den filmischen Verlauf eingebunden sein oder auch nur als symbolhafte Einzeleinstellung eines Gegenstandes oder Details auftau-

---

1 Der Artikel stellt eine Spezifizierung und Fokussierung einiger Punkte meines – im Rahmen der diesem Band zugrunde liegenden Tagung gehaltenen – Vortrags dar.
2 Als filmisch respektive Film werden dabei im weiteren Verlauf alle visuellen und audiovisuellen Kompositionen, auch die des Fernsehens, verstanden.
3 Im Folgenden werden Re-Enactment und Re-Inszenierung synonym verwendet.
4 Vgl. William H. Dray: *History as Re-Enactment. R. G. Collingwood's Idea of History*. Oxford 1995.
5 Vgl. Esther Maxine Behrendt: «Doku-Drama». In: Thomas Koebner (Hrsg.): *Reclams Sachlexikon des Films*. Stuttgart 2002, S. 122f.

chen. In Bezug auf Re-Enactments im so genannten Geschichtsfernsehen resümiert Wolf:

> Die Bandbreite im Einsatz fiktionaler Erzählelemente ist groß. Sie reicht von sparsam eingesetzten stummen Szenen, die eine Geschichte flüssiger und gelenkiger machen sollen, über dialogfreie, aber als Sequenzen aufgebaute Spielszenen, wie etwa im ZDF-Vierteiler DER DREISSIGJÄHRIGE KRIEG, bis hin zu kompletten Inszenierungen im Gewand des Dokumentarischen.[6]

Im Rahmen der folgenden Darstellung liegt der Fokus jedoch ausschließlich auf Re-Enactments, die als einzelne Szenen in etablierte und als klassisch zu bezeichnende dokumentarische Formen wie Reportagen, Dokumentationen oder Magazinbeiträge eingebunden sind, da längst nicht mehr nur das erwähnte Geschichtsfernsehen mit Re-Enactments in den skizzierten Erscheinungsweisen arbeitet.

Status quo des Dokumentarischen und Historie

In seinen Expertisen und Bestandsaufnahmen von gegenwärtigen Trends in dokumentarischen Sendungen des Fernsehens aus den Jahren 2003 und 2005 spricht Wolf von einer Ausdifferenzierung des Dokumentarischen und nennt dabei unter anderem Dokumentation, Reportage, Dokumentarfilm, Porträt, Essay, Doku-Soap und Doku-Drama als davon betroffene Gattungen und Genres.[7] Im einzelnen bemerkt er dazu:

> In der Realität sind häufig saubere Trennungen ohnehin nicht möglich. Dokumentationen enthalten oft Reportage-Teile. Manche Reportage ist in Wirklichkeit eine Dokumentation. Porträts können sowohl eher reportageartig sein wie auch näher an der Dokumentation, etwa historische Porträts. Dokumentarfilme enthalten häufig Reportage-Elemente, wie etwa 11. SEPTEMBER von Jules und Gédéon Naudet, können aber auch essayartig aufgebaut sein, wie etwa die Filme von Harun Farocki.[8]

---

6   Fritz Wolf: *Trends und Perspektiven für die dokumentarische Form im Fernsehen. Eine Fortschreibung der Studie «Alles Doku – oder was? Über die Ausdifferenzierung des Dokumentarischen im Fernsehen».* Düsseldorf 2005, S. 32.
7   Vgl. Fritz Wolf: *Alles Doku – oder was? Über die Ausdifferenzierung des Dokumentarischen im Fernsehen.* Düsseldorf 2003. Sowie Wolf 2005.
8   Wolf, ebd., S. 31.

Diese Unmöglichkeit der «Trennung», womit Wolf wohl die dokumentarische Praxis und/oder den ontologischen bzw. materiellen Status des Produkts meint, resultiert allerdings nicht nur allein aus der Ausdifferenzierung, sondern ebenso aus der damit einhergehenden zunehmenden Hybridisierung von ganzen Sendungen oder Sendungsteilen im Rahmen des dokumentarischen Fernsehens.

> Der Begriff verweist aber nicht nur auf die Kombination verschiedener medialer Organisationsformen, Produktionstechniken, Produkte und Genres, sondern auf einen unter dem Eindruck postmoderner Theorien damit einhergehenden Wechsel der wissenschaftlichen Beobachtungsperspektive.[9]

Diese Hybridisierung zeigt sich an den filmischen Produkten nicht nur innerhalb ihrer audiovisuellen Struktur, in der vorher getrennte Elemente aus verschiedenen Sendungen miteinander verschränkt werden, sondern auch bereits in den Titeln und Untertiteln der Sendungen bzw. durch die Kategorisierungen innerhalb der Fernsehzeitschriften oder auf den Homepages der Sender etc. Doku-Soap, Doku-Drama, Doku-Fiction und Reality-Show sind nur einige Bezeichnungen[10], die in Kombination mit dem Wort «Doku» auf den angeblich dokumentarischen Charakter verweisen und die Sendungen damit kontextualisierend in das Feld des Dokumentarischen rücken. Auf diese Weise wird beispielsweise bereits durch den Titel auf ein diesbezügliches Genrewissen seitens der Zuschauer rekurriert.[11] Diese Sendungen stehen mit ihrem Hybridcharakter, der in den Sendungstiteln offen ablesbar ist – am audiovisuellen Material jedoch stilistisch oft indifferent sein kann –, für das derzeitig boomende inszenatorische Spiel mit den Grenzen zwischen Dokumentation und Fiktion und eröffnen sowohl beim Rezipienten wie beim Wissenschaftler einen weiten und vielfältigen Assoziationshorizont. Dieses Grenzspiel, welches sich besonders an den hier im Mittelpunkt stehenden Re-Enactments zeigt, ist filmhistorisch allerdings nicht neu. Es war besonders im Fernsehen jedoch noch nie so en vogue wie gegenwärtig. «Kaum ein Doku-Irgendwas kommt noch aus ohne Re-Enactment, szenische Rekonstruktion oder gar dokumentarische Imagination».[12]

---

9 Peter Zimmermann: *Hybride Formen. Neue Tendenzen im Dokumentarfilm.* Goethe Institut München 2001, S. 7.
10 Hier ist anzumerken, dass die Kategorisierungen in Fernsehzeitschriften usw. jedoch nicht stringent und einheitlich sind. Eine Sendung kann in der einen Zeitschrift ein Doku-Drama und in der anderen eine Doku-Reihe sein.
11 Im Sinne des pragmatischen Ansatzes, der im Folgenden noch näher vorgestellt wird, konstituiert sich dadurch etwas als vorerst dokumentarisch – sozusagen als Genre-Vertrag zwischen Rezipient und Film.
12 Bernd Gäbler im Vorwort zu Wolf: *Alles Doku – oder was?* (wie Anm. 7), S. 9.

Innerhalb der Geschichte des filmischen Dokumentierens knüpft dieser Trend, so könnte man formulieren, an klassische Dokumentarfilmtraditionen an. Waren in der Anfangszeit des Dokumentarischen fiktionale Spielszenen und Re-Enactments, aber auch Dramatisierungen und narrative Eingriffe weit verbreitet – es sei nur auf Flahertys NANOOK (USA 1922) verwiesen –, so setzten sich ab den 1960er Jahren dann auch im Fernsehen, beeinflusst durch das Cinéma Vérité und das Direct Cinema, dokumentarische Formen durch, in denen weitgehend auf nachgestellte Szenen und tief greifende Inszenierungen verzichtet wurde.[13] Dabei ist jedoch anzumerken, dass in der dokumentarischen Praxis stets beide Formen parallel existiert haben und existieren. Auf der einen Seite der bewusste inszenatorische Eingriff genauso wie auf der anderen der Versuch des Verzichts auf diesen, soweit dies im Rahmen eines Films möglich ist. Die Diskussion um den Einfluss des Verzichts oder der Verwendung von Inszenierungen auf den Status des Dokumentarischen war und ist vielmehr ein Phänomen der sich wandelnden und sich historisch wiederholenden Anschauungen und Auffassungen der Filmschaffenden und/oder Theoretiker über den Gegenstand des Dokumentarischen sowie des vorherrschenden gesellschaftlichen und ethischen Diskurses in Bezug auf den Status und die Funktion des Dokumentarischen. Denn es bestehen keine allgemein gültigen formalen, ästhetischen und inhaltlichen Festlegungen darüber, was dokumentarisch ist und was nicht bzw. was ein dokumentarischer Film darf und kann oder eben nicht. Seit einigen Jahren ist der Trend des weitgehenden Inszenierungsverzichts in der dokumentarischen Praxis jedoch sichtlich rückläufig und gerade in den letzten Jahren treten, auch bedingt durch die Verbesserung und Verbilligung der Computer- und Kameratechnik und die nahezu vollständige Digitalisierung des Produktionsprozesses, wie bereits erwähnt, Re-Enactments und andere Formen der Inszenierung verstärkt auf. In der Dokumentarfilmtheorie wurde, wie Hohenberger diesbezüglich zusammenfasst: «Unter den Stichworten ‹Postmoderne› und ‹Simulation› [...] bereits die ‹(Un)möglichkeit› des Dokumentarfilms in der Realität diskutiert, die die Verhältnisse von Vor- und Abbild umkehrt.»[14]

Mit dieser kurzen historischen Betrachtung bewegt man sich bereits tief im Bereich theoretischer Begriffe, welche es an dieser Stelle zu spezifizieren und sondieren gilt. Da dabei jedoch unmöglich auch nur annähernd alle theoretischen, semantischen, semiologischen, pragmatischen etc. Ansätze diskutiert werden können[15], soll hier nur das der nachfolgenden exemplarischen Betrachtung zugrunde gelegte theoretische Verständnis des Dokumentarischen skizziert werden. Dabei

---

13 Vgl. Zimmermann: *Hybride Formen* (wie Anm. 9).
14 Eva Hohenberger: «Dokumentarfilmtheorie. Ein historischer Überblick über Ansätze und Probleme». In: Dies. (Hrsg.): *Bilder des Wirklichen. Texte zur Theorie des Dokumentarfilms.* Berlin 1998, S. 27.
15 Vgl. Hohenberger ebd.

wird sich argumentativ größtenteils auf die Bedingungen des Dokumentarischen bezogen und das Fiktionale nur in Abgrenzung dazu thematisiert.

Theoretischer Status/Verständnis des Dokumentarischen

In Anlehnung an Keppler gehe ich erstens davon aus: «Alle filmischen Formate, die im Fernsehen oder im Kino zu sehen sind, ob es sich um Spielfilme, Dokumentarfilme oder die Aufzeichnung von Talk-Shows oder Sportereignisse handelt, stellen filmische Inszenierungen dar.»[16]

Filme sind damit nie ein Abbild der tatsächlichen Welt, sondern filmische Realitäten, die Wirklichkeitsmodelle[17] entwerfen, die mehr oder weniger mit der realen Außenwelt in Verbindung stehen können bzw. mehr oder weniger auf diese verweisen können. Die filmischen Realitäten werden bereits allein dadurch konstruiert, dass in jedem einzelnen Fall allein die filmischen Mittel, wie beispielsweise Kameraoperationen – Wahl des Bildausschnitts, Wahl der Einstellungsgröße, Kamerabewegung etc. – oder die Montage nicht etwas, was sich vor der Kamera befindet, abbilden und repräsentieren, sondern filmisch inszenieren.[18]

Zweitens erscheint mir aufgrund der Unmöglichkeit der Verifizierung des filmisch entworfenen Wirklichkeitsmodells, einer Szene oder auch nur eines einzelnen filmischen Signals im Sinne einer nachprüfbaren Referenz auf etwas Außerfilmisches – weder der Zuschauer noch derjenige, der sich wissenschaftlich mit dem filmischen Material als solchem auseinandersetzt, sind zu solchen Feststellungen in der Lage – eine pragmatische Herangehensweise besonders auch für die nachfolgenden Betrachtungen sinnvoll zu sein.[19]

> Nicht zuletzt die unaufgelösten Widersprüche textorientierter Ansätze, die entweder dokumentarische mit fiktionalen Filmen gleichsetzten oder sich wie Nichols erneut in die spezifische Indexikalität seiner Zeichen zu retten versuchen, haben zunehmend dazu geführt, eine rein textuelle Sichtweise zugunsten einer pragmatischen aufzugeben.[20]

---

16 Angela Keppler: «Fiktion und Dokumentation. Zur filmischen Inszenierung von Realität». In: Christoph Wulf/ Jörg Zirfas (Hrsg.): *Ikonologie des Performativen*. München 2005, S. 190.
17 Vgl. Ludwig Bauer: *Authentizität, Mimesis, Fiktion. Fernsehunterhaltung und Integration von Realität am Beispiel des Kriminalsujets*. München 1992.
18 Zu den verschiedenen Möglichkeiten und Phasen der filmischen Konstruktion vgl. Anja Schmitt/Andreas Wagenknecht: «Trend zur Fiktionalisierung? Zum Status von Inszenierungen und Authentisierungen in nicht-fiktionalen Fernsehformaten». In: Nicole Kallweis/Mariella Schütz (Hrsg.): *Mediale Ansichten*. Marburg 2006, S. 57–67.
19 Vgl. hierzu unter anderem Roger Odin: «Dokumentarischer Film – dokumentarisierende Lektüre». In: Christa Blümlinger (Hrsg.): *Sprung im Spiegel. Filmisches Wahrnehmen zwischen Fiktion und Wirklichkeit*. Wien 1990, S. 125-146. Sowie Hans J. Wulff: «Konstellationen, Kontrakte und Vertrauen. Pragmatische Grundlagen der Dramaturgie». In: *montage/av* 10,2 (2001), S. 131–154.
20 Hohenberger: *Bilder des Wirklichen* (wie Anm. 14), S. 25.

Auch wenn eine Verifizierung filminterner Signale als Verweis auf einen außerfilmischen Zustand letztlich unmöglich ist, soll drittens die Unterscheidung zwischen fiktional und nicht-fiktional bzw. fiktional und dokumentarisch als eine dem filmischen Material zugeschriebene Eigenschaft aufrecht erhalten werden. Jedoch nicht als dem Filmischen per se inhärente Eigenschaft, sondern eben als an das Material unter anderem produktionsseitig herangetragene und in ihm angelegte Inszenierungs- und Bezeichnungsstrategie des Authentischen oder Nicht-Authentischen. Diese inszenierten Signale zeigen sich in ästhetischen und stilistischen Konventionen des Filmischen.

> Authentizität ist ein Ergebnis der filmischen Bearbeitung. Die Glaubwürdigkeit eines dargestellten Ereignisses ist damit abhängig von der Wirkung filmischer Strategien im Augenblick der Rezeption. Die Authentizität liegt gleichermaßen in der formalen Gestaltung wie in der Rezeption begründet.[21]

Die Rezeption eines Films ist neben diesen filmischen Strategien ebenfalls durch außerhalb des Films anzusiedelnde Entitäten bedingt. «Damit handelt es sich zunächst einmal um paratextuelle oder kontextuelle Faktoren: Rezensionen, Plakate, Ankündigungen usw. können dem Zuschauer Hinweise geben, welche Haltung er einem Film gegenüber einnehmen sollte.»[22]

Die filmischen sowie außerhalb des Films zu verortenden Strategien und Faktoren haben sich einerseits als Konventionen der Darstellung und filmischen Inszenierung des Fiktionalen oder Dokumentarischen historisch etabliert sowie andererseits in Form von Betitelungen und Genrezuordnungen historisch verfestigt. Keppler spricht in Bezug auf die filmischen Faktoren von Indikatoren – einerseits Realitätsindikatoren sowie andererseits Indikatoren der Irrealisierung –, die etwas als auf ein reales Geschehen referierend deklarieren oder «die die Zuschauer beständig daran erinnern, dass der filmische Bewegungsraum hier nicht als Repräsentation eines realen Handlungsraums zu verstehen ist.»[23]

Die Basis für diese Realitätsindikatoren ist nicht die Überprüfbarkeit der filmischen Deklaration an der Realität, sondern, wie Keppler es an anderer Stelle formuliert, «ein gewisses Grundvertrauen».[24]

Dieses Vertrauen spielt auch eine wesentliche Rolle in den Ausführungen Wulffs zu den Grundlagen und zum Verständnis des kommunikativen Kon-

---

21 Manfred Hattendorf: *Dokumentarfilm und Authentizität. Ästhetik und Pragmatik einer Gattung.* Konstanz 1999, S. 67.
22 Frank Kessler: «Fakt oder Fiktion? Zum pragmatischen Status dokumentarischer Bilder». In: *montage/av* 7,2 (1998), S. 66.
23 Angela Keppler: *Mediale Gegenwart. Eine Theorie des Fernsehens am Beispiel der Darstellung von Gewalt.* Frankfurt a.M. 2006, S. 161.
24 Keppler ebd., S. 181.

trakts. In Bezug auf die Vertrauensmomente in der Kino-Zuschauerbindung, die sich meiner Meinung nach auf das Fernsehen übertragen lassen, schreibt er:

> Vertrauen ist zum einen eine praktische Vorausleistung, die kommunikative Bindung ermöglicht. Sie basiert zum anderen auf Konventionalität – sowohl hinsichtlich der Kommunikationssituation wie auch hinsichtlich des konkreten Inhalts einer Kommunikation.[25]

Das Vertrauen für die «kommunikative» Bindung an einen dokumentarischen Film ist nun, meiner Meinung nach, auch ein Vertrauen in eine vom Zuschauer angenommene potentielle Überprüfbarkeit des Realitätsverhältnisses des dokumentarischen Films. Dieses Vertrauen bringt der Zuschauer dem Film aufgrund seiner Mediensozialisation und -kompetenz entgegen, und er findet es auf dieser Basis bestätigt in konventionalisierten Signalen des Dokumentarischen, die wiederum nichts über die tatsächliche Referenz außerhalb des Films aussagen, jedoch stilistisch ein dokumentarisierendes Verständnis nahe legen. Solche Signale können laut Odin im Sinne des dokumentarischen Ensembles beispielsweise Hinweise im Vorspann sein, wie das Fehlen von Schauspielernamen, oder auch textuelle Hinweise, wie die Hinwendung der befragten Person zum Kameramann.[26]

Ich möchte hier noch einmal betonen, dass ich diese dokumentarisierenden Signale jedoch nicht als Referenzen auf einen außerfilmischen Zustand verstanden wissen möchte, sondern als filmische Konventionen, die außerfilmische Referenzen zwar nahe legen, diese aber quasi als Referenzen erzeugen, die innerhalb des Films angesiedelt bleiben. Denn, wie bereits im Vorfeld erwähnt, alle Filme sind filmische Realitätsinszenierungen und eine rezeptions- oder forschungsseitige Verifizierung des Dokumentarischen ist nicht möglich. Die damit dennoch zugrunde gelegte grundsätzliche Differenzierung zwischen Fiktion und Nicht-Fiktion sowie fiktionalen und nicht-fiktionalen Sendungen und Signalen sowie das Wissen um die damit verbundenen filmischen Konventionalisierungen halte ich aus pragmatischer Perspektive für ein gesellschaftlich geteiltes Wissen der Fernsehzuschauer, das als eine Art normative Größe für den Rezipienten Bestand hat. Ohne die mit der Unterscheidung verbundenen, auf dem kommunikativen Vertrauen beruhenden unterschiedlichen Erwartungshaltungen der Zuschauer würden Film und Fernsehen heute nicht funktionieren. Was die Auswahl, den herangetragenen Anspruch und den eingenommenen Rezeptionsmodus angeht, existieren nämlich durchaus Unterschiede zwischen fiktionalen und nicht-fiktionalen Angeboten, wodurch die gezielte Zuwendung zu

---

25 Hans J. Wulff: «Konstellationen, Kontrakte und Vertrauen. Pragmatische Grundlagen der Dramaturgie». In: *montage/av* 10,2 (2001), S. 141.
26 Vgl. Odin: «Dokumentarischer Film – dokumentarisierende Lektüre» (wie Anm. 19).

verschiedenen Sendungen, deren Verstehen und Aneignen erst möglich wird und so zur zuschauerseitigen Selektion und Gratifikation führt.

An nicht-fiktionale Sendungen knüpfen Rezipienten vor dem skizzierten Hintergrund nun die vertrauensbasierte Erwartung, dass das Gezeigte für sich in Anspruch nimmt, auf eine Außenwelt zu verweisen. Eine potentielle Überprüfbarkeit wird zuschauerseitig angenommen, wenn nicht gar vorausgesetzt.[27] Unter Bezug auf Chauvel schreibt Wulff:

> Die Authentifizierung einer Nachricht geschieht diskursiv, auf der Basis konventionalisierter Markierungen, und nicht durch Verifizierung. Der Vertrag ist ein Sonderfall der sozialen Verträge und schreibt vor allem fest, dass die Realwelt die Referenzwelt der Nachrichten ist.[28]

Re-Enactments – Fiktionen im Dokumentarischen

Die Brisanz der Re-Enactments innerhalb so verstandener dokumentarischer Formen ergibt sich nun daraus, dass sie fiktionale Szenen und Signale innerhalb einer dokumentarisch konventionalisierten Sendung sind; filmischer Grundrhythmus, dokumentarische Konventionen sowie an den Film herangetragene Kategorisierungsstrategien, z. B. Sendungstitel oder Bezeichnung in Programmzeitschriften, sind dafür maßgebend. Eine dadurch erweckte dokumentarische Erwartungs- und Vertrauenshaltung ist also angelegt. Die Re-Enactments, die auch der Zuschauer aufgrund ihres Bild-Ton-Verlaufes sehr wohl als solche erkennen kann, könnten im Sinne des pragmatischen Ansatzes nun dazu führen, den nicht-fiktionalen Vertrag zugunsten eines fiktionalen aufzukündigen. Allerdings führt nicht jeder Fiktionsverdacht im Sinne des Pragmatischen auch sogleich zur Aufkündigung der grundsätzlichen dokumentarischen Lektüre, da der Vertrag vielmehr einen «Raum dokumentarisierender Kommunikation» schafft, in welchem auch fiktionale Elemente Bestand haben können. «Dass Spielfilme immer einen dokumentarischen Anteil haben und Dokumentarfilme eine fiktive, erzählerische Komponente, ist vertraute Erkenntnis.»[29]

Dieses Phänomen beschreibt Kessler hinsichtlich der Betrachtung von fiktionalen Elementen in Stanley Kubricks Dokumentarfilm DAY OF THE FIGHT (1951), der ich mich argumentativ anschließen möchte. «Damit ändert sich nicht

---

27 Diese Erwartungshaltung steht im Gegensatz zu der an einen Spielfilm bzw. eine fiktionale Sendung. Hier besteht nicht die Erwartung, dass der filmische Verlauf für sich in Anspruch nimmt, auf ein außerfilmisches Geschehen zu verweisen. Eine potentielle Überprüfbarkeit wird nicht angenommen.
28 Wulff: «Konstellationen, Kontrakte und Vertrauen» (wie Anm. 19), S. 143.
29 Heinz-B. Heller: «Dokumentarfilm». In: Thomas Koebner (Hrsg.): *Reclams Sachlexikon des Films*. Stuttgart 2002, S. 125.

unbedingt auch der Status des Films als ganzem: Die institutionellen, paratextuellen und kontextuellen Hinweise helfen dabei, die dokumentarisierende Lektüre mit Blick auf den Gesamtdiskurs aufrecht zu halten.»[30]

Diesen «Raum dokumentarischer Kommunikation» nutzen die Re-Enactments, nach meinem Dafürhalten, nun inszenatorisch vor allem dadurch aus, dass die Fiktion durch die Einbindung in den filmischen Verlauf nachträglich und/oder bereits im Vorfeld dokumentarisch kontextualisiert und damit innerfilmisch beglaubigt wird. Nach-Inszenierungen werden durch dokumentarische Beglaubigungen als eine Referenz auf die Seh- bzw. Rezeptionsgewohnheiten im Sinne einer Konvention des Dokumentarischen inszenatorisch kontextualisiert und damit in einer Art und Weise in den filmischen Verlauf integriert, die das Dokumentationsvertrauen aufrecht erhält.

Filmische Kontextualisierung von Re-Enactments

So wird beispielsweise ein Re-Enactment aus der ZDF-Reportage ABENTEUER SÜDSEE vom 17. 08. 2003 dadurch in den filmischen Verlauf eingebunden, dass es zwischen zwei längere Interview-Einstellungen als Nahaufnahme eines Zeit- bzw. Augenzeugen einmontiert wird.[31] In der Sendung wird der Bau eines Bootes nach traditioneller Art und Weise auf einer Südseeinsel dokumentiert. Im Vorfeld des nur 7 Sekunden langen Re-Enactments ist ein Mann in Nahaufnahme zu sehen, der im Voraus durch den Off-Kommentar als Chief eines Südseestammes eingeführt wurde. Bei dieser dem Re-Enactment vorangestellten nur 13 Sekunden dauernden Einstellung handelt es sich um eine nicht oder nur sehr schwach ausgeleuchtete Nachtaufnahme mit sehr geringer Schärfentiefe, deren Dunkelheit und Undeutlichkeit durch den Rauch eines Feuers, hinter dem der Mann sitzt, noch verstärkt wird. Der über mehrere Einstellungen hinweggehende Off-Kommentar überlagert den im Hintergrund leise hörbaren O-Ton des Mannes und kündigt uns an, dass dieser eine Legende seines Stammes erzählt. Daraufhin übernimmt der Off-Kommentar das Erzählen der angekündigten Legende.

In dieser Einstellung wird der Mann durch die für das Dokumentarische typischen Konventionen (Nahaufnahme beim Interview, O-Ton und tragender Off-Kommentar) inszeniert. Diese Einstellung geht durch eine sanfte Überblendung in das Re-Enactment über, welches die erzählte Legende in Auszügen visualisiert und in drei äußerst kurzen Einstellungen einen Mann in Betrachtung eines Baumes im dichten Dschungel zeigt. Das Re-Enactment ist leicht unscharf

---

30 Kessler: «Fakt oder Fiktion?» (wie Anm. 22), S. 72.
31 Dieses und die anderen Filmbeispiele stammen aus dem Datenbestand des DFG-Projektes «Konventionen der Weltwahrnehmung. Gattungen der Information und der Unterhaltung im Fernsehen» unter Leitung von Angela Keppler, in welchem ich mitgearbeitet habe.

und wird auf der Ton-Ebene weiter vom vorherrschenden Off-Kommentar getragen. Im Hintergrund ist beim genauen Hinhören leise, leicht mystifizierende Musik zu hören. Diese kurze fiktionale Sequenz geht abschließend, wieder durch eine sanfte Überblendung, in eine längere Einstellung des Chiefs über, die mit der vor Beginn des Re-Enactments visuellen nahezu identisch scheint.

Durch das das Re-Enactment dokumentarisch kontextualisierende Montieren zwischen zwei dokumentarisch konventionalisierte Einstellungen und durch den klammernden Off-Kommentar wird das Re-Enactment sozusagen innerfilmisch beglaubigt und an den dokumentarische Konventionen bedienenden Grundrhythmus der Sendung angeglichen. Durch diese Verschmelzung des Dokumentarischen mit dem Fiktionalen, die zusätzlich durch eine die verschiedenen Einstellungen überlagernde leichte Unschärfe unterstützt wird, legt der Film das Re-Enactment als authentifiziert nahe und verschleiert bzw. relativiert dessen fiktionalen Status. Wolf beschreibt diese Tatsache mit dem Begriff der Homogenisierung, diskutiert sie aber nicht hinsichtlich des Einflusses auf den Referenzcharakter.[32]

Eine ähnliche innerfilmische Referenzialisierung findet sich im vom ZDF ausgestrahlten Kulturmagazin ASPEKTE vom 30.01.2003. In einem Beitrag über die Gründung Panamas findet die filmische Beglaubigung eines Re-Enactments durch Einbindung in eine klassische Experteninterview-Einstellung statt. Der Experte wird im Vorfeld bereits in der Anmoderation, aber auch im Off-Kommentar als solcher eingeführt und durch ein Insert entsprechend bezeichnet. Der Experte, der Anwalt und Autor Ovidio Diaz Espino, hat ein in dem Beitrag thematisiertes Sachbuch geschrieben, in dem der Gründungsmythos Panamas als ein von der amerikanischen Wirtschaft im Zuge des Baus des Panamakanals betriebenes «Nationbuilding» enttarnt wird. Im Zuge der Hinführung auf das Re-Enactment sehen wir jenen Experten – in einer nahen Einstellung gefilmt – sitzend in einem Raum mit einem Bücherregal im Hintergrund. Diese Verbindung von Experte und Bücherregal ist eine Bildkomposition, welche sich in zahlreichen dokumentarischen Formen zur visuellen Untermauerung eines Expertenstatus findet, und als eine etablierte, dokumentarisch konventionalisierte Intervieweinstellung beschrieben werden kann.

In dieser 16 Sekunden währenden Einstellung ist der O-Ton leise im Hintergrund zu vernehmen und von der deutlich hörbaren Übersetzung durch den Off-Kommentar überlagert. Dieser schildert, wie die ‹Revolution› mitsamt ihrer Führer bis hin zum Design der Nationalflagge von einem amerikanischen Konsortium konzipiert wurde. Im Moment des akustischen Erwähnens der Flagge durch den Experten: «Sie schrieben unsere Unabhängigkeitserklärung und sie gingen sogar soweit, unsere Flagge zu gestalten», erfolgt ein Schnitt – und ein Re-Enactment von 11 Sekunden Dauer kommt zur Anschauung.

---

32 Vgl. Wolf: *Alles Doku – oder was?* (wie Anm. 7).

Es beginnt mit der Großeinstellung einer in eine Jackeninnentasche greifenden Hand, welche eine zusammengelegte kleine Flagge herauszieht. Diese wird daraufhin entfaltet, und die Einstellung geht über in eine Einstellung der auf einem Tisch liegenden Flagge und mehrerer darauf herumfahrenden Hände – in Nahaufnahme. Das Re-Enactment ist insgesamt sehr dunkel gehalten, was es schwer macht, Details zu erkennen, und die vom Kommentar entworfene konspirative Stimmung visuell zu unterstützen scheint. Die letzte Einstellung endet mit einem Zoom auf die Flagge, der so nahe herangeht, dass letztlich die Farben verschwimmen. Die verschwommenen Farben, die nur noch einen roten Schleier bilden, gehen durch eine Überblendung in eine Großaufnahme der amerikanischen Flagge über. Diese wird, nachdem die Kamera nach oben geschwenkt und aufgezogen hat, als an einer Häuserwand hängend im Bild sichtbar. Auch der Off-Kommentar, der auch hier von sehr leiser, fast subtil anmutender Musik unterlegt ist, endet an dieser Stelle.

Nach einem harten Schnitt befinden wir uns wieder in einer Intervieweinstellung mit Ovidio Diaz Espino, die der vor dem Re-Enactment sehr ähnlich ist und den Experten wieder in naher Einstellung vor dem seitlich stehenden Bücherregal zeigt. Auch im Zuge dieses Re-Enactments wird die Strategie der Einbindung in dokumentarische Konventionen, hier der des Experten-Interviews, verwendet, um eine Fiktion in den «dokumentarisierenden Raum» zu integrieren. Das Re-Enactment wird sozusagen sanft eingebettet und homogenisiert. Dies erfolgt wiederum visuell unterstützt – hier durch die Überblendung des Entwurfs der Flagge Panamas im Re-Enactment mit der amerikanischen Flagge im Dokumentarischen.

Eine weitere Form der filmischen Referenzialisierung von Re-Enactments im Rahmen des Dokumentarischen wird an folgendem Beispiel deutlich. Im Rahmen eines Beitrages über das Auffinden einer Babyleiche in einem Park in Dessau aus dem Boulevardmagazin der ARD BRISANT vom 01. 09. 2003 findet sich eine Nach-Inszenierung, die im Gegensatz zu den bisherigen inhaltlich nicht ein eher historisches Szenario, sondern ein tagesaktuelles Ereignis inszeniert. Bevor das Re-Enactment beginnt, sieht man eine Einstellung, in der ein Polizist, vor einem Polizeigebäude stehend, in der Halbnahen gezeigt wird. Im unteren Bildrand befindet sich ein Insert, welches ihn als «Markus Benedix. Polizeidirektion Dessau» kennzeichnet. Im O-Ton berichtet er über den gegenwärtigen Stand der Ermittlungen. Nach einem harten Schnitt beginnt das Re-Enactment, welches in hektischen Bildern mittels einer dynamischen Handkamerafahrt ein Beinpaar ab dem Knie abwärts in Bewegung durch hohes Gras verfolgt. Die Einstellung endet mit einem Zoom auf ein rotes, im Gras liegendes Stoffbündel. Im oberen rechten Bildrand ist nach einigen Sekunden ein Insert «nachgestellte Szene» zu sehen. Dieses zieht sich auch durch die zweite, das Re-Enactment beendende Einstellung, die eine Parkbank an einem Teich in der Totalen zeigt. Das Insert wird jedoch noch vor Ende des Re-Enactments wieder ausgeblendet. Der die Szene dominierende Off-Kommentar stellt die Frage danach, was wohl passiert ist, und leitet gleichzeitig über zum sich anschließenden Passanten-Interiew. «Was ist passiert? Hat eine Frau versucht, eine heimliche Schwangerschaft zu verbergen und ihr Kind getötet? Oder war es schon tot, als es zur Welt kam? Die Obduktion hat bisher nur ergeben, es ist ein neugeborener Junge. Die Spaziergänger sind besorgt über die Babyleiche in ihrem Park.» Nach einem harten Schnitt äußert sich eine Frau in Nahaufnahme vor Parkhintergrund dazu, wie schrecklich sie den Fund findet.

Dadurch, dass im Vorfeld des Re-Enactments ein Polizist, per Inserts als Amtsperson eingeführt – was eine Konvention des Dokumentarischen darstellt –, gezeigt und interviewt wird, findet auch in diesem Beispiel wieder eine filmische Beglaubigung des Re-Enactment statt. Nach Beendigung des Re-Enactments schließt sich auch hier eine Interview-Einstellung an, die auf den Off-Kommentar des Re-Enactments inhaltlich Bezug nimmt. Zusätzlich wird durch die letzte Einstellung des Re-Enactments – eine Parkbank am See – der Eindruck nahe gelegt, dass dies eine Aufnahme aus eben jenem Park ist, in dem die Babyleiche gefunden wurde. Auch wenn auf die Re-Inszenierung per Insert hingewiesen wird, sind der Inhalt und die Mutmaßungen im Re-Enactment dennoch innerfilmisch autorisierend und beglaubigend inszeniert – unter anderem dadurch, dass hier die vorher vom Polizisten geäußerten Verdachtsmomente zum Tathergang visualisiert werden, was den Hinweis auf die Fiktionalität in den Hintergrund drängen kann.

Resümee

Die skizzierten Re-Enactments konstruieren – wie es auch historisierende Spielfilme tun – eine Referenz auf ein außerfilmisches Ereignis respektive auf ein historisches oder vermutetes Geschehen und würden, wenn man sie aus dem Kontext herausgelöst betrachten würde, sicher nicht unbedingt als dokumentarisches Material, sondern vielmehr als Fiktion identifiziert werden.

Durch die beschriebene Einordnung in den filmischen Kontext bzw. in den filmischen Verlauf werden die Re-Enactments nun innerhalb der dokumentarischen Sendung dadurch beglaubigt, dass sie mit filmischen Konventionen des Dokumentarischen, in den Beispielen meist Interview-Sequenzen oder Inserts, verschränkt werden und somit filmintern dokumentarisch referenzialisiert sind. Es sei noch einmal darauf hingewiesen, dass die dokumentarisierenden Konventionen keine tatsächlichen Quellen der Referenz auf einen außerfilmischen Zustand sind, sondern lediglich filmische Konventionen, die durch das Vertrauen der Zuschauer in sie und durch ihre Etabliertheit sowie filmhistorisch gewachsenen Status im Sinne des Dokumentarischen gelesen werden können und somit den «dokumentarisierenden Raum» ausnutzen.

Die Re-Enactments erscheinen dadurch dahingehend konnotiert zu sein, trotz ihrer fiktionalen Erscheinung auf eine äußere Bezugswelt zu verweisen. Auf eine Bezugswelt, die die Rezipienten mit dem Anschauen einer dokumentarischen Sendung potentiell erwarten.

Auch wenn die Re-Enactments als Fiktionen erkennbar bleiben, wird versucht, sie, wie an den Beispielen gezeigt, durch Konventionen des Dokumentarischen zu beglaubigen und dadurch innerfilmisch eine Referenz auf bzw. – etwas relativierend formuliert – an das Dokumentarische zu erzeugen. Auf diese Weise kann etwas, das subjektiv interpretiert worden ist, in einer Sendung, welche sich dokumentarisierend gibt, auch so verstanden werden.

Dazu ist anzumerken, dass die Brisanz hier nicht unbedingt in der problematischen Differenz zwischen Fiktion und Nicht-Fiktion respektive Fiktion und Dokumentation, dem unterschiedlichen Referenzcharakter und den dahingehenden Erwartungshaltungen des Zuschauers liegt – sondern darin, dass sich durch die Re-Enactments und ihre Kontextualisierungen im Dokumentarischen die Wahrnehmung der Welt in Anlehnung an Wolf immer mehr in Richtung Fiktion verschiebt.[33]

Die vorliegenden Ausführungen können nur einen ersten exemplarischen und auf die filmische Kontextualisierung fokussierten Einblick in die Problematik von Re-Enactments in dokumentarischen Formen geben, den es noch weiter zu dimensionieren und konkretisieren gilt.

---

33 Vgl. Wolf ebd.

Thomas Waitz

Geschehen / Geschichte

Das Dokudrama bei Hans-Christoph Blumenberg

«Die Historie scheint sich selbst zu erzählen», schreibt Roland Barthes 1968.[1] Damit meint er nicht, dass es keine Instanzen, Agenturen oder Medien der Geschichtsschreibung gebe. Was er meint, ist, dass für die dominanten Modelle, wie Vergangenheit vergegenwärtigt werden könne, ein charakteristisches Auslöschen kennzeichnend sei – wovon in erster Linie alle jene Zeichen betroffen seien, die auf eine Aussageinstanz, oder, um jenen Begriff zu wählen, den Roger Odin im Kontext «dokumentarisierender Lektüre» popularisiert hat, den Enunziator[2] verweisen. Tatsächlich lassen sich mit Blick auf ein äußerst populäres Medium der Geschichtsdarstellung, den Film, noch vor allen narrativen Strategien oder textuellen Verfahren zwei *mediale* Eigenschaften benennen, die als maßgebend für eine solche Diagnose angesehen werden müssen.

Noch jede Annäherung an das Medium unterstellte stets, dass sich der Film in einem durchaus unterschiedlich bewerteten, aber letztlich privilegierten Verhältnis zur Realität befinde. Im Hinblick auf sein Fungieren als fotografisches Aufnahmeverfahren gilt er gar als direkte Abbildung von Realität. Nur fragt sich natürlich: Welcher Realität? Und was meint «Abbildung»? Die Dokumentarfilmtheorie hat sich an diesen Fragen ausführlich abgearbeitet. Doch auch dann, wenn etwa das «Genre» Dokumentarfilm eine pragmatische Kategorie darstellt, die Privilegierung einer Lesart, die danach fragt, «Könnte das gelogen sein?», wie Dirk Eitzen vorgeschlagen hat[3], bleibt eine inkommensurable Wesenseigenschaft, die nicht einfach hintergehbar scheint und die sich auch im Titel dieses Tagungsbandes bereits andeutet: Nämlich der – wie auch immer geartete – Wirklichkeitsbezug, die Behauptung eines «referentiellen Mehrwerts», wie Heinz B. Heller es ausdrückt. Ein naiver Abbildrealismus mag in der Theorie keine ernstzunehmende Position mehr darstellen – auf der Ebene medialer Artefakte bleibt er in einer Rhetorik des Faktischen und in den Narrativen von Bezeugung und Beglaubigung gleichwohl wirksam.

---

1 Roland Barthes: «Historie und ihr Diskurs». In: *alternative* Nr. 62/63 (1968), S. 175.
2 Roger Odin: «Dokumentarischer Film – dokumentarisierende Lektüre». In: Eva Hohenberger (Hrsg.): *Bilder des Wirklichen. Texte zur Theorie des Dokumentarfilms.* Berlin 1998, S. 286-303.
3 Dirk Eitzen: «Wann ist ein Dokumentarfilm? Der Dokumentarfilm als Rezeptionsmodus». In: *montage/av* 7,2 (1998).

Neben seiner registrierenden Funktion kennzeichnet den Film, und zwar mittels seiner Eigenschaft, Aufzeichnungsmedium zu sein, eine Form des externalisierten Gedächtnisspeichers: Jede Projektion stellt eine Vergegenwärtigung von Vergangenem dar.[4] Die Engführung von Film und Geschichte ist damit bereits der Ebene des kinematographischen Dispositivs strukturell eingeschrieben. Sobald wir die apparative Ebene verlassen und über ästhetische Formen sprechen, Formen des «Genau-so» gleichermaßen wie die des «Als-ob», wird dieses Verhältnis indes noch weitaus komplexer.

So hat Gertrud Koch darauf hingewiesen, dass der Film denkbar ungeeignet sei zur Vergegenwärtigung von Vergangenem – jedenfalls dann, wenn man das konventionelle Erzählkino betrachte, das sich der Mittel eines detailversessenen Historismus bediene. Das Problem, so Koch, liege im «Illusionseindruck des Kinos», der Tatsache, dass der Film eine «zweite Natur» erschaffe, deren «Produziertheit nicht mehr durchschaut wird und sich darum so hervorragend zur Produktion von Mythologien eignet.»[5] Diese Mythologien produziert das dem Historismus verhaftete, fiktionale Erzählkino freilich genauso wie das *direct cinema*.[6] Wollte man nun eine handlungsanweisende Ästhetik formulieren (und die Filmwissenschaft hat das oft genug getan), müsste man sagen: Die Geschichte im Film droht – um mit Barthes zu sprechen – sich immer dann selbst zu erzählen, wenn es nicht gelingt, die Rhetorik des Faktischen und den Illusionseindruck einer glatten, homogenisierten Wirklichkeit zu durchbrechen.

Ein häufig bemühtes wissenschaftliches Narrativ reproduziert die binaristische Vorstellung, dass es auf der einen Seite so etwas wie eine solcherart Probleme reflektierende Avantgarde gibt (die dann auch dementsprechend kanonisiert ist und zum Distinktionsgewinn taugt), der auf der anderen Seite eine breite Masse populärer, dominanter, hegemonialer Formen gegenüber steht, die von solcherart Selbstvergewisserungen unberührt bleiben. Unabhängig davon, ob diese Annahme zutreffend ist, soll im Folgenden versucht werden, sich in das Feld des Populären zu begeben, und zwar ohne dies als den möglicherweise von vornherein zum Scheitern verurteilten Versuch einer Ehrenrettung zu verstehen. Es ließe sich aber vermuten, dass gerade im Bereich des Gewöhnlichen, des Mainstreams, ein hohes Maß an Problemlösungskompetenz vorhanden ist, um aus einem kontingenten Geschehen stimmige Geschichten zu machen, eine Kompetenz, wie sie sich etwa in der Ausbildung universell verständlicher, kanonisierter ästhetischer Verfahren, Formen, Genres und Stereotypen zeigt.

---

4   Vgl. Gertrud Koch: «Nachstellungen. Film und historischer Moment». In: Eva Hohenberger/Judith Keilbach (Hrsg.): *Die Gegenwart der Vergangenheit. Dokumentarfilm, Fernsehen und Geschichte*. Berlin 2003.
5   Koch, ebd., S. 224.
6   Vgl. Linda Williams: «Mirrors without Memories. Truth, History and the New Documentary». In: *Film Quarterly* 3/1993, S. 9–21.

Werfen wir daher einen Blick auf die Gegenwart eines solch populären Fernsehfilmformats, nämlich das Dokudrama. Es erscheint für unsere Fragestellung deshalb brauchbar, weil es als Hybrid die prinzipielle Konstruiertheit von Geschichte und die Brüche ihrer Erzählung, so ließe sich zumindest vermuten, bereits mittels seiner formalen Gestalt ausweist. Dabei offenbart sich jedoch, so möchte ich zeigen, eine charakteristische Koaleszenz zwischen den medialen Verfahren der Ausstellung dieser Brüche und ihrer Kaschierung zugunsten des Eindrucks einer homogenen und formal geschlossenen Repräsentation. Welche Verfahren sind das nun? Und welche Wirkungen haben sie darauf, wie und mit welchem Ziel Geschichte als sinnstiftend konstruiert und vergegenwärtigt wird?

Nach der Abgrenzung des Untersuchungsgegenstandes soll – ausgehend von häufig geäußerter Kritik an Dokudramen – ein Modell dreier Ebenen von Referenz, die beim Dokudrama wirksam sind, entwickelt werden. Anhand der Analyse dreier Komplexe – Bildverwendungen, narrative Verfahren, mediale Selbstreferenz – soll anschließend der Frage nachgegangen werden, welcher medialer Strategien sich das Dokudrama zwischen einer Rhetorik des Faktischen und der Steigerung des Illusionseindrucks, zwischen der Ausstellung von Brüchen der Geschichtskonstruktion und ihrer Kaschierung bedient, um Geschichte zu vergegenwärtigen.

Unter dem Begriff Dokudrama sollen all jene narrativen Formen gefasst werden, bei denen historische Aufnahmen mit der «Patina des Archivs»[7], also einer hochgradig selbstevidenten Aussageautorität, mit Testimonials von so genannten Zeitzeugen und nach den Aussagen dieser Zeitzeugen inszenierte Re-Enactments, die dazu einladen, als «wahr» oder «wahrhaftig» verstanden zu werden, kombiniert werden. Kennzeichnend ist dabei das Vorkommen filmischer Figuren, die zur selben Zeit in Form empirischer Personen, zum Beispiel als Zeitzeugen, wie auch – durch Schauspieler dargestellt – in den inszenierten Spielhandlungen auftreten.

Hans-Christoph Blumenberg als Dokudrama-Regisseur

Die Geschichte des «Genres» Dokudrama im bundesdeutschen Fernsehen begründet sich in den frühen Formen von «Tatsachenspielen» und «szenischen Berichten» der fünfziger Jahre und verbindet sich insbesondere mit den Namen Horst Königstein und Heinrich Breloer.

In den letzten Jahren wurde das Fernsehformat Dokudrama indessen im wesentlichen von zwei Regisseuren bestimmt: Während der bereits erwähnte

---

7   Matthias Steinle: «Das Archivbild. Archivbilder als Palimpseste zwischen Monument und Dokument im audiovisuellen Gemischtwarenladen». In: *Medienwissenschaft: Rezensionen* 22, 3 (2005).

Heinrich Breloer in der öffentlichen Wahrnehmung für aufwändig produziertes und mit hohem publizistischem Interesse begleitetes «Eventfernsehen» stand, trat Hans-Christoph Blumenberg durch weniger aufwändig hergestellte Produktionen hervor – etwa den Zweiteiler DEUTSCHLANDSPIEL (2000), der, ausgehend von den ersten Montagsdemos in Leipzig, den Weg zur deutschen Wiedervereinigung nachzeichnet, oder zuletzt durch den Fernsehfilm DIE LETZTE SCHLACHT (2005), einer Rekonstruktion des Kriegsendes 1945 in Berlin unter leitmotivischer Berücksichtigung des Schauplatzes «Führerbunker».

Die Dokudramen Blumenbergs sind Co-Produktionen zwischen Ulrich Lenzes Produktionsfirma CineCentrum und dem ZDF, Redaktion «Zeitgeschichte», Guido Knopp. Während Blumenberg üblicherweise nicht nur Regie führt, sondern auch das Drehbuch verfasst, arbeiten fünf Mitarbeiter als Rechercheure, zwei von ihnen betreuen als fest angestellte Historiker bei der Produktionsfirma auch weitere Projekte. Blumenberg, vor seiner Karriere als gut beschäftigter Regisseur fürs Fernsehen und – seltener – fürs Kino zu Zeiten des Neuen Deutschen Films einer der einflussreichsten Filmkritiker, hat zudem selbst Geschichte studiert. Bereits die Schilderung dieser Produktionsumstände macht deutlich: Hier artikuliert sich ein Selbstverständnis, bei dem die Produzenten ihre Filme nicht nur als unterhaltsame Geschichten vor historischem Hintergrund verstanden wissen wollen. Die Absicht – insbesondere beim ZDF – liegt tatsächlich darin, geschichtliche Faktenzusammenhänge zu vermitteln – und zwar mit den genuinen Mitteln des Fernsehens, was meint: über die Narration vieler einzelner «kleiner» Geschichten ein Gesamtbild der «großen» Geschichte zu entwerfen.

Eine dieser «kleinen» Geschichten ist jene der Berlinerin Ilse Anger, die uns innerhalb einer dreigliedrigen Sequenz in DIE LETZTE SCHLACHT vorgestellt wird. Zu Beginn hören wir ein *voice-over* – die Stimme gehört dem Schauspieler Daniel Brühl, der einen Rundfunksprecher darstellt. Als Figur ist dieser narrativ eingeführt, er bleibt *off screen*. Wir hören Nachrichten von der Front. Unterlegt sind Archivbilder von Kampfhandlungen: Panzer, schießende Soldaten, zerstörte Fassaden (Abb. 1). Zu diesem Zeitpunkt des Films hat die russische Armee bereits große Teile Berlins eingenommen, auch, wie wir in dem anschließenden Re-Enactment erfahren werden, jenes Haus, auf dessen Dachboden sich zwei Protagonisten versteckt halten – eine davon ist Ilse Anger, die uns zuvor in einer Zeitzeugen-Aussage vorgestellt wurde. Was wir sehen, ist eine junge Frau. Sie kauert auf dem Boden, scheint zu schlafen, lehnt sich an einen gemauerten Kamin (Abb. 2).

Das Setting: Ein leerer, schmutziger Dachboden. Ein Insert verortet die gezeigte Einstellung: «Wilmersdorf, im Südwesten von Berlin». Im Bildhintergrund erkennen wir, wie ein Mann den Dachboden betritt und sich hinkend nähert. Die Frau bemerkt sein Kommen, schreckt auf. Von weitem hört sie den Mann rufen: «Die Russen sind weg! Weitergezogen Richtung Zentrum!»

Geschehen / Geschichte

Abb. 1–5

– «Das heißt...», murmelt die Frau fragend und steht langsam auf. «Das heißt, dass Sie wieder herauskommen können», ergänzt der Mann mit freundlicher Stimme. Die beiden stehen einander unsicher gegenüber, die Kamera beschreibt eine Fahrt bis zu einer nahen Einstellung der Gesichter beider Figuren im Profil (Abb. 3). Der Mann sieht der Frau in die Augen. «Aber eines müssen Sie mir versprechen», sagt er und macht eine kleine Pause. «Bleiben Sie übrig.» Die Frau nickt stumm und lächelt, während der Score lauter wird. Die Einstellung wird noch eine Weile gehalten (Abb. 4), dann folgt ein Schnitt, wobei der Tonschnitt dem Bildwechsel vorausliegt. Wir sehen – in der typischen Konvention, mit der solche Einstellungen gestaltet werden – eine ältere Dame im Halbprofil vor schwarzem Hintergrund. Ein Insert benennt sie als Ilse Anger. «Ja, das war wie eine zweite Geburt», sagt sie, an der Kamera vorbei, an einen Gesprächspartner außerhalb des Bildes gewendet (Abb. 5).

Die Fernsehkritik hat aufgrund solcher, handwerklich durchaus wirkungsvoll gestalteter Sequenzen von «Melodramatisierungen» und von «Geschwätzigkeit» gesprochen. In der Wochenzeitung *Die Zeit* etwa hat Evelyn Finger Blumenberg für sein Vorgehen, das Geschehen des Kriegsendes in Berlin in viele einzelne, kleine «Mini-Narrationen» zu zerlegen, die nach Gesichtspunkten von Identifikationspotential und Empathie dramaturgisch aufgelöst werden, scharf kritisiert. So führt sie aus:

> Wenn die Zeitzeugen dann auch noch in die fiktiven Szenen hineinreden, entsteht ein verlogener Hyperrealismus, dessen ästhetische Gediegenheit [...] nur den Verblendungszusammenhang stärkt. Kühn heißt es im Vorspann: Dieser Film erzählt die wahre Geschichte einiger der ‹Überlebenden›. Die Insinuation lautet natürlich: Viele kleine ‹Wahrheiten› ergeben eine große. So ist es aber nicht.[8]

Dieses Urteil, gefällt im Geist und mit dem Vokabular Kritischer Theorie und Baudrillardscher Postmodernitätsdiagnostik, adressiert gleich zwei Aspekte: den des *Wirklichkeitsbezugs*, der über Parameter wie «Wahrheit» und «Angemessenheit» in Frage gestellt wird, und den der *Narrativisierungsstrategien*, die als unangemessen beurteilt werden – im geschilderten Beispiel die melodramatische Liebesgeschichte.

Reduziert man die Beschäftigung mit der Hybridform Dokudrama jedoch auf die Unterstellung kulturindustrieller Verblendung, wird man ihr kaum gerecht. Dass Filme nicht einfach Wirklichkeit widerspiegeln, dass sie Artefakte darstellen, das beschreibt schon Alexander Kluge, wenn er früh – nämlich 1975 – aus konstruktivistischer Sicht von den «drei Kameras» des Dokumentarfilms spricht: «Der Kamera im technischen Sinn (1), dem Kopf des Filmemachers (2), dem Gattungskopf des Dokumentarfilmgenres, fundiert aus der Zuschauererwartung, die sich auf Dokumentarfilm richtet (3).»[9] Diese, «z. T. gegeneinander laufenden Schematismen» sind für Kluge das Konstruktionsprinzip für die «Tatsachenzusammenhänge» des Dokumentarischen.[10] Und wenn man einmal die eigenen ästhetischen Werturteile beiseite lässt, wird man einräumen müssen, dass die Komplexitätsreduktion, die hier in der narrativen Auflösung vorgenommen wird, und die Adaption von Genrekonventionen – etwa des Melodrams – natürlich keinen dramaturgischen, ästhetischen oder ideologischen *Fehler*, sondern eine wesentliche *Leistung* des Films darstellen.

Um diese Leistungen beschreiben und bewerten zu können, möchte ich ein modifiziertes Modell dreier Ebenen vorschlagen, zu denen das Dokudrama in

---

8 Evelyn Finger: «Was der Bunkertelefonist gesehen hat. Berlin 1945: Hans-Christoph Blumenbergs Dokudrama ‹Die letzte Schlacht› veranstaltet ein Zeitzeugengewimmel». In: *Die Zeit* 11/2005.
9 Alexander Kluge: *Gelegenheitsarbeit einer Sklavin. Zur realistischen Methode*. Frankfurt a.M. 1975, S. 202.
10 Kluge, S. 203.

einem Referenzverhältnis steht. Innerhalb dieses Modells wird ein (wie auch immer gearteter) Wirklichkeitsbezug nur eine von mehreren Referenzen darstellen. Anhand dieses Rasters wird der Frage, ob das Genre des Dokudramas möglicherweise geeignet ist, die prinzipielle Konstruiertheit von Geschichte, die Brüchigkeit und Fragmentierung ihrer Darstellungen offen zu legen und zu thematisieren, nachzugehen sein.

Eine erste, grundlegende Referenz bildet zunächst der *mediale Kontext*, womit die Möglichkeiten und Grenzen des Mediums Film gemeint sind.

Die zweite Ebene ergibt sich aus dem formalen Rahmen, der Referenz der *filmischen Form*. Hierzu gehören Genreerwartungen, narrative Konventionen wie das *happy ending* oder die Geschlossenheit von Handlungen, aber auch angenommene Zuschauererwartungen.

Die dritte Ebene schließlich folgt aus dem *Wirklichkeitsbezug* des Narrativs, wobei hier der prinzipielle Konstruktcharakter jeglicher Tatsachenzusammenhänge und jene Wunschvorstellungen mitgedacht seien, mit denen das, was uns wirklich scheint, zutiefst imprägniert ist.

Das Zusammenspiel dieser drei Ebenen produziert Brüche, Friktionen und Widersprüche – und diese Tendenz wird durch den Hybridcharakter des Dokudramas, innerhalb dessen sich dokumentarischer und fiktionaler Diskurs fortwährend überlagern und verschränken, noch verstärkt. Wie löst der Film nun die Probleme, die sich hieraus ergeben? Wie löst etwa die Montage das Problem, drei Bildsorten miteinander kombinieren zu müssen?

Bildsorten und ihre Verwendung

In einer typischen Verwendung von Archivbildern in DIE LETZTE SCHLACHT fungieren Aufnahmen von Kriegshandlungen als Klammermaterial, das innerhalb der Diegese Orientierungsfunktion übernimmt. So dienen in der Beispielsequenz Aufnahmen des Häuserkampfes zur zeitlichen Verortung des Geschehens. Mithilfe dieser Bilder werden Schauplätze eingeführt und Handlungen voneinander abgegrenzt. Aufgrund ihrer Qualität und materiellen Eigenschaften (Körnung, Farbigkeit, sichtbare Lagerschäden) sind sie als different identifizierbar, werden aber durch das Mittel der Kontinuitätsmontage nahtlos integriert, ohne dass sie verortet und datiert werden oder ihre Herkunft thematisiert wird.

> Die Abstraktion der meisten Bilder zwingt die Zuschauer dazu, sie mit einer historischen und kulturellen Bedeutung aufzuladen, die aus einem externen, meist ebenfalls medial produzierten Wissen stammt. Die Bilder appellieren an unser Wissen und rufen unsere Vorannahmen von den Kontexten auf, die ihnen fehlen – und werden dadurch

mit historischer Genauigkeit aufgeladen, die in den Bildern selbst, aufgrund ihrer Abstraktion, abwesend ist. Bei aller Konkretheit sind die Bilder als einzelne ungenau.¹¹

Sie dienen im Wesentlichen zur Illustration eines diffusen Hintergrundes, zur atmosphärischen Kulisse, die letztlich austauschbar bleibt. Weil diese Bilder keine konkrete Referenz im Sinne des Wirklichkeitsbezuges mehr besitzen, ihre semantische Substanz die eines Zeichens ist, können sie zur Plausibilisierung nahezu beliebiger Strukturen dienen. Im gezeigten Beispiel bleibt z. B. unklar, ob die Aufnahmen, die im übrigen aus Michail Ciaurelis FALL VON BERLIN – und damit selber aus einer Art Hybridfilm – stammen, die innerdiegetische, propagandaoffizielle Darstellung des Rundfunksprechers bestätigen, oder ob sie ihnen zuwider laufen.

Die eingefügten Archivbilder haben aber nicht nur einen Beglaubigungs- und Illustrationseffekt, sie appellieren auch – und zwar im Sinne einer Referenz der filmischen Form – an das Bildgedächtnis des Zuschauers. Aber:

> Eine Welt, die ganz und gar durch Zeichen konstruiert wird, ist eine mythische Welt, und so produzieren die meisten Filme, die mit konkretistischem Illusionsnaturalismus Geschichte nachzuschöpfen versuchen, mythische Geschichtsbilder, die auf die Evidenzerlebnisse der Illusion setzen.¹²

Die Verwendung unterschiedlicher Bildsorten in DIE LETZTE SCHLACHT zeitigt ein paradoxes Verhältnis: Zum einen werden Archivbilder bewusst in ihrer Differenz ausgestellt, ein Verfahren, das an den dokumentarischen Diskurs der Beglaubigung mittels einer Rhetorik des Faktischen anschließt. Gleichzeitig wird das *found footage* mittels des Prinzips der Kontinuitätsmontage zugunsten eines Illusionseindrucks so integriert, dass seine Andersartigkeit, seine Fremdheit und Widerständigkeit aufgelöst werden.

Narrative Verfahren und Figurenkonstruktionen

Gleich dem historischen Roman, wie ihn Georg Lukács beschreibt¹³, konstruiert auch das Dokudrama einen historischen ‹Text› als Hintergrund sowie ein fiktives Personal, wodurch sich mittels der Diegese privates Erleben und politische Ereignisse verschränken – mit dem entscheidenden Unterschied, dass von

---

11 Hilde Hoffmann: «Die televisuelle (Re-)Produktion von Ereignissen». Vortrag auf der Tagung «Bildkontext», Mülheim/Ruhr, 26.06.2006.
12 Koch: «Nachstellungen» (wie Anm. 4), S. 226.
13 Vgl. Georg Lukács: *Der historische Roman*. Berlin 1955.

den entsprechenden Figuren nun behauptet wird, dass sie eben *nicht* fiktiv seien: Sie werden mit ihrem bürgerlichen Namen – im Beispiel «Ilse Anger» – eingeführt und ihre entsprechende Verkörperung durch Schauspieler in den Re-Enactments gründet auf einem äußeren Ähnlichkeitsverhältnis.

Dieses Paradigma tritt insbesondere bei jenen Figuren zu Tage, deren Aussehen als bekannt vorausgesetzt werden kann: So ist die Figur Michail Gorbatschow in DEUTSCHLANDSPIEL aufgrund dessen medialer Ikonografie und des Aussehens des Darstellers Udo Samel unmittelbar identifizierbar. Diese ästhetische Strategie der Buchstäblichkeit wird innerhalb des Formats Dokudrama mit solcher Ausschließlichkeit verfolgt, dass sich die Frage aufdrängt, was sie so dominant macht. Nun dürften die Gründe für dieses Prinzip zum einen in dramaturgischen Erfordernissen (wie der handlungslogischen Orientierung des Zuschauers), zum anderen in der Wirksamkeit eines bürgerlichen Authentizitätsmodells liegen. Zugleich existiert darüber hinaus auch eine ‹innere Notwendigkeit› der Beglaubigungsästhetik: Gerade weil der fiktionale Diskurs üblicherweise dadurch gekennzeichnet ist, dass er, so Frank Kessler, «nicht für die Wahrheit des Gesagten haftbar gemacht werden kann»[14], das Dokudrama aber dokumentarischen Anspruch erhebt (oder eben eine «dokumentarisierende Lektüre» präfiguriert), ist die Aufrechterhaltung gerade eines so buchstäblichen Referenzverhältnisses wie jenes des Abbildrealismus von entscheidender Bedeutung. Was das Archivbild auf der Ebene des kollektiven Gedächtnisses leistet, erfüllt das Ähnlichkeits- und Entsprechungsverhältnis der empirischen Personen und filmischen Figuren auf der Ebene der Figurenkonstruktion: Beide Verfahren dienen der Beglaubigung, der Evidenzerzeugung in einer scheinbar unhinterfragbaren Rhetorik des Faktischen.

Das filmische Beispiel der Einbettung und Auflösung existentieller Konflikte in ein melodramatischen Formprinzipien gehorchendes Narrativ zeigt, wie das Dokudrama fortwährend eine Agentur darstellt, innerhalb derer ein kontingentes Geschehen in ethische Bewährungsproben im Sinne einer bürgerlichen Moralität umgewandelt wird. Daher gibt es in DIE LETZTE SCHLACHT zwei starke Impulse: Der eine ist jener der Wissenserzeugung, der Evidenzbildung, der Erklärung, der Bezeugung und Beglaubigung. Der zweite aber ist jener der Unterhaltung und des Trostes. Indem das Dokudrama prototypisch ausgewählte Protagonisten zeigt (der Jude, der Invalide, der Soldat, der Mitläufer, das zivile Opfer), deren «Schicksale» Identifikationspotential bieten und deren Lebensläufe den hegemonialen Selbsterzählungen unserer Gesellschaft wenn nicht folgen, so doch stets in sie reintegriert werden, produziert es in einer Zeit der Verunklarung verbindlicher Werte und Handlungsmuster Zonen der Sicherheit und Bestimmbarkeit. Und weil diese Leistung der Bearbeitung eines Traumas

---

14 Frank Kessler: «Fakt oder Fiktion». In: *montage/av* 7,2 (1998), S. 70.

gleicht, ist die entortete, unkonkrete Herauslösung und Wiederholung der Archivbilder, ihre emblematische Zeichenhaftigkeit eine, die therapeutischen Wert hat. So schreibt Derek Paget:

> The first sign of the trauma in a national consciousness is the repetition of an image; the number of repetitions over time is an indication of the seriousness of the trauma.[15]

Von daher scheint auch kaum verwunderlich, welche politischen Ereignisse in Dokudramen in den letzten Jahren thematisiert worden sind: Das Kriegsende, die Wiedervereinigung, die Guillaume-Affäre, der Arbeiteraufstand von 1953.

Die Attraktivität und Wirkungsmacht des Dokudramas liegt in diesem Sinne darin begründet, dass seine ästhetischen Verfahren *rhetorischer* Natur sind und damit auf Logiken der Überzeugung durch Emotionsgenerierung gründen. Die beabsichtigte Wirkung dieser hegemonialen Meistererzählungen, die trotz aller Brüchigkeiten produziert werden, ist stets eine doppelte. Sie lautet zum einen: Wir können Geschichte verstehen und aus ihr lernen. Und zum anderen ist sie eine tröstende, denn das Dokudrama erzählt davon, dass das bürgerliche Subjekt – adressiert wird hier der Zuschauer – auch im Angesicht der Katastrophe über Handlungsmacht verfügt und es eine Errettung gibt, auch wenn sie oftmals nur im schlichten ‹Überleben› lag: «Aber eines müssen Sie mir versprechen: Bleiben Sie übrig», wie der filmischen Figur Ilse Anger mit auf den Weg gegeben wird. Dass sie «übrig» blieb, sehen wir dann sogleich in der folgenden Einstellung, in der sie als Zeitzeugin vor uns sitzt. Einmal mehr gilt: Die tragische Figur unserer Zeit ist nicht der scheiternde Held, sondern der überlebende Kleinbürger.

Mediale Selbstreferenz

Führen wir uns noch einmal die Beispielsequenz vor Augen: Die Archivbilder der Kampfhandlungen in Berlin leisten nicht nur handlungslogische Orientierung und «verorten» anscheinend das Geschehen. Wenn sie mit der Stimme der diegetischen Figur des Rundfunksprechers montiert werden, überführt sie der Film – und zwar in Form einer sekundären Inszenierung – zu Nachrichtenbildern des Fernsehens. Diese Selbsteinschreibung einer genuin medialen Situierung ist durchaus charakteristisch im Dokudrama – und insbesondere für Blumenberg, der in dem Wendefilm DEUTSCHLANDSPIEL zwei Amateurvideofilmer als Protagonisten wählt und das historische Material ihrer realen Vorbilder in

---

15 Derek Paget: *Seven theses about border genres / Five modest proposals about docudrama.* www.latrobe.edu.au/screeningthepast/firstrelease/fr0902/paget/dpfr14b.htm (8.1.2007).

den eigenen filmischen Diskurs so integriert, dass deren Entstehungsumstände und -bedingungen kontinuierlich ausgestellt werden.

Auf einer vordergründigen Ebene – jener der Narratologie, aber auch in ökonomischer und produktionstechnischer Sicht – dient das Verfahren der *voice-over*-Narration der Erzählökonomie und -effizienz: Vieles lässt sich schneller und einfacher sagen, als es sich zeigen ließe. Zum anderen aber schreibt sich mittels einer solch reflexiven, narrativ-ästhetischen Figur das Fernsehen im Ringen um Distinktion als Medium der Geschichte in seine Narrative ein. Avant la lettre sind es televisionäre Formen der Wissensgenerierung, die im Beispiel der LETZTEN SCHLACHT ausgestellt werden. Dabei wird das historisch ältere Medium Hörfunk mittels der filmischen Erweiterung des Bildes zum Fern-Sehen in einem ganz unmittelbaren Sinn. Die Demonstration dieser medialen Wirkmächtigkeit wirkt zurück auf die immanenten Konstruktionsprinzipien des Dokudramas selbst, das sich durch Pluralität, Heterogenität und Gleichzeitigkeit auszeichnet. Auffällig ist nun, dass dieses Verfahren keinesfalls illusionsbrechend wirkt. Der Eintritt medialer Selbstreferenz verschmilzt in der filmischen Montage zur glatten Oberfläche vermeintlich televisionärer Aussagemächtigkeit.

Zusammenfassung

Die eingangs formulierte Frage lautete: Ist das Dokudrama geeignet, die prinzipielle Konstruiertheit von Geschichte, den Aspekt ihrer Enunziation offenzulegen? Ein häufig geäußerter Vorwurf nicht allein dem Dokudrama, sondern sämtlichen Hybridformen des Dokumentarischen gegenüber lautet, dass diese letztlich deshalb affirmativ seien, weil sie Widersprüche und Friktionen negierten. Tatsächlich zeigt sich aber, dass es eine Reihe von medialen Verfahren gibt, innerhalb derer diese Brüche aufgegriffen und verhandelt werden.

Meine These lautete, dass ein dreistufiges System der Referenz im Dokudrama wirksam ist. Auf allen drei Ebenen – jener des medialen Kontextes, des formalen Rahmens und des Wirklichkeitsbezuges – gibt es eine charakteristische Koaleszenz zwischen den medialen Verfahren der Ausstellung dieser Brüche und ihrer Kaschierung zugunsten des Eindrucks einer homogenen und formal geschlossenen Repräsentation. Dies betrifft Verfahren der Verwendung unterschiedlicher Bildtypen, narrativer Strategien und der Figurenkonstruktion sowie die Ebene medialer Selbstreferenz. Dabei dient das Ausstellen einer Rhetorik des Faktischen dem Abbau, die Kaschierung hingegen der Steigerung des Illusionseindrucks.

Blumenbergs Film DIE LETZTE SCHLACHT findet dabei jedoch niemals zu einer rein auf Illusion beruhenden Darstellung, auch wenn dies die Absicht sein sollte und in der Wahl der filmischen Verfahren angestrebt sein mag. Man muss wohl vielmehr mit Robert A. Rosenstone konstatieren: «No matter how literal minded a director might be, film cannot do more than point to the events of the past.»¹⁶ Das Verhältnis von Vergangenheit und Vergegenwärtigung ist freilich keines, bei dem die Vergangenheit getilgt wird, bei dem sie, wie Baudrillard glaubt, «verschwindet» hinter den Bildern, sondern eines der Referenz. Film und Fernsehen haben spezifische Verfahren entwickelt, historische Ereignisse zu modellieren und Geschichte zu vergegenwärtigen. Im Fall der LETZTEN SCHLACHT geschieht dies in Form einer hegemonialen, linearen und monokausalen Meistererzählung – und genau hierin liegt die charakteristische Leistung des Dokudramas.

16 Robert A. Rosenstone: «JFK: Historical Fact/Historical Film». In: Ders. (Hrsg): *Why Docudrama?* Carbondale/Edwardsville 1999, S. 337.

Matthias Steinle

Im Nebel postmodernen Dokumentarfilms

Errol Morris: THE FOG OF WAR (2003)

> I have my own version of Santayana's line, which I've always disliked. [...] ‹Those who are unfamiliar with history are condemned to repeat it?› Well, here is the Errol Morris version. Those who are unfamiliar with history are condemned to repeat it without a sense of ironic futility.[1]

In einem Interview Ende der 1980er Jahre erklärte Errol Morris: «Es gibt keinen Grund, warum Dokumentarfilme nicht genauso persönlich sein können wie Spielfilme, warum sie nicht die Handschrift derer tragen sollten, die sie gemacht haben. Wahrheit wird weder durch Stil noch durch Ausdruck garantiert. Wahrheit wird durch überhaupt nichts garantiert.»[2] Mit diesem Verständnis von Filmemachen, Dokumentarfilm und Wahrheit bot sich Errol Morris für das Prädikat ‹postmodern› an. 1987 hatte sein Film THE THIN BLUE LINE (DER FALL RANDALL ADAMS) über einen Justizirrtum in Folge eines Polizistenmordes international Aufsehen erregt. Die Filmwissenschaftlerin Linda Williams erklärte THE THIN BLUE LINE zusammen mit Claude Lanzmanns SHOA (1985) zu Vertretern eines «neuen Dokumentarfilms». Beide Filme stellten für sie auf ganz unterschiedliche Art «überzeugende Beispiele für den postmodernen Dokumentarfilm» dar, «dessen leidenschaftliches Verlangen darauf abzielt, in die Konstruktion von Wahrheiten einzugreifen, deren Totalität letztlich unergründlich bleibt.» Dokumentarfilm wird dabei «nicht dem Wesen nach als wahr» begriffen, sondern als Reihe von Strategien, «aus denen man vor dem Hintergrund relativer

---

1 Errol Morris auf einer Lesung in Harvard. «The Anti-Post-Modern Post-Modernist» [2005], www.errolmorris.com/content/lecture/theantipost.html (17.1.2007). Herzlichen Dank an Matthias Holtz für die Anregungen und Informationen.
2 «Truth Not Guaranteed: An Interview with Errol Morris». In: *Cineaste* 17 (1989), S. 17, zit. nach: Linda Williams: «Spiegel ohne Gedächtnisse. Wahrheit, Geschichte und der neue Dokumentarfilm». In: Eva Hohenberger, Judith Keilbach (Hrsg.): *Die Gegenwart der Vergangenheit. Dokumentarfilm, Fernsehen und Geschichte*. Berlin 2003 (Texte zum Dokumentarfilm, Bd. 9), S. 24–44. S. 30.

und kontingenter Wahrheiten auswählen kann.»³ Anstatt Wahrheit zu verkünden, enthüllte THE THIN BLUE LINE ein Geflecht aus Lügen und trug dazu bei, einen unschuldig zum Tode Verurteilten zu rehabilitieren.

Dokumentarfilm à la Errol Morris

Morris' dokumentarfilmisches Vorgehen zeichnet sich aus durch das Hinterfragen der dokumentarischen Form mit genreunüblichen formalen Innovationen. Dabei kombiniert er experimentelle Praxis mit populistischen Imperativen der Regenbogenpresse und *talk show*. Diese Hybridisierung steht im Kontext der jüngeren Entwicklung des Dokumentarfilms, innere Befindlichkeit, Gedächtnisformen und psychische Traumata zu untersuchen.[4]

Die Themen von Morris' Filmen kreisen um Tod, Trauma, Bizarres, Egozentrik und Geschichtsträchtiges: angefangen bei seinem ersten Film GATES OF HEAVEN aus dem Jahr 1978, in dem er das Schicksal zweier Tierfriedhöfe verfolgt, über VERNON, FLORIDA (1981), das Porträt exzentrischer Bewohner einer Stadt im Sumpfgebiet, A BRIEF HISTORY OF TIME (EINE KURZE GESCHICHTE DER ZEIT, 1991) über Leben und Werk von Stephen Hawking sowie schwarze Löcher, FAST, CHEAP AND OUT OF CONTROL (1997), ein Film, in dem er die nicht zusammenhängenden Geschichten eines Löwenbändigers, eines Experten für Nacktmulle (skurrile afrikanische Nager), eines auf riesige Tierfiguren spezialisierten Landschaftsgärtners und eines Roboterspezialisten geschickt miteinander verknüpft, bis hin zu seiner aus Kurzfilmen bestehenden Fernsehreihe FIRST PERSON (2000, 2001). In FIRST PERSON porträtiert er so unterschiedliche Hauptpersonen wie einen Papagei, der einen Mord beobachtet hat, die ehemalige Verlobte eines Serienkillers, die beim Schreiben über diese Beziehung erneut mit einem Mörder zusammen kommt, einen Mann, der den Kopf seiner toten Mutter gestohlen hat, und ähnliche bizarre Grenzgänger. MR. DEATH: THE RISE AND FALL OF FRED A. LEUCHTER JR. (1999), das Porträt eines selbsternannten Experten für Sterbetechnik, auf den Morris im Rahmen von THE THIN BLUE LINE aufmerksam geworden war, stellt wohl seinen brisantesten – erstaunlicherweise aber kaum wahrgenommenen – Film dar: Im Laufe der Dreharbeiten entwickelt sich die Hauptperson zum Revisionisten und pseudowissenschaftlichen Kronzeugen der Leugner der Judenvernichtung. Morris' jüngster, Oscar-prämierter Film THE FOG OF WAR basiert auf einem Interview mit Robert McNamara, dem ehemaligen US-amerikanischen Verteidigungsminister unter

---

3   Ebd., S. 33.
4   Heather Nunn: «Errol Morris: documentary as psychic drama». In: *Screen* 45, 4 (2004), S. 413–422. S. 413.

Kennedy und Johnson und in dieser Funktion für den Vietnamkrieg mit verantwortlich.[5]

Im Zentrum von Morris' Filmen stehen individuelle Personen und ihre Geschichte bzw. Geschichten.[6] Zum Interviewspezialisten avanciert, geht es ihm nicht darum, seine Interviewpartner mit investigativem Journalismus in die Enge zu treiben.[7] Morris ist vor allem daran interessiert, wie die Menschen vor der Kamera erzählen und wie sie die Welt wahrnehmen. Dazu hat er ein spezielles Interview-Dispositiv entwickelt: das «Interrotron»[8]: Interviewer und Interviewter sind dabei räumlich getrennt über ein System umgebauter Teleprompter miteinander verbunden, die jeweils das Bild des Filmenden und das des Gefilmten auf einen direkt über der Kamera befestigten Monitor werfen. Während das Interrotron laut Morris «die Geburt des wahren Kinos aus erster Hand» einleite, bringt es sein Production-Designer Ted Bafaloukas auf den einfacheren Nenner: «Es erlaubt den Leuten das zu tun, was sie am besten können – Fernsehen schauen.»[9] Aus dem Aufnahme-Dispositiv resultiert, dass der Befragte den Zuschauer direkt fixiert, was «die Bindung des Publikums an den Bildschirm» bzw. die Kinoleinwand intensiviert.[10]

Diese Morris-typische Erfindung unterstützt seinen Stil, den der Dokumentarist als bewusste Oppositionshaltung zum nicht-interventionistischen Konzept des *direct cinema* entwickelt hat. Anstatt wie dieses mit seiner ‹fly-on-the-wall-Technik› einen direkten, ungefilterten Zugang zur Wirklichkeit zu suggerieren, setzt Morris auf Künstlichkeit, auf das Gemachte des Artefakts: Dafür wählt er die schwerstmögliche Ausrüstung, verschleiert seine Präsenz nicht, lässt die Befragten direkt in die Kamera schauen und sprechen, benutzt soviel zusätzliches Licht wie möglich und setzt am Drehort die Dinge auffällig in Szene.[11] Die Bildgestaltung ist charakterisiert durch gesättigte Farben, extreme Kameraperspektiven und -winkel, was die Künstlichkeit gerade der Nachinszenierungen exzessiv ausstellt. Darin zeigt sich auch Morris' Erfahrung als Werbefilmer von

---

5 Ausführliche Informationen zur Person und den Filmen finden sich auf Morris' Homepage www.errolmorris.com (im Folgenden alle Internet-Zugriffe am 17.1.2007).
6 «His documentaries can be seen as artful, intelligent representations of offbeat characters, allowing them a dignity [...]». Nunn: «Errol Morris» (wie Anm. 4), S. 415.
7 Terry Gross: «Interview with Errol Morris. National Public Radio, 5.1.2004». In: James G. Blight, Janet M. Lang: *The Fog of War. Lessons from the Life of Robert S. McNamara*. Lanham, Maryland 2005, S. 184–192, S. 190.
8 Den Namen prägte Morris' Ehefrau Julia Sheehan aus der Kombination von «terror and interview». Errol Morris: «Interrotron THE FOG OF WAR: 13 Questions and Answers on the Filmmaking of Errol Morris by Errol Morris». In: *FLM Magazine*, Winter 2004, zit. nach www.errolmorris.com/content/eyecontact/interrotron.html.
9 Zit. nach Movienet (Hrsg.): *The Fog of War*. [Presseheft des deutschen Verleihs, München 2004], S. 10.
10 Shawn Rosenheim: «Interrotroning History. Errol Morris und die Dokumentation der Zukunft [1996]». In: Hohenberger/Keilbach: *Die Gegenwart der Vergangenheit* (wie Anm. 2). S. 175–193, S. 178.
11 Morris: «Anti-Post-Modern Post-Modernist» (wie Anm. 1).

über 1.000 Clips.¹² Nicht zuletzt die minimalistische, häufig von Philip Glass komponierte Musik derealisiert und fiktionalisiert die dokumentarische Darstellung, in der die Grenzen zum Traum, Phantasma, Mysteriösen nicht aufgelöst werden, sondern als Teil der Realität ernst genommen werden. Morris rekurriert auf visuelle Repräsentationsstrategien im Stil von TV-Mystery-Serien wie David Lynchs TWIN PEAKS (1990-1991) und THE X-FILES (1993-2002), um den Teil des Unerklärbaren, Geheimnisvollen der Welt zu betonen: «I sometimes think of my movies like a dream, a dream about 20th century history, a series of questions, of puzzles, of mysteries. And the hope is that the visuals take you deeper and deeper into those mysteries, that is if I've done my job well.»[13]

So wurde Morris als ‹David Lynch des Dokumentarfilms› nicht nur von akademischer Warte das Prädikat ‹postmodern› – in einem produktiven Sinn – verliehen.[14] Im «Engagement für eine neue, kontingente, relative, postmoderne Wahrheit» werde Wahrheit eben nicht aufgegeben, so Linda Williams, sondern sei «nach wie vor als ein machtvolles Erbe der dokumentarischen Tradition wirksam.»[15] Gerade der Verzicht auf «voyeuristische Objektivität» sei für die Produktion von Wahrheit nützlicher.[16] Morris' Interesse an der Wahrheit ist ein doppeltes: Zum einen die Suche nach ihr, mit Betonung auf Suche, bei der verschiedene Wahrheiten gegeneinander in Anschlag gebracht werden, und zum anderen der Wunsch zu verfolgen, wie Menschen die Wahrheit vermeiden. Aufgrund Morris' Anspruchs, Wahrheit zwar nicht zu finden, aber zumindest zu verfolgen[17], hat Shawn Rosenheim ihn als «letzten Modernisten» charakterisiert, «der wie besessen damit beschäftigt ist, seine komplexe, ironische, im Kern aber doch kohärente Absicht als Autor zu kontrollieren».[18] Sich selbst sieht Errol Morris als «Anti-Post-Modern Post-Modernist»[19] und stellt sich mit ironischer Distanz in die Tradition performativer Widersprüche von postmodernen Axiomen.[20]

Obwohl nicht die Geschichte, sondern vielmehr die Diskussion um die Postmoderne an ihr Ende gekommen zu sein scheint, sind postmoderne Irritationen und Provokationen nach wie vor aufschlussreich, wenn auch weniger als Kampf-, sondern vielmehr als Suchbegriff – wofür beispielhaft Morris steht. Angesichts

12 Zahlreiche Clips sind auf Morris' homepage zugänglich (wie Anm. 5).
13 Gross: «Interview with Errol Morris» (wie Anm. 7), S. 195.
14 Beispielsweise definiert der Medienkünstler John Conomos Morris als «postmodern documentarian». John Conomos: «Errol Morris and the New Documentary». In: *Senses of cinema* 8 (2000). www.sensesofcinema.com/contents/festivals/00/8/sfferrol.html.
15 Williams: «Spiegel ohne Gedächtnisse» (wie Anm. 2), S. 27.
16 Ebd., S. 30.
17 «We can't know truth, I believe that, but we can *pursue* truth.» Errol Morris im Interview mit Walter Chaw. In: *Film Freak Central*, 8.2.2004. http://www.filmfreakcentral.net/notes/emorrisinterview.htm.
18 Rosenheim: «Interrotroning History» (wie Anm. 10), S. 187.
19 Morris: «Anti-Post-Modern Post-Modernist» (wie Anm. 1).
20 Vgl. Utz Riese: «Postmoderne/postmodern». In: Karlheinz Barck u.a. (Hrsg.): *Ästhetische Grundbegriffe. Postmoderne Synästhesie.* Bd. 5, Stuttgart, Weimar 2003, S. 1–26.

der Ratlosigkeit der Historikerzunft gegenüber dem Phänomen Guido Knopp, das phantomhaft den Historikertag 2006 als «Herr K.»[21] heimsuchte, bietet Errol Morris' medialer Umgang mit Geschichte und deren konkreten und mentalen Bildern theoretische und vor allem pragmatische Alternativen zur reflexhaften Abwehrhaltung gegenüber den ‹Geschichtsbilddurchlauferhitzern› aus den ZDF-Studios vom Lerchenberg, wie die Analyse von THE FOG OF WAR zeigt.

THE FOG OF WAR

2004 erhielt Morris für THE FOG OF WAR den Academy Award für den besten Dokumentarfilm – womit sich die Frage stellt, ob Hollywood sich einem avancierten Dokumentarfilmverständnis geöffnet oder Morris sich davon verabschiedet hat oder ob womöglich ein grandioses Missverständnis vorliegt.

Die Beschäftigung von Morris mit Robert Strange McNamara geht auf dessen 1995 publiziertes Buch *In Retrospect: The Tragedy and Lessons of Vietnam* zurück, in dem der ehemalige Verteidigungsminister sein langes Schweigen bricht und mit seinem Urteil über den Vietnam-Krieg – «wrong, terrible wrong» – einen schrecklichen Irrtum eingesteht.[22] Das Dokumentarfilmprojekt nahm seinen Ausgang 2001, als Morris mit dem zu diesem Zeitpunkt 85-jährigen ein Interview führte. Das ursprünglich geplante kurze Gespräch wuchs auf über 20 Stunden Material an. Darin berichtet McNamara aus seinem Leben und enthüllt neue Aspekte. Dazu zählt vor allem seine Arbeit als Offizier des statistischen Kontrollamts unter Luftwaffengeneral LeMay im Zweiten Weltkrieg: Auf McNamaras Analysen hin wurden in Japan flächendeckend Brandbomben eingesetzt, denen noch vor Hiroshima nahezu eine Million Menschen zum Opfer fielen, was McNamara selbst als Kriegsverbrechen bezeichnet. Ebenfalls neue Details erfährt der Zuschauer über McNamaras Zeit als Manager bei Ford, wo er u. a. die Entwicklung des Sicherheitsgurtes initiierte und dessen Einführung durchsetzte. Im Zentrum aber steht seine Rolle im Vietnamkrieg. Mit kurz zuvor freigegebenen, heimlich im Auftrag von Kennedy und Johnson angefertigten Aufzeichnungen von Sitzungen und Telefonaten[23] vermittelt der Film ein anderes Bild McNamaras als das des Scharfmachers und Kriegstreibers, für den er gemeinhin

---

21　Ralph Bollmann: «Immer Ärger mit Herrn K». In: *tageszeitung*, 23./24.9.2006, S. 20. Vgl. Oliver Jungen: «Um uns dreht sich alles. Sie haben uns eine Bildwelt vorgegaukelt: In Konstanz fordern die deutschen Historiker die Medien heraus». In: *Frankfurter Allgemeine Zeitung*, 25.9.2006, S. 35.

22　Robert S. McNamara, Brian VanDeMark: *In Retrospect: The Tragedy and Lessons of Vietnam*. Expanded paperback ed. New York 1996. Deutsch: *Vietnam: das Trauma einer Weltmacht*. Hamburg 1996.

23　Philip Zelikow, Ernest R. May: *The Kennedy Tapes: Inside The White House During the Cuban Missile Crisis*. Harvard 1999. Michael Beschloss (Hrsg.): *Taking Charge: The Johnson White House Tapes, 1963–1964*. New York 1998. Ders. (Hrsg.): *Reaching for Glory: Lyndon Johnson's Secret White House Tapes, 1964–1965*. New York 2001.

gehalten wird. Vielmehr entsteht der Eindruck, als hätte der damalige Verteidigungsminister eine Eskalation des Konflikts vermeiden wollen, dann aber loyal dem Präsidenten gedient. Vor allem dieser Aspekt provozierte heftige Reaktionen und Kritik am Film, wobei es laut Errol Morris nur eine andere, aber nicht zwingend eine bessere Geschichte ist, die er erzählt.[24]

The Fog of Robert S. McNamara

THE FOG OF WAR ist gerade deshalb so kompliziert, weil er seine Verfahren und die ihm zugrunde liegenden Interessen offen auszustellen scheint: Bereits die Eingangssequenz präsentiert ironisch den Charakter der Hauptperson, die Problematik im Umgang mit historischen Quellen und Zeitzeugen sowie mediale Eigengesetzlichkeiten.

Die erste Einstellung zeigt McNamara vor einer Landkarte von Vietnam bei einer Pressekonferenz (Abb. 1). Er fragt die Journalisten, ob sie bereit sind. Dann beginnt er mit seinen Ausführungen, stutzt, fragt nach: «Let me first ask the T.V., are you ready? All set?», bevor ein Zwischentitel mit den *credits* von THE FOG OF WAR ihn unterbricht. Im Folgenden sind dann im Wechsel mit Vorspanntiteln US-Soldaten auf Kriegsschiffen zu sehen, die mit dem Fernglas den Horizont beobachten, sich über technische Ortungsgeräte oder eine Landkarte beugen, auf Bordgeschütze klettern und Torpedos funktionstüchtig machen (Abb. 2, 3). Im besten Virilio'schen Sinne werden hier Sehen/Wahrnehmen und Kriegführen miteinander verschweißt.[25] Es geht um Wahrnehmung und bellizistische Konsequenzen aus dieser. Und es geht um mediale Inszenierung im doppelten Sinne: So zeigt die erste Szene nicht nur, dass der ehemalige Verteidigungsminister medienerfahren und alles andere als kamerascheu ist, sondern auch, dass die Bilder der Vergangenheit meist immer schon Inszenierungen für die Medien sind.

Der Einstieg in das Interview erfolgt am Ende des Vorspanns. Morris nutzt dafür McNamaras Kommentar nach einer technischen Unterbrechung, in dem der Interviewte erklärt, dass er den Satz nicht zu wiederholen braucht, sondern in der Mitte aufnimmt, weil er genau weiß, was er sagen will. Damit wird deutlich, dass McNamara bis ins letzte Detail seine Rede kontrolliert. «I know exactly what I wanted to say» – ungewollte Aussagen wird man von ihm nicht erwarten können, vielmehr wird er das Interview als Bühne für seine interessierte Selbstdarstellung nutzen. Die Montage aber kontrolliert er nicht, und wenn seine ersten Worte *voice over* über einer Bombe im Archivmaterial liegen, zeigt sich, wer letzten Endes Herr des Films ist (Abb. 4, 5).

24 Gross: «Interview with Errol Morris» (wie Anm. 7), S. 186. Historisches Quellen- und pädagogisches Begleitmaterial zum Film unter: www.choices.edu/fogofwar; sowie www.fogofwarmovie.com.
25 Paul Virilio: *Krieg und Kino. Logistik der Wahrnehmung* [1984]. Frankfurt/M. 1989.

So selbstreflexiv, so banal lautet die Konsequenz für den Zuschauer: McNamara erzählt nur das, was er will, und Morris macht damit, was er will. Dafür stehen die im Untertitel genannten elf Lehren, die der Dokumentarist

Abb. 1

aus dem Leben von McNamara zieht und die den Film strukturieren. Die *Eleven Lessons* enthalten Aufforderungen wie die erste: «Versetze Dich in Deinen Feind», sowie Feststellungen wie die zweite: «Vernunft wird uns nicht retten», und sind, wie das Beispiel demonstriert, höchst widersprüchlich. Nicht zuletzt aus diesen Widersprüchen resultiert die Spannung des Films. Die *Lessons* gipfeln im letzten, desillusionierten Lehrsatz: «Du kannst die menschliche Natur nicht verändern». McNamara war mit dem Untertitel und den elf Lektionen alles andere als zufrieden, kam er selber doch nur auf zehn, die im Gegensatz zu Morris vollkommen ironie- und widerspruchsfrei politisch-ethische Orientie-

Abb. 2

Abb. 3

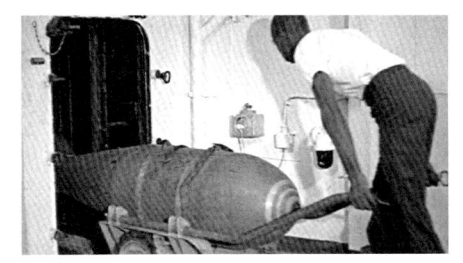

Abb. 4

Abb. 5

rung bieten sollen und auf seinen Wunsch als Bonus auf der Kauf-DVD nachzulesen sind.[26]

Errol Morris: Eleven Lessons From the Life of Robert S. McNamara

Lesson 1: Empathize with your enemy.
Lesson 2: Rationality will not save us.
Lesson 3: There's something beyond one's self.
Lesson 4: Maximize efficiency.
Lesson 5: Proportionality should be a guideline in war.
Lesson 6: Get the data.
Lesson 7: Belief and seeing are both often wrong.
Lesson 8: Be prepared to reexamine your reasoning.
Lesson 9: In order to do good, you may have to engage in evil.
Lesson 10: Never say never.
Lesson 11: You can't change human nature.

Robert McNamara: Ten Lessons

1. The human race will not eliminate war in this century, but we can reduce the brutality of war – the level of killing – by adhering to the principles of a «Just War», in particular to the principle of «proportionality».
2. The indefinite combination of human fallibility and nuclear weapons will lead to the destruction of nations.
3. We are the most powerful nation in the world – economically, politically and militarily – and we are likely to remain so for decades ahead. But we are not omniscient.
4. Moral principles are often ambiguous guides to foreign policy and defence policy, but surely we can agree that we should establish as a major goal of U.S. foreign policy and, indeed, of foreign policy across the globe: the avoidance in this century of the carnage – 160 million dead – caused by conflict in the 20th century.
5. We, the richest nation in the world, have failed in our responsibility to our own poor and to the disadvantaged across the world to help them advance their welfare in the most fundamental terms of nutrition, literacy, health, and employment.

26 Laut Morris gab es mit McNamara keine Abmachung über eine Kontrolle des fertigen Films. «Geoffrey Dunn interviews Errol Morris». Web extra zu *Metro, Silicon Valley's Weekly Newspaper* 22.-28.1.2004, www.metroactive.com/papers/metro/01.22.04/mcnamara-0404-extra.html.

6. Corporate executives must recognize there is no contradiction between a soft heart and a hard head. Of course, they have responsibilities to their employees, their customers and to society as a whole.
7. President Kennedy believed a primary responsibility of a president – indeed «the» primary responsibility of a president – is to keep the nation out of war, if at all possible.
8. War is a blunt instrument by which to settle disputes between or within nations, and economic sanctions are rarely effective. Therefore, we should build a system of jurisprudence based on the International Court – that the U.S. has refused to support – which would hold individuals responsible for crimes against humanity.
9. If we are to deal effectively with terrorists across the globe, we must develop a sense of empathy – I don't mean «sympathy» but rather «understanding» to counter their attacks on us and the Western World.
10. One of the greatest dangers we face today is the risk of mass destruction as a result of the breakdown of the Non-Proliferation Regime. We – the U.S. are contributing to that breakdown.

Das tragende Prinzip des Films gibt McNamara selbst zu Protokoll, indem er gleichzeitig Funktionsmechanismen politischer Kommunikation mit entwaffnender Offenheit darlegt: «One of the lessons I learned early on: never say never. […] And secondly, never answer the question that is asked of you. Answer the question that you wish had been asked of you.» (Min. 86:30.) Morris berichtet, dass er an dieser Stelle nachgefragt habe, ob McNamara das auch ihm gegenüber gerade praktiziere, worauf dieser gelacht habe. Um den Film nicht zu plakativ zu gestalten, hat Morris die Reaktion herausgeschnitten.[27] Nachdrücklich führt das Filmende das Prinzip interessegeleiteter Kommunikation noch einmal vor Augen: Beim Epilog handelt es sich nicht mehr um das Interview, sondern um ein nachträgliches Telefongespräch, das Morris mit Bildern von McNamara bei einer Autofahrt illustriert (Abb. 6). Anscheinend nicht durch das Interview zufrieden gestellt, hakt Morris nach und stellt dem ehemaligen Verteidigungsminister die Frage nach persönlicher Verantwortung und Schuld:

> *Errol Morris*: «After you left the Johnson Administration, why didn't you speak out against the Vietnam War?»
> *Robert McNamara*: «I'm not going to say any more than I have. These are the kinds of questions that get me in trouble... A lot of

---

27 Gross: «Interview with Errol Morris» (wie Anm. 7), S. 191.

Abb. 6

    people misunderstand the war, misunderstand me. A lot of people think I'm a son of a bitch.»
    Morris: «Do you feel in any way responsible for the war? Do you feel guilty?»
    McNamara: «I don't want to go any further with this discussion.»

Morris' insistierendes Nachfragen macht deutlich, dass er mit einer anderen Interviewtechnik auch kaum mehr von McNamara erfahren hätte. THE FOG OF WAR zeichnet sich aus durch einen Überschuss an Hinweisen, die die diskursive Funktion des Films selbstreflexiv thematisieren. Das geht so weit, dass Wirklichkeitswahrnehmung und Erkenntnismöglichkeit radikal hinterfragt werden, wie es die siebte Lehre formuliert: «Belief and seeing are both often wrong». So gehen eine Strategie der Offenheit, Aufklärung, Sensibilisierung des Zuschauers und Relativierung der eigenen Autorität, die freie Sicht auf den Kriegsnebel versprechen, mit einer Strategie ‹postmoderner Verunsicherung› Hand in Hand.

Einwände gegen den Film zielten weniger gegen das, was Morris gemacht hat, als vielmehr darauf, was er hätte machen sollen:

- die Südvietnamesen erwähnen, die von den USA im Stich gelassen wurden[28],
- den nordvietnamesischen bzw. zivilen Opfern ein Gesicht verleihen,

---

28 Andrew Lam: «A Remorseless Apology for the Horrors of Vietnam». In: *The San Francisco Chronicle*, 2.2.2004, abgedruckt in: Blight/Lang: *The Fog of War* (wie Anm. 7), S. 206–208.

- das Leid der GIs, die in einem sinnlosen Krieg geopfert wurden, thematisieren,
- und vor allem McNamara widersprechen[29] bzw. ihn als chronischen Lügner oder sogar als «Hurensohn»[30] vorzuführen.

Das aber wäre nicht nur ein anderer Film geworden, Morris hätte sich damit auch des verstörenden Potentials beraubt, das gerade darin besteht, der Sicht McNamaras ‹ausgeliefert› zu sein. Zudem hätte darunter auch der aktuelle Bezug gelitten, der in der indirekten aber doch deutlichen Kritik McNamaras an der US-amerikanischen Außenpolitik unter George W. Bush besteht. Obwohl McNamara sich vehement weigert, explizit auf die aktuelle Politik einzugehen, las die Presse häufig genau das aus dem Film, wie z. B. der *Spiegel*:

> Der Mann, der so viel Autorität und so viele Vollmachten besaß wie kein Verteidigungsminister vor ihm, ist heute zum Kriegsskeptiker geworden. ‹Wir missbrauchen unseren Einfluss›, sagt er über das Abenteuer Irak. ‹Was wir da machen, ist einfach falsch – moralisch, politisch, ökonomisch.› Natürlich sieht jemand wie er Parallelen zwischen gestern und heute. Vor allem aber sieht er die Wiederkehr der Irrtümer, denen er selbst zum Opfer fiel.[31]

Die tagespolitische Brisanz bei gleichzeitigem Verzicht auf den ideologischen Holzhammer im Stil eines Michael Moore hat mit Sicherheit entscheidend zum Erfolg des Films beigetragen. THE FOG OF WAR inszeniert den ehemaligen Verteidigungsminister dabei doppelt als Spezialisten und zwar sowohl für Außenpolitik als auch für politische Kommunikation. So paradox es klingt, ist McNamara gerade, indem er geschickt Antworten verschleiert oder schlicht verwei-

---

29 Ron Rosenbaum: «New Morris Film Traps McNamara in a Fog of War». In: *New York Observer*, 29.9.2003. www.errolmorris.com/content/review/fog_rosenbaum.html. Geoffrey Dunn: «The Fog of Robert McNamara. Errol Morris' new documentary, ‹The Fog of War›, gets lost in the mist of memory cast by Vietnam War architect Robert McNamara». www.metroactive.com/papers/metro/01.22.04/mcnamara-0404.html.
30 Eric Alterman: «Stop the Presses. The Century of the ‹Son of a Bitch›». In: *The New York Review*, 26.11.2003. www.thenation.com/doc/20031215/alterman. Siehe Morris' Antwort auf die Vorwürfe, historiografische Fehler begangen zu haben und Altermans Reaktion: www.thenation.com/doc/20040126/exchange. Vgl. Fred Kaplan: «The Evasions of Robert McNamara. What's true and what's a lie in The Fog of War?» In: *Slate*, 19.12.2003. www.errolmorris.com/content/review/fog_kaplan.html.
31 Erich Follath, Hans Hoyng, Gerhard Spörl: «Das Comeback eines Krieges». In: *Der Spiegel* 17, 2004, S. 116-128, S. 126. Der online-Kollege sah genau das Gegenteil und warf Morris vor, er sei von McNamara ausgetrickst worden und habe den Oscar im «Dunstkreis des gefälligen Revisionismus» gewonnen. David Kleingers: «Geschichtsstunde mit Dr. Seltsam». In: *spiegel.online*, 29.9.2004. www.spiegel.de/kultur/kino/ 0, 1518, 320684, 00html.

gert, als diesbezüglicher Spezialist ein umso glaubwürdigerer Kronzeuge gegen die Lügen der Bush-Administration vor dem Irak-Krieg.

THE FOG OF WAR lebt von der Kompatibilität unterschiedlich gelagerter Interessen: McNamara nutzte die Gelegenheit zur Selbstdarstellung – für den Autor zahlreicher Bücher nicht zuletzt eine nützliche PR. Psychologisierende Interpretationen erklären seine Aktivität, mit der er sich den Gespenstern der Vergangenheit aussetzt, als Arbeit am US-amerikanischen und am persönlichen Trauma Vietnam[32], oder sehen in McNamara einen Getriebenen, der im Geiste Wilsons oder sogar als «Wilson's Ghost»[33] dazu beitragen wolle, dass die Menschheit aus den Fehlern der Vergangenheit die Lehren zieht – was im Zeitalter atomarer Bedrohung von existentiellem Interesse ist.

Im Gegensatz zu McNamaras politisch-didaktischen und möglicherweise exkulpatorischen Intentionen verfolgt Morris geschichtsphilosophische und metaphysische Fragen nach der Möglichkeit von historischer Erkenntnis sowie, banal formuliert, nach ‹Gut und Böse›. Gäbe es nur Stalins, wäre die Welt einfach. Wie aber ist es bestellt, wenn ein netter, selbstkritischer alter Herr für den sinnlosen Tod von Millionen Menschen die Verantwortung trägt, und das im damaligen Empfinden, moralisch das Richtige zu tun? Die neunte Lektion postuliert: «Um Gutes zu tun, kann es notwendig sein, sich auf das Böse einzulassen.» In der zwiespältigen Figur McNamaras werden diese Widersprüche für den Zuschauer sinnlich erfahrbar. Morris selbst hatte das Gefühl, zwei Männern gegenüber zu sitzen: dem 85-jährigen McNamara der Gegenwart im Zwiegespräch mit dem 45-jährigen Verteidigungsminister. Eine Zuschauerin beschrieb in einer an die Projektion anschließenden Diskussion McNamara als «a very scary man, even at his age.»[34] Die Schizophrenie der beiden McNamaras steuert die Ökonomie der Gefühle des Zuschauers, hin und her gerissen zwischen dem selbstkritischen, die Geschichte Befragenden – von einem Donald Rumsfeld wäre dies kaum zu erwarten[35] – und dem arroganten Technokraten des Todes, der eine Entschuldigung verweigert.[36] Das Wechselspiel aus Nähe und Distanz verstärken der intensive direkte Kamerablick und das distanzierende Dekor mit dem kühlen grauen Hintergrund im menschenleeren Studio. Eine Rezensentin fühlte sich an einen Tresor erinnert, «als würde Hannibal Lector interviewt».[37] Für zusätzliche beunruhigende Untertöne sorgt die Musik, kann

---

32 Samantha Power: «War and Never Having To Say You're Sorry». In: *The New York Times*, 14.12.2003. www.errolmorris.com/content/review/fog_power.html.
33 Blight/Lang: *The Fog of War* (wie Anm. 7), S. 239. Inspiriert von der Publikation Robert S. McNamara, James G. Blight: *Wilson's Ghost: Reducing the Risk of Conflict, Killing, and Catastrophe in the 21st Century*. Lanham 2003.
34 Blight/Lang: *The Fog of War* (wie Anm. 7), S. 225.
35 Power: «War» (wie Anm. 32).
36 Gross: «Interview with Errol Morris» (wie Anm. 7), S. 187f.
37 Martina Knoben: «The Fog of War. Errol Morris' Dokumentarfilm über ein Leben im Zeichen des Krieges». In: *epd Film* 10, 2004, S. 34.

doch, laut Morris, kein Komponist «Existenzängste» so gut ausdrücken wie Philip Glass – «Und das ist ein Film voller Existenzängste».[38]

The Fog of Errol Morris

Aufgrund der Fokussierung auf die Person McNamaras und Morris' daraus abgeleiteten philosophischen Fragen ist der Bildebene in THE FOG OF WAR wenig Aufmerksamkeit geschenkt worden. Generell wurde die gelungene Illustration gelobt und die Verwendung neuer, unbekannter Archivbilder hervorgehoben.[39] Außer dem Interview kompiliert Morris an weiterem Material Tondokumente wie die Aufzeichnungen von Sitzungen und Telefonaten sowie Radioansprachen und zwei Kategorien von Bildern:

1. Archivbilder mit den ‹üblichen Verdächtigen›: Fernseh- und Wochenschauberichte, Militäraufnahmen, Zeitungsausschnitte, Fotos, Statistiken sowie
2. neu produziertes Material wie die Bilder eines sich drehenden Tonbandgerätes, fallender Dominosteine, eines Kotflügels oder Großstadt-Szenen.

Ein weiterer Grund für die Nichtbeachtung der Bildebene liegt wohl auch in der formalen Perfektion der Montage: Wie in einem gut geölten Laufwerk greifen die unterschiedlichen Bild- und Tonelemente reibungslos ineinander, nahtlos verschweißt durch Philip Glass' repetitive Musik. Morris' Montagetechnik zeichnet sich aus durch eine große rhetorische Bandbreite, in der sich illustrative, ironische, intellektuelle Funktionen in einem vielschichtigen Geflecht aus visuellen Attraktionen und kollektiven Erinnerungsbildern überlagern.

Die neu produzierten Bilder, die hauptsächlich der Illustration dienen, stellen ihren künstlichen Charakter offen aus, wie die ästhetisierend ausgeleuchteten Detailaufnahmen des Tonbandgerätes zur Bebilderung der mitgeschnittenen Gespräche (Abb. 7). Bei den mehrfach verwendeten Aufnahmen aus den Zentren von Großstädten sind Zeitraffer und Zeitlupe übereinander kopiert, so dass neben schemenhaft vorbeirauschenden Passanten einzelne aus der Masse hervorstechen (Abb. 8). Damit schafft Morris Zeit-Räume, in denen sich der Zuschauer assoziativ bewegen kann.

Neben ostentativen Symbolbildern wie jenen von über eine Vietnamkarte fallenden Dominosteinen als Verweis auf die Kalte-Kriegs-Doktrin (Abb. 9)

---

38 Movienet (wie Anm. 9), S. 14.
39 Gross: «Interview with Errol Morris» (wie Anm. 7), S. 189.

Abb. 7　　　　　　　　　　　Abb. 8

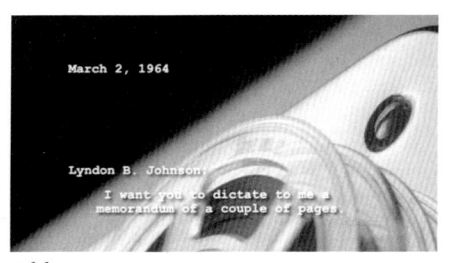

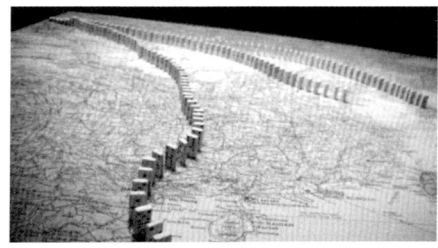

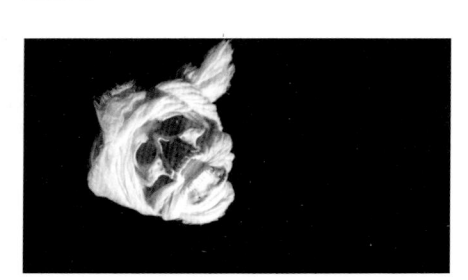

Abb. 9　　　　　　　　　　　Abb. 10

machen vor allem ironisch-visuelle Kommentare das ‹Kulinarische›[40] von THE FOG OF WAR aus: So z. B., wenn McNamara einen US-General mit dem Verdacht zitiert, dass bei einem Aussetzen der Atomtests die Russen diese heimlich hinter dem Mond fortführen würden, und Morris dazu eine Großaufnahme des Mondes einblendet. Zum ironischen Sarkasmus gesellt sich bizarr-barocke Vanitas-Ästhetik, wenn Morris den Bericht über einen Test zur Einführung des Sicherheitsgurtes mit Totenschädeln bebildert, deren Fall durch ein Treppenhaus und Zerplatzen beim Aufschlagen in Zeitlupe gezeigt wird (Abb. 10).

Ähnlich wie das aktuelle Material bearbeitet und inszeniert Morris auch die Archivaufnahmen: Kaum ein Bild mit historischer Patina, das nicht in Zeitlupe gedehnt und durch die kreisende Filmmusik nicht zusätzlich derealisiert wird. Im Fall der Bombardements von Nordvietnam erhalten so die Farbaufnahmen der grell-gelben Explosionen im grünen Dschungel eine obszöne Schönheit. Die ästhetisierenden Darstellungsstrategien ähneln der Aneignung historischer Bil-

---

40　In seiner unter dem Stichwort ‹Episches Theater› bekannten Theatertheorie wandte sich Bertolt Brecht gegen das etablierte Theater in aristotelischer Tradition, dessen Gefühlswelten der Zuschauer wie ein Gourmet kulinarisch genieße, ohne selbst intellektuell gefordert zu sein. Heinz-B. Heller versieht unter diesem Prädikat Beiträge, «die mit der offenen essayistischen Struktur ihrer Filme Freiräume für höchst unterhaltsame, ebenso intelligent-witzige wie sinnliche Spiele der Phantasieentfaltung» schaffen und das «Verhältnis von mediatisierter Wahrnehmung und Einbildung, Vorstellung, Projektion etc.» thematisieren. Heinz-B. Heller: «Kulinarischer Dokumentarfilm? Anmerkungen zu neueren Tendenzen im Dokumentarfilm und seinem Verhältnis zur Unterhaltung». In: Manfred Hattendorf (Hrsg.): *Perspektiven des Dokumentarfilms*. (diskurs film, Bd. 7) München 1995, S. 97–110, S. 99, S. 110.

Abb. 11

der aus der Knopp'schen *history*-Schmiede. Morris geht aber noch weiter, indem er neben den mittlerweile üblichen dramatisierenden Effekten gestalterisch-verfremdend in die Archivbilder eingreift: McNamaras Aufzählung der Opferzahlen nach der Bombardierung japanischer Städte bebildert Morris mit Blicken aus dem Bombenschacht eines Flugzeugs, aus dem Zahlen auf die Erde fallen (Abb. 11). Bis auf wenige Ausnahmen verweigert er die Opferperspektive und vermittelt in der Entdinglichung die Wahrnehmung der verantwortlichen Schreibtischtäter.

Die Sequenz der siebten Lehre («Glauben und Sehen sind oft falsch») enthält im wörtlichen Sinne das poeto-/logische Manifest des Films. Morris' Feststellung: «We see what we want to believe» bekräftigt McNamara: «You're absolutely right. Belief and seeing, they're both often wrong.» Die erkenntnistheoretischen Zweifel belegen, welchen referentiellen Wert Morris Bildern zumisst: nämlich keinen, wie der historische Hintergrund der Militäraufnahmen aus dem Archiv verdeutlicht. In der Sequenz über die Eskalation des Vietnam-Kriegs sind ausführlich die Bilder aus dem Vorspann zu sehen, zeitgenössische Aufnahmen, die in US-amerikanischer Lesart den nordvietnamesischen ‹Angriff› im Golf von Tonkin zeigen. Allerdings wurden die Aufnahmen kurz nach dem Vorfall für die Öffentlichkeit nachgestellt. Morris aber nutzt diese Steilvorlage weder zur Denunziation der Politik noch der Bilder. Er ist vielmehr an der Mentalität interessiert, aus der solche Inszenierungen resultieren. Statt einer kalkulierten Täuschung hält er es für wahrscheinlicher, dass das Verteidigungsministerium die Filme gedreht hat, um sich selbst zu überzeugen: «Historische Ereignisse werden nachgestellt, damit die Leute klarer darüber nachdenken können.»[41] Darüber hinaus spricht er Bildern und dem Sehen generell keine Erkenntniskraft zu. Selbst authentische Bilder von den Vorgängen würden die historische Wahrheit nicht zeigen. Diese lässt sich nur rückblickend (re)konstruieren. Was bleibt ist ein «Palimpsest aus Korrespondenzen zwischen Ereignissen»[42], individuellen Erinnerungen und mit medial vermittelten Anschauungsbildern kollektiv verfestigte Vorstellungsbilder.

Dokumentarisches Bildmaterial verwendet Morris stets gestaltend und strategisch, ohne dessen mangelnde Selbstevidenz überspielen zu wollen. Im Gegenteil demonstriert er dessen strategisch-rhetorischen Charakter im dokumentarfilmischen Diskurs: Erlauben dokumentarische Bilder doch die Geschichte so zu ‹drehen›, wie sie laut Verteidigungsministerium gewesen sein soll, aber genauso auch, sie korrigierend zurückzudrehen, wie es der rückwärts laufende Torpedo am Ende der Tonkin-Sequenz ironisch demonstriert. Nie wird den Bildern Dokumentfunktion zugesprochen, die vorgibt historische Wirklichkeit zu zeigen. Trotzdem hält Morris diskursiv an der Beweisfunktion des Dokumentes fest, nur erfüllen diese in THE FOG OF WAR Tondokumente. Aktuelle Bilder, Inszenierungen und Archivmaterial hingegen fungieren als freie Verfügungsmasse, in die Morris beliebig eingreift, ohne dass sie beliebig werden – denn sie sind es zumeist schon. Damit setzt Morris da an, wo die ‹Methode Knopp› aufhört: an der Verflüchtigung der Zeichen und der Entsorgung von der Last der Bilder. Im formalen Exzess[43] der auktorial vermittelten Symbolbilder werden in den ZDF-Produktionen die historischen Zeichen auf ihre Oberflächenreize reduziert, trivialisiert und semantisch entleert. Historiker, wenn sie Knopp nicht gleich «Geschichtspornografie» vorwerfen[44], prangern den Zugriff an und fordern die Überführung der Monumente in Dokumente[45], um sie deut- und, im Sinne von Foucault, beherrschbar zu machen.[46]

Morris' ästhetisch-diskursive Antwort ist eine andere: Mit den Oberflächenreizen seiner Bilder greift er eben jene Gratifikationen der Knopp-Methode auf, die einem breiten, an TV-Sehgewohnheiten geschulten Publikum – «the current

41 Das Material dieser Nachstellungen befindet sich im Nationalarchiv. «Ein Gespräch mit Errol Morris». In: Movienet (wie Anm. 9), S. 15. Vgl. Karin Springer, Ulrich Steller (Hrsg.): *The Fog of War. Ideen und Anregungen für den Unterricht*. München 2004, S. 11. www.movienetfilm.de/ph_fog1450/presseheft.php.
42 Williams: «Spiegel ohne Gedächtnisse» (wie Anm. 2), S. 40.
43 Kristin Thompson: «The Concept of Cinematic excess». In: *Ciné-tracts* 2, 1977, S. 54–63.
44 So Norbert Frei im Aufgreifen des von Wulf Kansteiner auf dem Historikertag 2006 entwickelten Begriffs. Nikolai Wehrs: HT 2006: «Der Zeitzeuge. Annäherung an ein geschichtskulturelles Gegenwartsphänomen». In: *H-Soz-u-Kult*, 10.10.2006. //hsozkult.geschichte.hu-berlin.de/tagungsberichte/id=1193.
45 Vgl. Ruggiero Romano: «Fotografie-Geschichte – Geschichte der Fotografie». In: *Fotogeschichte* 7, H. 25, 1987, S. 9f. Matthias Steinle: «Das Archivbild. Archivbilder als Palimpseste zwischen Monument und Dokument im audiovisuellen Gemischtwarenladen». In: *MEDIENwissenschaft* 3, 2005, S. 295–309.
46 Foucault: *Archäologie des Wissens* [1969]. Frankfurt/M. 1997, S. 15.

post-MTV generation of spectator-consumers»[47] – einen kulinarischen Zugang ermöglichen. Nur dass die Bilder mal ironisch gebrochen, mal pathetisch überhöht, nicht *die* Geschichte, sondern McNamaras individuelle Sicht auf die Geschichte illustrieren. Und die Lehren aus dieser verwirren, verweigern sich bewusst einer beruhigenden Deutung und abschließenden Bewertung. So resultiert in THE FOG OF WAR aus der Auflösung historischer Referenz im Formenspiel nicht postmoderne Beliebigkeit, sondern reale Bedrohung moderner Kriege: Während bei der Knopp-Methode die glatte Oberfläche ein konsumistisches ‹Durchrauschen› der Bilder begünstigt, besteht bei Morris die Gefahr, auf dieser auszurutschen. Statt klare Sicht im medialen Spiegelkabinett zu suggerieren, vernebelt Morris den Blick, um diesen für dahinter drohende Wahrheiten zu schärfen, die McNamara eingangs erwähnt: «There'll be no learning period with nuclear weapons.» Im Nebel postmodernen Dokumentarfilms à la Morris ist eine Flucht in die Geschichte nicht möglich, aber auch nicht aus ihr heraus!

Filmografie Errol Morris

GATES OF HEAVEN (USA 1978), 82 Min. [*The Errol Morris Collection.* Britische Kauf-DVD von IFC Films 2006].
VERNON, FLORIDA (USA 1981), 55 Min. [In: s.o.].
THE THIN BLUE LINE (USA 1988), 97 Min. [In: s.o.].
A BRIEF HISTORY OF TIME (GB/USA 1991), 80 Min. [Deutsche Kauf-DVD von Arthaus 2005].
FAST, CHEAP & OUT OF CONTROL (USA 1997), 80 Min. [US-Kauf-DVD von Columbia Tri-Star 1997].
MR. DEATH: THE RISE AND FALL OF FRED A. LEUCHTER, JR. (USA 1999), 90 Min. [US-Kauf-DVD von Lions Gate 1999].
FIRST PERSON (USA, TV: Season One 2000, Season Two 2001), je 20 Min. [US-Kauf-DVD von MGM Home Entertainment 2005].
THE FOG OF WAR: ELEVEN LESSONS FROM THE LIFE OF ROBERT S. MCNAMARA (USA 2003), 107 Min. [Deutsche Kauf-DVD von Sony Pictures Home Entertainment 2005].
STANDARD OPERATING PROCEDURE (USA 2008), 118 Min.

---

47 Conomos: «Errol Morris» (wie Anm. 14).

Franziska Heller

Prozessuale Authentisierungsstrategien im Zeichen zeitlicher Paradoxien: Deleuze und Dokumentarfilm.

Überlegungen am Beispiel von RP Kahls MÄDCHEN AM SONNTAG (2005)

1. Deleuze und Dokumentarfilm – ein «delirantes» Philosophieren?

«Delirantes Philosophieren»[1] – so lautet ein leicht polemischer Befund, der die Schwierigkeiten andeutet, die komplexe und heterogene Denkweise von Deleuze zu charakterisieren; dies vor allem dann, wenn man seine Konzeptionen im film- oder wahrnehmungstheoretischen Horizont analytisch nutzen will. Die folgenden Überlegungen wollen dennoch eine medienästhetische Analyse mit Gilles Deleuze versuchen und dies vor allem mit Blick auf aktuelle Tendenzen in der Debatte um den Dokumentarfilm. Dabei wird überdies dem augenscheinlichen Befund Rechnung getragen, dass die Philosophie von Deleuze im Horizont seiner Kino-Bücher bisher vor allem im Kontext des Spielfilms gesehen wurde, kaum jedoch mit Blick auf dokumentarische Filmformen und Wahrnehmungsmodi. Dies hat tieferliegende, konzeptionelle Ursachen:

> Deleuze himself pays little attention to the category of documentary; the conventional distinction on which documentary rests, the distinction between the constructed images of fiction film and the real-world images of documentary, is not really operative in the cinema books. The reason for this lies in Deleuze's own reconceptualization of «reality» in terms of a relationship between the virtual image and actual images, both of which are real (the world – i.e., the concrete images we live among and which constitute us – is actual, but the actual is inextricable from a virtual domain that is no less real). The distinction between ‹documentary› images and ‹constructed› or ‹fictional› images is thus meaningless, because all of these images are actualizations of the virtual.[2]

---

[1] Michaela Ott: *Gilles Deleuze zur Einführung*. Hamburg 2005, S. 14.
[2] Laura U. Marks: «Signs of the Time. Deleuze, Peirce, and the Documentary Image». In: Gregor Flaxman (Hrsg.): *The Brain is the Screen. Deleuze and the Philosophy of Cinema*. Minneapolis 2000, S. 193-214, S. 194.

Mit Recht hebt Laura U. Marks hervor, dass die «konventionelle» Unterscheidung von dokumentarischen und fiktionalen Bildern bei Deleuze nicht verfängt, weil beide Bildmodi sich über ein Wechselspiel von Aktuellem und Virtuellem darstellen. Eine weitere Schwierigkeit, Deleuze mit Blick auf die Unterscheidung von Dokumentar- und Fiktionsfilm zu lesen, resultiert aus der Tatsache, dass Deleuze Film weniger in seiner medienästhetischen Eigenart begreift, sondern als «Gegen-Verwirklichung philosophischer Probleme»[3]. Mit anderen Worten: Anders als im traditionellen Diskurs «Dokumentarfilm vs. Fiktionsfilm» stehen Deleuzes Überlegungen zum Film primär nicht im Zeichen der Re-Präsentation bzw. des Fingierens von Wirklichkeit, sondern in der Aktualisierung von raum-zeitlichen Konfigurationen.

Im Folgenden wird die These vertreten, dass Deleuzes Beitrag zum Dokumentarfilmdiskurs vor allem darin liegt, die Problemkomplexe von Referenz und Authentizität im Horizont einer zeit-räumlichen Dynamisierung anzugehen, die nicht nur gegenständlich, sondern auch als Wahrnehmungsmodus greifbar wird.

2. Die «Begriffsperson» des Schauspielers

Wenn ich oben Deleuzes Verständnis vom Film als «Gegenverwirklichung» seines Denkens bezeichnet habe, dann gewinnt in diesem Kontext der Terminus «Begriffsperson» eine besondere Bedeutung. *Methodisch* verkörpert eine Begriffsperson exemplarisch bestimmte Prinzipien im Vorgang des Modellierens, hier die Idee einer dynamisierten Zeitlichkeit. In diesem Sinne wird im Folgenden bewusst nur *eine* Begriffsperson fokussiert und zum filmanalytischen Vorhalt genommen: die Begriffsperson des Schauspielers. Denn der Schauspieler als Begriffsperson steht bei Deleuze für die Vermittlung von Aktuellem und Virtuellem, trägt somit entscheidend zur Verlebendigung zeit-räumlicher Verhältnisse bei, was zugleich den Erfahrungs- und Wahrnehmungsmodus des Zuschauers imprägniert.

Aber auch gegenständlich erweist sich die Figur des Schauspielers als geeignetes *thema probandum*. Nicht nur ist er im jüngeren Dokumentarfilmdiskurs zur Kristallisationsfigur im Schnittpunkt von Selbstinszenierung, Inszenierung und Authentisierung geworden; darüber hinaus lassen sich an ihm auch wesentliche Aspekte der Erfahrung und Wahrnehmung des Zuschauers verhandeln. Denn im Akt des Schauspielens übersetzt der Akteur nicht nur Autorenintentionen, sondern er verkörpert zugleich das Verhältnis von Schauspiel, Darstellung und Erscheinung, das Verhältnis von Persona, Imago und Imagination, das Wechselspiel von Zuschauerprojektion und -wahrnehmung.

---

3   Mirjam Schaub: *Gilles Deleuze im Kino. Das Sichtbare und das Sagbare.* München 2003, S. 21.

Vor diesem Hintergrund wird als Beispielfilm RP Kahls Mädchen am Sonntag (2005) gewählt, der, wenn auch unter anderen Vorzeichen, wie etwa auch Der Kick von Andres Veiel (2006) und Das Problem ist meine Frau von Calle Overweg (2004), exemplarisch für den verstärkten Einsatz von Schauspielern im jüngeren deutschen Dokumentarfilm steht. Diese Filme sind nicht zuletzt auch deshalb von Interesse, weil über die inhaltliche Ebene des Schauspielens hinaus – so die These – das Prinzip des Schau-Spielens sich auch in die Form des Films übersetzt.

Zur Erinnerung: Es ist vor allem die Studie *Logik des Sinns* (1968), in der Deleuze die Begriffsperson des Schauspielers in einer Serie von Paradoxien entwirft. Die Konzeption eines Denkens, das über «Begriffspersonen» funktioniert, ist Resultat einer Umschichtung von Wissens- und Denkorganisation. Sie steht für Gedanken der «Heterogenese». Die Begriffsperson wird innerhalb Deleuzes Denkens als «Operateur der Bewegung» bezeichnet: «Im philosophischen Aussageakt tut man nicht etwas, indem man es ausspricht, sondern man macht die Bewegung, indem man sie denkt, vermittels einer Begriffsperson.» Die Begriffsperson wird für den Philosophen zu seinem «Heteronym»[4], d. h. zu einem Modell für heterogene Gefüge.

In *Logique du sens* – «sens» bewusst in seiner doppelten Wortbedeutung: 1. Sinn, 2. Richtung – denkt Deleuze die paradoxen Zeitverhältnisse von Henri Bergson weiter. Es ist eine Zweisträngigkeit der Zeit: Vergangenheit und Zukunft einerseits und Gegenwart auf der anderen Seite. Dieses für das gesamte Denken Deleuzes konstitutive *Werden* wird verstanden als simultane Bewegung in zwei unterschiedliche Zeit-Richtungen (Verdichtung in einem Moment und zugleich im Verhältnis zur Unendlichkeit der Zeit). Dies bedeutet auch die Koexistenz simultaner Sinn-Richtungen.[5] Das simultane Denken in zwei unterschiedliche Richtungen führt in *Logique du sens* (dt. *Logik des Sinns*) zur Entwicklung einer Serie von «Paradoxien»; «Paradox» hier verstanden als unendliche Identität beider Sinnrichtungen.

Der Schauspieler steht, leicht verkürzt dargestellt, als Begriffsperson für die Gegenverwirklichung dieses Denkens: Er bietet dem Ereignis, dem singulären Moment (Verdichtung der Zeit, Aktualisierung) seinen begrenzten Körper an und öffnet zugleich jenes auf die unbegrenzte Wiederholbarkeit: «In diesem Sinne gibt es ein Paradox des Schauspielers: Er bleibt im Augenblick, um etwas zu spielen, das ständig voraus ist oder hinterherhinkt […].»[6] Der Schauspieler

---

4 Vgl. Ott: *Deleuze* (wie Anm. 1), S. 46. Das Bewegungsmoment und die Selbstentfaltung der Zeit, in dem dieses Denken, Suchen gesehen wird, bringt Deleuze zum Film mit seinen Bewegungs- und Zeitbildern: «Aber die Begriffe selbst sind Bilder, sie sind Gedankenbilder. Es ist weder schwieriger noch einfacher, einen Begriff zu verstehen als ein Bild zu betrachten.» (Ebd., S. 47)
5 Vgl. Ott: *Deleuze* (wie Anm. 1), S. 72.
6 Gilles Deleuze: *Logik des Sinns* [1969]. Frankfurt am Main 1993, S. 188.

wird als Prinzip der Wiederholung und zugleich der Begrenzung auf den Moment bzw. das Ereignis verstanden.⁷

In diesem *Werden*, dem *Bewegungsmoment* gibt es keine stabilen Kategorien des Raums. Dies bedeutet zugleich, dass es kein festes Innen und Außen gibt. Dahinter steht eine Unterminierung der Subjekt-Objekt-Relation, wodurch der konventionelle Re-Präsentations-Begriff hinterfragt ist. Auf diese Weise wird Wahrnehmung in Bewegung versetzt, als Denk-Bewegung verstanden.

3. Deleuze und Dokumentarfilm – *eine* Perspektivierung im Horizont jüngerer Theorie

Berücksichtigt man die für Deleuze grundlegende Konzeption allen Denkens und Seins in einem ständigen Werden – «Zeitigung selbst hat zeitliche und logische Priorität»⁸ –, so findet sich dieses ‹gedankliche› Bewegungsmoment in jüngeren theoretischen Einlassungen zum Dokumentarfilm. Mit Blick auf Filmemacher wie Marker, Wiseman, Van der Keuken oder Kramer konstatiert François Niney 1999 in *L'épreuve du réel à l'écran*: «La remise en jeu de la relation filmé/filmeur/spectateur, l'invention de nouveau intercesseurs mettent en question nos représentations et nos représentants […].»⁹ *La remise en jeu* – die semantischen Konnotationen sind unübersehbar; Infragestellung im Modus des Spielerischen, so sieht Niney das Verhältnis zwischen dem Gefilmten, dem Filmemacher und dem Zuschauer mit Blick auf die referentiellen Bezüge des Filmbilds. Filmische Repräsentation ist zu sehen im Kontext ständiger Aushandlungsprozesse, die scheinbar gesicherte Polarität ‹wahrnehmendes Subjekt› vs. ‹angeschautes Objekt› ist suspendiert. Einst vermeintlich verlässliche Kategorien sind über jüngere filmästhetische Modellierungen in Bewegung geraten.

Der Begriff des ‹Spiels› als destabilisierendes Movens einst fester Kategorien, die noch eine Fassbarkeit in der Re-Präsentation der außerfilmischen Umwelt suggerierten, zeitigt Folgen. Wenn etwa Michael Moore seine dokumentarischen Welterfolge feiert, so basiert ein nicht unwesentlicher Teil seiner Strategie auf einem umfassenden Vexier-Spiel mit medial imprägnierten Vorstellungsbildern, Täuschungs- und kollektiven Selbsttäuschungsmanövern.¹⁰

Hier und vor allem bei Alexander Kluge lässt sich ein Verständnis und eine Modellierung des Dokumentarischen erkennen, in denen im Bewusstsein der

---

7   Vgl. Ott: *Deleuze* (wie Anm. 1), S. 27.
8   Ott: *Deleuze* (wie Anm. 1), S. 10.
9   François Niney: *L'épreuve du réel à l'écran : essai sur le principe de réalité documentaire.* [Mikrofiche-Ausg.]. Paris 1999, S. 11.
10 Vgl. Matthias Steinle: «‹Kulinarischer Dokumentarfilm› serviert von Michael Moore». In: Matthias Steinle/Burkhard Röwekamp (Hrsg.): *Selbst/Reflexionen. Von der Leinwand bis zum Interface.* Marburg 2004, S. 185.

Grenzen filmischer Abbildbarkeit einer wahrnehmbaren Realität vor allem auf die Evokation imaginärer Vorstellungsbilder, auf die Wirklichkeit der Einbildungen und Phantasien gesetzt wird. Die Grenzen konventioneller dokumentarischer Repräsentation relativieren und reflektieren sich. Sie unterliegen ständigen Aushandlungsprozessen innerhalb der filmischen Struktur. Auf diese Weise eröffnen sie im Dokumentarischen ehedem oft vorenthaltene und verschlossene Erfahrungsmodi des Möglichen, des Vorstellbaren oder schlichtweg eben – des Spielerischen.[11]

Im historischen Horizont stellt sich Niney insofern die Frage «comment l'invention du cinéma a d'abord boulversée l'ordre des représentations, c'est-à-dire la relation sujet/objet, homme/monde, imaginaire/réalité.»[12] Und er thematisiert im Weiteren die besondere raum-zeitliche Dimension und das Potential, die der Kinematograph mit sich gebracht hat, in Hinblick auf eine Subvertierung unserer Vorstellung von Re-Präsentation. Das Kino habe «deux nouvelles dimensions de l'espace-temps: l'ubiquité et l'actualité [...]» generiert. Dies bedeute «la conquête d'une nouvelle puissance imaginaire».[13]

In dieser Perspektive lässt sich in mehrfacher Hinsicht eine Affinität zum Denken von Gilles Deleuze ausmachen. Zunächst findet sich hier die ‹Zweisträngigkeit› der Zeit thematisiert, die für den Eindruck des ‹Realen› aus einem dynamischen Vexierspiel zwischen imaginären Vorstellungsbildern und konkreten Wahrnehmungsbildern als Funktionsprinzip ausgemacht wird. Das Aktuelle und das Virtuelle konstituieren in ständigen Austauschprozessen den Effekt. Darin liegt auch der Befund, dass die Grenzen zwischen dem ‹Imaginären› bzw. ‹Fiktiven› und dem ‹Authentischen› immer mehr verschwimmen, sich ihre Differenz nur noch in dynamischen ästhetischen Prozessen manifestiert. Auf diese Weise artikuliert sich zum einen das besondere medienspezifische Potential des Films, und zum anderen gerät der Zuschauer in seiner zeitlichen Verfassung in einen besonderen Fokus. Der *prozessuale* Charakter von Referenz- und Bedeutungsproduktion – insbesondere innerhalb eines Films, in seiner ästhetischen Struktur – wird entscheidend. Aktuelle Wahrnehmung, subjektive Imagination und kollektive Phantasietätigkeit werden in einem komplexen, permanenten Vexierspiel gesehen.

Anders gewendet: Was bei Deleuze sich in den Strategien der ‹Verzeitlichung› von Denken und Wahrnehmung vermittelt, findet bei Niney – so die These – seine konkrete filmästhetische Übersetzung, in der das Reale auf der Leinwand als komplexes raum-zeitliches Gefüge erscheint. Koexistierend bedingen sich Aktuelles und Virtuelles, Imaginäres und Reales wechselseitig im Spiel. Gleich-

---

11 Vgl. Heinz B. Heller: «Dokumentarfilm als transitorisches Genre». In: Ursula von Keitz/Kay Hoffmann (Hrsg.): *Die Einübung des dokumentarischen Blicks. Fiction Film und NonFiction Film zwischen Wahrheitsanspruch und expressiver Sachlichkeit.* Marburg 2001, S. 15–26, S. 24.
12 Niney: *L'épreuve* (wie Anm. 9), S. 8.
13 Ebd., S. 8.

zeitig bedeutet dies im rezeptionsästhetischen Horizont eine dynamische Re-Organisation der Publikumserfahrung in der Eigenschaft als Zuschauende.[14]

4. Verzeitlichte und verzeitlichende Authentisierungsstrategien

MÄDCHEN AM SONNTAG von RP Kahl wird als Beispielfilm gewählt, um die hier vorgestellte Modellierung zu veranschaulichen. Dies hat mehrere Gründe: Auf der Sujetebene stellt der Film die vier in Deutschland allgemein bekannten Schauspielerinnen Laura Tonke, Katharina Schüttler, Inga Birkenfeld und Nicolette Krebitz[15] vor. Sie werden als ‹Talking Heads› in vier verschiedenen Jahreszeiten zu unterschiedlichsten Themen «interviewt» (Abb. 1).

Die behandelten Themen und Topoi scheinen sich spontan und assoziativ zu ergeben. Die «Mädchen» werden in einem Widerspiel von räumlicher Privatheit und sich öffnenden Naturbildern gezeigt, die fast zu Tableaus geraten.

Der Film beschäftigt sich insofern mit Schauspielerinnen, deren personale Referenz durch ihre öffentliche Bekanntheit verbürgt erscheint. Als (Star-) Persona vereinigen sie in ihrer medialen Präsenz die Vorstellung von Rolle und Darstellerpersönlichkeit. Es entsteht das Paradox, dass die *Mädchen am Sonntag* in ihrer authentischen Identität gezeigt und «interviewt» werden, sich ihre mediale Identität und Präsenz aber über den Beruf definiert, der darin besteht, die Illusion anderer Identitäten zu verkörpern. An dieser Stelle äußert sich eine aporetische, sich einsinnigen Abbildbarkeiten verweigernde Struktur, in der das (kollektiv) Imaginäre schon mit eingeschrieben ist.

Als hervorstechendes Merkmal der Zeitstruktur des Films lässt sich der zyklische Aufbau benennen. Nicht nur dass die Schauspielerinnen jeweils in einer Jahreszeit aus ihrem Leben erzählen; überdies folgen auch die behandelten Gesprächsthemen, die fast leitmotivische Topoi darstellen, nach einem Prinzip der Variation in der Wiederholung. Jede der Schauspielerinnen *umkreist* die einzelnen wiederkehrenden Themenfelder auf ihre eigene Art und Weise, so dass sich über die inhaltliche Formgebung ein assoziativer und vor allem rhizomatischer Eindruck beim Zuschauer einstellt. Als zentralen Problemkomplex kann man die Rede über Außen- und Selbstwahrnehmung ausmachen. Imaginäre und konkrete, ‹reale› Bilder treten in ein komplexes Wechsel- und Vexierspiel. Sinnfällig heißt

---

14 In diesem Sinne ließe sich auch Nichols Typologie des «performativen Dokumentarfilms» schärfer konturieren; ein Konzept, in dem «in erster Linie der Zuschauer zum Referenten wird – und weniger die historische Welt.» Bill Nichols: «Performativer Dokumentarfilm». In: Manfred Hattendorf (Hrsg.): *Perspektiven des Dokumentarfilms*. München 1995, S. 149–166, S. 151f.
15 Verwiesen sei nur auf einige wenige Filme der Schauspielerinnen: Laura Tonke spielte u.a. in OSTKREUZ (1991) und FARLAND (2004); Katharina Schüttler in SOPHIIIE! (2002) und mehreren Tatorten; Nicolette Krebitz in BANDITS (1997) und DER TUNNEL (2001); Inga Birkenfeld hat zunächst mehr Theater gemacht. Einer ihrer letzten Filme ist MEER IS NICH (2007).

Franziska Heller

Abb.1: Eines der vier ‹MÄDCHEN AM SONNTAG›: Inga Birkenfeld

es melancholisch und melodisch in der Abspannmusik: «Girls on a Sunday are lost in a *dream*, girls on a Sunday are not what they *seem*.»¹⁶ Die Schauspielerinnen stellen sich aus – in einem Spannungsfeld zwischen eigener Innerlichkeit, subjektiv imaginierten und medial objektivierten Außenansichten.

4.1 Introjektion und Projektion von Wahrnehmungs- und Vorstellungsbildern

Evoziert durch eine für den Zuschauer subjektivierende Kameraeinstellung rast man zu Beginn des Films in extremer Beschleunigung über menschenleere Straßen. Massiv wird der Zuschauer in den Film und seine bewegten und bewegenden Bilder hinein gezogen. Der Vorspann exponiert die mediale Disposition, als die Bewegung abrupt abbricht. Die rasante Fahrt endet vor einem Kino, der Motor wird ausgeschaltet. Ein Mädchen kommt aus dem Kino und drängt: «Komm, es hat schon angefangen.» Die zeitliche Dimension des Films wird ausgestellt. Man geht ins Kino, die mediale ‹Illusion› kann beginnen.

Dann eine Frau, die sich als Laura Tonke herausstellen wird. Sie steht im Profil im Bild, man hört nur das Meeresrauschen, wodurch der Raum auditiv ins Unbestimmbare geöffnet wird (Abb. 2).

Die bewusste Auflösung des Raums und seine Konnotierung als Nicht-Ort wird im Folgenden bestehen bleiben. Man sieht Tonke an einem winterlichen, nebelverhangenen Strand oder vor einem geographisch nicht näher verorteten Hotel in der kalten Abenddämmerung. Laura Tonke kommentiert den Ort und

16 Hervorhbg. F.H.

Prozessuale Authentisierungsstrategien

die Atmosphäre indirekt mit ihren ersten Worten: «Bonjour Tristesse». Dann erzählt sie eine Anekdote um Françoise Sagan und deren Maserati. Eine kollektive Kenntnis der Anekdote wird evoziert durch die Frage von Tonke, die an einen unbestimmten Zuhörer hinter der Kamera gerichtet ist: «Kennst du die Geschichte?» Tonke wird sprunghaft aus verschiedenen Perspektiven in schneller Reihenfolge gezeigt. Mal entfernt sie sich von der Kamera, mal ist sie ihr ganz nah. Die Aufnahmen in den Innenräumen, die von warmen

Abb. 2

Abb. 3

orangefarbenen Tönen dominiert sind, werden konterkariert von weiten Totalen z. B. auf eine neblige Dünenlandschaft, in der sich Tonkes Gestalt in der Ferne und Unwirtlichkeit der Atmosphäre fast verliert (Abb. 3).

Bereits hier etabliert sich in der Montage das vorwiegende Prinzip, das den ganzen Film rhythmisieren wird: alternierend Nähe und Ferne, Intimität und Distanz der Perspektiven auf die «Mädchen». Auf diese Weise wird über die Rhythmisierung des filmischen Raums das Versprechen auf «Privatheit» immer wieder mit einer distanzierenden Sicht verknüpft.

In den ersten Bildern von Tonke wird zudem ein medialer Kontext etabliert, in dem wiederum Innen- und Außensicht changieren. Tonke greift selbst zur Kamera, man sieht, was sie filmt, eine zweite Kamera hält dies fest. Zudem sieht man sie beim Fernsehen und später beim Fotografieren. Die Protagonistin des Films wird zum bildproduzierenden Subjekt, wobei deren Bilder für den Zuschauer teils sich als Wahrnehmungsbilder konkretisieren, teils an sein Vorstellungsvermögen appellieren.

Mit einer Schrifttafel werden «Themenfelder» annonciert, über die die Frauen sprechen. Der «Traum Schauspielerin» wird auf diese Weise zunächst in geschriebenen Worten angekündigt, dann in der Erzählung von Tonke, mit Rekurs auf kollektive Träume und Vorstellungsbilder, ausgespielt. Darin arti-

Abb. 4

kuliert sich zugleich auch Rollendistanz; etwa wenn Tonke augenzwinkernd eingesteht, geglaubt zu haben, mit 21 Jahren bereits so prominent zu sein, um ihre eigene Parfümmarke kreieren zu können; eine Vorstellung, die das Klischee in der Massenpresse von einem erfolgreichen Jungstar reproduziert.

Während der Erzählungen über ihre Berufsvorstellungen und der von ihr erfahrenen Realität wird Tonke immer wieder in verschiedenen Anordnungen in Räumen «gezeigt», zur Schau gestellt: Mal erscheint sie durch die Rauminszenierung und die Farbgebung «ganz» privat. Dann aber wird das Objekt «Schau-Spielerin» wieder diesem Eindruck entzogen. Durch die reduzierten Wahrnehmungsbilder in den Naturbildern, den Nicht-Orten, die wie Tableaus wirken, werden Vorstellungsbilder und Projektionen der zur «Schau» gestellten Person in den Fokus genommen – mit dem Ziel, eben jene aporetische Komplexität, die die «Authentizität» einer Schauspielerin ausmacht, einzufangen und sinnlich erfahrbar zu machen. Es ist letztlich eine verdichtete Perspektive auf das generelle Problem der Selbst- und Fremdkonstitution eines (medialen) Subjekts; ein ständiges Werden von Subjektivierungs-, Introjektions- und Projektionsprozessen, gesehen im medialen Horizont. Tonke formuliert es wie folgt: «Das ist ja auch immer so schwierig – das Bild, was die Leute von einem haben.» Während Tonke dies sagt, wird gezeigt, wie sie die Handkamera auf sich selbst richtet (Abb. 4).

Dann sind die Bilder zu sehen, die sie von sich und der (tristen) Umgebung aufnimmt. Später übernimmt wieder die zweite Kamera, die Tonke mit der Kamera in der Hand einfängt. Am Ende der Sequenz erzählt sie die Anekdote, wie sie eine Rolle bei Frank Castorf erhielt. Sie spricht von ihren Ängsten und ihrer Unsicherheit auf der Bühne. Sie beschreibt, wie sie immer wieder dachte: «Jetzt hat er's gemerkt! [...] Jetzt ist es klar! Jetzt ist er enttäuscht [...]»; Tonke hatte Angst, dass Castorf feststellt, dass sie gar nicht auf der Bühne spielen könne. Dabei wird Tonke von der Seite aus einiger Entfernung gezeigt. Es erscheint paradox: Während sie verbal ihre inneren Ängste preisgibt, bleibt die Kamera auffällig in einer Blickposition, die nicht die Intimität formal ausstellt, sondern das Moment der medialen Anschauung über die Distanz akzentuiert. Es ist eine erkennbare, bewusst gemachte ‹Außenansicht›.

4.2 Zyklische Wiederholung und rhizomatisches Erzählen

«Je mehr mir zugetraut wird, desto größer wird dann die Katastrophe, wenn es auffliegt, dass ich das alles nicht kann.» Dies sagt Katharina Schüttler am Ende ihrer ‹Episode› über ihre Ängste auf der Bühne und aktualisiert hier die bereits von Tonke geäußerten Ängste. Das Thema der Unsicherheit, der Angst, als unfähig entdeckt zu werden, setzt sich bei den anderen arrivierten Schauspielerinnen fort. Dies ist ein Beispiel für die scheinbar ‹zufällig› sich zu leitmotivischen Topoi verdichtenden Aussagen der Schauspielerinnen.

Hier artikuliert sich das Prinzip von Differenz und Wiederholung; die Schauspielerinnen – obwohl im Montagezusammenhang eigentlich nacheinander – werden durch die Struktur des Films mit ihren Erfahrungen ahierarchisch nebeneinander präsentiert. Eine Äußerung aktualisiert einen Themenbereich, der sich in unterschiedlichsten Weisen bei den einzelnen Zyklen wiederholt. Assoziative Erinnerungsfunktionen des Zuschauers werden integraler Bestandteil der Erfahrung dieses Films. Interessant ist, dass im Verlauf des Films immer wieder in Variationen Zweifel artikuliert werden, die aus der Differenz von Fremd- und Selbstwahrnehmung resultieren. Die vom Film versprochene ‹Privatheit› erweist sich als Dauer von Schwebe und Instabilität.

Der Eindruck leitmotivischer Übergänge findet sich auch beim Wechsel von einer Schauspieler-Episode zur anderen. Fast erscheint es wie eine audiovisuelle ‹Staffelstabübergabe›, die sich vor allem sinnlich vollzieht. So ist Katharina Schüttler zunächst in einer Winterlandschaft und später beim Schlittschuhlaufen zu sehen, wobei bei ihren Runden und ihrem Spiel mit der Kamera und der Musik der Raum und die Lichter verschwimmen. Nach einem Umschnitt ist es Frühling, ein Auto fährt eine Allee entlang. Das Auto wird von einer bisher nicht gezeigten Frau (Inga Birkenfeld) gesteuert. In einem Bild sitzt Katharina Schüttler neben ihr, dann plötzlich im nächsten Bild auf der Rückbank. Außen- und Innenansichten des fahrenden Autos wechseln sich ab. Dann bleibt das Auto stehen, Birkenfeld und Schüttler sitzen nebeneinander und singen die fast schon für das Sujet paradigmatische Textzeile «No one knew me [...].»[17] (Abb. 5) Suggeriert der Film nicht vermeintlich ein ‹authentisches Kennenlernen› der «Mädchen am Sonntag»?

---

17 Das Lied «Mad World» ist in jüngerer Zeit noch einmal populär geworden durch den Soundtrack des Films DONNIE DARKO (2001), in dem es pikanterweise um das Verschwimmen vom

Abb. 5

Was hier inhaltlich über Probleme und Paradoxien von Schauspielerinnen ausgebreitet wird, artikuliert sich – so die These – auch in der Erzählstruktur und insbesondere in jenen ‹Übergängen› von einer Schauspielerin zur anderen. Sie unterminieren eine logische klare narrative Abfolge zugunsten sinnlicher Eindrücke und leitmotivischer Variationen, die wiederum an die Erinnerungsfunktionen, d.h. an die Wahrnehmungsaktivität des Zuschauers innerhalb des Films gebunden werden: Welche Aussage einer der Frauen bringt man mit einer anderen zusammen, um den abstrakten Begriff der Schauspielerin zu konkretisieren? Wie verhält sich dies zu der Wahrnehmung des Zuschauers einer einzelnen, individuellen Persönlichkeit, die explizit auch immer wieder als mediales ‹Anschauungsobjekt› inszeniert wird? Zudem werden wiederholt über Lieder, Musik oder Schrifttafeln auch außerfilmische, intermedial-populärkulturelle Assoziationsräume ermöglicht. So wie sich Innen- und Außenansichten der «Mädchen» dezidiert abwechseln und überlagern, gehört es zum Funktionsprinzip des Films, die Wahrnehmung des Zuschauers in einem Vexierspiel zwischen aktuellen, konkreten Wahrnehmungsbildern und imaginären Vorstellungsbildern zu binden. Mit anderen Worten, das Innen des Zuschauers, sein Erinnerungsvermögen, ist durch die dynamische Form des ästhetischen Außens für die Gesamterfahrung des Films konstitutiv. Inwieweit tatsächlich die wirkungsästhetische Dimension im Horizont eines dynamischen Denkmodells imprägniert wird, zeigt exemplarisch das Ende.

raum-zeitlichen Gefüge geht. Michael Andrews coverte hier den Song, der ursprünglich von der Gruppe «Tears for Fears» stammt.

4.3 Suchen im Bild

Nicht zufällig beginnt die letzte Episode in einer Gemäldegalerie, einem Ort der Bilder, in der die Kamera Nicolette Krebitz im wahrsten Sinne verfolgt. Die Kamera suggeriert, Krebitz ergründen zu wollen und zu können (Abb. 6).

Erklärende Selbstkommentierungen werden dem Zuschauer vorenthalten. Stattdessen sieht man, wie Krebitz sich zu einer Schar von Museumsbesuchern gesellt, die sich ein Bild erklären lässt. Dem Filmzuschauer teilen sich die Bilderklärungen indes nicht mit. Man hört nur semantisch nicht spezifizierte Klaviermusik.

Zum Ende hin thematisiert Krebitz das Imaginäre des «Mythos Kino», wieder über eine Schrifttafel eingeleitet. Krebitz sitzt neben dem Kamin vor einer Wand und spricht über das Kino, das deutsche im Besonderen und ihre eigene Karriere. Kino als Vorstellungsbild? Krebitz fragt sich, ob nicht doch immer alles gleich sei? Und in den folgenden Bildern sieht man einen Park mit Bäumen in einer Totalen (Abb. 7).

Man sieht denselben Baum für eine gehörige Dauer – ein Tableau, kein dramatisch-szenisch erfülltes Aktionsbild. Doch in seiner Wahrnehmung imprägniert durch das formale Prinzip des Films, immer wieder auf ein Wechselspiel gegenseitiger Relativierungen eingestellt zu sein, gerät die Vorstellung des Zuschauers angesichts der letzten Bilder des Films in Bewegung: Die Sinne des Zuschauers begeben sich auf eine Suchbewegung nach der Person, die man hinter oder unter dem Baum vermutet. Doch anders als in einer analogen Szene vorher, bleibt der Zuschauerblick auf seine reine Vorstellungskraft zurückgeworfen, der Schauplatz

Abb. 6

Abb. 7

bleibt leer. Damit wird deutlich, dass das Spielerische des vorgängigen Zur-Schau-Stellens die Wahrnehmung des Zuschauers und damit sein Denken buchstäblich in Bewegung versetzt. Dies schließt nicht zuletzt die Referenz auf ein bekanntes filmhistorisches Vorbild ein, rufen doch diese Einstellung und ihre Funktionsweise auffallend die Schlüsselszene aus Antonionis Blow Up in Erinnerung. Dabei erhält die Suche nach dem, was man tatsächlich im Bild sehen kann – oder, um mit Bergson zu sprechen: «wahrnimmt» – eine weitere sinnliche Dimension unterschiedlicher, koexistierender zeitlicher Bezüge.

5. Resümee

Vor diesem Hintergrund fungiert mit Blick auf die raum-zeitliche Struktur dieses Films die Begriffsperson des Schauspielers hier – im Geiste Deleuzes – als dynamisierendes «Heteronym». Dies in dem Sinne, dass das Prinzip der Differenz und Wiederholung in der Sinn- und Bedeutungsproduktion als Wahrnehmungsakt, als Bewegung der Wahrnehmung bzw. als Prozess der Wahrnehmung gesehen wird – in einem zeitlichen Widerspiel von der Kopräsenz verschiedener Zeitebenen, die die Sinnproduktion an das Paradox der Koexistenz von ‹Aktuellem›, ‹Vergangenem› und ‹Zukünftigem› binden.

Verallgemeinernd lässt sich sagen, dass damit bei der Analyse von Dokumentarfilmen die subjektive Verzeitlichung des Zuschauers als wichtige Funktionsgröße in den Fokus der Aufmerksamkeit gerät. An die Zeitlichkeit des Zuschauers, d.h. seine aktuelle Raum- und Zeiterfahrung, an sein Erinnerungsvermögen und an die momenthafte Aktualisierung von Phantasie und Imagination, bindet sich zu einem nicht unbeträchtlichen Teil der dokumentarische Mehrwert einer ästhetischen Struktur.

Am Beispiel von Mädchen am Sonntag konnte gezeigt werden, wie die Wahrnehmung prozessualisiert, in Bewegung versetzt wird und wie sie mit dem medialen Prinzip des Schau-Spielens vermittelt ist. Die Lektüre dieses Films versteht sich als ein Versuch, das abstrakte Modell der Begriffsperson von Deleuze methodisch im Umgang mit Dokumentarfilmen zu verankern. Dies sowohl auf inhaltlicher wie auf formaler Ebene: Schau-Spielen als dynamisches Prinzip. Der authentisierende Wahrnehmungseffekt des Zuschauers realisiert sich in dem Möglichkeitsraum, der sich innerhalb der koexistierenden zeitlichen Paradoxien im Schau-Spiel eröffnet.

Die «Mädchen» als Schau-Spielerinnen können in diesem Film als ‹authentisch› wahrgenommen erfahren werden, da sich ihre Zur-Schau-Stellung formal einer Re-Präsentation entzieht. Die formalen Kategorien, insbesondere Innen- wie Außenperspektive konstituieren keinen kohärenten Referenzrahmen. Zeit erweist sich eher als zyklisches Wiederholungsprinzip und atmosphärisches

Element in Form der Jahreszeiten denn als sukzessive Abfolge. Durch das Wiederholungsprinzip ergibt sich eine Kopräsenz ereignishafter Momente, in denen sich Aussagen aktualisieren und zugleich zeitliche Bezüge auf das beinhalten, was schon gesagt wurde und was noch gesagt werden wird.

Der Grundgedanke, Referentialität als Einheit von Aktuellem und Virtuellem und zugleich als Akt der Verzeitlichung zu konzipieren, könnte auch in die Analyse anderer Dokumentarfilme – abgelöst vom Sujet wie auch vom Begriff des Schauspielers – fruchtbar eingebracht werden.

Wenn Dokumentarfilme, wie gerade die jüngste Praxis zeigt, verstärkt mit Vorstellungsbildern und (kollektiven) Phantasien arbeiten, kann in der Perspektive eines paradoxen Zeitverständnisses der sinnliche Zugang als Erfahrungsmodus für den Zuschauer beschreibbar gemacht werden. In diesem Zusammenhang liegt darüber hinaus die provokante Frage nahe, ob nicht gerade das den Dokumentarfilmen zugeschriebene Authentizitätsprinzip sich diesen zeitlichen paradoxen Erfahrungen des Zuschauers verdankt. Das hier diskutierte Beispiel legt eine solche Schlussfolgerung zumindest nahe. Die Wahrnehmung des Zuschauers wird ‹verzeitlicht›, und der damit etablierte Imaginationsraum öffnet sich für das *Spielerische* eines medialen Wirklichkeitseindrucks und wird dokumentaristisch zur *Schau* gestellt.

Sektion III

Kritischer Dokumentarfilm

Peter Zimmermann

Camcorder Revolution – Videoaktivisten und internationale Öffentlichkeit

Als Camcorder-Revolution charakterisierte der kanadische Filmemacher Peter Wintonick («Manufacturing Consent: Noam Chomsky and the Media», «Cinéma Vérité: Defining the Moment») in der Zeitschrift *DOX* die weltweite Verbreitung kleiner digitaler Videokameras und insbesondere deren Nutzung durch NGOs (=Non Governmental Organisations) und Videoaktivisten:

> You may be in the middle of a revolution and you don't even know it. [...] The handicam revolution is about the power of audiences to become producers, producer-users, instead of passive receivers. The handicam revolution is turning this digital dream into a practical reality.[1]

Und die kanadische Filmemacherin Katerina Cizek – selbst eine Videoaktivistin, die mit Wintonick und der Menschenrechtsorganisation Witness zusammenarbeitet – ergänzt:

> Die Handicam-Revolution trägt dazu bei, aus passiven Rezipienten der Massenmedien Produzenten zu machen, die mit Hilfe der neuen Technologien miteinander kommunizieren, um auf diese Weise die gesellschaftlichen Probleme gemeinsam zu lösen.[2]

Das klingt, als sei ein alter Traum wahr geworden, wie ihn Brecht bereits Anfang der 30er Jahre in seinen Überlegungen zur Radiotheorie skizziert hat. Sein Ziel war es, das Modell der massmedialen Ein-Weg-Kommunikation aufzuheben und den Rundfunk «aus einem Distributionsapparat in einen Kommunikationsapparat» zu verwandeln, in ein Forum öffentlicher Debatten, in dem auch die Hörer zu Wort kommen können.[3] Hans Magnus Enzensberger hat 1970 im Kursbuch in seinem «Baukasten zur Theorie der Medien» an diese Überlegungen angeknüpft. Er propagierte die Entwicklung netzartiger Kom-

---

1 Peter Wintonick: «The Camcorder Revolution has arrived». In: *Dox* / Dec. 2002, S. 6
2 Katerina Cizek: «Die Handicam-Revolution». In: Peter Zimmermann, Kay Hoffmann: *Dokumentarfilm im Umbruch. Kino – Fernsehen – Neue Medien*. Konstanz 2006, S. 232
3 Bertolt Brecht: *Gesammelte Werke*, Bd. 8. Frankfurt a.M. 1967, S. 129f, S. 134

munikationsmodelle, «die auf dem Prinzip der Wechselwirkung aufgebaut sind: eine Massenzeitung, die von den Lesern geschrieben und verteilt wird, ein Videonetz politisch arbeitender Gruppen usw.»[4] Diverse Modelle alternativer Gegenöffentlichkeit von den ‹Stadtzeitungen› bis zu Bürgerkanälen für Radio und Fernsehen versuchten seit den 70er Jahren solche Überlegungen in die Tat umzusetzen – allerdings ohne die erhoffte Breitenwirkung erzielen zu können.

Nach Ansicht vieler Filmemacher und Videoaktivisten sind solche Utopien neuerdings wieder in greifbare Nähe gerückt: und zwar durch die rasante Entwicklung allgemein zugänglicher und erschwinglicher digitaler Kommunikationstechnologien von der Handicam über Computer und Handy bis zum Internet, das der Distribution der jeweiligen Botschaften und der Vernetzung ihrer Autoren dient. Erstmals stellt die digitale Technologie ein interaktives Kommunikationsnetz bereit, das für den Austausch und die Verbreitung von Texten und audiovisuellen Botschaften weltweit genutzt werden kann. So heißt es etwa bei Katerina Cizek:

> Menschenrechtsaktivisten, Ermittler bei internationalen Tribunalen gegen Kriegsverbrechen, politisch engagierte Video-Amateure und Globalisierungsgegner bewaffnen sich mit den Werkzeugen dieser neuen visuellen Revolution. Mutige Video-Vérité-Aktionen auf der ganzen Welt dienen dem Kampf für Wahrheit und Menschenrechte. Hier konvergieren Technologien mit dem globalen Geist kreativer Veränderung. Es ist eine grundlegende technologische Umwälzung, die sich nicht nur darauf auswirkt, wie wir arbeiten und kommunizieren, sondern auch wofür wir arbeiten und was wir kommunizieren. [...] Die kleine Videokamera ist zum ‹Zeichenstift› unserer Zeit geworden. Die heutige Macht ihrer Bilder wird vielleicht sogar bald die des geschriebenen Worts übertreffen – von Abu Graib bis zu den Tsunami-Videos, von Rodney King bis zu Joey Lozano auf den Philippinen sind Videobilder zum Instrument demokratischer Information geworden.[5]

Vorläufer dieser politisch engagierten Videoaktivisten waren Dokumentaristen des Direct Cinema, des Cinéma Vérité, der britischen Workshop Movement (z. B. Amber-Film Newcastle) und der Videobewegung der 70er und 80er Jahre (Medienwerkstatt Freiburg u.a.). In den letzten Jahren ist ein Revival politisch engagierter Dokumentarfilmarbeit zu beobachten. Allen voran nordamerikanische Filmemacher wie Michael Moore (FAHRENHEIT 9/11), Errol Morris (FOG OF WAR) oder Produzenten wie Jim Gilliam (OUTFOXED und UNCO-

---

4 In: *Kursbuch* 20/1970, S. 163f.
5 Cizek: «Die Handicam-Revolution» (wie Anm. 2), S. 214.

VERED: THE WAR ON IRAQ). In ihrem Dokumentarfilm SEEING IS BELIEVING. HANDICAM, HUMAN RIGHTS AND THE NEWS (Kanada 2002) stellen Katerina CizeK und Peter Wintonick die weltweit vernetzte Community jener Videoaktivisten vor, die sich für Menschenrechte und soziale Gerechtigkeit einsetzen. Auch in Europa wenden sich wieder viele jüngere Filmemacher politischen und sozialen Themen zu (z. B. Michael Glawogger WORKINGMAN'S DEATH, Hubert Sauper DARWINS ALBTRAUM), in Indien ist die Gruppe Vikalp aktiv, und China ist im letzten Jahrzehnt durch eine Fülle subversiver Videodokumentationen und Dokumentarfilme bekannt geworden, die alles thematisieren, was im eigenen Land von der Zensur verboten ist.

Der politisch engagierte Dokumentarfilm und die Arbeit von Videoaktivisten haben in den letzten Jahren zunehmend Aufmerksamkeit erregt. Gründe dafür sind zum einen neue Protestformen der Ökologie- und Anti-Globalisierungsbewegung, die Anti-Bush-Kampagnen und der Widerstand gegen die weltweite Einschränkung demokratischer Rechte. Weltweit wirksam werden konnten sie dank der modernen digitalen Techniken der Information und der schnellen Dokumentation – von der Digitalkamera bis zum Internet –, die für eine weltweite Verbreitung auch jenseits der etablierten Medien sorgen.

Organisationen wie Witness, Attac, Greenpeace, Netzwerk Recherche und Human Rights Watch nutzen die Möglichkeiten dokumentarischer Filmarbeit ebenso wie die verschiedensten Non Governmental Organisations (NGOs), die vielfach in Entwicklungsländern tätig sind.

Witness ist eine von Popstars (Peter Gabriel) und der Reebok Foundation for Human Rights 1991 in New York gegründete Organisation, die sich weltweit für die Menschenrechte einsetzt. Organisationen wie Witness (www.witness.org) versuchen, den «Digital Gap», die technologische Kluft zwischen den Industrienationen und den Entwicklungsländern der Dritten Welt zu überbrücken, indem sie politisch engagierten Gruppen Filmkameras und technisches Equipment zur Verfügung stellen und Schulungskurse durchführen. Slogan: «See it. Film it. Change it!» Anleitungen vermittelt das Witness-Handbuch über die politische Arbeit mit Video *Video for Change. A Guide for Advocacy and Activism*.[6] Es behandelt auch technische Aspekte wie Vorbereitung, Produktion und Bearbeitung der Videos, geht aber im Wesentlichen auf die Verwendung von Video als Instrument im Kampf für Menschenrechte ein.

Greenpeace setzt die Videoarbeit als eine Art Agitprop des Umweltschutzes ein. Medienwirksame Aktionen sorgen für ein weltweites Medienecho. Attac nutzt die Videoarbeit zur Dokumentation und Organisation von Widerstand gegen neoliberale und imperialistische Tendenzen der Globalisierung (z. B. Seattle, Genua, Prag).

---

6 Ed. by Sam Gregory et al., Ann Arbor / UK, Pluto Press 2005.

Darüber hinaus gibt es eine Fülle von Gruppierungen und Internet-Foren der Videoaktivisten, denn das wichtigste Instrument für die Verbreitung alternativer Medien ist das Internet. «Das Netz ist die Plattform für unsere Experimente mit den Neuen Medien. Aber unsere Aktivitäten dürfen sich nicht auf die Kommunikation im Netz beschränken», so mahnt Stephen Marshall in dem Film SEEING IS BELIEVING. Eine der wirksamsten Internet-Foren neben You Tube ist moveOn.org (USA). Es dient als Plattform für die Verbreitung alternativer Nachrichten und Filme und zur Mobilisierung von konkreten Aktionen des Widerstandes. Es finanzierte und verbreitete z. B. den Dokumentarfilm OUTFOXED. RUPERT MURDOCHS WAR ON JOURNALISM – eine kritische Analyse der Fox News und deren Berichterstattung über den Irak-Krieg.

Zu den bekanntesten Filminitiativen amerikanischer Independents gehört Guerilla News Network (GNN / www.gnn.tv), das seit langem mit investigativen dokumentarischen Hybridformen experimentiert (z. B. «This Revolution», ein Remake des 60er Jahre Films «Medium Cool». Er wurde beim Treffen der Republikaner in New York gedreht.) «The Diamond Life» war eines der ersten News Videos von Guerrilla News Network – eine Mischung aus Nachrichten- und Musik-Video.

Indymedia (www.indymedia.org) ist mit ca. 140 Gruppen weltweit eine der einflussreichsten internationalen Netzwerke von Videoaktivisten. Diese haben z. B. bei Demonstrationen erfolgreich mit Bild- und Textnachrichten im Internet und dem Prinzip der ‹Smart Mobs› (Blitzdemos) experimentiert. In Deutschland sind neben Indymedia Gruppen wie das sozial engagierte laborB (www.labournet.de) und Kanal B (www.kanalb.de) aktiv, wobei letzterer seine Homepage als Plattform für ca. 1000 Kurzdokus, Clips und Animationen nutzt und Videomagazine zu aktuellen Themen an ca. 250 Gruppen verschickt. Das britische «One World» ist eins der besten Portale zu diesem alternativen Medienuniversum. Dazu gehört auch Wikipedia, eine Enzyklopädie in Form einer Open Source Website, die von ihren Nutzern weitergeschrieben wird.

Unüberschaubar ist die ‹Blogosphäre› – die Welt der Video- und Weblogs. Jeder einzelne User kann Text und Bild via Internet verbreiten: als Weblogs, Fotoblogs, Videoblogs, Webcam-Sendungen usw. Damit verbinden sich die Hoffnungen vieler Videoaktivisten auf weltweite Vernetzung und Wirksamkeit ihrer Filmarbeit:

> Die Blogosphäre stellt eine gigantische Echtzeit-Dokumentation im Netz dar, die sich als neues Organisationsprinzip für Rohinformationen aus erster Hand herauskristallisiert. [...] In neuen Blogging-Kollektiven werden basisdemokratische Strategien erprobt, um alternative Nachrichten zu verbreiten: So ist zum Beispiel das Worldchanging.org-Blog ein überaus erfolgreiches Gruppen-Blog, das Öko-Projekte

und ökologische Nachrichten weltweit dokumentiert. Internet-Dokumentation beschränkt sich natürlich nicht auf Texte. Durch kostenfreies Herunterladen und Speichern auf Websites wie Flickr.com haben digitale Fotos die Bedeutung der Fotografie im Netz erhöht. Tausende von Fotobloggern zeichnen auf, was um sie herum passiert, und benutzen dabei alle neuen Technologien bis hin zu Fotofunktionen des Mobiltelefons. Auch Video im Netz ist dabei, an Qualität zu gewinnen. Video-Blogging gehört seit der Tsunami-Krise, den Bombenattentaten in London im Juli 2005 und der Katastrophe in New Orleans im selben Jahr zu den wichtigsten Informationsquellen. Amateur-Videoaufnahmen von der Zerstörung wurden schnell von Bloggern verbreitet und dann von den großen Sendern aufgenommen. Neue Kollektiv-Websites entstehen, um basisdemokratische Medien gemeinsam zu nutzen. Seit ihrem Start ist die Mitgliederzahl der hier wichtigsten Website – Ourmedia.org – auf 41.000 Mitglieder angewachsen, die kostenfrei gespeicherte Texte, Fotos, Podcasts und Videos gemeinsam nutzen. Die Verschmelzung von Audio-, Video- und Internettechnologien verstärkt durch die neueste Podcasting-Software, ist der Schlüssel zur Umwandlung des ‹self-publishing› in eine gewaltige Datenautobahn, um damit der Kontrolle traditioneller Massenmedien, insbesondere des Fernsehens, zu entgehen.[7]

Besonders deutlich wird die politische Relevanz der neuen weltweiten Videobewegung in Ländern wie China, in denen eine strenge staatliche Zensur herrscht. Hier hat sich mit Hilfe der Handicams und der digitalen Filmproduktion, die eine individuelle und billige Filmarbeit ermöglichen, eine subversive Szene von Filmemachern etwickelt, die alles zum Thema macht, was offiziell von der Zensur verboten ist: von Drogenkonsum und Prostitution über Arbeitslosigkeit, Obdachlosigkeit und Diskriminierung von Minderheiten bis hin zu politischen Skandalen, Korruption und Wirtschaftskriminalität. Foren für diese Dokumentarfilme, die in China nicht gezeigt werden dürfen, bieten Internationale Festivals. Dokumentarfilm-Festivals von Leipzig und Amsterdam bis Los Angeles, Toronto und Tokio haben seit Jahren Sektionen für chinesische subversive Dokumentarfilme.

Etliche Festivals verstehen sich ausdrücklich als Foren politischer Filmarbeit – so etwa das Festival Globale Berlin (www.globale-filmfestival.de), das One World International Human Rights Festival in Prag (www.oneworld.cz) oder die Dokumentarfilmgruppe Vikalp in Indien (www.freedomfilmsindia.org). Über die Festivals kommen die Filme auch ins westliche Fernsehen und

---

7   Cizek: «Die Handicam-Revolution» (wie Anm. 2), S. 225ff.

in die Kinos. Ein prominentes Beispiel dafür ist der Debutfilm OLD MEN der jungen Chinesin Yang Li Na, ein Dokumentarfilm im Direct-Cinema-Stil über eine Gruppe alter Männer in Peking, der vor einigen Jahren auf dem internationalen Dokumentarfilm-Festival in Leipzig die Goldene Taube gewann. Später wurde er von ARTE und verschiedenen anderen Fernsehsendern ausgestrahlt.

Doch auch die Schattenseiten der ‹Camcorder-Revolution› und der schnellen Verbreitungsmöglichkeiten von Fotos und Filmen im Internet sind nicht zu übersehen. Der Missbrauch durch terroristische, rassistische, pornografische, gewalttätige usw. Videos ist enorm. Auch die neofaschistische Szene und der Terrorismus haben sich vernetzt. Dies liefert zunehmend Argumente oder auch Vorwände für Forderungen nach mehr Kontrolle und Zensur des Internets durch Staat und Wirtschaft. Unterbunden werden könnte damit aber auch die Verbreitung politisch missliebiger Informationen und Filme, die für Demokratie, Menschenrechte und soziale Gerechtigkeit eintreten. Problematisch ist auch die schleichende kommerzielle Manipulation der Internet-Nutzer durch Suchmaschinen wie Google und Amazon, die nicht nur der Informationsvermittlung dienen, sondern auch als Filter und Lenkungsinstrumente fungieren.[8]

Der Widerstand vieler Videoaktivisten richtet sich daher gegen alle staatlichen und wirtschaftlichen Bestrebungen, die durch restriktive Gesetze oder durch Privatisierung und Kommerzialisierung die freie Nutzung des Internets einzuschränken versuchen. Eine ihrer wichtigsten Forderungen besteht darin, das demokratische Recht auf Meinungsfreiheit und freie Kommunikation auch für das Internet zu garantieren und in den Grund- und Menschenrechten international zu verankern. Die genannten Widersprüche sind damit allerdings nicht aufgehoben und die Tendenz zur wachsenden Kontrolle des Netzes durch die einflussreichsten staatlichen und wirtschaftlichen Interessengruppen ist kaum noch zu übersehen.

---

8 Vgl. www.google-watch.org. Vgl. auch *Global Activism Global Media*. Ed. Wilma de Jong et. al. Ann Arbor/UK, Pluto Press 2005.

Kay Hoffmann

Von der Rückkehr des Politischen im Dokumentarfilm

Der Dokumentarfilm im Kino und dokumentarische Formen im Fernsehen erleben seit einigen Jahren eine neue Popularität. Der so genannte Doku-Boom wird in Medien regelmäßig postuliert, diskutiert und ist eindeutig nachweisbar. Wie Klaus Stanjek und Anne Londershausen bei einer systematischen Analyse der Entwicklung von Dokumentarfilmen im Kino seit 1980 nachgewiesen haben, sind sowohl die Zahl der Filme als auch die Zuschauerzahlen kontinuierlich gestiegen und decken ein immer breiteres Themenspektrum ab.[1] Einen neuen Rekord stellte die WM-Dokumentation von Sönke Wortmann DEUTSCHLAND. EIN SOMMERMÄRCHEN (2006) mit über 4 Millionen Zuschauern auf. An der Kinokasse sehr erfolgreich waren außerdem Naturdokumentationen wie UNSERE ERDE (2008), DIE REISE DER PINGUINE (2005), NOMADEN DER LÜFTE (2002), DEEP BLUE (2004) sowie Musikfilme wie BUENA VISTA SOCIAL CLUB (1999) oder RHYTHM IS IT! (2004). Die beiden Autoren zeigen ebenfalls, dass – nach einer Konjunktur politischer Dokumentarfilme in den 80er Jahren und einer Abschwächung des Interesses in den 90er Jahren – es ab der Jahrtausendwende eine Renaissance von Dokumentarfilmen gab, die sich mit gesellschaftspolitischer Realität beschäftigten und auch im Kino reüssierten. Dies sind keineswegs nur die Filme von Michael Moore, dessen FAHRENHEIT 9/11 und BOWLING FOR COLUMBINE in Deutschland jeweils über eine Million Besucher erreichten, sondern auch beispielsweise WE FEED THE WORLD (2006) von Erwin Wagenhofer, HEIMSPIEL (2000) von Pepe Danquart oder BLACK BOX BRD (2001) von Andres Veiel. Der Boom des Dokumentarfilms hat mit den Veränderungen dokumentarischer Formate im Fernsehen zu tun, die sich an bestimmte Themen nicht mehr heranwagen. Außerdem ist eine Tendenz zur Serialisierung und Fiktionalisierung im Fernsehen zu konstatieren, wie sie der Medienjournalist Fritz Wolf in einer Studie[2] wie auch zahlreichen Artikeln und Buchbeiträgen anschaulich nachgewiesen hat.

---

1   Klaus Stanjek, Anne Londershausen: «Der Dokuboom im Kino. Faktoren und Phänomene». In: Haus des Dokumentarfilms (Hrsg.): *Dokville 2007*. Stuttgart 2007 (Die Broschüre mit den Ergebnissen des Branchentreffs Dokville ist über das HDF zu beziehen).
2   Fritz Wolf: *Alles Doku – oder was? Über die Ausdifferenzierung des Dokumentarischen im Fernsehen*. Düsseldorf 2003.

Doch dies ist nur ein Aspekt des neuen Erfolgs des Genres im Kino. Grundvoraussetzung waren Veränderungen des Dokumentarfilms[3], die in den vergangenen zwanzig Jahren stattgefunden haben und die auch Basis sind für neue theoretische Auseinandersetzungen sowie ein Interesse der Film- und Medienwissenschaft am Dokumentarfilm. In dieser Periode haben sich die ökonomischen Bedingungen für die Produktion von Dokumentarfilmen grundlegend verändert. Dies begann 1984 mit der Öffnung des Fernsehmarktes für private Sender, die eine direkte Konkurrenz zu den bestehenden öffentlich-rechtlichen Sendern darstellten und dort die Bedeutung der Einschaltquote als Maßstab für die Beurteilung von Erfolg wachsen ließen.[4] Von daher wuchs auch auf Dokumentarfilmer der Druck, ihre Stoffe spektakulärer zu gestalten und sich mit dramaturgischen und narrativen Fragen zu beschäftigen, um ein attraktives Produkt zu produzieren. Inzwischen existieren sogar einige dokumentarische Spartenkanäle wie Discoverychannel, Historychannel, XXP, N24, n-tv, Phönix. Der Bedarf nach dokumentarischen Programmen hat sich also in den vergangenen 15 Jahren vervielfacht, selbst wenn die Fernsehsender eher an formatierten Programmen und nicht so stark am individuellen Einzelstück interessiert sind. In den 90er Jahren wurden zahlreiche regionale Filmförderungen gegründet, die insbesondere auch dokumentarische Projekte unterstützten. Dadurch konnte mit höheren Budgets und größerem Aufwand gedreht werden als mit der bis dahin üblichen Finanzierung als Auftragsproduktion durch das Fernsehen. In einer der ersten umfassenden Analysen des Dokumentarfilmmarktes wiesen Lutz Hachmeister und Jan Lingemann[5] darauf hin, dass der Dokumarkt im engeren Sinn immerhin eine Größe von jährlich 250 Millionen € umfasst. Von den etwa 850 Produzenten in diesem Bereich profitieren davon jedoch vor allem die 25 Stärksten (3%), die 56% des Gesamtmarktes unter sich aufteilen. Marktführer ist ganz klar Spiegel TV, mit einem Jahresumsatz von 47 Millionen €, gefolgt von Medienunternehmen, die zum Teil Tochterunternehmen von öffentlich-rechtlichen Sendern sind oder auch in anderen Bereichen der Medienproduktion tätig werden. Eine Gruppe von ehemaligen Dokumentarfilmern ist auf die Produzentenseite gewechselt (z. B. Boomtown Media, Engstfeld Filmproduktion, Quinte Film, Tag/Traum, Tangram, zero Film) und sie erzielen häufig einen Umsatz von mindestens 3 Millionen €. Sie setzen häufig auf internationale Koproduktionen, für die eine europäische Förderung möglich ist. Allerdings erwirtschaften 75% der Dokumentarfilmer unter 500.000 € im Jahr, d.h. es ist

---

3   Peter Zimmermann / Kay Hoffmann (Hrsg.): *Dokumentarfilm im Umbruch. Kino – Fernsehen – Neue Medien.* Konstanz 2006.
4   Haus des Dokumentarfilms (Hrsg.): *Quotendämmerung. Ein Diskurs über die Allmacht der Marktanteile.* Stuttgart 2006.
5   HMR International (Hrsg.): *Dokumentarische Produktion in Film und Fernsehen. Marktstudie Deutschland.* Köln 2005; Jan Lingemann: «Abenteuer Realität. Der deutsche Markt für dokumentarische Filme». In: Zimmermann / Hoffmann: *Dokumentarfilm* (wie Anm. 3), S. 35–56.

eine klare Konzentration auf große Medienunternehmen zu konstatieren, die vor allem vom Aufschwung dokumentarischer Formate profitieren.

Verändert hat sich seit 1990 auch die Produktionstechnik. Arbeiteten viele Dokumentarfilmer zwar schon vorher mit elektronischen Aufnahmesystemen, so hat die Digitalisierung zu einer zunehmenden Miniaturisierung und Verbilligung von Kameras geführt, die zu einer Erhöhung der Leistung und Bildauflösung führte, wenn man beispielsweise an die neuen Generationen von HD-DV-Kameras denkt, die von verschiedenen Anbietern offeriert werden. Damit ist ein anderes, wesentlich dynamischeres Drehen mit Handkameras möglich. Materialkosten spielen dabei eine immer geringere Rolle, wobei dies zu einem Verlust der bewussten Bildgestaltung führen kann. Als Filmformate haben im dokumentarischen Bereich 16 mm und Super 16 mm in der Regel den klassischen 35 mm Film ersetzt, über die Hälfte der Produktionen erfolgt auf elektronischen Trägern (Video, Speicher, Festplatte). Eine erhebliche Verbesserung der Gestaltung von Filmen wurde durch die Einführung computerisierter Schnittsysteme erzielt, die heute zum Standard gehören. Computeranimation und -effekte spielen auch beim dokumentarischen Film eine wachsende Rolle.

Die Veränderung der Produktionsbedingungen und des Marktes auf der einen Seite und die neuen Aufnahme- und Schnitttechniken auf der anderen Seite führten zu einer neuen Ästhetik des Dokumentarfilms, der inzwischen wesentlich professioneller und arbeitsteiliger hergestellt wird als in den 80er Jahren. Die dramaturgische Gestaltung, die optimale Erzählstrategie und die Auswahl perfekter Protagonisten bis hin zu aufwändigen Castings haben auch im dokumentarischen Film – insbesondere bei den neuen hybriden Formen im Fernsehen wie Dokusoap, Zeitreise, Living-Science – Einzug gehalten. Eine zunehmend wichtigere Rolle nehmen die Musik und das Sound-Design ein.

Wie bereits erwähnt, erfahren auch Dokumentarfilme mit politischen Themen ein zunehmendes Zuschauerinteresse. Wichtiger Trendsetter hierfür war sicherlich Michael Moore, der mit der subjektiven Gestaltung seiner Filme und dem ironischen Ton das Publikum polarisierte, dadurch jedoch eine große Aufmerksamkeit erzielte. Selbst ein von der Gestaltung keineswegs innovativer Film wie EINE UNBEQUEME WAHRHEIT (2006), bei dem Vorträge Al Gores zur Erderwärmung und Klimawandel dokumentiert werden, interessierte in Deutschland knapp 400.000 Zuschauer. Als stilistisch am vielfältigsten und politisch pointiertesten fielen in den vergangenen Jahren insbesondere Produktionen aus Österreich auf, die sowohl brisante Themen der Globalisierung aufgriffen als sie auch ästhetisch für die große Leinwand des Kinos gestalteten. Durch eine Spitzenförderung und Referenzmittel, die den Kinobesuch und Festivalerfolge berücksichtigten, war dort eine zeitlang die Finanzierung eines Dokumentarfilms mit bis zu 1,2 Millionen € möglich. Insgesamt bis zu 7 Millionen € standen für eine kulturelle Filmförderung zur Verfügung, die vom ORF mitgetragen wurde, ohne dass dabei Fernsehproduktionen hätten entstehen müssen.

Hubert Saupers DARWIN'S NIGHTMARE gewann 2004 den Europäischen Dokumentarfilmpreis. Vordergründig erzählt er die Erfolgsgeschichte vom Victoriabarsch im ostafrikanischen Victoriasee und wie sich das Leben rund um den See dadurch verändert hat, dass dieser Nil-Raubfisch, der dort in den 60er Jahren ausgesetzt wurde, zum alles dominierenden Fisch wurde und das gesamte Ökosystem veränderte. Doch er nutzt diese Beschreibung zugleich als Allegorie für die globalisierte Weltwirtschaft. Er beobachtet die Vorgänge und ist davon überzeugt, dass es einen direkten Bezug gibt zwischen dem Fisch, der in westlichen Supermärkten zu einem günstigen Preis angeboten wird, und den Transportflügen mit Hilfsgütern und Waffen nach Afrika. Je mehr Konflikte es gibt, desto günstiger sind die Transportkosten beim Rückflug nach Europa. Die Bevölkerung profitiert nicht von der erfolgreichen Vermarktung dieses Fisches.

Die Drehbedingungen, selbst mit kleiner Kamera und kleinem Team, waren sehr schwierig und zogen sich über vier Jahre: «In Tansania konnten wir kaum einmal als normales Filmteam auftreten. Um mit den Frachtflugzeugen hin und her zu fliegen, mussten wir uns mit weißen Hemden, gebügelten Hosen und gefälschten Papieren bewegen, als Piloten verkleidet gingen wir durch die Kontrollen. In den Dörfern sah man selten Weiße, und man hielt uns demnach für Missionare. In den Fischfabriken fürchtete man, wir seien Hygienekontrolleure der EU, und in den Bars der Hotels mussten wir australische Geschäftsmänner darstellen, denn Missionare sieht man dort ungern. Wir waren immer dort, wo man eigentlich nichts zu suchen hat [...]. Das Ergebnis waren unzählige Tage und Nächte an den Polizeistationen und in lokalen Gefängnissen. Stundenlange Verhöre von dicken, schwitzenden Offizieren. Checkpoints in der Nacht. Einen großen Teil des Filmbudgets brauchten wir, um uns die Freiheit immer wieder zurückzukaufen.»[6] Die von Sauper selbst geführte kleine Digitalkamera liefert sehr direkte, manchmal allerdings auch technisch keineswegs perfekte Bilder, die allerdings eine Nähe zu seinen Protagonisten vermitteln (vgl. Abb. 1–3).

Insbesondere in Frankreich löste der im Kino sehr erfolgreiche Film sehr kontroverse Diskussionen aus. Der Historiker Francois Garçon warf ihm Einseitigkeit und eine Verzerrung der tatsächlichen Verhältnisse vor. Beispielsweise werde nur ein Drittel des Fischfangs exportiert und der Bevölkerung gehe es durch den Fang und die Verarbeitung des Victoriabarschs wirtschaftlich doch besser. Der im Film nahe gelegte Zusammenhang mit Waffenimporten sei konstruiert und entspreche nicht der Wahrheit. Die Zeitung Libération recherchierte das Thema gründlich und warf Sauper ebenfalls vor, die Zusammenhänge falsch zu verkürzen. Beispielsweise würden die Fischkadaver für Tierfutter ver-

6 Text «Filmen im Herzen der Finsternis» auf: www.darwinsnightmare.com

wendet und nicht für die Ernährung der Einheimischen. Der Zusammenhang zwischen den Waffenlieferungen und dem günstigen Preis für den Victoriabarsch wurde dagegen bestätigt.[7]

Dem Verschwinden der Schwerstarbeit in Westeuropa widmet sich Michael Glawogger in WORKINGMAN'S DEATH (2005) in fünf einzelnen Kapiteln und einem Epilog. Der Film folgt den Spuren von «Helden» in den illegalen Minen der Ukraine, die kontrastiert werden mit heroischen Propagandastreifen der 30er Jahre. Er spürt «Geister» unter den Schwefelarbeitern in Indonesien auf, die in Körben auf der Schulter eine Last von bis zu 100 Kilo Schwefel tragen. Er begegnet «Löwen» auf einem Schlachthof in Nigeria, beobachtet «Brüder», die in Pakistan per Hand riesige Tanker zerlegen und hofft mit chinesischen Stahlarbeitern auf eine glorreiche «Zukunft». Der Epilog zeigt, dass in Deutschland Hochöfen im Ruhrgebiet zu Freizeitparks verwandelt wurden. Der Wandel von der Industrie- zur Freizeitgesellschaft wird symbolträchtig vor Augen geführt. Insgesamt hatte der Film ein Budget von 2 Millionen € und es wurden rund

Abb. 1–3

---

7 Zur Kontroverse siehe: http://www.arte.tv/geschichte-gesellschaft/archivs/Darwins-Altraum/1178870.html

40 potentielle Drehorte recherchiert, für die es zum Teil keine Drehgenehmigungen gab. Der Produktionsleiter Peter Wirthensohn stellte fest, dass die lange Vorbereitungszeit essentiell gewesen sei, denn die Zeit ist der wichtigste Faktor für Qualität. Bei den letztlich ausgewählten Locations wurde ein bis zwei Wochen gedreht. Ziel war es, die körperliche Arbeit sinnlich erfahrbar zu machen und dafür wurde modernste Technik eingesetzt und auch vor der Inszenierung einiger Szenen schreckte man keineswegs zurück, denn das erst ermöglichte die kraftvollen Bilder (vgl. Abb. 4–5).

Ein Film, der sich mit der globalisierten Nahrungsmittelproduktion auseinandersetzte, ist WE FEED THE WORLD von Erwin Wagenhofer.[8] In Österreich hatte er doppelt so viele Besucher wie DIE REISE DER PINGUINE; in Deutschland war er nicht ganz so erfolgreich, erreichte jedoch auch über 370.000 Besucher. Mit relativ kleinem Budget produziert, ist er ein klassischer politischer Film mit Thesen, die vor allem diejenigen erreichen, die schon überzeugt sind. Er ist überfrachtet mit Detailinformationen zur industrialisierten Nahrungsproduktion und liefert eine Bestandsaufnahme einer globalisierten Lebensmittelherstellung und der alltäglichen Bedingungen, damit die Preise so günstig wie möglich sind. «Heute kostet Streusplitt mehr als Weizen», äußert sich ein Bauer resigniert. Wagenhofer arbeitet mit einer polarisierenden Kontrastierung. Auf der einen Seite der UNO-Sonderberichterstatter für das Menschenrecht auf Nahrung Jean Zieg-

Abb. 4–5

---

8 Homepage mit Trailer und Hintergrundinformationen: www.we-feed-the-world.at

ler, der davon überzeugt ist, dass die Welt 12 Milliarden Menschen ernähren könnte. Für ihn wird jedes Kind, das heute an Hunger stirbt, ermordet. Auf der anderen Seite der Konzernchef von Nestlé, Peter Brabeck, der Wasser als ein Lebensmittel sieht, das einen Marktwert hat, und deshalb nicht unbedingt zur Grundversorgung gehört. WE FEED THE WORLD steht in der Tradition von Peter Kriegs SEPTEMBERWEIZEN (1980).

Demselben Thema und ähnlichen Drehorten nähert sich Nikolaus Geyrhalter in UNSER TÄGLICH BROT auf völlig andere Art und Weise. Er verzichtet ganz auf einen Kommentar, auf Informationen als Schrifteinblendung, auf einlullende Musik. Bei ihm stehen wohl komponierte Bilder als Plansequenz im Mittelpunkt. Sie entwickeln ihre Wirkung durch strenge Axialität und das Breitwandformat. In zweijähriger Drehzeit dokumentiert er die Mechanismen einer weitgehend automatisierten Nahrungsproduktion, bei denen der Mensch hauptsächlich noch eine Kontrollfunktion hat oder eingreifen muss, wenn die Maschinen versagen. Aber insbesondere durch die Kraft der Bilder und die Zurückgenommenheit filmischer Mittel ist UNSER TÄGLICH BROT eine faszinierende visuelle Provokation. Die Entscheidung, auf die geführten Interviews ganz zu verzichten, fiel übrigens im Schnitt. So haben die Zuschauerinnen und Zuschauer selbst die Gelegenheit, sich ein

Abb. 6–8

Bild zu machen von der industrialisierten Produktion von Nahrung; der Einfallsreichtum, für was alles Maschinen entwickelt werden, fordert Respekt ein. Der Film wurde bei Festivals immer wieder für seine auf der einen Seite strenge Herangehensweise und seine auf der anderen Seite bestechend schönen Bilder kritisiert, die manchmal aus einem Imagefilm der entsprechenden Firmen hätten stammen können (vgl. Abb. 6–8).

Vergleicht man die beiden Filme miteinander, so lassen sich einige Gemeinsamkeiten finden, jedoch auch deutliche Unterschiede. Sie behandeln dasselbe Thema, haben dasselbe Ziel, die Verbraucherinnen und Verbraucher über die industrialisierte Lebensmittelproduktion aufzuklären und sind praktisch zu gleicher Zeit entstanden. Während WE FEED THE WORLD sehr stark mit Texten arbeitet, in der Tradition der Reportage steht mit vielen Interviews und eindeutig emotional mobilisieren will, stellt UNSER TÄGLICH BROT das Bild in den Mittelpunkt und verlangt von seinen Zuschauern, es genau zu analysieren und selbst Schlüsse aus dem Beobachteten zu ziehen. Von daher ist er intellektuell anspruchsvoller und fordernder, wirkt jedoch auch kühler. Eine Auseinandersetzung mit Fragen der Globalisierung und der unterschiedlichen ästhetischen Strategien, die ein Regisseur einsetzen kann, fand in Deutschland zunächst nicht statt.

Es ist nicht nur eine Frage der Finanzierung – Andres Veiels BLACK BOX BRD hatte ein Budget von 800.000 € oder Pepe Danquarts AM LIMIT ein Budget von 1,5 Millionen € –, sondern in Deutschland scheint mir abgesehen von einigen rühmlichen Ausnahmen der Mut für solche opulenten und politischen Filme zu fehlen. Wie interessant es werden kann, sich auch in Deutschland mit dem Thema der Globalisierung zu beschäftigen, zeigt DER GROSSE AUSVERKAUF von Florian Opitz. Drei Jahre recherchierte und drehte er auf allen fünf Kontinenten, um die Auswirkungen der Privatisierung öffentlicher Dienstleistungen wie der Wasser- und Stromversorgung, der Eisenbahn und des Gesundheitssystems aufzuzeigen. Der Film hatte ein Budget von 400.000 € und entstand als Koproduktion mit Arte, WDR und BR. Ihm gelingt es, das relativ abstrakte Thema gut zu vermitteln, indem er es am Beispiel von Protagonisten erzählt. Trotz der engen Zusammenarbeit mit verschiedenen NGOs schon bei der Recherche blieb der Film mit rund 18.000 Besuchern im Kino hinter den Erwartungen des Regisseurs und des Produzenten zurück, konnte jedoch in verschiedene Länder verkauft werden.

Eine packende Auseinandersetzung mit den Folgen der Globalisierung ist auch LOSERS AND WINNERS von Ulrike Franke und Michael Loeken. Eineinhalb Jahre lang begleiten sie die Demontage der modernsten Kokerei der Welt, die jahrelang brach lag, durch chinesische Arbeiter. Hier treffen in der Tat zwei Welten aufeinander. «Doch wer ist am Ende Gewinner, wer Verlierer, wenn die Arbeit samt Wirtschaftswunder auswandert und eine deutsche Region das Phänomen Globalisierung auf einmal ganz konkret am eigenen Leib zu spüren bekommt, während im Reich der Mitte täglich neue Visionen entstehen und

Abb. 9

vergehen?»⁹ Der Film erzählt von lokalen Konsequenzen der Globalisierung und ist dabei so präzise, dass er doch international verstanden wird und auf Filmfestivals mit zahlreichen Preisen ausgezeichnet wurde (vgl. Abb. 9).

Im Vergleich zu Österreich scheint mir trotz einiger positiver Beispiele in Deutschland generell der Mut zu fehlen, politische Themen im Dokumentarfilm für das große Kino aufzugreifen und mit entsprechend visueller Kraft zu gestalten. Dies ist um so erstaunlicher, als die ökonomischen und technischen Möglichkeiten dies inzwischen ermöglichen würden.

9   Homepage mit zusätzlichen Informationen: www.loekenfranke.de

Sektion IV

Vernetzte Referenzen

Martin Doll

‹Dokumente›, die ins Nichts verweisen?

TV-Fälschungen als Indikatoren der Modi journalistischer Wahrheitsproduktion

Jean Baudrillard schreibt Ende der 70er Jahre in seinem vielzitierten Artikel *La précession des simulacres*: «Die Wahrheit, die Referenz, der objektive Grund haben aufgehört zu existieren»[1]; um dann einige Seiten später zu spezifizieren: «Die Tatsachen […] entstehen im Schnittpunkt von Modellen, eine einzige Tatsache kann von allen Modellen zugleich erzeugt werden.»[2] Mit dem Realen verschwinde so die gesamte abendländische Metaphysik, weil eine Unterscheidung zwischen ‹Wahrem› und ‹Falschem›, ‹Realem› und ‹Imaginärem› von der Simulation grundsätzlich in Frage gestellt werde.[3] Vor diesem Hintergrund scheint zunächst die Rede von Fälschungen unnötig, wenn nicht sogar unsinnig geworden, denn für ihre Definition ist ein Verständnis von einem Gegenüber, einem Wahren nötig, das sich im Zeitalter der Simulation verflüchtigt zu haben scheint.

In den folgenden Überlegungen sollen daher Fälschungen unter umgekehrten Vorzeichen betrachtet werden, und zwar nicht unter Verweis auf einen abgesicherten, metaphysischen Begriff der ‹objektiven Wahrheit›, sondern als Erkenntnisgegenstände, an denen sich ein diskursives ‹Wahres› ablesen lässt. Fälschungen werden also insofern als Fälschungen aufgefasst, als sie in den Medien selbst als solche bezeichnet werden. Findet diese Markierung statt, lässt sich *ex negativo* daran ablesen, dass es um etwas ‹Wahres› geht, und darauf schließen, dass es als diskursive Kategorie weiterhin Gültigkeit hat. Im Hintergrund der nachstehenden Überlegungen stehen daher methodisch Foucaults diskursanalytische Betrachtungen aus der *L'archéologie du savoir*; das heißt genauer: wenn im Folgenden von einer ‹Wahrheit› die Rede ist, so ist damit keine transzenden-

---

1 Jean Baudrillard: «Die Präzession der Simulakra». In: ders.: *Agonie des Realen*. Berlin 1978, S. 7-69, hier: S. 11. Übersetzung modifiziert – «[L]a vérité, la référence, la cause objective ont cessé d'exister» (Jean Baudrillard: «La précession des simulacres». In: ders.: *Simulacres et simulation*. Paris 1981, S. 9-68, hier: S. 13).
2 Baudrillard: «Die Präzession der Simulakra» (Anm. 1), S. 30. Übersetzung modifiziert – «Les faits […] naissent à l'intersection des modèles, un seul fait peut être engendré par tous les modèles à la fois» (frz. S. 32).
3 Vgl. Baudrillard: «La précession des simulacres» (Anm. 1), S. 11f (dt. S. 8 u.10).

tale, sondern eine diskursive Wahrheit gemeint, die nicht als deutungsfreier absoluter Bezug eines Subjekts zu einem Objekt zu verstehen ist, sondern als Ergebnis zeitspezifischer regelmäßiger diskursiver Praktiken. Gemeint sind damit Praktiken, die erkennen lassen, wie man von Wissen Gebrauch macht, damit umgeht, es bewertet oder verteilt – Praktiken also, die dazu führen, dass etwas als ‹wahr› anerkannt wird oder dass bestimmte diesbezügliche Aussagen überhaupt existieren und zirkulieren. Dieser Begriff ist immer von einer gewissen Vorläufigkeit gekennzeichnet, da sich das Feld ‹wahrer› Praktiken – Foucault spricht in Anlehnung an Georges Canguilhem von Praktiken, die ‹im Wahren› (‹dans le vrai›[4]) sind – im Lauf der Zeit ändert.

Dieses Konzept lässt sich dem Baudrillards gegenüberstellen: Wenn dieser in seinen oft zitierten Beispielen davon spricht, dass simulierte Diebstähle «objektiv» nicht mehr von fingierten, simulierte Krankheitssymptome nicht mehr von «wahren» zu unterscheiden seien[5], so ließe sich übertragen auf das den folgenden Analysen zugrundeliegende Foucault'sche Koordinatensystem sagen, dass ein Banküberfall, der allen gegenwärtigen Kriterien der Kriminalistik gemäß wie ein solcher wirkt, auch als ein ‹wahrer› Banküberfall diskursiviert und geahndet wird oder dass Symptome, die den gegenwärtigen Praktiken der Medizin gemäß auf eine bestimmte Krankheit schließen lassen, auch dazu führen, dass diese als ‹wahre› Krankheit bezeichnet und behandelt wird. Ob den Phänomenen ein metaphysisches, objektives Sein noch zugrunde liegt oder nicht, sei also dahingestellt, auch wenn sie unter Umständen in entsprechenden Aussagen unter dem Siegel der ‹objektiven Wahrheit› in Zirkulation gebracht werden.

Fälschungen im Allgemeinen sind in diesem ‹Wahren›, von dem Foucault spricht, eigentümliche Kippfiguren, da sie zunächst faktisch und authentisch erscheinen, später aber als Falsifikat gelten. Dieses Paradox ist auch am Problem ihrer Benennbarkeit ablesbar: Denn eine Fälschung ist nur so lange wirksam, wie sie nicht als solche deklariert wird. Mit anderen Worten: Ist etwas (ein Schriftstück, eine Urkunde, ein wissenschaftlicher Fund) als Fälschung benannt, verliert es die Funktion, die ihr gerade dadurch zugeschrieben werden soll, dass sie als solche bezeichnet wird. Daher wäre im Zusammenhang mit Fälschungen nicht die Frage zu stellen, ob es sich um eine Fälschung eines Echten handelt, sondern was sie zu einem bestimmten Zeitpunkt echt erscheinen lässt und warum sie bei der Aufdeckung diesen Status wieder verliert. Insofern wird beim Sprechen über Fälschungen immer auch Auskunft über bestimmte Gegenbegriffe gegeben. Eine Liste, die nie vollständig sein kann, müsste je nach Diskursfeld neben dem Begriff des ‹Echten› mindestens noch die Begriffe des ‹Authentischen›, ‹Autorisierten› und ‹Faktischen› aufführen.

---

4   Vgl. Michel Foucault: *L'ordre du discours*. Paris 1971, S. 35f. Deutsch als: *Die Ordnung des Diskurses*. Frankfurt/M. 1998, S. 24.
5   Vgl. Baudrillard: «La précession des simulacres» (Anm. 1), S. 12ff u. 36ff (dt. S. 10ff u. 35ff).

Es ist also im konkreten Zusammenhang mit Fälschungen in Massenmedien zu fragen, welche Praktiken, die bestimmte Modelle und Hypothesen von ‹Realität› hervorbringen, akzeptiert sind, und welche nicht. Denn wenn Massenmedien über die Welt berichten, geben sie nicht einfach vorgefundene Phänomene wieder, sondern müssen diese ihren eigenen Regeln gemäß im doppelten Wortsinne übertragen, d. h. das ‹Aufgenommene› zum einen durch Transfiguration oder Nachbildung in medienspezifische Darstellungsformen übersetzen und zum anderen die sich ergebenden Repräsentationen technisch vermittelt weiterleiten bzw. ausstrahlen. Durch die Enttarnung von Fälschungen fällt nachträglich ihr selbstbehaupteter Weltbezug aus, so dass diejenigen darstellerischen Mittel und impliziten oder expliziten Regeln, die sie als wahr akzeptabel machten und sonst vermeintlich zwangsläufig durch die phänomenalen Ereignisse bedingt sind, deutlich hervortreten können. Fälschungen setzen sich nämlich häufig dadurch ins Werk, dass sie den innerhalb eines Diskurses wirksamen Praktiken in besonderem Maße folgen; sie sind in diesem Sinne keine Monstren[6], die außerhalb bestimmter diskursiver Praktiken stehen, sondern später im Diskurs sanktionierte Ausnahmen, die bis zu einem bestimmtem Zeitpunkt die Regeln bestätigten. Sowohl der *Ge*brauch dieser Regeln (das journalistische Experten-Sprechen) als auch deren *Miss*brauch (die Fälschung oder das Fake) lassen sich somit auf dieselbe Ordnung zurückführen. Fälschungen und Fakes als Erkenntnisgegenstände – betrachtet man nicht nur die Artefakte, sondern auch das beteiligte Personal und die entfalteten Effekte – können so bestimmte Regelmäßigkeiten in der Aussagepraxis, wenn auch niemals vollkommen und einwandfrei, in besonderer Weise sichtbar werden lassen.

Fälschungen werden zudem vom institutionellen Rahmen ihrer Ausstrahlung zertifiziert, d.h., sie werden erst wahrgenommen im doppelten Wortsinne, wenn sie verbreitet *und* dabei als wahr anerkannt werden. Aus kontingenten Setzungen können dann nicht-kontingente Voraussetzungen werden. Foucault hat einmal in einem Interview anhand von Fernsehnachrichten erklärt, was er unter Wahrheitsproduktion oder Wahrheitseffekten versteht, nämlich ein radikal vom Objekt abgetrenntes Konzept, bei dem Wahrheit als Effekt einer Gesamtheit von Prozeduren verstanden wird, die es jedermann und jederzeit erlauben, Aussagen zu treffen, die als wahr anerkannt werden: «Wenn zum Beispiel der Nachrichtensprecher im Radio oder Fernsehen etwas sagt, glauben Sie das oder Sie glauben es nicht, aber in den Köpfen Tausender von Menschen setzt sich diese Aussage als Wahrheit fest, nur weil sie auf diese Weise, in diesem Tonfall, von dieser Person zu dieser Stunde vorgetragen worden ist.»[7]

---

6   Vgl. zum Begriff der Monstrosität: Foucault: *L'ordre du discours* (Anm. 4) , S. 34ff (dt. S. 25).
7   Michel Foucault: «Macht und Wissen». In: ders.: *Schriften*, Bd. 3. Frankfurt/M. 2003, S. 515–534, hier: S. 525. – «Quand quelqu'un, un speaker à la radio ou à la télévision, vous annonce quelque chose, vous croyez ou vous ne croyez pas, mais ça se met à fonctionner dans la tête de

Von solchen Überlegungen ausgehend können journalistische Fälschungen zum Anlass genommen werden, die Funktionslogiken oder anerkannten Wahrheitspraktiken medialer Berichterstattung genauer in den Blick zu nehmen. In einem ersten Schritt sollen dazu die Existenzbedingungen medialer Informationsvergabe, insbesondere des Fernsehens, betrachtet werden, um danach in einem zweiten Schritt eine kurze Typologie von im Zusammenhang mit Massenmedien diskutierten Fälschungen zu skizzieren. Im Anschluss an eine Auseinandersetzung mit der Frage: «Was ist ein Dokument?» werden die gefälschten Beiträge, die Michael Born zwischen 1990 und 1995 vornehmlich der Magazinsendung STERNTV untergeschoben hat, kurz besprochen. Die Erörterung des konkreten Falls wird deutlich weniger Raum einnehmen als die zuvor geleistete kritische Reflexion. Er dient vielmehr als Anlass zu diesen weiter gefassten Überlegungen. Insgesamt soll weniger ein weiteres Mal gezeigt werden, wie Fälschungen im Allgemeinen mediale Bezugnahmen auf eine ‹außermediale Realität› aus erkenntnistheoretischer Sicht als fragwürdig und volatil erscheinen lassen, sondern wie sie im Besonderen konkrete, ihnen zeitgenössische journalistische Praktiken spiegeln. Abschließend soll danach gefragt werden, ob den Effekten journalistischer Fälschungen das Potential zukommt, als immanente Medienkritik *in actu* zu wirken, also als Kritik, die nicht von einer Metaebene aus artikuliert wird, sondern die von innen heraus die in den Massenmedien gängigen journalistischen Regeln aufs Spiel setzt, praktisch verhandelt, fragwürdig werden lässt oder sogar transformiert.

1. Fernsehen ist kein Fern-Sehen – Über die semantischen und pragmatischen Aspekte audio-visueller Informationsvergabe

Betrachtet man die Benennung ‹Fernsehen›, so ist dadurch bereits eines der für die entsprechenden Fälschungen grundlegenden Probleme oder auch Voraussetzungen ausgesprochen: Wir sehen etwas aus der Ferne oder vielmehr etwas uns Fernes wird uns nähergebracht. D.h., das, was wir sehen, wird immer aus einem räumlichen, nicht selten auch zeitlichen Abstand, der uns von den gezeigten ‹Phänomenen› oder ‹Ereignissen› trennt, wiedergegeben. Spricht man von Medienereignissen *in sensu strictu*, so fallen Darstellung und Herstellung sogar von vornherein in eins. Zudem handelt es sich beim Fernsehen nicht um ein Fern-Sehen, wie bei dem scheinbar griechischen Äquivalent ‹Teleskop›, sondern um technisch übermittelte Reproduktionen, deren Herkunft und Kontext dem Betrachter aufgrund dieses unüberbrückbaren Abstands verdeckt bleiben müssen.

_{milliers de gens comme vérité, uniquement parce que c'est prononcé de cette façon-là, sur ce ton-là, par cette personne-là, à cette heure-là» (Michel Foucault: «Pouvoir et savoir» [1977]. In: ders.: *Dits et écrits*, Bd. 2 (Coll. Quarto). Paris 2001, S. 399–414, hier: S. 408).}

Wenn das Fernsehen über die Welt berichtet, gibt es somit nicht nur vorgefundene Phänomene als eine Art transparenter Schirm deutungsfrei wieder oder zeigt Abbilder, die etwas aus der Ferne dem Zuschauer nahebringen, sondern es muss diese Phänomene, seinen eigenen Regeln gemäß, im doppelten Wortsinne nicht nur räumlich her-stellen, sondern auch herstellen. Fernsehwahrnehmung bietet somit kein Wahres, das sich nehmen lässt, sondern etwas, das *für* wahr genommen wird oder besser: das in einem Prozess des Wahr-Werdens entsteht.[8]

Bereits der erste bekannte Fall einer technisch übermittelten Falschmeldung lässt diese Besonderheit und auch, dass jegliche Fernmeldung als bedeutungsvolle Nachricht nie von Deutungen frei ist, vor Augen treten: Am 10. Mai 1869 wurde feierlich die Fertigstellung der ersten transkontinentalen Eisenbahn der ‹Union Pacific Railroad Company› begangen. Während der Zeremonie sollten die letzten Schienenelemente verankert werden: Sowohl der entsprechende Bolzen als auch der Vorschlaghammer waren verdrahtet, um die letzten drei Schläge telegraphisch zu senden. Allerdings verfehlten die beiden Repräsentanten von Union Pacific, Leland Stanford und Thomas Durant, bei ihren drei Schlägen den Bolzen. Dennoch übermittelte der Telegraphen-Beamte Shilling drei Punkte oder «dits», was für die Beamten am anderen Ende der Leitung «fertig» bedeutete. Währenddessen wurde von den beiden Bauleitern, diesmal ohne Verdrahtung, der letzte Bolzen eingehauen.[9] Damit wurde in einer Art Live-Berichterstattung ein Ereignis suggeriert, dass so nie stattgefunden hatte. Die drei Punkte, die für ein Materialitätskontinuum standen – den tatsächlichen Vorgang der Hammerschläge – wurden von ihrer Erzeugung oder besser Nicht-Erzeugung abgelöst und als davon unabhängige ‹Falsch›-Information übermittelt.

Wenn hier der schillernde Begriff der Information Verwendung findet und zudem noch ein Beispiel aus der Telegraphie angeführt wird, das seit Claude Elwood Shannon «als das Modell der Kommunikation» gilt[10], so sind einige erklärende Hinweise nötig, die zugleich auch das Grundanliegen dieser Ausführungen noch einmal verdeutlichen. Denn in der mathematischen Kommunikationstheorie nach Shannon wird Information wesentlich von Sinn unterschieden, d.h., die semantischen Aspekte der Kommunikation sind ohne Bedeutung.[11]

---

8   Vgl. Samuel Weber: «Zur Sprache des Fernsehens. Versuch, einem Medium näher zu kommen». In: Jean-Pierre Dubost (Hrsg.): *Bildstörung. Gedanken zu einer Ethik der Wahrnehmung*. Leipzig 1994, S. 72–88, hier: S. 78ff. u. 87.
9   «Golden Spike National Historic Site». In: *Utah History Encyclopedia*, www.uen.org/cgi-bin/websql/ucme/media_display.hts?file_name=ta000491.txt&media_type=text&media_item_id=190 (26.9.2006).
10 Friedrich Wilhelm Hagemeyer: *Die Entstehung von Informationskonzepten in der Nachrichtentechnik. Eine Fallstudie zur Theoriebildung in der Technik in Industrie- und Kriegsforschung*. Berlin 1979, S. 108.
11 «Oft haben die Nachrichten Bedeutung [...]. Diese semantischen Aspekte der Kommunikation stehen nicht im Zusammenhang mit den technischen Problemen» (Claude Elwood Shannon: «Die mathematische Theorie der Kommunikation» (1948). In: ders./W. Weaver: *Mathematische Grundlagen der Informationstheorie*. München 1976, S. 41–143, hier: S. 41). Bernhard

Die übermittelten drei «Dits» des soeben geschilderten Beispiels sind insofern im Sinne Shannons eine zu diskreten Signalen umgeformte Nachricht. Dass sie jedoch als Zeichen für die Fertigstellung der transkontinentalen Bahnstrecke stehen oder interpretiert werden, ist eine Bedeutung, die mit dem technischen Informationsbegriff nichts zu tun hat. Um diese Sinnebene, also nicht um den technischen Begriff von Nachricht und Information kann es also in den folgenden Überlegungen nur gehen. Bernhard Siegert hat dies einmal treffend zusammengefasst: «Entweder hat man die Wahrheit [in der mathematischen Kommunikationstheorie]: dann versteht man nichts oder man hat den Sinn [beim semantischen Aspekt der Kommunikation]: dann ist man betrogen.»[12]

Dass photographische und filmische Reproduktionen derjenigen Perzeption näherkommen, die man gemeinhin als alltägliche Sinneswahrnehmung versteht, macht die Sichtbarmachung ihrer deutenden Bezüge im Vergleich zu Texten heikler. Ein kurzer Exkurs zu den im Zusammenhang mit dem Sprechen über die ‹Wahrheit› der Bilder häufig in Anschlag gebrachten semiotischen Theorien von Peirce mag die Shannon'sche grundsätzliche Unterscheidung zwischen einer technisch und einer semiotisch verstandenen Nachricht aus einer anderen Perspektive beleuchten.

Besonders hervorzuheben an Peirces Argumenten ist, dass er die Zeichenfunktion des Indexikalischen auf einen bestehenden Wissenshintergrund zurückführt. Ein Zeichen charakterisiere sich zwar durch eine Zweiheit oder existentielle Relation zu seinem Objekt, werde aber nur zu einem Zeichen, weil es zufällig so verstanden werde: «Ein Index ist ein Zeichen, dessen zeichenkonstitutive Beschaffenheit in einer Zweiheit oder einer existentiellen Relation zu seinem Objekt liegt. Ein Index erfordert deshalb, dass sein Objekt und er selbst individuelle Existenz besitzen müssen. Er wird zu einem Zeichen aufgrund des Zufalls, daß er so aufgefaßt wird, ein Umstand, der die Eigenschaft, die ihn erst zu einem Zeichen macht, nicht berührt.»[13] Nur aus diesem Grund lässt sich ein Index, der auf ein Objekt verweist, nicht als Repräsentation einer Sache betrachten, sondern als Zeigen auf etwas anderes, auf etwas zu ihm qualitativ grundsätzlich Unterschiedliches. Eine Vorstellung davon entsteht als Ergebnis

---

Siegert schreibt über die Konsequenzen dieser mathematischen Kommunikationstheorie: «Information und Sinn verabschieden sich voneinander, das eine betrifft technische, das andere semantische Aspekte der Kommunikation, und zumindest die semantischen sind irrelevant für die technischen» (Bernhard Siegert: *Relais. Geschicke der Literatur als Epoche der Post 1751 -1913*. Berlin 1993, S. 281).

12 Siegert: *Relais* (Anm. 11), S. 281.
13 Charles S. Peirce: *Phänomen und Logik der Zeichen*. Frankfurt/M. 1998, S. 65. Die Grundlage der Übersetzungen in diesem Buch bildet das Manuskript 478A, bei dem es sich um einen von Peirce erstellten Begleittext, den *Syllabus of Certain Topics of Logic*, zu den von ihm 1903 am Lowell Institute in Boston gehaltenen Vorlesungen handelt. Es ist bisher nur teilweise ediert. Die Zitate wurden anhand der mir von Helmut Pape freundlich überlassenen englischen Rohtranskriptionen, die im Rahmen einer geplanten Neuedition an der Universität Bamberg erstellt wurden, überprüft.

einer Semiose durch Zeichen, die der Interpretation bedürfen: «[A]n index, like any other sign, only functions as sign when it is interpreted.»[14] Auch das Photographisch-Indexikalische deutet laut Peirce nicht automatisch auf etwas anderes, sondern nur aufgrund eines Wissens von einer opto-physikalischen Verbindung der Photographie zum Reproduzierten: «The fact that the latter [the photograph] is known to be the effect of the radiations from the object renders it an index and highly informative.»[15]

Peirce argumentiert also im Zusammenhang mit dem Indexikalischen mit einem Vokabular der wissensgestützten Interpretation: Es müssen physikalische Determinanten mitgedacht werden, d.h., man muss von den photochemischen Produktionsbedingungen der Photographien oder vom ihnen zugrundeliegenden physikalischen Materialitätskontinuum – vom Objekt ausgehende oder reflektierte Lichtstrahlen, die sich als Schwärzung der Photokristalle auswirken – wissen und von dieser Kenntnis bei ihrem Anblick auch Gebrauch machen, damit etwas zum indexikalischen Zeichen wird. Dieses ist also in diesem Sinne nicht per se indexikalisch, sondern wird unter Einbeziehung bestimmter Voraussetzungen als solches betrachtet und als Spur gelesen; auch wenn es zunächst unabhängig von arbiträren Zeichenkonventionen entsteht. Ein Zitat aus einem völlig anderen Zusammenhang mag diese Notwendigkeit der Deutung des Deutens in besonderer Weise vor Augen führen: «A dog, if you point at something, will look only at your finger.»[16] Nur unter der Voraussetzung, dass wir im Gegensatz zu dem Hund im angeführten Beispiel das Hinweisen auf etwas anderes auch als solches wahrnehmen, lesen wir etwas als Zeigen und richten unsere Aufmerksamkeit in eine bestimmte Richtung.

Der von Peirce für die Photographie stark gemachte indexikalische Charakter lässt sich bei genauerer Lektüre zudem als Element eines komplexen Wechselverhältnisses mit anderen Zeichenkategorien ausmachen, denn die von ihm postulierte Referenz qua physikalischer Verbindung des Photos zu seinem Objekt ist nur ein Aspekt der späteren Auffassung des Bildgegenstands: «So ist ein Foto ein Index, weil die physikalische Wirkung des Lichts beim Belichten eine existentielle eins-zu-eins-Korrespondenz zwischen den Teilen des Fotos und den Teilen des Objekts herstellt, und genau dies ist es, was an Fotografien oft am meisten geschätzt wird. Doch darüber hinaus liefert ein Foto ein Ikon des Objekts, indem genau die Relation der Teile es zu einem Bild des Objekts

---

14 Charles S. Peirce: «New Elements». In: ders.: *The Essential Peirce. Selected Philosophical Writings*, Bd. 2. Bloomington/Indianapolis 1998, S. 301-330, hier: S. 318 (=EP 2.318).
15 Charles S. Peirce: *Collected Papers of Charles Sanders Peirce*, Bd. 2. Cambridge, Mass. 1932, S. 265 (=CP 2.265).
16 David F. Wallace: «‹Unibus pluram›. Television and U.S. Fiction». In: ders.: *A Supposedly Fun Thing I'll Never Do Again. Essays and Arguments.* London 1998, S. 21-82, hier: S. 33.

macht.»¹⁷ Peirce sagt damit einerseits deutlich, dass ein Index ein Ikon mit sich führen kann, und andererseits, dass der indexikalische Bezug – das Hinweisen der Photographie auf Teile des Objekts, die auch zum Zeitpunkt der Aufnahme der Sinneswahrnehmung zugänglich waren – nichts über deren Konzeptualisierung aussagt. Es handelt sich lediglich um ein physikalisches Einschreiben von Lichtdaten in die chemische Filmschicht. Die Verbindung dieser Daten, ihre Synthese gehören indes zum Ikonischen des Bildes. Erst ihr Erkennen, ihr In-Eins-Bilden eröffnet somit die Möglichkeit, Ähnlichkeiten zu sehen.

Damit scheidet Peirce die Zeichenfunktionen in ähnlicher Weise, wie man bei der Sinneswahrnehmung die Perzeption als reine ungeordnete Reizaufnahme von der Apperzeption als begrifflich urteilendes Erfassen, bei dem einzelne Irritationen zu einer einheitlichen Vorstellung synthetisiert werden, gedanklich voneinander trennen kann. Bei der Photographie hat man es genau genommen, wenn hier von einer In-Eins-Bildung die Rede ist, mit zwei Syntheseleistungen zu tun: Einerseits von der aufnahmetechnischen Seite, d.h. beispielsweise über die Wahl des Ausschnitts oder Blickwinkels sowie der Blende und der Belichtungszeit, die bei der Aufzeichnung darüber entscheidet, wie die Lichtstrahlen – und welche – durch die photographische Apparatur auf die photochemische Emulsion gebracht werden; andererseits vonseiten des menschlichen Betrachters, der die wiederum von der Photographie ausgehenden Sinnesdaten perzipiert und auf bestimmte Weise apperzipiert.

Peirce betont die Komplementarität des Indexikalischen, das Angewiesensein auf andere Zeichenkategorien, auch an einer anderen Stelle, wenn er sein Koordinatensystem erweitert und über die Kriterien spricht, die dafür Voraussetzung sind, dass ein Photo – oder besser: ein photographischer Abzug – vom Index zum ‹informativen Zeichen›, zum ‹Dicizeichen› wird und damit erst zum Träger von Information werden kann: «The mere print does not, in itself, convey any information. But the fact, that it is virtually a section of rays projected from an object otherwise known, renders it a Dicisign. Every Dicisign [...] is a further determination of an already known sign of the same object.»¹⁸ Der photographische Abzug, in seiner rein indexikalischen Dimension betrachtet, zeugt also nur ausschnitthaft («a section of rays») von den Lichtstrahlen, die das gezeigte Objekt reflektierte. Dieses bleibt ein undefinierter Photonen-Reflektor. Aber die Voraussetzung, dass das indizierte Objekt bereits anderweitig bekannt ist, «otherwise known», lässt die Photographie zum informativen Zeichen werden. Das Indexikalische der Photographie liefert nach Peirce keine qualitative Bestimmung über das, auf das es hindeutet. Es zeigt als reiner Verweis nur auf

---

17 Peirce: *Phänomen und Logik der Zeichen* (Anm. 13), S. 65. Hervorhebungen des Originals getilgt und durch eigene ersetzt.
18 Peirce: *Collected Papers of Charles Sanders Peirce*, Bd. 2 (Anm. 15), S. 320 (=CP 2.320). Hervorhebung von mir.

etwas. Dies kann aber nur erkannt und verstanden werden, wenn ein bereits bekanntes ikonisches Zeichen oder eine «vertraute bildliche Vorstellung» miteinbezogen wird, durch die erst eine qualitative Bestimmung – im Falle des Ikonischen die der Ähnlichkeit – ins Spiel kommt.[19]

Besonders einsichtig wird dieses Konzept, wenn Peirce das an der Semiose beteiligte Komplement aus indexikalischer Partikularität und ikonischer Ganzheit (oder einer bildlichen Vorstellung) in Verbindung mit aufgerufenem Vorwissen an einer anderen Stelle sehr anschaulich mit einer bezeichnenderweise fiktiven Situation aus dem Roman *Robinson Crusoe* exemplifiziert:

> So wurde, als Robinson Crusoe zuerst auf den Fußabdruck stieß, den man allgemein als Freitags Fußabdruck bezeichnet, seine Aufmerksamkeit, wie wir annehmen können, auf eine Vertiefung im Sand hingelenkt. Bis zu diesem Zeitpunkt handelte es sich nur um einen substitutiven Index, ein reines *Etwas*, das scheinbar ein Zeichen für *etwas anderes* ist. Doch bei näherer Untersuchung fand er, daß ‹dort der Abdruck von Zehen, eines Hackens und jedes Teils eines Fußes war›, kurzum eines *Ikons*, verwandelt in einen Index, und dies *in Verbindung mit seiner Gegenwart am Strand* konnte nur als Index einer entsprechenden Gegenwart eines Menschen gedeutet werden.»[20]

Solange die Vertiefung im Sand als substitutiver Index gesehen wird, ist es ein ‹reines Etwas›, lediglich als Ansammlung flirrender Daten ein Anzeichen von etwas nicht genauer definiertem ‹anderem›. Erst nachdem die Einzelheiten als ein Gesamtes, als eine Einheit aufgefasst, als Abdruck eines Fußes, als Ikon gelesen werden, können sie im zweiten Schritt – unter Zuhilfenahme ihres Kontexts (nämlich dass sie am Strand vorgefunden worden sind) und eines Vorwissens (über die kurze Beständigkeit einer solchen Spur an einem Sandstrand) – als Index auf die Existenz eines zweiten Inselbewohners *interpretiert* werden. Die Indexikalität des Photographischen, von der Peirce spricht, rechtfertigt also keinen naiven Abbildrealismus, sondern gründet sich auf ein Vorwissen, komplettiert sich zu einer Vorstellung eines Objekts nur kraft komplexer Bezugnahmen auf andere Zeichenkategorien und mentale bildliche Vorstellungen. Erst

---

19 Peirce: *Phänomen und Logik der Zeichen* (Anm. 13), S. 161. Als Beispiel für diesen ikonischen Effekt wären die Mitte des 19. Jahrhunderts diskutierten Geisterphotographien anzuführen, bei denen zunächst Flecken oder ungeklärte chemische Reaktionen auf dem photographischen Abzug als Abbilder von Geistern gedeutet wurden. Dies wurde einerseits durch die photographietechnische Entwicklung des nassen Kollodiumverfahrens begünstigt, andererseits durch die damals weltweit einsetzende Konjunktur der spiritistischen Bewegung. Die Geisterphotographie wurde umgehend auch zum Betätigungsfeld diverser Fälscher, von denen als Pionier William Mumler zu nennen wäre (vgl. Rolf H. Krauss: *Jenseits von Licht und Schatten. Die Rolle der Photographie bei bestimmten paranormalen Phänomenen - ein historischer Abriß*. Marburg 1992, S. 99-106).
20 Peirce: *Phänomen und Logik der Zeichen* (Anm. 13), S. 161f.

dadurch vermittelt die Photographie den Eindruck des – um es mit Roland Barthes berühmter Wendung zu formulieren – «Ça-a-été».[21]

Auch wenn bei der analogen Videoaufnahme die auf den elektronischen Sensor auftreffenden Lichtstrahlen ganz anders, wie es im technischen Vokabular heißt, ausgelesen und aufgezeichnet werden als bei der analogen Photographie, so erhalten die dabei entstehenden Artefakte kraft der Überzeugung des Zuschauers von ihrer Indexikalität ihre Glaubwürdigkeit. Auf diesem Referenz-Effekt audiovisueller Reproduktionen basiert zu Teilen auch die Wirksamkeit der entsprechenden Fälschungen. Oder anders formuliert: Ohne die Voraussetzung, dass man zu wissen glaubt, das Gezeigte entspräche in irgendeiner Weise dem, was es reproduziert, wäre die Rede von einer Manipulation, mit der etwas *ex post* als Fälschung markiert wird, nicht möglich. Selbst wenn die epochalen technischen Transformationen mit der Digitalisierung von Photo und Film zu einem Umbruch der Wahrnehmung audiovisueller Medien geführt haben mögen, so bleibt diese Überzeugung von einem *Das-ist-gewesen*, die das Feld der Wahrnehmung und Erfahrung maßgeblich beeinflusst, nicht zuletzt im Sprechen von der digitalen Photographie, dem digitalen Video oder Film weitgehend erhalten.

Anders gesagt, das indexikalische Zertifikat von Photographien – die Annahme existentieller Relationen zu ihren Objekten – verlängert sich für die elektronischen und sogar digitalen Medien. Sie werden daher kraft dieser ausgedehnten Konvention ebenfalls als Indices aufgefasst und interpretiert. Warum redet man beispielsweise nicht vom ‹synthetischen Bild›, das als solches nicht mehr als wahr oder falsch bezeichnet werden könnte?[22] Peirces Definition, dass Indices als solche interpretiert werden müssen, um als indexikalische Zeichen zu fungieren, eröffnet nämlich auch die Möglichkeit, dass etwas als Index auf ein Objekt gedeutet wird, obwohl keine existentielle Beziehung besteht: So kann Rauch, das häufig als Beispiel für ein indexikalisches Zeichen angeführt wird, weil es in einer existentiellen Relation zu Feuer steht, auch von einer Nebelkerze stammen und dennoch als Zeichen für ein Feuer gelesen werden.

Nicht nur bei der Photographie, sondern auch bei Film und Video sind neben der, wie gezeigt, komplex zustande kommenden visuellen Information der Einzelbilder – sei es, dass man darin ein Wissen von ihrer Indexikalität investiert oder sie zudem ikonisch deutet – weitere Kontextualisierungen am Werk, die über ihre Deutung maßgeblich entscheiden. Bereits Peirce kommt auf die Funktion sprachlicher Indices zu sprechen, die nicht nur dazu führen, etwas als Ikon zu betrachten, sondern auch dazu, dass daraus eine Behauptung (*assertion*) entsteht: «It is remarkable that while neither a pure icon nor a pure in-

---

21 Roland Barthes: *La chambre claire. Note sur la photographie*. Paris 1980, S. 120. Deutsch als: *Die helle Kammer. Bemerkungen zur Photographie*. Frankfurt/M. 1989, S. 89.
22 Vgl. Bernhard Stiegler: «Das diskrete Bild». In: Jacques Derrida/ders.: *Echographien. Fernsehgespräche*. Wien 2006, S. 161-180, hier: S. 167 u. 171.

dex can assert anything, an index [...] which forces us to regard it [something] as an icon, as the legend under a portrait does, does make an assertion, and forms a proposition.»[23] Dies ist für die Einschätzung von visueller Information eine entscheidende Schlussfolgerung, denn erst, wenn etwas den Status einer Proposition hat – sei es durch eine pragmatische Echtheitsbehauptung oder durch eine Bildzuschreibung wie eine Legende –, lässt sich überhaupt eine Unterscheidung zwischen richtig und falsch treffen. Walter Benjamin hat diesen auch für journalistische Fälschungen grundlegenden operativen Zusammenhang von Bildern – d.h. wie sie oder neben was sie erscheinen – in einem Satz zusammengefasst: «Die Direktiven, die der Betrachter von Bildern in der illustrierten Zeitschrift durch die Beschriftung erhält, werden bald darauf noch präziser und gebieterischer im Film, wo die Auffassung von jedem einzelnen Bild durch die Folge aller vorangegangenen vorgeschrieben erscheint.»[24]

Neben dem maßgeblichen Einfluss, den die Verkettung von Filmeinstellungen auf ihre Einzelevaluation hat – ein Effekt, den schon sehr früh Kuleschow bei seinen Experimenten entdeckt hat –, ist im Bereich des Filmischen noch eine Reihe weiterer Elemente nicht zu vergessen, die sich in der Vorstellung des Zuschauers zu einem filmischen Gesamteindruck oder zu einer dokumentarischen Behauptung synästhetisch synthetisieren: Sprache (in Grafik und Wort) wie auch Ton. Denn obwohl es die Bezeichnung nahelegt, muss man sich vergegenwärtigen, dass man es beim Fernsehen nicht nur mit einem Sehen, sondern immer auch mit einem Hören und damit auch mit dem sinnfälligen Verhältnis zwischen Ton und Bild, zwischen Text und Bild zu tun hat. Diese textlichen und auditiven Elemente weisen auf bestimmte Bildaspekte hin oder lassen andere in den Hintergrund treten, so wie diakritische Zeichen, beispielsweise bestimmte Akzente auf einzelnen Buchstaben, die Aussprache und mitunter die Bedeutung der Worte völlig verändern können.

Zerlegt man die Bild-Sprache-Ton-Relationen in ihre Einzelteile, so wird deutlich, dass mit *Voice-over*, Schrifteinblendungen und Geräuschen den Bildern ein Sinn supplementiert wird, der ihnen äußerlich ist. Mit anderen Worten: Der Gebrauch, den man von Filmeinstellungen macht, ist durch die einzelnen Bilder nicht vorgeschrieben.[25] Denkt man die zuletzt zitierten Überlegungen Peirces und Benjamins zusammen, werden Bilder erst kraft der Beiordnung sonorer und sprachlicher Indices (oder anderer Bilder) zu Aussagen verdichtet

---

23 Peirce: «New Elements» (Anm. 14), S. 307 (=EP 2.307).
24 Walter Benjamin: «Das Kunstwerk im Zeitalter seiner technischen Reproduzierbarkeit». In: ders.: *Gesammelte Schriften*, I.2. Frankfurt/M. 1991, S. 435-469, hier: S. 445f.
25 Chris Marker hat die Maßgeblichkeit dieser Korrelation zum Gegenstand seines Films LETTRE DE SIBÉRIE (1957) gemacht, in dem an einer Stelle eine bestimmte Filmsequenz mit identischen Bildern dreimal wiederholt wird, aber jeweils mit einem anderen Text-Kommentar (einmal pro-sowjetisch, einmal anti-sowjetisch, einmal möglichst politisch neutral) und unterschiedlicher Vertonung (zweimal mit Musik, einmal nur mit Straßengeräuschen) versehen ist, wodurch sich die Bedeutung, die der Zuschauer im Gezeigten sieht, jedes Mal radikal ändert.

– zu Aussagen, die jenseits der Indexikalität der visuellen Darstellungen auch falsch sein können. Der Kontext der Aufnahme ist also in den Bildern nie restlos abgelegt und lässt sich auch nie vollkommen reproduzieren, sondern allenfalls unter Zuhilfenahme sprachlicher und filmischer Mittel (re)konstruieren; umgekehrt lässt er sich daher mit weitreichenden Konsequenzen verändern. Was als Kontext oder Umfeld eines Bildmotivs erscheint – sei es noch in einer Liveübertragung –, ist daher immer Ergebnis zahlreicher Wahlentscheidungen oder Ausschlüsse sowie montagebedingter und sprachlicher Deutungen. Bei der Enttarnung von Fälschungen treten diese umfangreichen Möglichkeiten räumlich zeitlicher Selektion sowie filmischer und sprachlicher ‹Direktiven› deutlich hervor, weil nachträglich in gewissem Sinne der selbstbehauptete deutungsfreie Phänomenbezug, der sie im journalistisch ‹Wahren› situierte, gekappt wird.

Bei Fernsehbeiträgen ist der Zuschauer jedoch nicht nur mit für sich stehenden Bildern oder Dokumentationen konfrontiert, sondern auch mit einer Reihe von institutionellen Rahmungen. Sprachhandlungstheoretisch gefasst lässt sich daher formulieren, dass Fernsehberichterstattung zum einen aufgrund der Annahme einer Indexikalität der Bilder und zum anderen aufgrund eines institutionell abgesicherten Statuts in ihrem Realitätenbezug eine gewisse Verbindlichkeit verspricht oder anders gesagt: eine bestimmte Medienrealität garantiert.[26] Würde sie von vornherein vom Rezipienten nicht entsprechend wahrgenommen oder für wahr genommen, verlören viele Formate ihre Berechtigung. Oder um es mit Niklas Luhmann zu formulieren: «Das gehört zu den Selbstbeschreibungen des Systems […], dass man den Realitätswert der eigenen Kommunikation behauptet. […] Ohne diesen Resonanzboden würde es gar keine Massenmedien geben.»[27] Auch wenn man theoretisch das kontingente Zustandekommen der Informationsvergabe reflektieren mag, funktioniert mediale Berichterstattung in der Praxis nur, wenn dies nicht ständig mitgedacht wird. Fälschungen oder vielmehr ihre Ent-Täuschungen, wie später noch genauer zu zeigen ist, zwingen indes regelrecht zu einer entsprechenden Reflexion.

In dem in der TV-Berichterstattung ausdrücklich oder latent vorhandenen institutionell verbürgten Faktenversprechen ist der entscheidende Unterschied zwischen einer Fernsehdokumentation und einem Dokumentarfilm im Kino zu sehen. Während letzterer sich als abgeschlossenes Einzelwerk in gewissem Sinne vornehmlich immanent plausibilisieren muss, sind im Fernsehen eine Reihe von Rahmungen am Werk – sei es der Kanal (beispielsweise RTL oder das öffentlich-rechtliche Fernsehen), das Format (journalistisches Maga-

---

26 Noch in der Markierung bestimmter anderer Formate als fiktiv sind in bestimmter Hinsicht pragmatische Wahrheitsbehauptungen am Werk.
27 Niklas Luhmann, zit. n. «Die Realität der Massenmedien. Niklas Luhmann im Radiogespräch mit Wolfgang Hagen». In: Wolfgang Hagen (Hrsg.): *Warum haben Sie keinen Fernseher, Herr Luhmann? Letzte Gespräche mit Niklas Luhmann*. Berlin 2004, S. 79-107, hier: S. 80 u. 83f.

zin oder Show) und schließlich die Sendung (sternTV oder Monitor) –, denen von vornherein eine bestimmte Wahrheits- oder Wirklichkeitsgarantie zukommt oder bei denen von vornherein bestimmt zu sein scheint, was jeweils als weniger realistisch oder als realistischer zu gelten hat.[28] Nicht umsonst spricht man im Fernsehjargon weniger von Filmen als von Beiträgen. Man trägt also zu etwas bei, das schon da ist. Auch dies wurde von Foucault in der weiter oben zitierten Stelle schon vor zwei Jahrzehnten deutlich gemacht.

Um die verschiedenen Spielformen von Fälschungen in audio-visuellen Massenmedien zu differenzieren, soll im Folgenden eine kurze Typologie versucht werden, die natürlich niemals vollständig sein kann. Dabei lässt sich auch zeigen, wie unscharf die Grenze zwischen im journalistischen Diskurs legitimen Fernseh-Praktiken und sogenannten Fernseh-Fälschungen gezogen ist.

2. Kurze Typologie journalistischer Fälschungen

A Fälschungen bezüglich der Referenz der Bilder auf ein Reproduziertes

1.) Die Fälschung eines nicht vorhandenen Bildgegenstands
Dabei wird etwas als Vorgefundenes ausgegeben, das eigentlich synthetisch, beispielsweise durch eine Computer-Simulation hergestellt wurde – der Begriff des Simulierens steht ja auch für ein Bejahen dessen ein, was nicht ist. Anders formuliert: Eine Photographie oder Filmsequenz zertifiziert sich dadurch, dass wir von einer Indexikalität zu wissen glauben, obwohl es keine physisch-kausale Verbindung zu den Lichtstrahlen eines Aufnahmegegenstands gab. Dies ist zwar im Zusammenhang mit der in den 80er Jahren einsetzenden medienmaterialistischen Betrachtung digitaler Prozesse die am häufigsten diskutierte Form von Fälschung, hat aber in der Praxis nach wie vor so gut wie keine Relevanz. Auch wenn Filme wie Matrix solche Szenarien massenwirksam fiktiv durchgespielt haben und sie perfekt zu einer naiven Rezeption der Simulationsthesen von Baudrillard passen – der indes nachdrücklich darauf hingewiesen hat, dass die Simulation nicht repräsentierbar ist[29] –, ist kein als Fälschung markierter Fall bekannt, bei

---

28 Gewisse ästhetische Erscheinungsformen (Amateur-Video-Qualität wie Unschärfen, Bildrauschen, wackelige Handkamera etc.) sollen daher hier nicht als Authentizitätsgarantien gelesen werden – allein schon ihre Wiederholung oder Wiederaufnahme in deutlich als fiktiv markierten Spielfilmen lässt die genannten Bildqualitäten als Kriterien für eine Differenzierung zwischen Fiktion und Tatsachenberichterstattung unbrauchbar werden. Sie wären eher – ähnlich bestimmten Erzählformen, wie sie im Roman vorkommen – als ‹realistischer› Stil zu konzeptualisieren. Indes hätten Filmbilder – beispielsweise aufwendige pyrotechnische Special Effects, wie man sie aus Actionfilmen kennt – in der TV-Berichterstattung aufgrund der Erwartungen des Zuschauers einen falsifizierenden, zumindest aber einen ironisierenden Effekt.
29 Vgl. «Baudrillard décode ‹Matrix›» (Interview mit Jean Baudrillard). In: *Le Nouvel Observateur*, 19.6.2003.

dem ein rein aus dem Computer errechnetes synthetisches Bild zu einem Skandal geführt hat. Es handelte sich meist allenfalls um digitale Retuschen, die dann eher als Manipulationen verworfen wurden. Solche Veränderungen waren allerdings bei der analogen Photographie, man denke an die berühmte Dissimulation Trotzkis – terminologisch also ein Verneinen dessen, was ist –, auch schon möglich. Man könnte sogar vermuten, dass die medienkritische Fokussierung auf solche gewissermaßen bildimmanenten Manipulationen den Blick auf subtilere Mechanismen, visuelle Bedeutung zu stiften, unscharf werden oder sogar alles, was frei von solchen Veränderungen ist, per se ‹wahr› erscheinen lässt. Bereits die zuletzt angeführten Beispiele fallen indes unter den zweiten Typus:

2.) Die Verfälschung
Dasjenige, was als indexikalisches Zeichen eines Vorgefundenen zirkuliert, wurde mittels digitaler oder analoger Technik manipuliert, sei es, dass es drastischer gestaltet wurde, wie bei einem in der Zeit des Israel-Libanon-Konflikts 2006 heftig diskutierten Photo, das Beirut nach einem israelischen Bombenangriff zeigt und in das von dem bekannten Pressephotographen Adnan Hajj Rauchschwaden verdoppelnd einkopiert wurden; oder sei es mittels Bluebox-Verfahren um Elemente ergänzt, wie es beispielsweise in der Filmszene von FORREST GUMP, in der der Protagonist mit John F. Kennedy zusammentrifft, vor Augen gestellt wird. Die im journalistischen Diskurs legitime Variante davon ist allerdings beim täglichen Wetterbericht oder nicht selten bei Live-Schaltungen in den Nachrichten zu sehen, bei denen beispielsweise ein Auslandskorrespondent mittels Chroma Key vor eine Stadtansicht montiert wird.

B Verfälschungen bezüglich des Motivs

Dabei wird in die Vorgänge, die es vorgeblich nur desinteressiert zu dokumentieren gilt, inszenatorisch eingegriffen, wie bei diversen Bildern und Filmen, die 2006 tote Kinder als Opfer eines israelischen Bombardements auf das libanesische Dorf Kana zeigten, spekuliert wurde, weil immer wieder derselbe Helfer darauf zu sehen war.[30] Aber auch hier ist wiederum die Demarkationslinie, die das Verwerfliche von einer legitimen journalistischen Praxis trennt, unscharf gezogen. Einerseits verändert die Anwesenheit einer Kamera ohne weiteres Dazutun immer schon das Verhalten der Akteure, andererseits ist jede szenische, also in Einstellungswechseln wiedergegebene Situation ein Eingriff in das Geschehen: Wer Kameramänner oder -frauen bei der Erarbeitung eines solchen doppeldeutig Auflösung genannten Vorgangs beobachtet, wird bestätigen können, wie oft ein später in der montierten Bildsequenz als kontinuierlich dargestellter Vorgang für

---

30 Vgl. o.A.: «Wahrheit und Fälschung – Bilderflut vom Krieg». Magazinbeitrag zur Sendung ZAPP, NDR Fernsehen, 09.08.2006, 23:15 bis 23:45 Uhr.

Perspektiv- und Einstellungswechsel unterbrochen oder wiederholt wird. D.h., bei visuellen Berichterstattungen ist der Zuschauer immer mit einer Raum-Zeit konfrontiert, die sich grundlegend von derjenigen während der Aufnahme unterscheidet. Die prekärsten Formen von Fälschungen basieren indes gar nicht auf manipulierten Bildträgern oder modifizierten Motiven, sondern sind:

C Fälschungen bezüglich der Bild-Kontextualisierung

Auch wenn sich durch die digitale Prozessierung von im Kamera-Chip auftreffenden Lichtdaten die Möglichkeiten der Manipulation des Dargestellten erheblich vereinfacht und vervielfacht haben, sind audiovisuelle Fälschungen weiterhin vornehmlich ein sprachliches Problem, insofern sie sich dadurch ergeben, dass die gezeigten Artefakte mit einer fragwürdigen Legende im doppelten Wortsinne versehen werden, sei es, dass einer Photographie ein bestimmter Ort, ein bestimmter Zeitpunkt wie auch weitere schriftliche Informationen bezüglich des gezeigten Personals hinzugefügt werden, die der Aufnahmesituation widersprechen, oder sei es, dass eine Film- oder Videosequenz mit Sprechertexten oder Texteinblendungen ergänzt wird, die bestimmte Aspekte des Gezeigten falsch verorten oder deuten. Eine medienmaterialistische Betrachtung der digitalen Prozessierung von Bildern und Tönen sorgt so allenfalls dafür, diese mit einem berechtigten grundsätzlichen Zweifel zu versehen, der allerdings angesichts analoger Bildtechniken – seien es mit entsprechenden ‹Direktiven› versehene Photographien oder Videos – auch immer schon angebracht war.

Auch ohne den Peirce'schen indexikalischen Charakter bestimmter visueller Artefakte, ihre physisch-kausale Verbindung zu den partiellen Lichtemissionen oder -reflektionen des *Gezeigt*en, zu erschüttern, ergeben sich zahlreiche Möglichkeiten, die Deutungen und Syntheseleistungen des Zuschauers grundlegend in die falsche Richtung zu lenken. Der Unterschied zwischen einer Praxis, die im journalistischen ‹Wahren› situiert ist, und Fälschung, d.h. einer Praxis, die dies nicht ist, liegt somit nicht einmal im Eingreifen in das Motiv, sondern darin, dass mit dem inszenierten Bild später etwas konstruiert wird, das den Eindrücken des Reporters vor Ort nicht entspricht oder seinen eigenen Recherchen völlig widerspricht. Insofern sind sogar längere inszenierte Situationen legitime Praxis, sofern sie mit der recherchierten Nachricht übereinstimmen: ‹Wahrheit›, d.h. erlaubte Praxis und Fälschung, verbotene Praxis, trennt manchmal nur die Schrifteinblendung von zwei Worten: «Nachgestellte Szene».[31]

---

31 Aber auch hier scheint sich die explizit geregelte Praxis zu ändern, wie 2006 aus einem internen sogenannten Prozesspapier der Landesschau Rheinland-Pfalz u. a. über das Verwenden «nachgestellter Szenen» bekannt wurde: «Sie machen den Film spannend.» Mit einem gesendeten Hinweis solle allerdings «nur im Ausnahmefall gearbeitet werden», lautet die Anweisung, «beispielsweise, wenn eine echte Verwechslung entstehen könnte» (Hans-Jürgen Jakobs: «Rotlicht, Blaulicht; Waffen im Requisitenschrank des Chefs vom Dienst: Wie die Mainzer ‹Landesschau› des SWR auf Quoten-Jagd geht». In: *Süddeutsche Zeitung*, 8.09.2006, S. 17).

Betrachtet man die akzeptierten journalistischen Praktiken, so sind sogar Spielszenen, die nicht als solche ausgegeben werden, ebenfalls nicht-sanktioniert an der Tagesordnung, vor allem bei sogenannten Antext-Bildern: Jedes gezeigte Faxgerät, das just zum Zeitpunkt der Aufnahme eine einstweilige Verfügung ausgibt, ist nachgestellt, viele Gänge von Interviewpartnern oder ihr beiläufiges Blättern in Unterlagen vor dem Statement inszeniert. Als ‹branchenüblicher Kunstgriff›[32] gilt auch, für die Illustration aktueller Nachrichten verwendete Archivaufnahmen sowie von den PR-Abteilungen größerer Firmen oder von Nachrichtenagenturen dafür bereitgestelltes Material nicht eigens zu kennzeichnen – Material, von dem der Journalist, der als Autor genannt wird, nicht wissen kann, wo, wann und wie es entstanden ist.

Um den mit dem letzten Haupttyp aufgezeigten Spielraum von Fälschungen oder vielmehr die unscharfe Grenze, die zwischen ihnen und regelgemäßen Dokumentar-Praktiken liegt, zu überprüfen, sollen im Folgenden die Fernsehfälschungen von Michael Born in den Blick genommen werden. Sie zeichnen sich dadurch aus, dass im Bild technisch nicht manipuliert wurde, d. h., dass die Vorgänge, die im Bild wiedergegeben – oder besser: nachgebildet wurden –, ähnlich stattgefunden haben oder im Nachhinein in gewissem Sinne juristisch verifizierbar waren, aber dass die Bilder als Dokumente für etwas anderes eingesetzt wurden. Was aber ist ein Dokument? Oder vielmehr: Was impliziert der schillernde Begriff des Dokuments, der solchen Bezeichnungen wie ‹Fernseh-Dokumentation› oder ‹Dokumentieren› inhärent ist? Dafür sei hier ein kurzer Exkurs in die Informationswissenschaft unternommen:

3. Was ist ein Dokument?

1937, anlässlich des Weltkongresses für Dokumentation in Paris, einigte sich das «Institut international de coopération intellectuelle» im Auftrag des Völkerbundes auf eine technische Definition, die in den Sprachen Englisch, Französisch und Deutsch festgehalten wurde: «Dokument ist jeder Gegenstand, der zur Belehrung, zum Studium oder zur Beweisführung dienen kann, z. B. Handschriften, Drucke, graphische oder bildliche Darstellungen.»[33] Damit wurde letztlich die Bedeutung des lateinischen Wortes ‹documentum› fortgeschrieben, das zunächst für dasjenige stand, «wodurch man etwas lehren, woraus man etwas schließen

---

32 Vgl. Michael Bitala: «‹Als die Bilder lügen lernten›. Mit welchen Praktiken der bekennende Fälscher Michael Born jahrelang Magazine bedienen konnte, obwohl er als unseriös galt». In: *Süddeutsche Zeitung*, 10.2.1996, S. 3.
33 Anonym: «La terminologie de la documentation». In: *Coopération Intellectuelle* 77, 1937, S. 228-240, hier: S. 234; vgl. auch Michael K. Buckland: «What Is a ‹Document›?» In: *JASIS* 48, 1997, S. 804–809, hier: S. 805.

kann», und erst an zweiter Stelle im Sinne eines Beweises geläufig war. Es ist verwandt mit ‹docere›, dem Lehren, Unterrichten oder Nachweisen.[34]

Eine etwas andere Perspektive eröffnet die Bibliothekarin und Dokumentarin Suzanne Briet – der in Frankreich der Beiname «Madame Documentation» gegeben wurde – in ihrem 1951 veröffentlichten Manifest mit dem Titel *Qu'est-ce que la documentation*, in dem sie ausführt, dass ein Dokument jedes konkrete oder symbolische Anzeichen sei, das aufbewahrt oder aufgezeichnet werde, um ein entweder physisches oder gedankliches Phänomen darzustellen, zu rekonstruieren oder zu beweisen.[35] Besonders hervorzuheben dabei ist, dass ein Dokument sich in erster Linie nicht durch seine Materialität auszeichnet, sondern funktional dadurch bestimmt wird, dass es in bestimmten Kontexten etwas repräsentiert oder Beweiskraft hat.

Anschaulich wird diese Differenzierung, wenn man Briets kurze Aufzählung von Objekten liest, an denen sie exemplifiziert, ob es sich dabei um ein Dokument handelt oder nicht: «Une étoile est-elle un document? Un galet roulé par un torrent est-il un document? Un animal vivant est-il un document? Non. Mais sont des documents les photographies et les catalogues d'étoiles, les pierres d'un musée de minéralogie, les animaux catalogués et exposés dans un Zoo.»[36] Ein Photo eines Sterns wird also zum Dokument, weil es als Beleg oder Beweis für etwas und für diejenigen dient, die es beobachten. Ein Tier aus freier Wildbahn wird zum Dokument, wenn es als Exemplar einer bestimmten unter Umständen neu entdeckten Tierart im Zoo ausgestellt wird. D.h., es liegt nicht im Wesen der Sache, ein Dokument zu sein, weil ihn ihm ein bestimmter Bezug zur Realität garantiert ist, sondern es muss regelrecht zum Dokument gemacht oder als solches betrachtet werden, indem es beispielsweise entweder wissenschaftlich klassifiziert oder bestimmten Wissensfeldern zugeordnet wird.

34 Friedrich Kluge: *Etymologisches Wörterbuch der deutschen Sprache*. Berlin 2002, S. 208. Vergegenwärtigt man sich die Etymologie des Wortes Nachricht, so ergeben sich vor dem Hintergrund dieser Überlegungen zum Dokument erstaunliche Überschneidungen. Es fand nämlich zunächst wie das lateinische ‹documentum› im Sinne von Unterweisung oder Belehrung Verwendung und stand eher für eine direktive Funktion der Kommunikation, im besonderen: dass sich jemand *nach* etwas *richtet* (vgl. ebd., S. 643). ‹Nachricht› in der Bedeutung einer scheinbar desinteressierten Faktenwiedergabe konnte sich erst mit dem zunehmenden u.a. auf die Fortentwicklung der elektromagnetischen Telegrafie zurückzuführenden Einfluss des Newsjournalismus aus Amerika ab Mitte des 19. Jahrhunderts durchsetzen (vgl. Oliver Meier: «Literatur und Journalismus». In: *Medienheft*, 9.7.2004, S. 1–10, hier: S. 3f., u. Horst Pöttger: «Berufsethik für Journalisten? Professionelle Trennungsgrundsätze auf dem Prüfstand». In: Adrian Holderegger (Hrsg.): *Kommunikations- und Medienethik. Interdisziplinäre Perspektiven*. Freiburg (Ch) u. Freiburg (Breisgau) 1999, S. 299-327, hier: S. 310ff.
35 Im französischen Original heißt es: «[T]out indice concret ou symbolique, conservé ou enregistré, aux fins de représenter, de reconstituer ou de prouver un phénomène ou physique ou intellectuel» (Suzanne Briet: *Qu'est-ce que la documentation?* Paris 1951, S. 7).
36 Ebd., S. 7. Diese Stelle ließe sich folgendermaßen übersetzen: «Ist ein Stern ein Dokument? Ist ein von einem Wildbach rundgeschliffener Kieselstein ein Dokument? Ist ein lebendes Tier ein Dokument? Nein. Aber Photographien und Listen von Sternen, Steine in einem mineralogischen Museum oder katalogisierte und im Zoo ausgestellte Tiere sind Dokumente.»

Dadurch bekommt das Verb «dokumentieren» – wenn man es etwa versteht wie kristallisieren, d.h. dass aus etwas ein Kristall entsteht – eine völlig neue prozesshafte Dimension, indem es nicht als Festhalten einer außermedialen Realität, sondern als Operation des Zuschreibens von Aussagekraft oder Beweischarakter erkannt werden kann. Beides kommt einem Dokument erst dann zu, wenn es in ein organisiertes, bedeutungsvolles Verhältnis zu anderen Beweismitteln gesetzt wird. Ein Dokument erscheint somit erst als solches und beweiskräftig, wenn es auf bestimmte Weise kontextualisiert, d.i. gesammelt, katalogisiert, dargestellt und benutzt wird. Anders gesagt: Ein Dokument beweist nichts, sondern *mit* einem Dokument wird etwas bewiesen.

Übertragen auf audiovisuelle Dokumente bedeutet dies, dass sie – wie jedes andere Dokument auch – etwas nur vor dem Hintergrund bestimmter Prinzipien und Praktiken bezeugen, die ihr beweiskräftiges Hervortreten regeln. Derjenige, der etwas filmisch dokumentiert, erhebt letztlich ein Bild zum Dokument für etwas. Ein Dokument ist also eher funktional zu verstehen und nicht materiell begründet; sein Status hängt von der Platzierung ab, die es im medialen Kontext einnimmt. Briets Überlegungen geben somit zur Aufgabe, die pragmatische und performative Dimension von Zuschreibungen und Verwendungszusammenhängen im Umgang mit Dokumenten mitzudenken. Als rein sensorische oder elektronische Information kann etwas keinen Sinn haben. Kommt Sinn ins Spiel, verlassen wir das Gebiet der Perzeption und des Signals, und es spielen unhintergehbar Kontexte oder um Dokumente gruppierte Erzählungen und Interpretationen eine Rolle. Bezieht man diesen Bedeutungshorizont des Dokuments auf die Fälschungsthematik, ließe sich nun ergänzen: Von Fälschungen wird gesprochen, wenn etwas vorgeblich zu einem Dokument für etwas gemacht wird, wenn also etwas – den geschriebenen journalistischen Regeln ungemäß – als Beweis für etwas Non-Existentes fungiert. Anhand von Michael Borns gefälschten Magazinbeiträgen im Bereich des Fernsehjournalismus soll nun kurz gezeigt werden, wie die audiovisuell erzeugten Artefakte ihren Status als Dokumente erhielten.

4. «Bilder logen schon immer»?[37] – Die gefälschten TV-Beiträge von Michael Born

Die Vorkommnisse um die Aufdeckung der Fälschung sind schnell wiedergegeben: Zwischen 1990 und 1995 hat der Fernseh-Journalist Michael Born verschiedene Magazinredaktionen mit insgesamt 23 gefälschten Beiträgen beliefert. Hauptgeschädigter war die Redaktion von STERN TV, die 11 davon in *RTL* gesendet hatte. Die für die vorliegende Untersuchung verfügbaren Ausschnitte

---

37 Michael Born: *Wer einmal fälscht... Die Geschichte eines Fernsehjournalisten.* Köln 1997, S. 15.

stammen aus vier Magazinbeiträgen in STERN TV: Der erste Einspielfilm berichtet über Kokainschmuggel aus der Schweiz nach Deutschland und wurde am 4.11.1992 gesendet, der zweite über Bombenbauer der PKK wurde am 7.6.1994 und zudem zuvor in S-ZETT, dem Fernsehmagazin der *Süddeutschen Zeitung*, gezeigt; im dritten, ausgestrahlt am 26.4.1995, wird vom Abschießen von Katzen als Schädlingen durch deutsche Jäger berichtet; der vierte, der bekannteste, befasste sich mit Aktivitäten einer deutschen Subgruppierung des US-Geheimbundes Ku-Klux-Klan und lief am 7.9.1994.[38]

Aufgrund des letztgenannten Beitrages schaltete sich die Staatsanwaltschaft Koblenz ein, um wegen rechtsextremistischer Umtriebe zu ermitteln. Während der Untersuchungen verwickelte sich Born in Widersprüche, und es wurde wegen mutmaßlichen Betrugs weiterermittelt. Bei der Sichtung des Beweismaterials – den Fernsehbeiträgen – und einer darauffolgenden Stimmanalyse fiel den Beamten auf, dass eine Person des Films mit einer ‹anderen› Person im Beitrag über Drogenschmuggel identisch sein muss.[39] Es kam zu weiteren Nachforschungen und einem in den Medien ausgefochtenen Skandal, bei dem vornehmlich die Redaktion von STERN TV und Günther Jauch in ein schlechtes Licht gerieten. Im September 1996 wurde Born vor das Koblenzer Landesgericht gestellt, u. a. mit der Anklage der «objektiven Fälschung mit subjektivem Ansatz zum Betrug», und am 23. Dezember zu vier Jahren Haft verurteilt. Die Höhe des Strafmaßes ergab sich jedoch nicht durch Betrug in 17 Fällen und versuchten Betrug in drei Fällen, sondern kam vornehmlich wegen Delikten wie illegalem Waffenbesitz, Fahren ohne Fahrerlaubnis, Volksverhetzung, Aufstachelung zum Rassenhass, Urkundenfälschung und dem Vortäuschen von Straftaten zustande.[40] Besonders zu betonen ist an dieser Stelle, dass die Anklage wegen Betrugs lediglich die entsprechenden Redaktionen betraf, denn, wie der Leitende Oberstaatsanwalt Norbert Weise ausführte, Betrug am Zuschauer sei strafrechtlich nicht relevant.[41]

Worin aber besteht das nachträglich im journalistischen Diskurs sanktionierte Vergehen Borns, das Fälschen? Im Vorgang der Aufnahme nicht, denn alle Einstellungen könnten auch Bilder eines Amateur-Spielfilms sein oder eine fragwürdige Theateraufführung dokumentieren. Wenn man den Ausführungen des Gerichts folgt und annimmt, dass die Bilder technisch nicht manipuliert wurden, so sind sie im Peirce'schen Sinn indexikalisch *in sensu strictu*, nimmt man als Maßstab die Referenz zu den Lichtemissionen des Reproduzierten. Aber auch die ikonische Ebene der Bilder sowie die symbolische der Interviews vermittelt einen Eindruck, den ein Augenzeuge vor Ort auch hätte haben können: Der Protago-

---

38 Vgl. Thomas Pritzl: *Der Fake-Faktor. Spurensuche im größten Betrugsfall des deutschen Fernsehens*. München 2006, S. 54, u. Haus der Bundesrepublik Deutschland (Hrsg.): *Bilder, die lügen*. Bonn: Bouvier 2000, S. 24–27.
39 Vgl. Pritzl: *Der Fake-Faktor* (Anm. 38), S. 13.
40 Vgl. Klaus-Peter Klingelschmitt: «Echt: TV-Fälscher soll vier Jahre büßen». In: *taz*, 24.12.1996, S. 1.
41 Vgl. Michael Bitala: «Eine Bombe, die lautlos explodiert». In: *Süddeutsche Zeitung*, 22.10.1996, S. 3.

nist des Drogenkurier-Films schnupfte weißes Pulver; der Interviewte im Bericht über die PKK-Bombenbauer sprach in Anwesenheit der Kamera davon, dass die Türkei sich wesentlich durch Touristen finanziere; in irgendeiner finsteren Höhle standen zu einem gegebenen Zeitpunkt Menschen mit einem Ku-Klux-Klan-Kostüm und während des Jäger-Drehs musste eine Katze ihr Leben lassen – ein Straftatbestand («Töten eines Wirbeltiers»), für den sich Born später auch verantworten musste; die Indizien, die Dokumente hatte er ja selbst geliefert.

Die Bilder wurden erst dann zur Fälschung, weil *mit* ihnen eine allgemeinere Nachricht behauptet wurde: dass sie Dokumente eines Kokainschmuggels von der Schweiz nach Deutschland, eines Bombenbaus der PKK, einer Veranstaltung des Ku-Klux-Klans in Deutschland oder der Dezimierung von Katzen durch Jäger im Taunus sind; sie wurden auch zur Fälschung, weil sie im Rahmen des journalistischen Formats TV-Magazin ausgestrahlt wurden, durch die sie erst extern beglaubigt wurden. Auch Borns Fälschungen sind somit ein pragmatisches Problem, denn Bilder haben kein intrinsisches Zertifikat. Anders gesagt: Der Bezug zu einer Realität, sei sie auch eine journalistische Arbeitshypothese, ist ihnen nicht immanent, sondern wird immer hergestellt oder präjudiziert. Insofern sind Borns Bilder nicht falsch, sondern die Bedeutung, die ihnen durch bestimmte ‹Direktiven› aufgepfropft wurde.[42] Sie lügen auch nicht, wie Born selbst es nennt, sondern mit ihnen wird gelogen.[43]

Dass die Aufdeckung der STERN TV-Fälschungen zu einem Medien-Skandal führte, lässt offensichtlich werden, dass dabei etwas auf dem Spiel stand. Sie zwang nämlich die einzelnen Medienorgane dazu, ihre publizistische Praxis jeweils zu reflektieren und zu rechtfertigen.

5. Das Potential von Fälschungen als Medienkritik – Konsequenzen der Aufdeckung

Durch die Entlarvung der Fälschungen wurde zuerst einmal das veröffentlichende Medium selbst desavouiert. Dies zeigte sich zunächst dadurch, dass die Verantwortlichen bei STERN TV nach Angaben des Vorsitzenden Richters Ulrich Weiland mit einer «bisher nicht offenbar gewordenen Dreistigkeit» ver-

---

42 Wenn hier von Aufpfropfen die Rede ist, so soll damit nicht davon ausgegangen werden, es gäbe eine ursprüngliche Bedeutung, sondern dass es im Sinne Derridas immer schon beim Lesen der Bedeutung (von Bildern) am Werk ist. Bereits in der zitierten Stelle von Peirce war die Rede davon, dass ohne aufgepfropfte Legende ein Bild im strengen Sinne gar keine Bedeutung im Sinne einer Behauptung hat.
43 Mit demselben Problem, diesmal aus umgekehrter Perspektive, war man beispielsweise konfrontiert, als der Fälschungsvorwurf laut wurde, CNN habe 2001 Bilder von jubelnden Palästinensern aus dem Jahr 1991 schnitt-technisch und textlich in den Zusammenhang mit den Anschlägen am 11. September gerückt. In diesem Falle entsprach die Kontextualisierung der Bilder jedoch dem Aufnahmezeitpunkt und den Recherchen anderer Journalisten – keine Fälschung.

sucht hätten, den Skandal zu vertuschen.⁴⁴ Günther Jauch wurde im Zusammenhang mit den Ermittlungen auch bekannt für die entschuldigende Beteuerung «Ich bin im Grunde noch nie in einem Schneideraum gesessen»⁴⁵, mit der er sich selbst *ex post* vom Journalisten zum Ansager degradierte. Auch auf den nächstgelegenen Verantwortlichen, das Printmagazin *stern*, das zuvor dem TV-Ableger namentlich zu journalistischer Autorität verhelfen sollte, wirkte die Fälschung zurück. Vonseiten des ‹Mutterblattes›, das ja Jahre zuvor schon durch die Veröffentlichung der von Konrad Kujau gefälschten Hitler-Tagebücher erheblichen Schaden genommen hatte, versuchte man indes, sich vom Glaubwürdigkeitsverlust nicht anstecken zu lassen, indem man sich offensiv von der gleichnamigen TV-Redaktion dadurch distanzierte, dass man die strikte redaktionelle Trennung hervorhob.⁴⁶

Die Kritik blieb jedoch nicht nur auf die direkt betroffenen Organe beschränkt, sondern infizierte die ganze Branche mit einem Generalverdacht. Borns Fälschungen beziehungsweise die Umstände ihrer Aufdeckung sorgten somit für eine Verunsicherung der unangefochtenen Erzähl-Hoheit des TV-Journalismus, vor allem bezüglich der vorgeblichen Authentizität der Bilder, und führten zu einer allgemeinen Kritik an der journalistischen Institution Fernsehen. Georg Seeßlen resümierte seinerzeit: «Und Born? Nein, er ist kein Täter. Seine ‹Schuld› besteht eher darin, den Mythos des Authentischen entlarvt zu haben – so wie die Kunstfälscher einst den Mythos des Originals zerstörten.»⁴⁷ Insbesondere die nicht betroffenen Printmedien, die sich in permanenter Konkurrenz zum Fernsehen befinden, nutzten den Fall, um darzulegen, dass «die Glaubwürdigkeit des gesamten Fernsehjournalismus»⁴⁸ auf dem Spiel stehe oder dass der Skandal den «Glauben an die Integrität der TV-Magazine»⁴⁹ erschüttere; Born habe mit seinem virtuellen Journalismus «dem Medium TV eine neue Bedeutung als Scherbenwelt verliehen»⁵⁰, ferner stehe es «schlecht um die Glaubwürdigkeit von STERN TV im speziellen und der Fernsehinformation im allgemeinen.»⁵¹

---

44 Vgl. Klingelschmitt: «Echt: TV-Fälscher soll vier Jahre büßen» (Anm. 40), S. 1. Wie gefährlich den heute Verantwortlichen das Material nach wie vor erscheint, lässt sich daran ablesen, dass selbst 10 Jahre danach für wissenschaftliche Zwecke keine Einsichtnahme gewährt wird. Nach telefonischen Angaben (20.11.2006) des zuständigen Archivars vor Ort sind die Bänder sogar mit Stahlspangen versehen und selbst für die dort arbeitenden Redakteure nicht verfügbar.
45 Günther Jauch, zit. n. o.A.: «Ist auch Jauch ein Born?». In: *taz*, 25.10.1996, S. 16.
46 Vgl. «Fragen an ‹stern›-Chefredakteur Dr. Werner Funk». In: *Medien aktuell* 7, 12.2.1996, S. 5.
47 Georg Seeßlen: «Heute wird der TV-Fälscher Michael Born verurteilt. Er ist der Sündenbock – für die Macher und uns, die Zuschauer». In: *taz*, 23.12.1996, S. 10.
48 Thomas Leif: «Der Skandal um die gefälschten Fernsehbeiträge trifft den Journalismus härter als seinerzeit die ‹Hitler-Tagebücher›». In: *taz*, 2.2.1996, S. 10.
49 Bitala: «Als die Bilder lügen lernten» (Anm. 32), S. 3.
50 Nanah Schulze: «Börse, Born und Bürsti». In: *Horizont*, 18.10.1996, S. 16.
51 Michael Quasthoff: «Jetzt sitzt er im Gefängnis. Wie ein TV-Journalist es offenbar schaffte, mit gefälschten Filmen ins Fernsehen zu kommen». In: *Süddeutsche Zeitung*, 20.1.1996, S. 18.

Selbst die öffentlich-rechtlichen Fernsehanstalten konnten sich nicht ganz vor dem Flächenbrand, den die Aufdeckung entfachte, schützen. Der ehemalige Chefredakteur des WDR Claus-Hinrich Casdorff, der auch als Sachverständiger beim Prozess geladen war, gibt zu bedenken: «[L]eider genügt ein schwarzes Schaf, um unseren Berufsstand in ein schiefes Licht zu rücken.»[52] Die ARD-Anstalten konnten allerdings auch nicht ihre Hände in Unschuld waschen, weil ein Beitrag Borns über Schlepperbanden, die angeblich Kurden illegal über die österreichisch-deutsche Grenze schleusen, 1991 im vom WDR verantworteten Magazin ZAK ausgestrahlt worden war. Zu einer Beendigung des Geschäftsverhältnisses und einer Warnung an andere Redaktionen kam es zwar, aber nicht wegen fragwürdig erscheinender Recherchen, sondern wegen Borns falschem Exklusiv-Versprechen; denn der vermeintlich exklusive Beitrag war bereits zuvor in der Sendung KLARTEXT bei Tele 5 gezeigt worden.[53]

Auf einer allgemeineren Ebene wurde bei der Aufdeckung entlarvt, dass eine audio-visuelle Informationsvergabe immer Kompositum, immer etwas Zusammengesetztes, Montiertes ist und die raum-zeitlichen Bedingungen des Geschehens dabei demontiert werden. Durch ihre unhintergehbare Perspektivität sind massenmedial wiedergegebene Phänomene immer Ansichten im doppelten Wortsinne[54], denn kein Bild bildet den Kontext mit ab, indem es entstanden ist; erst die sprachlich-visuelle Kontextualisierung lässt es als Behauptung in einer gewissen Bandbreite sinnvoll erscheinen und zum Dokument werden. Zudem wurde offenbar, dass die meisten Fernsehbeiträge, wenn sie dokumentieren, eher illustrieren, im Wortsinne, dass eine ihnen vorgängige Bedeutung mit Bildern versehen wird. Nicht Abbilder veranschaulichen etwas, sondern *mit* Bildern wird etwas erläutert, eine Geschichte, eine *story* nacherzählt.

Es wurde so deutlich, dass fernsehjournalistische Nachrichten nicht in der Weise entstehen, wie es der Zuschauer annehmen mag, nämlich als Montage gefundener und technisch reproduzierter Phänomene, aus denen mittels Verdichtung und Selektion deduktiv ein Beitrag entsteht, sondern indem meist für eine bereits recherchierte Nachricht die entsprechenden Bilder und Dokumente gesucht oder eigens hergestellt werden.[55] Anders gesagt: Nicht die Legende

---

52 Claus-Hinrich Casdorff, zit. n. o.A.: «... eben schärfer aufpassen». In: *Focus* 42, 1996, S. 14.
53 Bitala: «Als die Bilder lügen lernten»(Anm. 32), S. 3.
54 Vgl. Weber: «Zur Sprache des Fernsehens» (Anm. 8), S. 81.
55 Anschaulich wird diese im journalistischen Diskurs akzeptierte Praxis angesichts eines gefälschten Beitrages von Born über die amerikanische Colorado-Kröte, die angeblich ein halluzinogenes Sekret absondert, welches von Drogensüchtigen durch Ablecken konsumiert wird. Obwohl diese reißerische Nachricht in vielen Zeitungsartikeln Borns Phantasie zugeschrieben wurde, handelte es sich um einen Redaktionsauftrag, der auf eine Zeitungsente im *Spiegel* zurückging. Dort wurde im August 1994 von amerikanischen und australischen ‹Drogenfreunden› der *Bufo alvarius* berichtet. Born hatte für seinen Bericht ähnliche Vorkommnisse in Deutschland zu finden. Nachdem sich herausgestellt hatte, dass solche Fälle nicht einmal bei der Polizei in Amerika bekannt sind, wurden die entsprechenden Bilder hergestellt (vgl. o.A.: «Mutwilliges Lecken. Amerikanische und australische Drogenfreunde haben neue Stofflieferanten: Kröten». In: *Der Spiegel* 32, 1997, S. 92-93).

kommt zum Bild, sondern das Bild zur Legende. Steht bei Barthes Noema des Photographischen (*Ça-a-été*) schon im Vordergrund, dass dem Betrachter etwas Vergangenes als Vergangenes begegnet, so gibt auch das französische Wort *reporter*, von dem sich im Deutschen die Tätigkeit des Reporters her schreibt und das auch für zurücktragen und zurückversetzen steht, über diese nachträgliche ‹Unmittelbarkeit› einer Nachricht im Film Auskunft.[56]

Betrachtet man allerdings die konkreten Reaktionen in den Massenmedien, so ist eine nachhaltige Verunsicherung des journalistischen Mediums Fernsehen nicht festzustellen. Es verteidigte seinen Realitätswert, indem es die Fälschung anders fortschrieb: ‹Wahre› Fakten über gefälschte Fakten. Das Fernsehen und auch die Printmedien hatten dadurch ein neues Nachrichtenthema, das von Aufdeckungs-Geschichten über Glossen bis hin zu Talkshows eine Masse an Beiträgen generierte, die in Zahlen die Born'schen Fälschungen um ein Vielfaches überstiegen. Auch konkrete Auswirkungen auf das Verhalten der Fernsehnutzer oder der Werbekunden stellten sich nicht ein: Die Einschaltquoten von STERN TV blieben bei einem Niveau von über drei Millionen Zuschauern, und es kam auch nicht zu Stornierungen von Werbezeiten. Dies war auch ein Grund, warum das Urteil bezüglich des Betrugsfalles vergleichsweise mild ausfiel, denn nach Einschätzung des Gerichts hatte STERN TV mit den Beiträgen «sehr viel Geld» verdient und auch der Imageverlust später nicht zu nennenswerten materiellen Schäden geführt.[57]

Wie in vielen anderen Fällen auch wurde im Falle Borns *ex post* nicht nur von Fälschungen geredet, sondern häufig von dilettantischen und plumpen Fälschungen[58], um das System der Wahrheitsprüfung nicht in Frage gestellt sehen zu müssen. Wenn Fälschungen immer plumpe Fälschungen sind, dann können einzelne Skandale nicht die gesamte Funktionslogik der Medien mit einem Generalverdacht infizieren; denn es wird eine klare Unterscheidbarkeit zwischen echten und falschen Beiträgen suggeriert. Das eigentlich Skandalöse an TV-Fälschungen, das darin bestünde offenzulegen, dass den audiovisuellen Informationsvergaben im Fernsehen nicht per se ein ‹Wahrheitsgehalt› zukommt oder, anders formuliert, dass die entsprechenden Realitätskonstruktionen – auch ohne Zuhilfenahme eines großen technisches Aufwands – von einer freien Erfindung grundsätzlich nicht zu unterscheiden sind, wird dadurch eingehegt.

Die üblichen Darstellungsmodi in der TV-Berichterstattung geben den Zuschauern nämlich keine entsprechenden Hinweise: Ein Beweis – sei er in ande-

---

56 Vgl. zum Problem der Direktübertragung und zur Semantik von *reporter*: Jacques Derrida/Bernhard Stiegler: *Echographien* (Anm. 22), S. 52 u. 182.
57 Vgl. Pritzl: *Der Fake-Faktor* (Anm. 38), S. 61, 79 u. 121.
58 Vgl. o.A.: «Mehr Dichtung als Wahrheit. TV-Filmer Born wegen Faktenfälschung verurteilt». In: *Süddeutsche Zeitung*, 24.12.1996; Marika Schärtl/Günther Bähr/Uli Martin: «TV-Fälscher 1. ‹Absurdes Theater›». In: *Focus* 6, 1996, S. 30-32; Michael Handwerk: «Mord für die Quote». In: *Focus* 52, 1997, S. 168-170.

‹Dokumente›, die ins Nichts verweisen?

Abb. 1: Born-Beitrag über die deutsche Abordnung des Ku-Klux-Klans

Abb. 2: Born-Beitrag über Jäger, die Katzen als Schädlinge erschießen

ren Wissensfeldern durch noch so zeitspezifische Regelmäßigkeiten definiert und nicht ontologisch fundiert – ist aus den Beiträgen jeweils ausgelagert. Anders gesagt: Als filmischen Dokumenten wird den Reproduktionen eine objektive Beweisbarkeit zugesprochen, die sich jedoch einer Überprüfung vonseiten der Zuschauer entzieht. Ihnen bleibt lediglich die unmündige Position, den gezeigten Ausführungen zu vertrauen. Die Anmahnung der plumpen Fälschung lässt zudem die Frage unbeantwortet, warum die Nachrichtenfilme trotzdem jahrelang von Millionen Zuschauern und von den entsprechenden Redaktionen als seriöser Journalismus wahrgenommen worden waren.[59] Umgekehrt gibt die Publikums-Akzeptanz sogar solcher Beiträge, die in hohem Maße sich selbst deplausibilisierende Einzelbilder zeigen – beispielsweise ein seitenverkehrtes Hakenkreuz auf einer Fahne im Film über den deutschen Ku-Klux-Klan oder der seltsam als Maskerade wirkende Bart des Katzenjägers (vgl. Abb. 1 und 2) –, Auskunft über die äußerst effektive Autorität der Publikationsorgane als Multiplikatoren von ‹Wahrheiten›, die nicht weiter hinterfragt werden. Wie bei vielen anderen Fälschungsfällen treten bestimmte entlarvende Eigenschaften eines Falsifikats erst dann deutlich vor Augen, wenn man es auch als solches betrachtet, d.h., wenn die einzelnen Artefakte bereits ihrer autoritativen Absicherung entkleidet sind.

An dieser Stelle ist nochmals zu betonen, dass Fälschungen so lange unaufgedeckt als seriös zirkulieren, wie sie sich durch regelmäßige, nicht offensichtlich regelwidrige diskursive Praktiken ins Werk setzen. Das Verdienst der Fälschung liegt also darin, zu Tage zu fördern, dass die Bedingungen der audio-visuellen Informationsvergabe im Fernsehen die Möglichkeit von Fälschungen nicht kategorisch ausschließen, sondern dass sie ihnen sogar umgekehrt den Boden bereiten. Und dabei – vielleicht ist das insbesondere das kritische Potential von Fälschun-

---

[59] Aus diesem Grund ergaben sich zahlreiche Spekulationen über die mögliche Mitwisserschaft der Chefredaktion, die an dieser Stelle weder im Fokus des Interesses sind noch abschließend bestätigt oder verworfen werden können.

gen – ist gegenwärtig zu halten, dass die beste Fälschung diejenige ist, die bis heute unentdeckt geblieben ist, d.h., die zumindest bis heute als wahr zirkuliert. Um eine Demarkationslinie zu ziehen, diesseits derer die Seriosität des Fernsehjournalismus jedoch als ‹Normalfall› gewahrt bleibt, wurde Born, wie vom Prozess berichtet wird, von vielen Fernsehjournalisten zum «Einzelfall» deklariert, der ein «eiskalter Fälscher [...] mit hoher krimineller Energie» gewesen sei.[60]

Nimmt man die längerfristigen publizistischen Reaktionen auf die Fälschungsaufdeckungen in den Blick, so wird deutlich, inwiefern Fälschungen nicht nur eine verunsichernde, sondern auch eine geradezu die Funktionslogik der Nachrichtenmedien stabilisierende Wirkung haben können, weil sie als Abstoßungspunkte funktionalisiert werden, von denen ausgehend ein ‹wahres› Sprechen überhaupt erst definiert wird: Wahr ist, was nicht der Ausnahmefall ‹Fälschung› ist. Insofern haben Fälschungen mitunter den Effekt, alle Meldungen um sie herum mit nur differentiell markierten Wahrheitsgarantien auszustatten. D.h., Fälschungen erschüttern einerseits die Leichtgläubigkeit des Rezipienten, durch sie wird aber andererseits *ex negativo* eine Nicht-Fälschung, ein Echtes erst produziert. Ähnlich suggeriert die Einblendung ‹Nachgestellte Szene›, bei sämtlichen anderen Einstellungen eines Beitrages handele es sich um authentisches Tatsachenmaterial. Holger Thomsens Sicht auf Fälschungen aus kommunikationswissenschaftlicher Perspektive lässt dies sehr einsichtig werden: «Man mag das Auffliegen von Fälschungen begrüßen, denn nur der Skandal erlaubt es, eine öffentliche Diskussion über die Normalität der Medien und das Fernsehen zu führen. Er muss von ihnen als Sonderfall ausgegrenzt werden, der nicht als strukturelles Problem missverstanden werden darf.»[61]

Damit werden die ‹wahren› Praktiken der Normalität der Medien um die als Sonderfall markierten Fälschungen errichtet und zugleich Schadensbegrenzung betrieben, insofern Fälschungen, obwohl sie, wie hier herausgearbeitet wurde, durchaus strukturelle Probleme ans Licht bringen, dieser Aspekt schlicht abgesprochen wird. Stephen Isaacs, Professor der ‹Graduate School of Journalism› an der Columbia University, gibt schon 1990 über diesen allgemeinen Rückstoß-Effekt, der Fälschungen, Fakes oder sogenannten ‹Media Hoaxes› im Waffenarsenal der Medienkritik zukommt, aus der Sicht des praktischen Print-Journalismus zu bedenken: «When one of these media hoaxers pulls of a stunt, I find it fairly amusing. I don't think it presents a problem. You simply print a corrections column. When you admit error, it makes you more human. There's also the implication that every other fact in your paper is true.»[62] Die einzelnen

---

60 Bitala: «Als die Bilder lügen lernten» (Anm. 32), S. 3.
61 Holger Thomsen: «Fälschung und Qualitätssicherung im Journalismus». In: Claudia Gerhards/Stephan Borg/Bettina Lambert (Hrsg.): *TV-Skandale* (kommunikation audiovisuell 35). Konstanz 2005, S. 355-372, hier: S. 369.
62 Stephen Isaacs, zit. n. Mark Dery: «The Merry Pranksters and the Art of the Hoax». In: *The New York Times*, 23.12.1990, S. 1.

Publikationsorgane bleiben somit als Wahrheitsinstanz intakt oder gehen sogar gestärkt daraus hervor, weil der Unfall der Fälschung dazu dient, den authentischen Normalfall zu festigen.

So gesehen evozieren Fälschungen in den Massenmedien langfristig keine maßgebliche Veränderung der journalistischen Praktiken oder des Zuschauerverhaltens. Im Zusammenhang mit mehreren Falschmeldungen, die immer wieder ihm zugeschrieben worden waren[63], diskutiert Karl Kraus bereits 1919 scharfsichtig die für eine Medienkritik kontraproduktiven Nebenwirkungen falscher Tatsachenbehauptungen: «Man sei mit dem Blatt vorsichtiger als das Blatt. Wer es irreführen will, vermeide Tatsachen. Denn es wird sie zwar nicht vermeiden, aber berichtigen. Im Tatsächlichen irren, macht den Offenbarungsglauben, den die Presse anstrebt, nicht zu schanden. [...] [E]s ist eine logische Untat, solch sinnreiche Erfindungen [...] mit Hilfe einer Lüge an den Mann zu bringen. Denn ein solcher Betrug ermöglicht es dem betrogenen Schwindler, sich bei aller urteilslosen Welt für sein ganzes Vorleben Amnestie zu erwirken. Wer einmal angelogen wurde, dem glaubt man immer und wenn er auch nie die Wahrheit spricht.»[64]

Die Aufdeckung von Fälschungen, die wiederum in den Medien verhandelt wird, verspricht so zunächst zwar über die eigenen Existenzbedingungen massenmedialer Berichterstattung Auskunft zu geben. Aber, wie die Ausführungen gezeigt haben, ist dies, wenn in den einzelnen Publikationsorganen darüber berichtet wird, nicht ein Blick auf die Massenmedien, sondern selbst wiederum ein massenmedialer Blick. Das Medium kann sich im eigenen Medium im doppelten Wortsinne nicht *in toto* reflektieren. Aus diesem referentiellen Paradox führen auch Fälschungen und Fakes nicht heraus; selbst ihre Offenlegung bleibt ein massenmediales Konstrukt, da man von ihr meist ebenfalls nur durch die Massenmedien erfährt. D.h., die Aufdeckung ist wiederum ein mittelbares Phänomen und darf nicht als unmittelbares missverstanden werden:

Man erhält dann massenmedial konstruierte Fakten über massenmedial konstruierte gefälschte Fakten, ohne dass der Status der Faktizität im allgemeinen weiter hinterfragt wird, weil er – wiederum den massenmedialen Funktionslogiken entsprechend – so präsentiert wird, als müsse er nicht hinterfragt werden. Fälschungen und Fakes können, wenn sie in den Medien selbst verhandelt werden, keine Medienkritik im emphatischen Sinne sein, weil sie ihnen in die-

---

63 Diese Verdächtigungen gingen darauf zurück, dass Karl Kraus am 22.02.1908 im Namen von Zivilingenieur J. Berdach der Wiener *Neuen Freien Presse* einen fragwürdigen Erdbebenbericht untergeschoben hat – etwa mit Hinweisen auf ein «Zittern in der Hand», die «Variabilität der Eindrucksdichtigkeit» oder einer Differenzierung in tellurische und kosmische Erdbeben (vgl. o.A.: «Weitere Mitteilungen über Erdbebenbeobachtungen». In: *Neue Freie Presse*/Morgenblatt, 22.02.1908, S. 11). Kraus kommentiert die Zielrichtung seines fingierten Artikels in eindringlichen Worten: «Nein, das war doch kein tellurisches, das war ein kosmisches Erdbeben. Das war die Dummheit!» (Karl Kraus: «Das Erdbeben». In: *Die Fackel* 245, 1908, S. 16-24, hier: S. 24).
64 Karl Kraus: «Verbrecherische Irreführung der Neuen Freien Presse». In: *Die Fackel* 368/369, 1913, S. 34-56, wiederabgedruckt in: ders.: *Schriften*, Bd. 4. Frankfurt/M. 1989, S. 278-299, hier: S. 293.

sem Fall als kritisches Instrument in besonderer Weise immanent bleiben und sie nicht zu transzendieren vermögen. Auch wenn Fälschungen – beispielsweise für die hier ausgeführten Überlegungen – äußerst fruchtbare Erkenntnisgegenstände sind, bleiben sie hinsichtlich transformatorischer Effekte innerhalb der Matrix journalistischer Praktiken weitestgehend wirkungslos.

Susanne Regener

Filmisches Selbstporträt

Max Kestners Dokumentarfilm REJSEN PÅ OPHAVET als Reflexion auf den aktuellen Authentizitätscode

Glaube an Wirklichkeit

Selbst wenn man nicht von einer signifikanten Zunahme an Dokumentarfilmen sprechen kann, so sind sie in den letzten Jahren zumindest vermehrt im Kino sehr erfolgreich gewesen.[1] Zu fragen ist, ob damit gleichzeitig ein substantielles Misstrauen gegen Fiktion entstanden ist oder – anders gesehen – ein stärkeres Verlangen nach Wirklichkeit sichtbar wird.[2] Obwohl, wie Wolfgang Beilenhoff dargestellt hat, im Zusammenhang mit dem Dokumentarfilm nie vom Authentischen die Rede war[3], mäandert der Begriff der Authentizität in der Spielfilm-Szene und in diversen Fernsehformaten. Als Lars von Trier (und eine Gruppe dänischer Regisseure) 1995 mit dem Dogma (*dogme95*) eine Kritik gegen den Hollywood-Mainstream in Gang setzte, hatte er die Idee, mit Hilfe von Spielregeln nicht-manipulierte Filme herzustellen: «Für mich geht die Methode dahin, dass man immer noch vergessen kann, dass man im Kino ist. Man glaubt, man ist in der Wirklichkeit, weil man selbst etwas hinzufügt.»[4]

2002 veröffentlichte er ein neues Manifest, das den Dokumentarfilm betraf: Das *Dogumentary-Manifest* sollte den Dokumentarfilm zur Wirklichkeit zurückführen, in ihm sollte «die reine objektive und glaubwürdige Schilderung der Wirklichkeit wiederaufleben.»[5] Mit Blick auf die Doku-Soaps des Fernsehens sehen dänische, schwedische und norwegische Regisseure den Dokumentarfilm in

---

1 Z. B.: Nicolas Philibert, ETRE ET AVOIR, F 2002, NO QUADRO DA VANDA, Pedro Costa P/D/CH 2000, BOWLING FOR COLOMBINE, Michael Moore USA 2002, S21 – LA MACHINE DE MORT KHMÈRE ROUGE, Rithy Panh, Kambodscha, F 2002, BLACKBOX BRD, Andres Veiel, D 2001, DIE SPIELWÜTIGEN, Andres Veiel D 2004.
2 Siehe Denis Duclos/Valérie Jacq: «Nie kommt die Wahrheit in die Kamera». In: *Le Monde diplomatique* Nr. 7685 (10.06.2005).
3 «Das Authentische ist Produkt einer Laborsituation. Ein authentisches Gespräch mit Wolfgang Beilenhoff und Rainer Vowe». In: http://www.nachdemfilm.de/no2/bei01dts.html (12/2000).
4 Lars von Trier: «Drillepinden». In: EKKO 28, 2005, S. 21-26, hier: S. 22.
5 Jesper Vestergaard: «Von Triers Dogumentary-manifest». In: CinemaZone.dk: http://www.cinemazone.dk/article.asp?id=496&area=3 (10.2.2007). Alle Übersetzungen in diesem Beitrag aus dem Dänischen von Susanne Regener.

einer Krise, die durch ein Regelwerk behoben werden sollte. Im Zentrum von *Dogumentary-Manifest* stehen Reminiszenzen an *Direct Cinema* und *Cinéma Vérité* und starke moralische Implikationen, wenn zum Beispiel gefordert wird, dass die Mitwirkenden, die so bezeichneten «Opfer», am Ende eines Filmes mindestens zwei minutenlang freie Redezeit bekommen müssen. Die Begriffe Wahrheit, Wirklichkeit, Authentizität, Inszenierung werden von Filmemachern in verschiedenster Weise in die Debatte gebracht, um sich selbst zu positionieren in einem sich in Auflösung begriffenen Genre – dem Dokumentarfilm.

Der Amerikaner Michael Moore zum Beispiel behauptet, dezidiert Lügen durch Wahrheiten ersetzen zu wollen, indem er vor laufender Kamera Entlarvungen stattfinden lässt, Konfrontationen und überraschende Reaktionen dokumentiert. Andere Regisseure versuchen, eine, unter Umständen *die* Wahrheit der Bilder zu verbürgen: In SUPERSIZE ME (Morgan Spurlock USA 2004) zum Beispiel wird Gesundheitsgefährdung durch Fast Food mit einem Selbstversuch anschaulich gemacht: Mediziner, die Checks durchführen und Tabellen, Zahlen, Hochrechnungen sollen Wissenschaftlichkeit repräsentieren.

Manchmal werden mit dem Willen, das Dargestellte ganz nah am Realen sichtbar zu machen, Intimsphären überschritten. Naomi Kawase zum Beispiel beschreibt in TARASHIME – GEBURT UND MUTTERSCHAFT (Japan 2005) die Entbindung ihres eigenen Kindes oder in dem gleichermaßen narzisstischen Film THE BROWN BUNNY von Vincent Gallo (USA 2003) wird eine Fellatio-Szene zwischen Gallo selbst und Chloë Sevigny dargestellt, wie aus einem gängigen Pornofilm. Das sind Selbstdarstellungen, die provozieren wollen und den Narzissmus auf einen Höhepunkt zutreiben: Die Botschaft scheint über die Nähe zum Körper authentischer und ‹wahrer› werden zu sollen.

Aus vergleichbaren Motiven heraus waren in der zweiten Hälfte der 1990er Jahre Webcams auf privaten Homepages zum Einsatz gekommen: Die visuelle körperliche Präsenz sollte ein Zeichen der Authentizität sein: ‹ich bin es, ich bin echt, ich bin au naturel›.[6] Mittlerweile hat die Webcam in ihrer Bedeutung für die Authentifizierung von Aussagen auf Homepages abgenommen. Durch die *Social Software* des *Web 2.0* werden die Amateure oder User zu Filmemachern aller Art. Sie probieren die verschiedenen Formen des Dokumentarischen und ihre fiktiven Komponenten auf Plattformen wie *YouTube*, *MySpace* und *YouPorn* aus und senden die Produktionen, hergestellt mit Webcams, Digicams und Handycams, sofort.

Dieser Hinweis auf Medienamateure bzw. User verfolgt den Zweck, auf das Wesen des Dokumentarfilms als intermediales Geflecht hybrider Formen (Peter Zimmermann) hinzuweisen.

---

6   Siehe Susanne Regener: «Upload – über private Webcams.» In: Immanuel Chi/Susanne Düchting/Jens Schröter (Hrsg.): *ephemer_temporär_provisorisch. Aspekte von Zeit und Zeitlichkeit in Medien, Kunst und Design*, Essen 2002, S. 140-155.

Welches Reale?

Ich möchte Beziehungen und Ähnlichkeiten zwischen den verschiedenen bilddokumentarischen Formen aus Populärkultur und Kunst ausmachen und an Hand des dänischen Filmes REJSEN PÅ OPHAVET zeigen, dass der Umgang mit Wirklichkeit ein spielerischer ist und der Dokumentarfilm weder in ästhetischer noch in narrativer Hinsicht Berührungsängste mit amateurhaftem oder privatem Bildmaterial hat. Mich interessiert in diesem Zusammenhang bilddokumentarischer Formen besonders das Phänomen Selbstdarstellung und der damit verbundene Ausdruck von Narzissmus.

Meine These ist, dass in professionellen wie amateurhaften, künstlerischen und nicht-künstlerischen Bildproduktionen heute ein spezifischer Authentizitätscode Anwendung findet: das bedeutet, dass es eine stillschweigende oder laute Verständigung darüber gibt, was als authentisch angesehen wird. Die Frage nach der Referenz ist schlicht überflüssig geworden bzw. als Teil des Spiels dem Vergessen anheim gefallen. Das Dokumentarische und mit diesem Genre das, was man als Reales/Realität bezeichnet (hat), ist immer schon Ausdruck einer Krise der begrifflichen Fassung: «Das Reale ist immer im Begriff der Auflösung, des Auseinanderbrechens und Umbrechens und Durchbrechens, Entfaltens, der Veränderung, des Entgleitens und des Übergangs.»[7]

War das Authentische bei BIG BROTHER-Formaten im Fernsehen und in Homevideos vor einigen Jahren noch Produkt einer Laborsituation[8], so sind die gegenwärtigen Filmproduktionen im Internet bewusst gestaltete Simulakren. Man gewinnt den Eindruck, dass wir die Illusion und den Traum von Authentizität nähren, um sie letztlich abzuschaffen. Oder in den Worten von Jean Baudrillard: «Es geht nicht mehr um die Imitation, um die Verdoppelung oder um die Parodie. Es geht um die Substituierung des Realen durch Zeichen des Realen.»[9] Die diversen Formen performativer Selbstbeschreibungen, die sich in verschiedenen medialen Bereichen (Fernsehen, Dokumentarfilm, Internet) ausbreiten, fasse ich unter dem Begriff *Kulturen des Selbst* zusammen.

Die Reise zum Ursprung

Als eine Auseinandersetzung mit der eigenen Individualität und Identität ist auch der Film REJSEN PÅ OPHAVET von Max Kestner[10] zu betrachten. DIE REISE

---

7 Hartmut Bitomsky: *Kinowahrheit*. Ilka Schaarschmidt (Hrsg.), Berlin 2003, S. 212.
8 Beilenhoff: «Das Authentische» (wie Anm. 3).
9 Jean Baudrillard: *Agonie des Realen*, Berlin 1978, S. 9.
10 REJSEN PÅ OPHAVET DK 2004, englischer Titel: MAX BY CHANCE (deutsch: DIE REISE ZUM URSPRUNG), Premiere 6.11.2004 auf dem Dokfilmfestival Cph: dox, Kopenhagen.

Abb. 1: Rejsen på ophavet

Zum Ursprung ist ein 30-minütiger Film über die Lebensgeschichte von Max, dem Filmemacher. Ein filmisches Selbstporträt, das untersucht, was den Menschen ausmacht, wie er mit seiner Familie, der Kultur, dem Herkunftsland verbunden ist. Und doch ist es zugleich die Lebensgeschichte von uns allen. Mit fremdem, gefundenem Material – *Found Footage* – inszeniert er eine Lebensgeschichte, eine Selbstdarstellung in Ich-Form. Wo kommen wir her, welche Zufälligkeiten führen dazu, dass wir uns hier oder dort befinden, dass wir in bestimmten Familien verstrickt sind.

Der Film beginnt mit folgenden Worten: «Als ich klein war, gab es immer Schnee im Winter und Sonne im Sommer. Das kann man auf unseren Familienfotos sehen.»

Die gezeigten Fotos vom Haus (Abb. 1) werden mit Schneeflocken und Einfärbungen versehen: Die private Knipserfotografie wird nobilitiert: sie soll angeblich zeigen, was und wie es war. Fotografien rufen Erinnerungen wach, sie sind dazu da, ein Erlebnis zu generieren.

Kestner möchte, dass die Bilder fließen, um das Erlebnis zu vergrößern, deshalb animiert er die Fotos, die aus dem Familienalbum stammen: er baut einen Vordergrund ein, gibt ihnen Dreidimensionalität, bewegt die Kamera darüber, lässt im Vordergrund Schnee fallen und Wind durch Bäume säuseln.

Der Film besteht aus kaleidoskopartigen Bildmontagen, mithin augenzwinkernden Hinweisen darauf, dass wir stets an die Referenz von Fotografien glauben, obgleich hier farbliche und andere Bearbeitungen sichtbar sind, ja, teilweise die Fotos in Bewegung geraten, indem sie ins Dreidimensionale animiert

Abb. 2: Rejsen på ophavet

werden. Die Verwendung von privatem Bildmaterial, von Amateurfotografien und Amateurfilmen, verleitet mich zu der These, dass in diesen unprofessionellen Bildern ein Authentizitätsversprechen liegt. In der künstlerischen Auseinandersetzung tritt das Alltagsleben in den Vordergrund – das korrespondiert mit einer neuen Bedeutung der Amateure im medialen Kontext überhaupt.

Max wird 1969 von politisch engagierten und der dänischen Hippiebewegung nahe stehenden Eltern in Kopenhagen geboren. Eine Familienabstimmung ist gegen ein Geschwisterkind, er darf Einzelkind bleiben, das sagt die Stimme aus dem Off. Max Kestner erzählt in diesem Film Geschichten von seinen acht Urgroßeltern und deren 103 Großenkeln, streift dabei politische Ereignisse, Kriegsgeschichten, Arbeitswelten, Kindheitserinnerungen.

Der Film verwendet privates Super-8-Footage-Material und Ausschnitte aus wissenschaftlichen Filmen, private und öffentliche Fotos und ausgestellte, neu aufgenommene Gegenstände. Das große Ganze, das Universum, und die Genealogie der Familie wird mit dem Kleinen verbunden: zum Beispiel der Seemannspullover der Marke ‹Sailor› (Abb. 2) oder bestimmte Sportschuhe aus Max' Kindheit, die wie in einem Bilderrätsel vorgestellt werden. In diesen Mikro-Makro-Relationen wird eine scheinbare Zufälligkeit inszeniert, die die Dinge und Ereignisse miteinander verbindet. Max Kestner kommentiert:

> Ich versuche mir vorzustellen, wie man die Summe all dessen geworden ist, was an einem im Leben so vorbeigezogen ist – auch das, was man kaum bemerkt hat – zusammen mit all jenem, das an den Groß-

Abb. 3: Rejsen på ophavet

eltern, Urgroßeltern und Ururgroßeltern vorbei geglitten ist. Das alles zusammen ist in uns. Deshalb habe ich versucht, ein großes Sammelsurium zu schaffen, eine Art Chaos, wo es dennoch eine Ordnung gibt, aber eine Ordnung, die man nicht überblicken kann – nur spüren.[11]

Kestner unternimmt Operationen mit den Bildern und gibt ihnen eine Bedeutung zurück: «Nur indem man das Bild vom Realen befreit, wird man ihm seine Kraft zurückgeben, und nur indem man dem Bild seine Spezifität zurückgibt [...] kann das Reale seinerseits sein wirkliches Bild wieder finden.»[12]

Eine Arbeitstechnik, die sich durch den Film zieht, ist das Mapping (Abb. 3): Eine Kartographie der Ahnenforschung und gleichzeitig erinnert es an das bekannte Memory-Spiel: Durch das Aufdecken von Feldern entsteht ein Muster, das bei weiterer Aktion aber auch wieder verschwinden kann, ein neues Muster entsteht zufällig. Max Kestner will damit dem Zufall auf die Spur kommen. Denn um den Zufall geht es in dieser Selbstdarstellung und natürlich auch um Chaos, in dem eine irgendwie geartete Ordnung herrscht. Während die Animation der Fotos unterstreicht, dass es beim Geschichtenerzählen um ein Erinnerungsvermögen geht, steht das Mapping für ein bewusstes Ein- und Ausblen-

---

11 Interview mit Max Kestner: «Claus Christensen, Max og Kaos». In: *EKKO – Magasinet om film og medier*, 23 (2005), S. 38-42, hier: S. 38.
12 Jean Baudrillard: *Der unmögliche Tausch*, Berlin 2000, S. 196.

den von Geschichte, eine Art wissenschaftliche Zugangsweise. Beide Verfahren generieren das Dasein als Zufall: Max Kestner ortet die Spielräume einer Wahrheitsproduktion aus, die durch den Zufall geadelt wird und geht dabei weit in die Familiengeschichte zurück. Bei diesem Mapping geht es nicht nur um eine quasi-wissenschaftliche Methode, dem Zufall auf die Spur zu kommen, sondern auch darum, dass der Däne Max Kestner selbst Nachfahre verschiedener Einwanderer und Auswanderer ist: ein unprätentiöser Hinweis auf die multiethnische Zusammensetzung der dänischen Bevölkerung, wie der europäischen überhaupt. Das Mapping ist aber auch noch Hinweis auf die stark beobachtende Funktion heutiger *locative media* und Georeferenzierung, wie sie global auf Internetplattformen oder mit Google-Maps angewendet werden können.

«Das Zufällige ist das, was keine Ordnung hat. Aber man kann nie wissen, ob dort eine Ordnung ist, bevor man sie gesehen hat. Deshalb kann es eine Ordnung in allem geben, und wenn das der Fall ist, gibt es den Zufall nicht.»[13] *Taggen* im Internet ist eine vergleichbare zufällige Geschichten-Produktion.

Das hohe Tempo des Films soll das logische und kritische Mitdenken des Zuschauers verhindern und stattdessen das *Erlebnis* in den Vordergrund stellen. Ein Erlebnis ist eine sehr viel komplexere Angelegenheit und beinhaltet viel mehr Informationen als ein Gedanke, resümiert Kestner.[14] Das (visuelle) Erlebnis zum Ausgangspunkt zu machen, ist eine Idee, die dem Forschungsfeld Visuelle Kultur eigen ist: Fernab von disziplinären Grenzen wird das «Etwas-fand-statt» (Gilles Deleuze) interdisziplinär und in seiner multimedialen Komplexität untersucht.[15]

Max Kestner schloss 1997 die Dänische Filmschule ab. Einige Jahre hat er beim Dänischen Fernsehen als Regisseur gearbeitet. Für die Dokumentarfilm-TV-Serie NEDE PÅ JORDEN (DK 2004) begleitete und inszenierte er Arbeiter und Arbeiterinnen einer Fabrik für Rettungsboote, VIKING, in Esbjerg. Als Kinofilm lief eine redigierte Fassung auch in deutscher Synchronisation (SCHÖNE BESCHERUNG, 2005 auch im deutschen Fernsehen). Kestner erhielt 2005 den Carl Theodor Dreyer-Preis für besonderen künstlerischen Einsatz. In der Laudatio von Peter Schepelern hieß es: «Er benutzt die dokumentarische Form und das dokumentarische Genre, um damit zu dichten. [...] Die Wirklichkeit wird souverän zu einer künstlerischen, einer dichterischen Aussage geformt.»[16]

Die Arbeit Kestners an der Realität ist eine Arbeit an einer Geschichte, eine Wahl, eine Auswahl, es sind seine Erlebnisse mit dem Material. Dieses Vorgehen ist weit entfernt von dem puristischen und moralischen Anspruch, der

13 Max Kestner, REJSEN PÅ OPHAVET.
14 Kestner: «Christensen, Max» (wie Anm. 11), S. 40.
15 Siehe die Positionen von Irit Rogoff. *Terra Infirma. Geography's Visual Culture*. Cambridge 2000; Susanne Regener: «Visuelle Kultur». In: Ruth Ayaß/Jörg Bergmann (Hrsg.): *Qualitative Methoden der Medienforschung*, Reinbek 2006, S. 435-455.
16 Peter Schepelern: «Dreyer Prisen til Max Kestner». In: *EKKO*, online http://www.ekkofilm.dk/index.asp?allowbreak=Nej&id=119 (16.3.07).

im *Dogumentary-Manifest* formuliert wird. In dem Glauben, den Produkten von Journalisten einen besseren Dokumentarfilm entgegen zu setzen, verfolgen die Dogumentary-Filmemacher ein Spiel nach ihren Regeln, lassen zum Beispiel Archivbilder weg, Rekonstruktionen sind verboten und Manipulationen mit Bild und Ton. Das sei ein Projekt, «das den Dokumentarfilm zurück zur Wirklichkeit führen sollte.»[17]

Kestner selbst macht keinen Unterschied zwischen Dokumentarfilm und Fiktionsfilm. Er setzt sich für eine neue Betrachtung des Begriffs Wahrheit ein. Es irritiert ihn, dass es eine allgemeine Vorstellung darüber gibt, «dass, wenn ein Film bewusst geplant und durchdacht ist, bevor er aufgenommen wird, er nicht wahr sein soll. Dass die Wahrheit zu den Filmen gehören soll, die bewusstlos, ungeplant und undurchdacht aufgenommen werden. Mit anderen Worten: Nicht jede Sprache ist gleich wahr.»[18]

Hyperrealität Fernsehen

Der Kampf um Individualität und Wahrheit der Performance wird bekanntermaßen, wir verfolgen das seit einigen Jahren, in den Medien Fernsehen und Computer ausgefochten. Dabei spielt das Amateurformat eine immer größere Rolle: Technische und ökonomische Aspekte des Filmens sind heute durch die digitalen Apparate zwischen den professionellen und den Amateurfilmen von geringerer Bedeutung. Außerdem geht die bewusste inszenatorische Strategie von professionellem Dokumentarfilm und Spielfilm dahin, das Amateurformat einzubeziehen. «*Reality TV* als Fernsehformat ist mit dem Amateurvideo entstanden und hat professionell den Amateur-Touch für die Fiktion von Authentizität immer beibehalten.»[19] Reality-Fernsehen – das bedeutet Selbstdarstellung von Amateuren in eigens dafür geschaffenen Formaten wie BIG BROTHER, so genannten Schmuddel-Talk Shows am Nachmittag (RTL, PRO7, SAT) mit Laiendarstellern und Gästen aus unteren sozialen Schichten, sowie diversen Shows, die einen sozialpädagogischen Impetus vortäuschen wie HAUSFRAUENTAUSCH und SUPER NANNY (RTL). Die einzelnen Schicksale, die hier inszeniert werden und der Live-Charakter der Sendungen wollen das Authentizitätsversprechen noch erhöhen: Tratsch und Klatsch, Voyeurismus, Pöbelei, Verletzungen, Versöhnungen – all diese Affekte, in einer manischen Alltagssprache vorgetragen, sollen wirken wie direkt aus dem Alltagsleben hervorgegangen. Eine ideologiekritische Einschätzung, nach der aber dieses *dirty TV* oder *Trash TV* als Ersatz

---

17 Vestergaard: «Von Triers Dogumentary-Manifest» (wie Anm. 5).
18 Max Kestner: «Essay». In: *EKKO – Magasinet om film og medier* 23 (2005), S. 41f.
19 Joachim Paech: «Der andere Film – der Film des (der) Anderen im Film». In: Harro Segeberg (Hrsg.): *Die Medien und ihre Technik*. Marburg 2004, S. 317–335, hier: S. 319.

für Wirklichkeit in unserer Kultur funktioniert, greift zu kurz. Mit Christoph Tholen bin ich der Meinung, dass hier Selbstbilder produziert werden, «ein kollektives Imaginäres, welches weder bloß real noch fiktiv ist.»[20] Im Baudrillardschen Sinne wird eine Hyperrealität des fiktiven Szenarios im Fernsehen ausgebreitet, die ironisierend in Internetforen (z. B. tvforen.net) auf den Fake-Wert untersucht wird. Die «Prostitution des Privaten» ist in den Talkshows und anderen Mottoshows (DEUTSCHLAND SUCHT DEN SUPERSTAR) Ausdruck einer neuen Blickordnung, bei der die Machttechniken der Kontrollgesellschaft quasi nach innen gewendet sind.[21] Der Laie setzt sich den Regeln der Inszenierung, dem Moderator, den Studiogästen und den unsichtbaren Fernsehzuschauern freiwillig aus und konturiert in dieser Performance seine Gestalt.

Wessen Wahrheit – so kann man mit der Philosophie Max Kestners fragen – entwickelt sich in diesem Szenario?

Der freiwillige Selbstdarstellungsboom, der sich derzeit im Internet abspielt, zeigt auf einer weiteren Stufe, dass der Blick der Macht verinnerlicht ist und der Mensch sich zum Zentrum der Blickvielfalt macht. Durch spezifische Software, lokative Medien und Rechnerallgegenwart werden neue Formsprachen entwickelt, die die jeweiligen Geschichten und Bearbeitungen von visuellem Material generieren – welchen Anteil und welche Selbstbestimmung der User an diesen ‹Wahrheiten› hat, ist zu ergründen.[22]

Modelle der Selbstdarstellung

In Weblogs, die vorwiegend narrativ geprägt sind, oder in Blogs, die die eigenen Fotoalben aufnehmen (*Flickr*, *MySpace* oder andere kleinere Internetforen) werden private, bisweilen intime Notizen und Bilder eingestellt. Mit dem Aufkommen videofähiger Handys in der jüngsten Vergangenheit expandiert die filmische Selbstdarstellung, die auf Webseiten wie *YouTube*, *MySpace* und *YouPorn* an die Öffentlichkeit kommt. Mittels Ranking-Verfahren werden die eingestellten Produkte bewertet, und für manche User ist es erklärtes Ziel, darüber irgendwie berühmt werden zu wollen.

Sind sich die User eigentlich bewusst darüber, was und wie viel sie an Privatem veröffentlichen und was sie besser zurück halten sollten? Sind Selbstdarstellung und informationelle Selbstbestimmung im Internet vereinbar bzw. wissen die User, welche Gefahren die Bewegung im Netz birgt? Für den Big Brother-Boom wurde angenommen, dass die Beteiligten sehr wohl einen kontrollierten

---

20 Christoph Tholen: *Die Zäsur der Medien. Kulturphilosophische Konturen.* Frankfurt a.M. 2002, S. 151.
21 Siehe ebd., S. 152.
22 Siehe Regener: «Visuelle Kultur» (wie Anm. 15), S. 442f.

Umgang mit der Art und Weise ihrer Präsentation pflegten. «Ich habe schon den Eindruck», sagt Bettina Sokol, Landesbeauftragte für Datenschutz NRW im Jahre 2000,

> dass auch die Menschen, die ihr Leben öffentlich machen, wissen, was sie für sich behalten wollen. So werden beispielsweise diejenigen, die sich in den Container von Hürth begeben haben, vorher festgelegt haben, was sie von sich preisgeben und was nicht. Das hat man deutlich bei den Leuten der ersten Staffel der Serie gemerkt, als sie in Interviews zu bestimmten Situationen gesagt haben: ‹Jetzt ist Schluss. Jetzt ist das privat.›[23]

Der Vorstoß ins Fernsehen und ins Internet von einer Klientel, die bislang keine Möglichkeit hatte, sich selbst öffentlich zu präsentieren, hat die Reflexion von Wahrheit und Realität verändert. Nicht nur die Möglichkeit des Auftretens in einschlägigen Sendungen, sondern auch die Verknüpfungen von TV und Internet und schließlich das digitale Fernsehen bewirkten eine veränderte Integration des Mediums in die Alltagswelt. Gleichzeitig verändern sich durch den Mediengebrauch soziale Handlungsansätze, Bewusstseinseinstellungen und mithin auch Prägungen sozialer Identität. Um 2000 noch konnte man aus Sicht der medienwissenschaftlichen Rezeptionsforschung den praktischen Sinn des Fernsehens in seinem Angebot an «Modellen erfolgreicher Selbstdarstellung» beschreiben.[24] Seitdem macht sich mehr und mehr ein Medienumbruch geltend, der unter dem Einfluss intermedialer, digitaler Strategien und neuer Computer-Software Fernsehen und Internet verschränkt und zu einer Partizipation des Users (der Ausdruck des Zuschauers ist generell passé) an der Informationsproduktion und an der Produktion von Identitätsmodellen führt.

Insbesondere Jugendliche leisten sich heute Multimedia-Handys (oder benutzen die Kurzfilm-Einrichtung ihrer digitalen Fotokamera), mit denen sie Filme herstellen: Spots über Tiere, Hobbys wie Stricken, Skateboarden, selbstgemachte Comedies aber auch Gewaltfilme wie das Happy Slapping. Ein Handy-Film-Boom regt zurzeit Amateure an, Spielfilmcharakter in Filme von einer Minute Länge zu bringen.[25] Große Plattformen und Communities eignen sich für die Veröffentlichung der privaten Bilderzeugnisse besser als eigene Home-

---

23 «‹Was reizt die Menschen an Big Brother?›, Christiane Schulzki-Haddouti im Interview mit der Datenschützerin NRW Bettina Sokol». In: *Telepolis*, 2.11.2000 (www.heise.de/tp/issue/r4/artikel/4/4172/1.html)
24 Siehe Ralph Weiß: «‹Praktischer Sinn›, soziale Identität und Fern-Sehen». In: *Medien & Kommunikationswissenschaft*, 48. Jg. 1/2000, S. 42-62, hier: S. 60.
25 Während ich dies schreibe, ist man sich in Berlin vor Handy-Kameras nicht mehr sicher; siehe http://mobilefilmfestival.polylog.tv/preise.php; http://www.spiegel.de/netzwelt/mobil/0,1518,472221,00.html (15.3.07).

pages, denn um wahrgenommen zu werden, braucht es große Netzwerke und eine Oberfläche, die das Selbstzeugnis einbindet und weiter vermarktet. Aktuelles Beispiel von ‹user-generated› Spielfilm ist das Vorhaben von Detlev Buck, aus Amateurfilmchen über die Fußball-Europa-Meisterschaft 2008 einen Kinofilm herzustellen.[26]

Im Internet schaffen Amateure kleine Welten, und ähnlich wie bei Max Kestners Mapping werden zufällig immer wieder neue größere Einheiten erstellt, indem Techniken des Tagging verwendet werden. Das Tagging beruht auf Tools, die gemeinschaftliches Indexieren oder Bookmarken erlauben, d. h. Zusatzinformationen über die eingesandten Daten werden für ihre Speicherung aufgenommen. Die Plattform *YouTube* zum Beispiel betreibt diese Methode, um Filme, Themen, Namen usw. miteinander zu verknüpfen. Dadurch entstehen, wie beim Memory Spiel aus dem Film von Max Kestner, immer neue Beziehungen, Muster, Welten, ein ungeheures Bildermeer. Während allerdings der Filmemacher Max Kestner die Produktion des Zufalls und damit eine Form der ‹Wahrheitsgenerierung› selbst in den Händen hält und den Zufall inszeniert, sind die Internet-Amateure in ihrem *Self-Editing* relativ begrenzt und vor weiteren Zufällen nicht sicher. Hier gelten Bedingungen der Anwendungssoftware, die Regeln des Webforums und das Verhalten der Online-Community.

Ein Beispiel für diese Zufallsverbindungen: Berühmt geworden ist das Gehampel des übergewichtigen Gary Brolsma aus Rumänien. Mit einem Karaoke-Gestus, allerdings extrem eingeschränkt im Sitzen, bewegt er Lippen und Körper zu dem Song «Dragostea Din Tei» der rumänischen Band O-Zone. Dieses private Video-Material, einmal bei *YouTube* eingestellt, wird Gegenstand für Bilderwanderungen, die der Autor keinesfalls mehr steuern kann. Wie bei einer kommerziellen Marketingstrategie wurde es zum viralen Material, d. h. das anderthalb Minuten lange Video verbreitete sich wie ein Virus: Vom Ursprungsort gelangte das so genannte NUMA NUMA-Video von Gary Brolsma durch Verlinkungen auf zahlreiche andere private Seiten. Durch diese Beschleunigung wurde es Kult und fand viele Nachahmer, die ihrerseits ihre Kopien und modifizierten Filme als Responses bei *YouTube* einstellten. Mir erscheint dieses Phänomen als eine kreative Fortsetzung der eintönigen Webcamstudien, durch die User sich während der Arbeit am Computer, Familien in Wohnzimmern, Mütter in Küchen beobachten ließen. Virales Material, wie das NUMA NUMA-Video transferiert auch in klassische Medien. Und möglicherweise erst aus dieser Kombination von neuen und alten Medien entstand eine ‹Numania›. Der Publicity wollte sich der Autor entziehen, doch dann produzierte er ein neu-

---

26 Der Regisseur Detlev Buck nutzt dazu die YouTube-Plattform: 23 Tage: http://www.google.de/intl/de/23days (23.6.2008).

Abb. 4: Gary Brolsma: THE NUMA NUMA DANCE

es Video: NEW NUMA – THE RETURN OF GARY BROLSMA.²⁷ Das Mapping, das für diese Geschichte und immer wieder Modifikationen davon verantwortlich ist, ist ein komplexes Spiel, in dem andere Amateure/User, das Tagging-Programm des Webforums, Redakteure aus Offline-Bereichen und Betreiber weiterer Feature-Seiten (garybrolsma.net, newnuma.com) den Authentizitätscode umreißen bzw. einen neuen schaffen. Die Vereinbarung darüber, wie authentisch, echt, wirklich, glaubwürdig der dicke Protagonist ist und welche Botschaft er transportiert, ist nicht Sache eines Einzelnen oder eines einzelnen visuellen Produkts, sondern der Code entsteht in einer intermedialen Verflechtung und interpersonellen Zusammenarbeit. Das NUMA-NUMA-Video ist ein hervorragendes Beispiel für die Verquickung von Amateurarbeit und Kommerzstrategie, jene Verbindung, die man gerade bei *YouTube* ausschließen möchte, wie das nächste Beispiel zeigt.

---

27 Siehe auch die eigene Website, bei der fraglich bleibt, wie stark er selbst daran beteiligt ist. Hier wird die Geschichte des Hypes dargestellt und immer wieder Links zu YouTube geschaltet: http://www.newnuma.com (16.3.07).

Lonelygirl15 – unter dieser Bezeichnung wird seit Juni 2006 ein Video-Blog auf *YouTube* geführt. Hier wird ein weiterer Authentizitätscode sichtbar und exemplarisch die These von der Substituierung des Realen durch Zeichen des Realen gestützt. Unter der passenden Überschrift «Nur falsch ist wirklich echt» hat Frank Patalong in der Netzkultur-Rubrik von *SpiegelOnline* die Selbstdarstellungsvorgänge und Web-Beichten des Teenagers Bree auf *YouTube* dokumentiert.

Lonelygirl15 ist ein sehr gut geschminktes Mädchen, das via Web-

Abb. 5: *Lonelygirl15*

cam in ihrem Teeniezimmer der Online-Community von ihrem strengen Elternhaus, von Phantasien, Wünschen und Liebeskummer erzählt. Die Postings erhielten Seriencharakter; mit gefilmten Reaktionen wurde geantwortet, in Foren wurden die Inhalte diskutiert. Das angeblich so einsame Mädchen hatte sich auf prominente Beiträger in der *YouTube*-Community bezogen und geriet darüber selbst schnell in den Aufmerksamkeitsradius der virtuellen Gemeinschaft. Nachdem von *Lonelygirl15* ein Video eingestellt wurde, das wie ein professionell gedrehter Film aussah, wurde über Echtheit, Wahrheit, Fake und Betrug bei *YouTube* und *MySpace* und aber auch in den klassischen Medien diskutiert. Die Community war gespalten: Für viele war Bree nicht nur cool, sondern musste auch wahr sein. Andere, wie der Star des Netzwerkes, Renetto, sprachen von Realitätsverlust, gerieten in Rage und meinten, *Lonelygirl15* sollte rausgeschmissen werden – wegen Betruges an den Usern, die tausendfach auf die Geschichten Videofilme eingesendet hatten. Ebenso vehement wurde die Kommerzialisierung entrüstet zur Kenntnis genommen und für die User-Gemeinschaft für schädlich befunden. Bekannt wurde nämlich, dass eine Werbeagentur den Auftritt der Schauspielerin Jessica, alias Bree, geplant hatte, mit der Absicht, eine neue Kunstform im Internet-Forum zu kreieren. «Our intention from the outset has been to tell a story – A story that could only be told using the medium of video blogs and the distribution power of the internet. A story that is interactive and constantly evolving with the audience.»[28] Die ‹Wahrheit› hieß von Seiten der Betreiber: «a realistic fictional story» und wurde von den Usern folgendermaßen kommentiert: «*Lonelygirl15* is fake...who cares ... it's the internet!»[29]

Glaubwürdigkeit

Aus der Sicht Jean Baudrillards ist unser Kampf um Individualität und Identität, der seit zweihundert Jahren die moderne Zivilisation in Atem hält, ein verkrampfter:

> Wir wollen mit allen Mitteln eine Identität finden. Wenn es sein muss, jagen wir auch der eines anderen nach (wie z. B. Sophie Calle in ihrer Arbeit ‹La Suite Vénitienne›). Oder wir suchen uns unzählige vergängliche Identitäten im Netz. Oder wir versuchen, uns auf jede mögliche Art von Identitäten zu befreien, als wollten wir uns einer Last oder einer Verkleidung entledigen. Alles geschieht, als seien wir von einem ‹natürlichen› Zustand des Menschen, einer Offenheit uns selbst gegenüber, zu Geiseln geworden. Es ist, als ob Freiheit und Individualität künstliche Zustände wären, also Zustände, die uns wie ein moralischer Imperativ aufgezwängt sind. Die Wirklichkeit selbst ist ein künstlicher Zustand geworden.[30]

Für die Suche nach der eigenen Identität sind die neuen Netzwerke im Internet mit zahlreichen Tools ausgestattet, die es den Medienamateuren erleichtern, Verbindungen, Spiegelungen, Neudefinitionen, Experimente der Selbstdarstellung vorzunehmen. In diesem künstlichen Zustand richten sich die User ein und kreieren ihre Vorstellungen von Authentizität: Sie wiederholen, was sie kennen (Doku-Soaps), spielen mit den technischen Möglichkeiten, die ihnen als User zur Verfügung stehen; obwohl sie eingebunden sind in spezifische Techniktools und Strategien von Internetforen, entscheiden die User über die Au-

---

28 Frank Patalong: «Nur falsch ist wirklich echt». *Spiegel Online* 11.9.2006, www.spiegel.de/netzwelt/netzkultur/0,1518,436070,00.html.
29 Added September 09, 2006, from Emmalene, aus: http://www.youtube.com/watch?v=LK_1GLUCogw (15.3.07).
30 Jean Baudrillard: «Lob der Singularität». In: *Kunstforum*, Bd. 181, 2006, S. 68-71, hier: S. 68.

thentizität der visuellen Ereignisse und stellen sich selbst darin dar. Trotz oder gerade wegen der Entlarvung von *Lonelygirl15* als Fake läuft der Videoblog mit gesteigerter Attraktivität weiter und hat daneben zahlreiche ‹a-tribute-to-Foren› initiiert. Die Fangemeinde hat ihren eigenen Code.

Max Kestner, als Vertreter einer Dokumentarfilm-Generation, die eine neue Formsprache sucht, führt in seinem Film REJSEN PÅ OPHAVET (Engl.: MAX BY CHANCE) eine Dimension ein: statt Wahrheit Glaubwürdigkeit. «Wenn wir uns nicht verantwortlich für unsere eigenen Geschichten bekennen, werden sie verlogen und langweilig werden. Die Wahrheit liegt im Bauch. Der ist das Instrument, mit dem wir die Glaubwürdigkeit einer Szene beurteilen. Wenn das wirkt, ist es wahr. Die Wahrheit, die meine ist.»[31]

Kestner macht keinen Unterschied zwischen den Genres: sowohl Spielfilm als auch Dokumentarfilm sollten sich gleichermaßen zur Glaubwürdigkeit verhalten. Max Kestners Film ist eine künstlerische Reflexion über gegenwärtige Bildproduktionen: «Die Wahrheit, die meine ist» steht für ein universelles Zeichen und eine Verallgemeinerung des Authentizitätscodes auch über den künstlerischen Film hinaus.

Nicht Wahrheit wird in Verbindung mit Wirklichkeit gebracht, sondern Wahrheit entwickelt sich erst mit einer Formsprache, die die Geschichte von etwas erzählt. Wirklichkeit ist nur das Material, wie die Tinte im Füller.[32]

---

31 Kestner: «Essay» (wie Anm. 18), S. 42.
32 Siehe ebd. Viele Zuschauer auf dem Leipziger Dokumentarfilmfestival 2005 kritisierten NEDE PÅ JORDEN als reine Fiktion und verließen den Saal.

Karin Bruns

Archive erzählen:
Weblogs, V-Blogs und Online-Tagebücher als dokumentar-fiktionale Formate

Als visuelle Artikulations- und Verschriftlichungsmedien explizit persönlicher bzw. personalisierter Form zählen Weblogs, kurz: Logs oder Blogs, zu den aktuellsten Aufzeichnungssystemen der digitalen Kultur (Abb. 1).

In der Verschränkung und Ver-Linkung von dokumentierendem Footage und biografischen Narrativen hat sich auf diesen Kanälen eine neue Form des fiktionalen/nonfiktionalen Erzählens, Darstellens und Visualisierens herausgebildet, die inzwischen in Westeuropa, dem Norden Amerikas und weiten Teilen Asiens große Online Communities adressiert und involviert. Der Metablog Blogherald (www.blogherald.com) gibt die aktuelle Zahl aktiver Blogs im WWW mit

Abb. 1: www.primarilypaul.com

knapp 100 Millionen an. Diese beeindruckende Expansion in den letzten Jahren hat Aufmerksamkeit auf sich gezogen und Fragen nach einer theoretischen Verortung dieser neuen Form evoziert. Meine exemplarische Analyse zu Emergenz und Struktur des Formats Weblog und die Fokussierung der methodischen Perspektive auf die beiden Beispiele Personal Blog und Community Blog (auch Gruppen-/Fan-Blog) sowie die durch sie produzierten medialen Effekte stellen daher erste Vorschläge zu einer Theoretisierung dieses Phänomens als einer möglichen Kulturtechnik dar.

Der ‹Aufstieg› der Blogs markiert einen Boom, der, so glauben Netzaktivist/inn/en wie Geert Lovink, nach und mit dem 11. September 2001, also etwa sechs Jahre nach Erscheinen der ersten Prototypen, begann und von den USA ausgehend in andere Länder und Kontinente hinein diffundierte. Die Vlog-Community, also ein Forum, das die Ausbreitung von Videoblog-Aktivitäten beobachtet, kommentiert und kartografiert, führt die USA, Kanada, Großbritannien sowie weitere Länder Mitteleuropas auf den ersten zehn Plätzen der «Blogosphäre».[1] Obwohl Blogs aus dem englischsprachigen Raum also quantitativ zu dominieren scheinen (kritische Blog-Beobachtungsinstanzen wie Blogherald beziehen ihre statistischen Daten wiederum von Internet-Suchdiensten wie Google, Yahoo usw.)[2], wurden Blogs durch jene Beispiele berühmt, die weder dem technisierten Westen noch dem so genannten ‹Global North› zuzurechnen sind. Salam Pax' Online-Kommentare zum Irak-Krieg WHERE IS RAED? (http://dear_raed.blogspot.com), Riverbends Web-Tagebuch BAGHDAD IS BURNING oder politische Blogs aus dem Iran wie Hussein Derakshans (=Hoder) EDITOR: MYSELF etablierten eine Einschätzung der Weblogs als «herrschaftsfreie Kommunikation» einer unzensierten oppositionellen Öffentlichkeit bzw. als «Informations- und Meinungsquelle», die als Kontrollmedien fungieren und mit Nachrichtenagenturen konkurrieren könnten.[3]

> Noch immer ist ‹Bild› in Deutschland die Tageszeitung mit der größten Auflage, sie wird von anderen Medien am häufigsten zitiert, und sie bestimmt die Gespräche vieler Menschen.
> Die Leute vom BILDblog.de recherchieren fragwürdige Artikel der ‹Bild›-Zeitung nach, decken Fehler auf, tragen kritische Berichte über ‹Bild› zusammen und halten fest, was diskussionswürdig erscheint. Sachdienliche Hinweise sind bei den Machern des Blogs willkommen. BILDblog ist nominiert für den Grimme Online Award 2005 mit Publikumspreis.[4]

Tatsächlich beobachtet, kommentiert, kritisiert und/oder korrigiert ein großer Teil der politischen Weblogs die Meldungen und Nachrichten der Mainstream-Presse in Print, Fernsehen und Internet und konzentriert sich dabei in erster Linie auf die großen, mediendominanten Agenturen und Sendeanstalten wie CNN, Reuter oder dpa (Abb. 2).

In ihnen deshalb ein grundsätzlich anti-hegemoniales Format zu sehen, wäre jedoch zu kurz gegriffen. In den USA existiert derzeit beispielsweise ein Print, Radio, TV, Online-Zeitschriften, Mailinglisten und Blogs umfassendes Medienverbundnetz, dem auch Milblogs (also Blogs von aktiven oder ehemaligen Mitgliedern des Militärs) angehören und die bereits im Wahlkampf 2004 die Bush-Regierung und ihre Irakpolitik unterstützten. Zu ihnen gehören IN-

---

1 Vgl. http://community.vlogmap.org/maps. Deutschland wird auf Rang 4 geführt. China oder die Staaten Lateinamerikas, u.a. Mexiko und Brasilien, liegen am Ende der Tabelle.
2 Es handelt sich also um ein zirkuläres Verweis- und Evaluierungsverfahren im Web.
3 Jörg Lau: «In Weblogistan». In: *Die Zeit*, Nr. 25, 16.7.2005, S. 42; vgl. Mark Tribe/Reena Jana: «Kunst im digitalen Zeitalter». In: Dies.: *New Media Art*. Köln, London 2006, S. 6-25.
4 http://www.ostblog.de/2005/06/neuer_blog_gegenoeffentlichkei.php (5.1.2007).

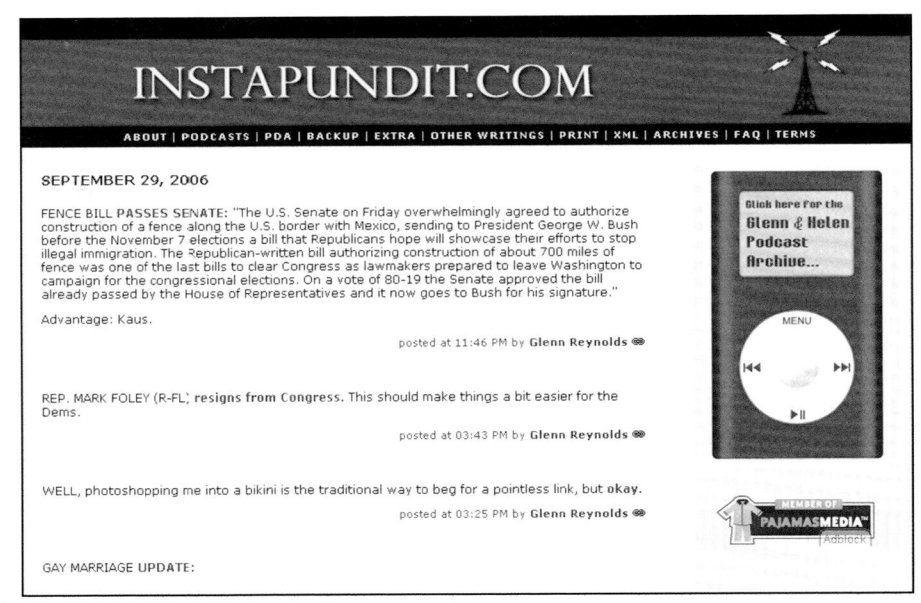

Abb. 2: http://instapundit.com

STAPUNDIT (http://www.instapundit.com), POWERLINE (http://powerlineblog.com), die Blogs der Kolumnist/inn/en MICHELLE MALKIN (http://www.michellemalkin.com) und HUGH HEWITT (http://www.hughhewitt.com), FREE REPUBLIC (www.freerepublic.com), CAPTAIN QUARTER (http://www.captainsquartersblog.com) und viele mehr.[5] Und während Weblogs einerseits die Medienberichterstattung der Nachrichtenagenturen und TV-Sender kritisch beobachten, nutzen Reuter, CNN oder Al Jaszeera andererseits Blogs als Quellen und Verifizierungsinstrumentarien der Nachrichtenproduktion.

Die ersten Weblogs erscheinen Mitte der 90er Jahre. Zu den ersten User/innen zählten Mitarbeiter von IT-Firmen, die jene Webseiten, die sie im Tagesablauf benutzten, als Link auf eine eigene Seite stellten und diese im Hinblick auf Brauchbarkeit, Content, Ästhetik kommentierten.[6] Ende der 1990er Jahre, so behauptet Rebecca Blood in ihrer Geschichte des Weblogs[7], kursierten in den USA ein Dutzend solcher kommentierter Link-Sammlungen. In formalem Aufbau, Argumentationslogik und Webdesign orientieren sie sich an verschie-

5   Vgl. Michael Massing: «Informationspolitik. Wie Macht, Wirtschaft und Religion in den USA die Medien beeinflussen». In: *Lettre International* 73, Sommer 2006, S. 86-93.
6   Vgl. Annke Wolf: «Diaristen im Internet. Vom schriftlichen Umgang mit Teilöffentlichkeiten». In: *kommunikation@gesellschaft*, 3. Jg., 2002, Beitrag 6: http://www.uni-frankfurt.de/fb03/K.G/B6_2002_Wolf.pdf (5.1.2007).
7   Vgl. Rebecca Blood: *Weblogs, a history and perspectives* (2000); http://www.rebeccablood.net/essays/weblog_history.html (5.1.2007).

densten techno-ästhetischen und narrativen Ordnungsschemata. Von den frühen hypertextuellen Textproduktionssystemen (z. B. Hypercard) und der sich daran anschließenden Online-Literatur der 80er und 90er Jahre[8] adaptieren sie das virtuelle Karteikarten-System, das schnelle, multilineare und von mehreren Autoren auszuführende Modifikationen und Extensionen ermöglicht(e).

> Die den Kernbereich des World Wide Web ausmachenden Hypertextdokumente können mittels der einfachen Programmiersprache HTML (HyperText Markup Language) so strukturiert werden, daß der Text nicht eine fixe lineare Sequenz darstellt, sondern als ein aktiv zu gestaltendes Geflecht von Textbausteinen funktioniert. Jeder Textbaustein enthält eine Vielzahl anklickbarer Stichworte, Piktogramme und Bilder: die sogenannten ‹Links›. Diese einfach anzulegenden und flexibel veränderbaren Schnittstellen verbinden die Textbausteine zu einem komplexen Netzwerk. Die Hypertext-Technologie hat tiefgreifende Auswirkungen auf das Schreiben und Lesen von Texten.[9]

Von den Erzähl- und Präsentationsverfahren der Tagebuch-Literatur mit all ihren Übergängen zum Foto-, Freundschaftsalbum, Poesie-Album usw. leihen sie die inhaltlich konventionalisierten Rubriken (Tagesablauf, Hobbys, Konzentration auf das ‹Private›) sowie Narrationselemente, Metaphern (Lebensweg, das Leben als Fluss usw.) und Anordnungsprinzipien (zwei bis drei Fotos nebeneinander, gerade Platzierung auf der Seite etc). Den journalistischen Genres wie Feature, Leserbrief-Kolumne, Reportage und deren Fernseh-Derivaten entnehmen sie etablierte Parameter des Berichtens in der Tradition des Leadsatzes «Who, What, When, Why and How?». In Kurzfristigkeit, Kürze und Aktualität, aber auch in expliziter und polemisch formulierter Positionsbestimmung folgen sie häufig ephemeren schriftlichen Medien wie Brief-, Flugblatt- und Manifest-Literatur. Von den *Oral-History*-Verfahren übernehmen sie Gestus und Pathos ‹authentischer› Zeit- und Augenzeugenschaft. Und so könnte man fortfahren.

Weblogs knüpfen also (je nach Gegenstandsbereich und Spezialdiskurs) an Praktiken, Gattungen und Formate des ‹Dokumentierens› *und* ‹Erzählens› an, die selbst bereits z.T. Genrekreuzungen sind, um daraus komplexe Hybrid- oder Metaformate zu entwickeln. Die differenten Aufzeichnungsordnungen dieser vermischten Formate werden wiederum modifiziert, gemixt und erweitert durch neue Softwaresysteme und deren spezifische Implikationen: vor allem durch die Social Networking Software (z. B. Open Diary, das 1998 herausgebracht wird,

---

[8] Vgl. Geert Lovink: «Digitale Nihilisten. Die Blogosphäre unterminiert den Medienmainstream». In: *Lettre International* 73: Sommer 2006, S. 94-99.

[9] Mike Sandbothe: «Hypertextualität im World Wide Web», Dez. 1998, abrufbar unter: http://www.sandbothe.net/38.html (8.12.2006).

oder LiveJournal von 1999), denn diese bieten unterschiedliche Möglichkeiten der Hierarchisierung und Enthierarchisierung, wie sie etwa für die Konfiguration so genannter heterarchischer Kommunikationssysteme wie «Knoten», «Wurzeln» oder «Rhizome» Voraussetzung sind. Dadurch bieten sie bezogen auf Sprecherposition und Autorschaft unterschiedliche Möglichkeiten der Regulierung, z. B. Zugriffsbeschränkungen nach PGP (Pretty Good Privacy). Konzeption und Format rufen demnach spezifische technische Konfigurationen ab und vice versa.

> Wer ein System auswählt, sollte sich überlegen, welche Art von Teilnehmer er ansprechen möchte, welche Erlebnisse er vermitteln will und welche Inhalte in der Community entstehen sollen: Genügen Erlebnisse bzw. persönliche Kontakte (Chat), geht es um Projektkommunikation (ML, Wiki), Diskussionen und Fragebeantwortungen (Foren), Unterstützung für Kunden im weitesten Sinn (Foren, Wiki), universellere Diskursgemeinschaften (BBS, Wiki), um die Produktion von Nachrichten (Blogs) oder Artikel (Wiki), um Communities (ML, BBS, Wiki) oder Content (Wiki)?[10]

Trotz ihres hypermedialen Charakters und trotz extremer Format-Beispiele wie MP3-Blogs, die sich auf Kollektion, Selektion und Austausch von Audiofiles beschränken, fungieren Weblogs primär als Schriftmedien – analog zum Text-, Zeitungs- oder gar Buchformat. Die Verwandtschaft mit dem Buch – und hier insbesondere mit dem Narrationstypus des Biografischen – bezeugt auch der Wiedereintritt der Blogs in die vor-digitale Form des gedruckten Buchs als «Blook», so etwa bei zwei der schon genannten und sehr bekannten Beispiele: Salam Pax' LET'S GET BOMBED oder Riverbends BAGHDAD IS BURNING: GIRL BLOG FROM IRAQ.[11]

Strukturelle Komponenten des Formats Blog

Was also sind Blogs? Sie erscheinen zunächst als eine Art Sammelformat ganz heterogener Text-, Bild-, Ton- und Video-Websites mit – meist strikt limitierten – Optionen des Feedbacks durch die Nutzer/innen, d.h. andere «Blogger»/«Blogher». Zu den aufgelisteten fast 30 Subkategorien des Blog-Imperiums zählen heute

10 Helmut Leitner: «Online-Community, ‹Hands On›!» In: Christian Eigner/Helmut Leitner/Peter Nausner/Ursula Schneider: *Online-Communities, Weblogs und die soziale Rückeroberung des Netzes*. Graz 2003, S. 11-51, hier: 24. Die Kürzel ML und BBS stehen für Mailing-Liste und Bulletin Board System.
11 Beide Blooks erschienen im Jahr 2005 auf dem deutschsprachigen Markt; zu Salam Pax' Irak-Block vgl. Mathias Mertens: *Kaffeekochen für Millionen. Die spektakulärsten Ereignisse im World Wide Web*. Frankfurt, New York 2006, S. 137-146.

u.a. der Personal Blog (oft bezeichnet als Online-Tagebuch), der politische und/oder journalistische Blog, Moblogs (also mobile Blogs, die per Handy bzw. SMS beschickt werden können), Sketchblogs (virtuelle Galerie- oder Kunstakademieprojekte)[12], Business Blogs, Science Blogs und Foto- oder V-Blogs, letztere benannt nach den in ihnen dominierenden Medien Fotografie oder Video/Film, die in ihnen gepostet, kommentiert, bewertet und gerankt werden. YouTube und MySpace zählen für die Kategorien Video-Blog und Personal Blog zu den derzeit populärsten und bekanntesten Foren und Archiven. Im Gegensatz zu Online-Zeitungen betreiben journalistische bzw. Polit-Blogs eine Selbstpräsentation explizit subjektivierter und als persönlich markierter Berichterstattung und Nachrichtengenerierung und dies über eine Vielzahl von Sujets. Technisch gesehen, aber auch dies trägt nur rudimentär zu einer Strukturbeschreibung bei, ist ein Blog ein Hypertextdokument, das aus Titel, Text respektive Nachricht, einem interaktiven Kommentarfeld, einem Permalink (also der URL) und dem Datum besteht. Zudem besitzen die Blogs meist einen Blogroll, eine Linkliste, die auf ähnliche/ergänzende Blogs verweist und dadurch den Charakter der Vernetzung und der Filiation stützt.

> Das Blog (eigentlich Weblog) ist ein webbasiertes System, das aus einzelnen Nachrichten eine persönliche Web-Chronik des Betreibers (des ‹Bloggers›) macht. Das System wirkt wie ein Sensor, der dessen Ereignisse, Erlebnisse und Gedanken – die Funde des Bloggers – filtert, aufbereitet und wie eine Kolumne an sympathisierende Leser heranbringt. Blogs können auch das Schreiben mehrerer Teilnehmer zulassen oder erlauben, dass Beiträge kommentiert oder diskutiert werden. Die Qualität des Weblogs liegt in der Filterung und Weitergabe aktueller Nachrichten, in einer Art von seismischer Qualität. Die produzierte Chronik ist nach Wochen oder Monaten kaum noch interessant.[13]

Diese technologische Definition, zu finden im Wikipedia-Eintrag «Blog»[14], beschreibt jedoch weder semantische noch ästhetische Strukturen oder Rezeptions- und Nutzungsfunktionen dieses Medienformats. In dieser Hinsicht aufschlussreicher erscheint der etymologische Rückverweis auf die Gebrauchsgattung des Logbuchs, in dem bekanntlich neben Zeit- und Ortsbestimmungen kursorisch-stenografisch Ereignisse einer Reise fixiert wurden und werden. Im Übergang zu den Aufzeichnungen von Kaufleuten und Handelsreisenden, die neben einem erweiterten und kommentierten Register der Einnahmen und

12 Vgl. etwa http://myblog.de/akademie (12.12.2006).
13 Leitner, S. 23.
14 Vgl. http://en.wikipedia.org/wiki/Blog (8.12.2007).

Ausgaben mit allen merkantilen Daten und Fakten zunehmend auch Alltagsabläufe und -zwischenfälle notierten, entwickelte sich daraus der Gattungstypus des (bürgerlichen) Tagebuchs.[15] In den narrativen und ästhetischen Rahmenkategorien dieser frühen Selbstzeugnisse, in Bezug auf das Kalendarium, Kürze, Rekurs auf Alltag, tabellarische Darstellungskonventionen usw., sind die Weblogs angesiedelt oder zumindest ein großer Teil dieser neuen Netz-Texte. Viele von ihnen gleichen daher digitalen Archiven und Datenbanken und d.h. jenen technischen Konfigurationen, die sozusagen ‹hinter ihnen› liegen.

Biografische Protokollmedien: Personal Blogs

Das wohl größte Segment der Blog-Kultur machen Online-Tagebücher aus, wie sie sich – und hier ist die Bezeichnung treffend – massenhaft auf Foren wie MySpace finden. Die schnelle Expansion der Personal Blogs in den letzten Jahren dürfte aber nicht nur in erster Linie als Rückkehr des autobiografischen Erzählens zu werten sein, sondern auch als ein Resultat jener Tools und Anbieter, die Blogs (als Nachfolger der Personal Websites) in kürzester Zeit und in der automatisierten Kombination weniger Elemente kreieren und dies zur Geschäftsgrundlage machen. MOE's BLOG illustriert unter dem Motto «Telling you what's up» die technisch-ästhetischen und narrativen Prinzipien des Blogging als alltagskulturelle Praxis und Aufschreibesystem im engeren Wortsinn.

> *Chili Peppers bringen neues Album raus!*
> Montag, 6. März 2006
> Heute wurde auf der offiziellen Homepage der Red Hot Chili Peppers das brandneue Album announced: Stadium Arcadium.
> Ab 9. Mai wird es wohl in den Läden zu kaufen sein!
> Geschrieben von Moritz Fanti um 16:39 | Kommentare (0) | Trackbacks (0)
>
> *Prüfungsstress vorbei!*
> Freitag, 24. Februar 2006
> Seit heute geht das Leben wieder weiter, die Prüfungen sind nun Vergangenheit und die Durststrecke hat ein Ende! Ich werd noch bis

---

15 Vgl. zu Geschichte von Logbuch und Pflichtenheft: M. Spagnol/G. Dossena: *Logbuch. Nach Briefen, Augenzeugenberichten, Bordbüchern und Tagebuchblättern zusammengestellt.* Hamburg 1965; zu den Übergängen zwischen Kaufmannstagebüchern, Reiseberichten und Rechnungsbüchern vgl. an dem prominenten Beispiel Albrecht Dürer: Heike Sahm: *Dürers kleinere Texte. Konventionen als Spielraum für Individualität.* (Hermaea. Germanistische Forschungen. Neue Folge 97), Tübingen 2002.

Donnerstag nächster Woche in Passau sein, um zu feiern und Snowboarden zu gehen. Gegen Wochenende gehts dann heimwärts.
Geschrieben von Moritz Fanti um 23:45 | Kommentare (0) | Trackbacks (0)
[...]

Sölden 2006
Montag, 9. Januar 2006
Der Winterschpass (sic!) hat einen Namen: SÖLDEN 2006! Ein Urlaub ohne Knochenbrüche, Kantenbrüche, oder abgebrannte Bussle. Geile Pisten, Powder und Sonne en masse machten unsere 5 Skitage unvergesslich.
Rider: Konne, Martin, Jan, Sabine, Anton, Konni, Jo und ich (Moe)
Designated Drivers: Jo, Moe
Living Location: Winklen (Gmde. Längenfeld), 15 km vor Sölden (Österreich)
Pix'n'movies: Jo (Panasonic Lumix FX5), Konne (Casio Exilm EX-Z55), Konni (Samsung SGH-D600), Moe (Sony P8).
Wie man sieht, gibt es reichlich Bildermaterial! Die Fotos und Videos findet ihr wie immer, auf meiner Bilderseite. Als Unteralben lade ich Konnes und Konnis Daten separat hoch.
>Bilder von Sölden 2006<
>Jos Bilder von Sölden 2006<
Geschrieben von Moritz Fanti um 17:02 | Kommentare (0) | Trackbacks (0) ☺)»[16]

Ergänzt werden die größtenteils täglichen Einträge durch Aufzeichnungen, Tabellen und Listen wie «Passauer Kneipenrating», einen kommentierten Artikel zu einer Ausstellung von Christo und Jean-Claude in Passau oder den detaillierten Stundenplan im Fach Wirtschaftsinformatik an der Universität Passau. Viele der im Format Blog rekurrenten Strukturmerkmale sind hier präsent: (umgekehrte) Chronologie, Kürzestnarrationen, verlinkte Listen, Verzeichnisse und Sammelalben, Emoticons, Akronyme, Icons und andere Kürzel, die in der Netzkultur gebräuchlich sind. Der Grad an narrativen Elementen differiert dabei erheblich: von knapp kommentierten Blogrolls über Mischungen, wie auch MOE's BLOG sie repräsentiert, reicht die Ausdifferenzierung des Formats bis hin zu jenen Online-Tagebüchern, die die (all-)täglichen Erlebnisse mit den Narrativen des Abenteuer-, Horror- oder Science-Fiction-Genres versetzen. Mitglieder des Clamp-Log-Rings

---

[16] http://www.moritz-fanti.de/blog/archives/P2.html (1.9.2006); Unterstreichungen verdeutlichen die im Text platzierten Links.

«The Healing Lodge» formulieren z. B. tagesaktuelle Ereignisse wie die Neu-Möblierung des eigenen Zimmers, das Verhältnis zu Freunden oder Auseinandersetzungen mit den Eltern in Metaphern und Erzählelementen wie Königreich (das eigene Zimmer), Bruderschaft oder Feuersbrunst (THERE'S A FIRE GOING ON...). Andere Blogs desselben Webrings favorisieren hingegen bei ähnlicher Optik, Webpage-Design, Illustrationen und Icons im Clamp-Look, die ‹Nüchternheit› und ‹Sachlichkeit› purer thematisch zentrierter Listen.[17] Zahlreiche Blogs imitieren lyrische Formen oder platzieren Gedichte als Tageseinträge:

«why

you asked
why do i linger
in vain,
with raging storms,
deceitful rains,
i found myself in
unfriendly terrain,
without shame
i still remain,
it's hard to explain,
you would think
i'm insane,
but i love him
just the same.

i remain
despite the pain.

-dodinsky-[18]

Eine weitere Gruppe äußerst populärer Blogs, Andrew Sullivans DAILY DISH (2003: 300.000 Besuche pro Tag) oder Brad Fitzpatricks PERSONAL LIVEJOURNAL etwa, vollziehen den Übergang zum Politischen Blog, indem sie aktuelle Nachrichten und Pressefotos wieder abdrucken und kritisch-polemisch kommentieren (Abb. 3).

17 Vgl. aus dem Fan-Umfeld der japanischen Zeichnerinnengruppe «Clamp» (clamp-net.org): http://www.ringsurf.com/netring?action=info&ring=clamplogs (3.1.2007). Narrativ ausführliche Beispiele sind: http://tabris17.pitas.com, http://ma-cherie.f2g.net/dragonclaw oder http://www.second-dark.net/blog.
18 http://www.myspace.com/dodinsky (5.1.2007).

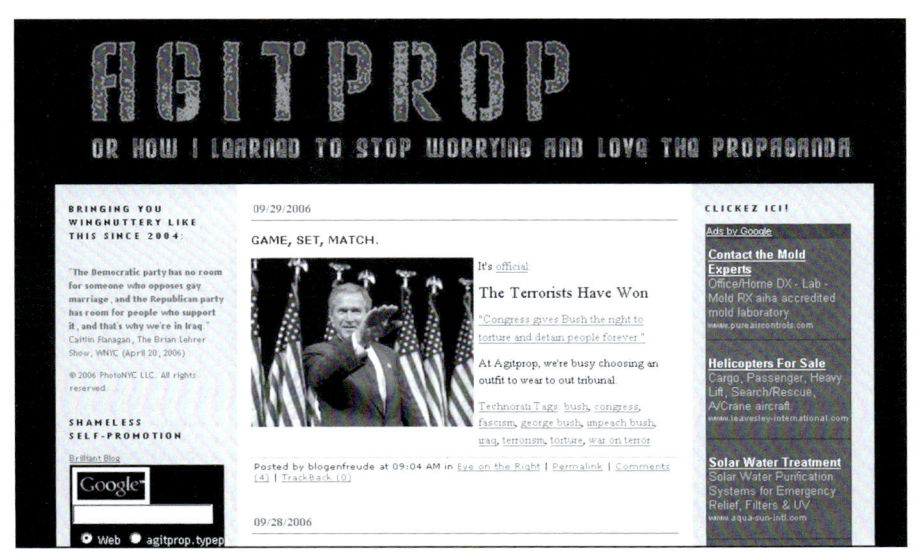

Archive erzählen: Weblogs, V-Blogs und Online-Tagebücher

Abb. 3: http://agitprop.typepad.com

Wie andere Gebrauchstexte, also Drehbuch, Notatenbuch, Gebrauchsanleitung oder der Typus des Protokolls, die neben Standardisierungen auch eine umfangreiche Kompendien-Literatur, eine Art Kultur der Gebrauchsanleitung, hervorgebracht haben, hat auch das neue Blogformat Unterweisungen zu einem (erfolgreichen) «Making Of» provoziert, zunächst einmal in seinem genuinen Trägermedium, dem Internet:

10 Tipps für erfolgreiches Bloggen von Rebecca Blood
Exklusiv für WELT am SONNTAG von der Autorin des «Weblog-Handbuches» (www.rebeccablood.net)

1. Wählen Sie eine Weblog-Software, die einfach zu bedienen ist. Entscheiden Sie sich erst, wenn Sie mehrere ausprobiert haben.
2. Fokussieren Sie Ihre Absicht. Weblogs können unterschiedliche Aufgaben haben: Informationen filtern, Geschäfte organisieren, PR in eigener Sache betreiben, soziale Veränderungen oder die Bedeutung des Lebens thematisieren.
3. Denken Sie über Ihr Publikum nach. Sie verhalten sich Freunden gegenüber anders als gegenüber Kollegen, Fremden oder Kunden. Wenn Sie wissen, für wen Sie schreiben, finden Sie eher den entsprechenden Ton.

323

4. Seien Sie authentisch. Sogar ein professionell geführtes Weblog kann engagiert sein. Vermeiden Sie oberflächliches Geplänkel. Sprechen Sie mit Ihrer Stimme über reale Dinge.
5. Schreiben Sie, was Sie lieben. Im Weblog ist Platz für extreme Meinungen, egal ob es sich um Politik, Musik, Gesellschaft, den Garten oder Ihren Beruf dreht.
6. Aktualisieren Sie Ihr Weblog regelmäßig. Leser kommen nur zurück, wenn Sie wissen, dass Sie Neues liefern.
7. Seien Sie glaubwürdig. Bedenken Sie, dass im Internet das Geschriebene für immer lebt, entweder auf Ihrer Site oder im Archiv anderer.
8. Verweisen Sie auf Ihre Quellen. Das Netz erlaubt eine Transparenz, die es nirgendwo sonst gibt. Wenn Sie zu einer Newsseite, einem Essay oder einem anderen Blogger-Kommentar verknüpfen, geben Sie Ihren Lesern den Zugang zur Ursprungsquelle.
9. Verweisen Sie auch auf andere Weblogs. Ihre Leser könnten auch die mögen, die Sie regelmäßig besuchen.
10. Seien Sie geduldig. Die meisten Weblogs haben ein kleines Publikum, aber mit der Zeit und mit einer regelmäßigen Aktualisierung Ihrer Meldungen wird es wachsen.[19]

Ergänzend zu moralpädagogisch-journalistischen Unterweisungen (Ehrlichkeit, Glaubwürdigkeit, Transparenz) und Elementen, die der codifizierten Nettiquette entstammen (z. B. Zitieren von Quellen), machen die Gebrauchsanleitungen und Leitfäden zum Blogging bezeichnender Weise u.a. auf Archivcharakter und Archivierungsfunktion aufmerksam, die durch Ver-Linken und Vernetzen entstehen. Treten die Blogs, und insbesondere die «filter-style weblogs», wie Rebecca Blood die kommentierten und aktualisierten Link-Listen nennt, in dieser Hinsicht die Nachfolge reiner Protokollmedien wie Logbuch, Notatenbuch oder Betriebsprotokoll an, so hinterlassen zugleich Fiktionalisierung und die journalistisch-künstlerische Strategie des Fake in ihnen deutliche Spuren. Schon Justin Hall, einer der «Pioniere» der Blogosphäre, veröffentlichte sich in seinem persönlichen Blog unter dem Alias einer medienarchäologischen Spielfigur. Zu den berühmtesten Fälschungsversuchen im Bereich des Online-Tagebuchs zählt Anfang der 90er Jahre die persönliche Chronik einer vorgeblich tödlichen Erkrankung des Mädchens Kaycee, die von der mitleidenden, später trauernden Community schließlich als Hoax enttarnt und deren Verfasserin

---

19 http://www.warns.de/data/2003/03/23/56356.html; der Artikel erschien am 23. März 2003 (4.12.2006); weitere Anleitungen zum erfolgreichen Bloggen in deutscher Sprache finden sich z. B. unter: www.internetmarketing-news.de/2005/08/29/promoting-tipps-fur-blogger oder www.einfach-persoenlich.de/sitemap-blogging-blogging-tipps.html.

‹geflamed› wurde.[20] Regelmäßig lancieren Blogger/Blogher Falschmeldungen wie «Der beste Blondinenwitz aller Zeiten», um Popularität und eine gute Platzierung in den Internetsuchmaschinen zu erzielen. Und das Kunstprojekt mouchette.org[21] gaukelt uns einen Blog eines 13jährigen lasziven Mädchens vor, das ‹zufällig› so heißt wie Robert Bressons Protagonistin in dem gleichnamigen Film von 1967.

Die Erzähl- und Darstellungskonventionen des Blog verweisen aber nicht nur auf populäre und popularisierte Dramaturgien des Biografischen (Aufstieg und Fall, früher tragischer Tod etc.), sondern auch auf Symbole, Icons, Earcons, Figuren respektive «Characters», die bereits auf den ersten Blick als Zeichen sekundärer semiologischer Ordnung im Sinne Roland Barthes zu erkennen sind: auf Manga-Figuren beispielsweise oder auf die oben bereits genannten Computerspielcharaktere, auf Animés, Starimagines, Film-, TV- oder Kunst-Held/inn/en.[22]

Community Blogs – Blog Communities

In der medialen Ordnung der Selbstreferenzialität sind wir damit schon beim Übergang vom Einzelblog, dem Online-Diary, zum Gruppen-, Fan- oder Community-Blog angelangt, denn Weblogs und ihre Extensionen tragen sich wiederum in andere Archive ein oder integrieren diese in ihre Website, z. B. durch Blogrolls, Icons oder Logos. Die inzwischen auch in Deutschland weit verbreitete Visual Kei-Community, die zu den ersten Fan-Gemeinschaften zählte, welche sich primär über das Internet verbreitet haben, kann dies verdeutlichen. Visual Kei (wörtliche Übersetzung aus dem Japanischen etwa: System, Abstammung) ist ein Amalgam, das sich an Archive europäisch-angelsächsischer und asiatisch-japanischer Popkultur, Kunst und Literatur anschließt und in Mitteleuropa u.a. durch die Popgruppe «Tokio Hotel» repräsentiert wird (Abb. 4).

Insbesondere die inzwischen fein ausdifferenzierte Blogosphäre um Mangas[23] und um die Gothic Szene replizieren und kombinieren sich dabei auf viel-

---

20 Der Fall der angeblich an Leukämie erkrankten Kaycee machte Schlagzeilen weit über das Internet hinaus. Z. T. dokumentiert unter: «Kuriose Betrugsfälle im Internet». In: Heise online: http://www.heise.de/newsticker/meldung/20432 (23.08.2001), vgl. Karin Bruns: «‹Do it wherever you want it but do it!› Das Gerücht als partizipative Produktivkraft der neuen Medien». In: Britta Neitzel/Rolf F. Nohr (Hrsg.): *Das Spiel mit dem Medium. Partizipation – Immersion – Interaktion* (Schriftenreihe der Gesellschaft für Medienwissenschaften). Marburg 2006, S. 332-347.
21 http://mouchette.org (5.11.2006).
22 So hat sich etwa um Matthew Barney herum eine Blogosphäre gebildet, die dann wiederum auf die isländische Sängerin Björk und ihre Musik bzw. ihr Musiklabel verweist; vgl. http://blog.fleg.de (3.1.2007).
23 Die verschiedenen Blogs finden sich zu einer Community zusammen gefasst in größeren Einheiten wie «The Healing Lodge, a personal corner of doom»; vgl. http://www.ringsurf.com/netring?action=info&ring=clamplogs (3.10.2006).

Abb. 4: *www.sinn-frei.com/tokio-hotel-bill-ist-ein-maedchen_2424.htm*

fältigste Weise und bilden weitere Referenzsysteme aus. Gehörten die Mangas schon seit der Frühzeit des Internets zu den dominierenden visuellen Registern, aus denen sich Avatare, Nicknames, persönliche Webauftritte und Online-Gamefiguren speisen, so verbinden sich diese Konstrukte im Visual Kei nun mit den Starimagines primär japanischer Elektropop-Bands, mit Farbsymbolik, Haartracht und Modeaccessoires der Gothic Szene und des Glam Rock der 70er Jahre (David Bowie, Iggy Pop u.a.). Diese Kombination aus kulturellem Cross Over, Medien- und Format-Cross Over verbreitet sich sehr schnell über die Weblogs der Fans und illustriert dabei zugleich die vielschichtigen prekären Übergänge zwischen Fakt und Fiktion. Nicht nur in biografischen Narrativen sondern auch in visueller Selbstbeschreibung und –präsentation wechseln die Blogs zwischen den schon genannten Parametern des Protokolls bzw. des Fotorealismus und den hoch dramatisierten Erzählschemata der Mangas. Zugleich überschreiten sie dabei kontinuierlich die Grenzen der eigenen Blogosphäre und gleiten in andere Blogosphären, Szenen und Communities hinüber.[24]

Blogs erstellen somit wie viele andere Netzformate auch im medientheoretisch-semiologischen Sinne Um-Schriften mit Hilfe der ihnen assoziierten Archive: aus einem Text kann ein Foto oder/und ein Video werden, ein Bild kann

---

24 Zu Regulativen und technoästhetischen Strategien der Community-Bildung im Internet vgl. A.J. Kim: *Community building on the web. Secret strategies for successful online communties*. Berkeley 2000; Karin Bruns: «‹Connected› – Emergenz, Struktur und Symbolik virtueller Gemeinschaften». In: Andrea Jäger/Gerd Antos/Malcolm H. Dunn (Hrsg.): *Masse Mensch. Das «Wir» - sprachlich behauptet, ästhetisch inszeniert*. Halle (Saale) 2006, S. 177–187, sowie am Beispiel von Websites und Fan-Foren für Frauen: «Disgruntled Housewives und Cyber B.I.T.C.H.E.S. Verfahren geschlechterdifferenter In- und Exklusionen im World Wide Web». In: Karin Esders/Sabine Hark u.a. (Hrsg.): *Transformationen von Wissen, Mensch und Geschlecht. Transdisziplinäre Interventionen*. Königstein/Taunus 2007, S. 159–175..

in einen Text oder auch einen Audiofile konvertiert werden. Die deutschsprachigen Blogs zu der Gruppe «Tokio Hotel» zirkulieren um nur wenige semantisch-ästhetische Elemente und Figuren: den Manga mit seiner plakativen Zeichensprache und Symbolik (z. B. der drastischen Kontrastierung weiblicher und männlicher Figuren, um nur ein Beispiel zu nennen)[25], dem Gothic oder Dark Wave (Farbsymbolik: schwarz, Symbole des Okkultismus usw.) und den Star-Imagines der Gruppenmitglieder – und hier insbesondere des Frontmanns «Bill», denn letzterer besitzt maximale Popularität, da er metrosexuell Attribute von Weiblichkeit und Männlichkeit integriert.[26]

> hey tokio hotel sind die geilsten boys der welt !!!!
> ich liebe sie sowasvon und wer die nicht liebt der ist wirklich blind !!! voallendingen tom ist soooo süß !!!! also macht euch zum fan holt euch das album schrei und dann hört einfach mal rein das ist sooooo geil das kann ich euch nur empfelen !!
> bussy bye
> euer größter (???) fan.[27]

Zirkuliert das Fanbegehren dabei einerseits um Rätsel, von japanischen Schriftzeichen bis hin zu der Frage «Ist Bill ein Mädchen?»[28], so wechselt es in seiner netzspezifischen Transformierbarkeit in andere Medienbilder und ihre Referenzsysteme über, in diesem Fall in das ‹Universum› Quentin Tarantinos, und schließt sich dadurch nahtlos an andere Communities und deren Archive an (s. Abb. 4). Dass dabei um die Zugehörigkeit einzelner Elemente, Stars, Gruppen oder Labels gestritten wird (im Visual Kei z. B. um die Frage, ob «Tokio Hotel» tatsächlich Visual Kei sei oder nicht), erhöht Kombinatorik und Dynamik des Verweisens.

Theoreme zur Beschreibung eines flexiblen Formats

Die Selbstveröffentlichung in Blogs, so lässt sich zusammenfassend feststellen, gleicht zwar einerseits etablierten Genres und Schemata so genannter alter analoger Medien (Memoirenliteratur, Logbuch, Poesie-, Foto- und Freundschaftsalben, Video-Tagebuch usw.), andererseits nutzt sie Datenstruktur und Verbreitung der technischen Konfiguration namens World Wide Web (und ins-

---

25 Vgl. Christian Oberländer: «Otaku. Aufstieg und Fall eines Massenphänomens in Japan». In: Jäger/Antos/Dunn, S. 99–113.
26 Vgl. http://www.eyesaiditbefore.de/2005/09/29/tokio-hotel-blog, http://www.blogigo.de/Tokio-Hotel-Fansite (3.12.2006).
27 http://www.photoshop-weblog.de (5.1.2007).
28 http://www.sinn-frei.com/tokio-hotel-bill-ist-ein-maedchen_2424.htm (3.10.2006).

besondere auch dessen Datenbankfunktionen der Aufzeichnung, Akkumulation und Archivierung, des Daten-Tracking etc.). Die vordergründige Authentizität dieses Formats führt jedoch vielfach auf falsche Fährten, da die Blogosphäre hochgradig selbstreferenziell ist und auch zahlreiche experimentell-subversive Akteur/inn/e/n und Gruppen hervorgebracht hat bzw. anzieht. Mark Tribe und Reena Jana beschreiben das subtile Spiel, das die im Netz entstehenden Metaformate und Kunstprojekte betreiben, am Beispiel von mouchette.org, das auf der Startseite aussieht wie ein Online Diary mit Foto und basalen anklickbaren Statements wie «My name is Mouchette», «I live in Amsterdam», «I am nearly 13 years old», «I am an artist» und «My next mood is...», wie folgt:

> Der Inhalt der Site hat eine teils trügerisch unschuldige Qualität. Wenn man z. B. das Wort ‹Künstler› auf der Homepage anklickt, gelangt man auf eine Seite mit diesem Text: «Ein Künstler? Ja. Hier ist ein Tipp: Ich habe gehört, dass man nur Künstler werden kann, wenn man sagt, dass man einer sei. Und dann kann man alles als ‹Kunst› bezeichnen, was man tut ... Einfach oder?» Andere Ausschnitte sind eher grotesk (Bilder von rohem Fleisch) oder sexuell zweideutig (eine Zunge, die den Bildschirm ableckt). Viele Seiten zeigen interaktive Web-Formen, darunter Multiple-Choice-Fragen, die E-Mails mit einer verzögerten Reaktionszeit auslösen – Tage oder Wochen später erhalten Besucher der Seite unerwartete, oft kokette E-Mails von Mouchette. Außerdem findet man eine Auflistung der Mitglieder von Mouchettes internationalem Fanclub, wozu auch Kunstinstitutionen auf der ganzen Welt gehörten. Kann eine so ausgeklügelte Website tatsächlich das Werk eines 13-jährigen Mädchens sein? Wer ist Mouchette wirklich? Die wahre Identität der Künstlerin oder des Künstlers hinter http://mouchette.org bleibt unbekannt.[29]

Was lässt sich aus der sowohl komplexen als auch hybriden Struktur und dem prekären Verhältnis des Formats zur Kategorie der ‹Selbstaufzeichnung› für die theoretische Beschreibbarkeit von Weblogs ableiten? Gehen wir noch einmal zurück zum Startpunkt: dem unspezifischen Erscheinungsbild und der Diversität dieses Formats. Narratologisch betrachtet wie auch in ihrer optisch-ästhetischen Struktur sind Blogs – je nach Subgenre – unterschiedlichen wissenschaftlichen Spezialdisziplinen (und deren Textgattungen und Medienformaten) assoziiert. Vereinfacht gesagt sehen Medizin-Blogs vielfach wie Seiten medizinischer Fachzeitschriften oder Apotheken-Rundschauen aus. Politische Blogs passen sich der Optik und Argumentationslogik von Online-Journalen oder

---

29 Tribe/Jana, S. 66.

Flugblättern an, (Fan Blogs hingegen ähneln zumeist den kommerziellen Websites jener Stars oder Serien, denen sie anhängen. Dem entsprechend, so könnte man folgern, sind politische Blogs eher in den Kategorien der Publizistik erfass- und analysierbar, Fan Blogs eher mit Kategorien der Cultural Studies, z. B. dem Activated Reading.

Doch sollte die Tatsache, dass Blogs um verschiedene Spezialdiskurse zirkulieren (können) und dann auf der Oberfläche deren dominante ästhetisch-mediale Komponenten übernehmen, nicht darüber hinwegtäuschen, dass sie sich – der Kategorie Format entsprechend – durchaus als ein spezifisches und zu anderen Applikationen distinktes Aufschreibesystem auffassen lassen. In diesem Sinne möchte ich damit nicht für Methodenpluralität oder gar eine Aufteilung der Zuständigkeiten nach den verschiedenen wissenschaftlichen Disziplinen plädieren, vielmehr möchte ich vorschlagen, die aus den Cultural Studies stammende Anschauungsfigur des Activated Reading generell zum Ausgangspunkt für eine Theorie des Blogging zu machen.[30] Dieser Terminus und das Konzept, das sich hinter ihm verbirgt, scheint mir wie für das Format Blog geschaffen zu sein, da es die Praxis des Ver-Linkens, der Selektion, der Kontextualisierung und des Kommentierens kategorial übergreifend beschreibt, obwohl es an ‹analogen› Medienformaten entwickelt wurde. Auf eine solche mögliche Funktionalität des theoretischen Paradigmas aktiver/aktivierender Lektüre respektive Lesarten verweist auch eine der derzeit kursierenden Definitionen zum Bloggen.

> Bloggen bedeutet lediglich, auf Nachrichten mittels eines Links zu verweisen und diesen mit wenigen Sätzen zu ergänzen, die erklären, warum der Blogger diese oder jene Nachricht interessant, bemerkenswert oder gänzlich abwegig findet.[31]

Dem folgend sind Blogs immer wieder als reine Feedback-Kanäle bezeichnet worden. Indem ich diesen Ansatz aufgreife, folge ich prominenten Hypertext-Ansätzen wie etwa Jay D. Bolters «Writing Space» ausdrücklich nicht[32], da sie ihre Theoreme zu stark in der Metaphorik des Ortes bzw. des Raumes fassen – eine Analogiebildung wie mir scheint. Statt Blogging als ein neueres Verfahren zur Verräumlichung von Schrift und Text aufzufassen, werde ich als weiteres wichtiges Theorem Espen J. Aarseths Theorie der Ergodizität, hinzuziehen,

---

30 Vgl. zum Activated Reading: Stuart Hall: «Encoding/Decoding». In: Stuart Hall u.a. (Hg.): *Culture, Media, Language*. London 1980, S. 128-139; John Fiske: *Lesarten des Populären*. (O: Reading the Popular, 1989) Wien 2000.
31 Lovink, S. 95.
32 Vgl. Jay David Bolder: «Sehen und Schreiben» (1991). In: Karin Bruns/Ramón Reichert (Hrsg.): *Reader Neue Medien*. Bielefeld 2007, S. 182-202, Bolter spricht in seiner viel adaptierten Theorie explizit vom «Schriftraum» (S. 191); zusammenfassend zur Geschichte des technisierten Schreibens vgl. «Hypertext – Hypermedia – Interfictions» (Einleitung). In: Ebd., S. 165-171.

die die symbolische Praxis der Zeichen-Setzung als soziale Praxis liest und analysiert.[33] Aarseth beschreibt in seiner Kommentierung des Multi User Domain-Diskurses, in welcher Weise aus den verschiedenen Multiuser Datenbank-Systemen (Internet Relay Chat, MUD, MOO, seit neuestem auch Weblogs) jeweils unterschiedliche narrative Systeme oder Ordnungen folgen. MUDs als textlich-visuell-auditive Ensembles auf einer Screen (bzw. darin) wären demnach zu unterscheiden von der stets vom System MUD abweichenden alltäglichen Praxis der einzelnen MUD-Session – eine Differenzsetzung, die an die sprachwissenschaftliche Differenz zwischen langue und parole angelehnt ist. Chatrooms wären zu unterscheiden von ihrer ‹Performance›, dem Life-Chat, und Blogs vom jeweils aktualisierenden Verschriftlichungs- und Lektüreverfahren des Postens, Ver-Linkens und Surfens.[34] Daraus sind eine Fülle weiterer Distinktionen und Differenzsetzungen abzuleiten: etwa bezüglich der Zeitbasiertheit der verschiedenen Medien und Formate (z. B. die große Bedeutung des Faktors Echtzeit beim Chat, jedoch bei den wenigsten Blogs) und damit zusammenhängende etwaige Diversifizierungen und Hierarchisierungen der User/innen. Tipp-Geschwindigkeit und Effizienz der Kommunikation beim Chat spielen beispielsweise für Anerkennung und Ranking der User/innen in vielen Chatrooms eine zentrale Rolle, entfallen hingegen beim Blogging. Funktionen optisch-ästhetischer und akustisch-auditiver Simulation drei-dimensionaler immersiver Screenoberflächen (‹Räume›) sind in Blogs nahezu vollständig absent und unterscheiden dieses Format daher von anderen Praktiken der Netzanwendung wie z. B. dem Online-Game.[35]

In verstärktem Maße gültig für die Blogosphäre sind hingegen soziale und performative Regeln der Community-Bildung und des kommunikativen Ablaufs wie Netiquette oder Chattiquette in ihren vielfältigen Bezügen zu Kategorien wie Geschlecht, Ethnie, Generation etc. Damit stehen Aspekte von Diskursposition und Autorschaft in Zusammenhang, die sich in Blogs wie bei ihren literarischen, filmischen oder televisuellen Vorläufer-Formaten in der ganzen Bandbreite von Anonymität über Nicknames und Gruppenautorschaft bis zur journalistischen Praxis arbeitsteiligen Textens, Lektorierens, Publizierens, Kommentierens und Redigierens erstreckt. Diese stehen in kombinatorischer Wechselwirkung mit einer Regulierung und Hierarchisierung der Partizipation und Administration: vom einfachen User über «Superplayer» bzw. «Superblogger» bis zum «Wizard» oder «God» (=Programmierer).

33 Vgl. Espen J. Aarseth: *Cybertext. Perspectives on Ergodic Literature*. Baltimore/MD 1997, zum Multi User Domain Diskurs bes. S. 142-145; auszugsweise in deutscher Übersetzung in: Bruns/Reichert, S. 203-211.
34 Vgl. neben Aarseth: *Cybertext*, S. 147: Elisabeth Reid, die MUDs, Chat etc. nicht als Text sondern als Kontext bezeichnet; Elisabeth Reid: *Electropolis. Communication and Community on Internet Relay Chat*. Honours Thesis, Department of English, Melbourne 1991.
35 Zugleich ist darauf hinzuweisen, dass nicht wenige Online-Games Text-Adventures sind.

All diese Eingrenzungen und Ausdifferenzierungen machen plausibel, dass Weblogs ohne Text, Schrift und/oder Typografie nicht denkbar sind, aber auch, dass sie weit mehr sind als Texte. «Einen Link zu setzen», so Christian Eigner, «bedeutet etwas zu sagen; ja, man setzt ihn eigentlich nicht mehr, sondern schreibt ihn, schreibt mit ihm ein Stück Text, und schreibt danach weiter, schreibt den Link gleichsam weiter.»[36] Der Multifunktionalität des Links als Textelement, Index und Text-Ausgang (bzw. Eingang zu einem neuen Text) entspricht die multiple Textstruktur des Blogs oder, anders formuliert, seine paratextuelle Struktur. Lassen sich mit Paratextualität nach Gérard Genette Gebrauchstextsorten, die dem ‹eigentlichen› Textkorpus oder Haupttext assoziiert sind, wie Vorwort, Inhaltsverzeichnis, Widmung, Nachwort, Register, Bilder plus Bildunterschriften usw. erfassen und beschreiben, so machen solche Differenzsetzungen für das Weblog keinen Sinn, wenngleich sich Kategorien wie «Nachricht» (=Haupttext), «Kommentar» (Paratext) oder «Link-Liste» in vielen Blogs per Website-Design als ausgezeichnete Überschriften wiederfinden. Das Format Weblog konfrontiert uns also mit einer weiteren – neueren? – Version des offenen und unendlichen Textes.

> Weblog-Einträge – wie sollte man diese neuen Entitäten sonst nennen? – sind wohl die erste Textform, die tatsächlich keinen Rand mehr hat. Nicht nur ihr Sinn weist weit über sie hinaus (was allerdings für die meisten Texte gilt, auch formal ist schwer festzulegen, wo ein Weblog-Eintrag beginnt und wieder aufhört: Der Eintrag schreibt ja den Link fort, führt ihn inhaltlich wie auch formal weiter – und damit auch das, was hinter dem Hyperlink steckt. ‹Texte› entstehen so, die unbegrenzt sind, die folglich kein «Außen» und «Innen» mehr kennen, die sich dauernd öffnen (‹folge dem Link, sonst kannst du mich nicht verstehen›) und wieder verschließen (‹folge ihm noch nicht, lies einmal hier zu Ende›), die mit einer Heftigkeit zwischen diesen beiden Polen (offen – geschlossen) oszillieren, dass man als Leser einer Sammlung von Weblog-Einträgen (also eines Weblogs) permanent den Eindruck hat, noch auf einer (runden, produktartigen) Medien-Site zu sein, aber schon auch durch das Netz katapultiert zu werden.[37]

---

36 Christian Eigner: «Wenn Medien zu oszillieren beginnen: (Dann macht es) BLOG!» In: Eigner/Leitner/Nausner/Schneider, S. 115-125, hier: S. 120.
37 Eigner, S. 121f.

Protokollmedien als Kontrollmedien?: Datenspuren des Bloggens

Im Format des Blogs werden also (meist strikt geregelte) kollaborative Textpraktiken (Posten/Kommentieren) expandiert durch die paratextuelle Praxis des Ver-Linkens zu anderen Texten und Medienformaten bzw. deren Archiven, Lexika und Sammlungen (insbesondere Foto- oder Videoarchive, aber auch Musikarchive).[38] Durch den Anschluss an die Datenbankressourcen des WWW, also: Archive, genügen den Weblogs nur wenige Parameter wie Stichwort(e) (z. B. Medien, Kunstwerke, Stars), Icons oder/und Farbsymbole, um eine Blog-Persönlichkeit als symbolisch und sprachlich strukturierte Identität («textuelle Identität», wie Aarseth dies nennt) zu konstituieren, die stets über die ihr assoziierten Medienarchive Mitglied mindestens einer Community ist. Schreiben und Visualisieren ist im Blog also per definitionem Referenzialisieren auch im technischen Sinne: ein Verweisen auf ein anderes Archiv oder meist: mehrere. Das Netz hat so zu einer «Revolutionierung» der Praxis des Schreibens und Textens geführt, die von den meisten jedoch keineswegs als solche wahrgenommen, sondern als «normal» erlebt wird, weil sie als Effizienz oder als Effektivierung betrachtet wird. Akzeleration und Dynamisierung der Schreib-, Publikations- und Sammelpraktiken, die z.T. enzyklopädische Dimensionen annehmen (s. das Projekt Wikipedia), ziehen jedoch größere Verschiebungen im Bereich der Rezeption und Nutzung nach sich als erwartet und konfrontiert die im Netz agierenden – von Bloggern bis zu kommerziellen Webseiten – mit z.T. täglich wechselnden Nutzungsprofilen.[39] Weblogs texten also für eine diffuse Zielgruppe, die morgen schon eine andere sein kann.

> der gästebuchreisende zieht von homepage zu homepage um seine homepage bekannt zu machen und schreibt immer den selben standard-spruch, z. B. ‹du hast aber eine tolle seite. besuch doch mal meine seite. ...blabla---gruss›.[40]

Dass Schreiben im Internet keine rein private Textgenerierung ist – und dies gilt auch für E-Mail-Korrespondenz –, sondern auch und immer Spuren hinterlässt, die im System wiederauffindbar und wiederabrufbar sind, wird im Mediendiskurs selbst nur für so genannte sensible Daten (z. B. das Online Banking) dis-

---

38 Roberto Simanowski (*Interfictions. Vom Schreiben im Netz*. Frankfurt a.M. 2002) spricht zutreffend von einer Dreifachfunktion des Link als «Teil des Textes, als Index eines anderen Textes und als Absprung zu einem anderen Text» (S. 72).
39 Zur Problematik schnell wechselnder Nutzungsprofile im Internet vgl. Leda Cooks/Mari Castañeda Paredes/Erica Scharrer: «‹There's No Place Like Home›: Searching for Community on Oprah.com». In: Mia Consalvo/Susanna Paasonen (Hrsg.): *Women & Everyday Uses of the Internet. Agency & Identity*. New York 2002, S. 139-167.
40 Gästebucheintrag in Webring vom 28.1.2001, zit. nach Wolf, S. 6.

kutiert. Der in Weblogs bewusst oder unbewusst vollzogene permanente «Datenexhibitonismus» (Tribe) generiert ein Datenprofil, das wir als authentisch zu lesen oder wahrzunehmen geneigt sind. Mit Bezug auf eine solche Auslegung des Begriffs ‹Protokollmedien› schreibt die Gruppe 01 001 0111 0101 101.org (Eva Mattes/Franco Mattes) in ihrem Netzwerkprojekt LIFE SHARING (2000-2003):

> Nach einer gewissen Zeit sieht ein Computer aus wie das Gehirn seines Besitzers. Er ist dafür besser geeignet als alle anderen traditionelleren Medien, z. B. Tagebücher, Notizbücher oder, auf einer abstrakteren Ebene, Gemälde oder Romane.

Ziel des Kunstwerks LIFE SHARING war es in einer Zeit, als Blogs sich mit großer Geschwindigkeit auszubreiten begannen, die heute üblichen elektronischen Selbstzeugnisse, eigene Dateien und Korrespondenzen (von Anträgen über E-Mails bis zu Honorarabrechnungen) auf ihrer Website auszustellen, um damit auf die immensen Datenmengen aufmerksam zu machen, die das Internet als panoptisches Dispositiv beständig zu prozessieren vermag. Projekte wie diese machen uns zudem darauf aufmerksam, dass Blogs keineswegs reine Instrumentarien der Interdiskursivierung sind, sondern unmerklich und immer auch ihre Autor/inn/en selbst veröffentlichen: als Nutzungsprofil und Datenspur, die registriert, lokalisiert, statistisch erfasst, bewertet und kommerzialisiert werden kann – auch wenn wir unser Foto nicht ins Netz stellen z. B. in einem Personal Blog.

Schlussnotiz

Die Beiträge dieses Bandes gehen zurück auf Vorträge und Diskussionen auf der Jahrestagung 2006 der *Gesellschaft für Medienwissenschaft* im *Haus des Dokumentarfilms* in Stuttgart. Allen Beiträgern und auch Diskutanten, deren Kommentare und Hinweise in der einen oder anderen Form in die Druckfassung eingegangen sind, sei hiermit für ihre Geduld und ihr Engagement in der Sache gedankt.

Dieser sechzehnte Band ist der letze Band in der Schriftenreihe der Gesellschaft für Medienwissenschaft, der vom bis 2007 amtierenden Hamburger Vorstand der Gesellschaft verantwortet wird. Schon dies ist Anlass genug, dem Schüren-Verlag in Marburg für eine stets produktive und überaus verlässliche Zusammenarbeit zu danken.

Die Zukunft der Reihe ist gegenwärtig ungewiss.

Harro Segeberg
Hamburg, im Dezember 2008

Abbildungsnachweise

AG Wissenschaftsforschung
Abb. 1: © NIH Resource for Computer-Integrated Systems for Manipulation and Microscopy der University of North Carolina
Abb. 2, 3: © IBM Research Almaden

Nina Gerlach
Abb. 1: Die wichtigsten Themenfelder in Prozent. Repro aus: Fritz Wolf: *Alles Doku – oder was? Über die Ausdifferenzierung des Dokumentarischen im Fernsehen.* Expertise des Adolf Grimme Instituts im Auftrag der Landesanstalt für Medien NRW der Dokumentarfilminitiative im Filmbüro NW, des Südwestrundfunks und des ZDF. LfM-Dokumentation Bd. 25. Düsseldorf 2003, S. 39.
Abb. 2: *Animal Planet* (ZDF/ORF/Arte et al.): DIE ZUKUNFT IST WILD (THE FUTURE IS WILD) (USA/D/A/F. 2002). DVD: Icestorm Entertainment 2003
Abb. 3: *Animal Planet* (PLANET DER DRACHEN). Phoenix, 09/2006
Abb. 4: DDR-FS: TIERPARKTELETREFF (unter diesem Titel 1973-1990), Repro aus: Gabriele Teutloff: *Sternstunden des Tierfilms.* Steinfurt 2000, S. 45
Abb. 5: WEICHES FELL UND SCHARFE KRALLEN (ARD, 09/2006)
Abb. 6: National Geographic: WILD PASSIONS (TIERFILMER. ABENTEURER MIT KAMERA). USA. 1998. DVD: G+J/RBA GmbH & Co KG, National Geographic Deutschland (Hg.) 2005
Abb. 7: *Animal Planet* (PLANET DER DRACHEN). Phoenix, 09/2006

Ursula von Keitz
Abb. 1–9: DER KICK (D 2006), R: Andreas Veiel

Henning Wrage
Abb. 1: JENSEITS UND DIESSEITS DER STAATSGRENZE (ESD: 10.3.1962). R: Heinz Seibert)
Abb. 2: DER PRÄSIDENT IST BELEIDIGT (ESD: 31.5.1966). Keine Angaben zur Regie überliefert
Abb. 3–5: HELLING, KABELKRAN UND KAI (ESD: 3.10.1962). R: Hugo Herrmann

Caroline Elias, Thomas Weber
Tab. 1, Tab. 2: Eigene Darstellung
Abb. 1, 5, 7: ABSCHLUSSKLASSE 05 (VIVA, 25.7.2006)
Abb. 2–4: LENSSEN UND PARTNER (SAT1, 17.7.2006)
Abb. 6: NIEDRIG UND KUHNT (SAT1, 17.7.2006)

Thomas Waitz
Abb. 1–5: DIE LETZTE SCHLACHT (D 2005), R: Hans-Christoph Blumenberg

Matthias Steinle
Abb. 1–11: THE FOG OF WAR (USA 2003), R: Errol Morris. Videostills aus der deutschen Kauf-DVD (Sony Pictures Home Entertainment 2005).

Abbildungsnachweise

Franziska Heller
Abb. 1–7: MÄDCHEN AM SONNTAG (D 2005), R: Rolf Peter Kahl. DVD-Stills aus der deutschen Kauf-DVD (GoodMovies/Independent Partners 2007).

Kay Hoffmann
Abb. 1–3: DARWIN'S NIGHTMARE (F/BE/SWE u.a. 2004), R: Hupert Sauper
Abb. 4, 5: WORKINGMAN'S DEATH (D/A 2005), R: Michael Glawogger
Abb. 6–8: UNSER TÄGLICH BROT (D/A 2005), R: Nikolaus Geyrhalter
Abb. 9: LOSERS AND WINNERS (D 2006), R: Ulrike Franke, Michael Loecken

Martin Doll
Abb. 1: Michael Born: Beitrag über die deutsche Abordnung des Ku-Klux-Klans. Aus: sternTV (RTL, 7.9.94)
Abb. 2: Michael Born: Beitrag über Jäger, die Katzen als Schädlinge erschießen. Aus: sternTV (RTL, 26.4.95)

Susanne Regener
Abb. 1–3: REJSEN PÅ OPHAVET (DK 2004), R: Max Kestner
Abb. 4: Gary Brolsma: THE NUMA NUMA DANCE (www.youtube.com, 14.8.06)
Abb. 5: Video-Blog *Lonelygirl15* (www.youtube.com, 16.6.06)

Karin Bruns
Abb. 1: www.primarilypaul.com (10.8.08)
Abb. 2: http://istapundit.com (29.6.06)
Abb. 3: http://agitprop.typepad.com (29.6.06)
Abb. 4: www.sinn-frei.com/tokio-hotel-bill-ist-ein-maedchen_2424.htm (3.10.06)

Coverabbildungen
links: Screenshot aus THE FOG OF WAR (USA 2003), R: Errol Morris
rechts: Screenshots aus UNSER TÄGLICH BROT (D/A 2005), R: Nikolaus Geyrhalter

Autorinnen und Autoren

AG Medienwissenschaft und Wissenschaftsforschung
(Ulrike Bergermann, Christiane Hanke, Inge Hinterwaldner, Petra Missomelius, Rolf F. Nohr, Andrea Sick, Markus Stauff)
Angesichts der in den letzten Jahren zunehmenden Fokussierung der Wissenschaftsgeschichte auf die Medien der Naturwissenschaften einerseits und der intensivierten Bezugnahme auf Ansätze der Science Studies in den Medienwissenschaften andererseits, wurde 2004 die AG Medienwissenschaft und Wissenschaftsforschung der GfM gegründet. Ihr Ziel besteht sowohl in einer systematischen Reflektion der theoretischen wie methodischen Ähnlichkeiten und Schnittstellen zwischen Wissenschaftsforschung und Medienwissenschaft als auch einer Selbstreflexion des eigenen Fachs. Von Beginn an wurden Perspektiven der neueren Wissenschafts- und Technikforschung genutzt, um in diesem Zusammenhang über den Objektbezug bzw. die Gegenstandsbildung der Medienwissenschaften nachzudenken. Seit 2006 beteiligt sich die AG neben den etwa halbjährlichen Arbeitstreffen mit Präsentationen auf den Jahrestagungen der GfM: 2006 durch den hier veröffentlichten Kollektiv-Vortrag einer 7-köpfigen Gruppe zur Frage der Referenzialität aus Sicht der Wissenschaftsforschung, 2007 durch die Kurzversion eines gemeinsam zusammengestellten Arbeitspapiers zum Modell in Science Studies und Medienwissenschaften und 2008 durch ein Panel, das die Verwendbarkeit und potentielle Produktivität von Ansätzen der aktuelleren Wissenschaftsforschung für medientheoretische Fragestellungen reflektiert.

Joan Kristin Bleicher, Dr. phil., seit 2001 Professur für Medienwissenschaft Universität Hamburg. Assoziiertes Mitglied des Hans-Bredow-Instituts. Gastprofessur in Salzburg. 1986-1995 im DFG-Sonderforschungsbereich 240 «Ästhetik, Pragmatik und Geschichte der Bildschirmmedien. Schwerpunkt: Fernsehen in der Bundesrepublik Deutschland». Arbeitsschwerpunkte: Medienpoetik, Mediengeschichte, Aktuelle Fernseh- und Online-Entwicklung, Selbstreferenz in den Medien, Grenzgänge zwischen Literatur und Medien. Publikationen (Auswahl): *Chronik zur Programmgeschichte des Deutschen Fernsehens*. Berlin 1993. *Deutsches Fernsehen im Wandel. Perspektiven 1985 – 1992* (= Arbeitshefte Bildschirmmedien Nr. 40) Siegen 1993 (zusammen mit Helmut Schanze und Gerd Hallenberger). *Fernseh-Programme in Deutschland. Konzepte – Diskussionen - Kritik. Reader zur historischen Entwicklung der Programmdiskussion.* Opladen 1996. *Programmprofile kommerzieller Anbieter. Tendenzen der Fernsehentwicklung seit 1984.* 1997. *Trailer, Teaser, Appetizer. Formen und Funk-*

tionen der Programmverbindungen im Fernsehen. Hamburg 1997 (zusammen mit Knut Hickethier, *Fernsehen als Mythos. Poetik eines narrativen Erkenntnissystems.* Opladen 1999, *Aufmerksamkeit, Medien und Ökonomie.* Hamburg, Münster 2002 (zusammen mit Knut Hickethier), *Fernsehgeschichte. Modelle – Theorien – Projekte* (=Hamburger Hefte zur Medienkultur H.2. 2003). Themenheft. «Gesundheit in den Medien» (=Medien & Kommunikationswissenschaft. Jg. 2003. H.3–4, gemeinsam mit Claudia Lampert), *Grenzgänger. Formen des New Journalism.* Wiesbaden 2004. (gemeinsam mit Bernhard Pörksen) «*We Love To Entertain You» Beobachtungen zur aktuellen Entwicklung von Fernsehformaten.* Hamburg 2006.

Karin Bruns, seit 2003 Professorin für Medientheorie und Leiterin des Instituts für Medien an der Kunstuniversität Linz (AUT); aktuelle Arbeitsschwerpunkte: Theorien der Neuen Medien, Game- und Online-Kultur, intermediale Formate; Publikationen u.a.: «Das widerspenstige Publikum: Vier Thesen zu einer Theorie multikursaler Formate». In: Joachim Paech, Jens Schröter (Hg.): *Intermedialität – Analog/Digital.* München 2008. *Reader neue Medien. Texte zur digitalen Kultur und Kommunikation* (Mithrsg.). Bielefeld 2007.

Martin Doll, seit 2008 Postdoc-Fellow am ‹ici Kulturlabor Berlin›; promovierte an der Johann Wolfgang Goethe-Universität mit einer Dissertation über *Fälschungen und Fakes als praktisch-immanente Diskurskritik*; Lehraufträge an der Universität Gießen und Frankfurt; war Stipendiat des Graduiertenkollegs «Zeiterfahrung und ästhetische Wahrnehmung»; arbeitete seit seiner Ausbildung zum Cutter redaktionell – vornehmlich im Bereich der On-Air-Promotion – für Das Erste und den Hessischen Rundfunk. Forschungsschwerpunkte: Medien-, Wissens- und Kulturgeschichte, Medientheorie, Diskursanalyse, politische Theorie, Politik durch Kunst, Kunst durch Medien. Veröffentlichungen: u.a. *Mimikry. Gefährlicher Luxus zwischen Natur und Kultur* (Mithrsg. 2008); «Monströse Gegenstände – Über Fälschungen als Erkenntnisobjekte im zweifachen Sinne», in: *Zeitschrift für Kulturwissenschaften* 1 (2007); «Similarity as a Mask. On the Identity Corrections of the ‹The Yes Men›», in: *Maska* 21.3–4 (2006); «Die Adresse des Fake. Über das Wahre im Falschen», in: Thomas Barth u. a. (Hrsg.), *Mediale Spielräume*, Marburg 2005; «Zeitvertreib in Echtzeit? Virtuelle Realität und ästhetische Erfahrung», in: Alexander Karschnia u.a. (Hrsg.), *Zum Zeitvertreib*, Bielefeld 2005.

Caroline Elias studierte Literaturwissenschaft und Politologie an der Pariser Sorbonne und am dortigen Institut d'Etudes Politiques. 1989-92: Volontariatszeit bei *Sender Freies Berlin, France Culture* und *Cahiers du cinéma*. 1992–94:

Tätigkeit als freie Fernsehredakteurin beim ORB (heute rbb), seither als Journalistin, Rechercheurin und Produktionsmitarbeiterin bei Auftragsproduktionen u.a. für ARD, ARTE, Canal+, France 2, Radio Canada (TV). 2000–07 vertritt Elias als Marketingbeauftragte die Arbeitsgemeinschaft Dokumentarfilm/german documentaries auf internationalen AV-Märkten. 2002–07: Lehrbeauftragte für Filmwirtschaft und Filmkultur Frankreichs u.a. an Universität und Hochschule für Film und Fernsehen Potsdam, Studiengang Europäische Medienwissenschaft, sowie der Humboldt-Universität zu Berlin. Im Nebenberuf dolmetscht Elias u.a. für die Berlinale. Publikationen (Auswahl): «La montagne de Babel», *Cahiers du Cinéma* Nr. 447 (1991), «Die neuen Herren von Babelsberg – Was wird aus dem Filmstudio?» (mit Patrick Boitet), *ORB/Deutsche Welle* (1993), als ausführende (Ko-)Produzentin: ALLEMAGNE, TERRAIN VAGUE, Regie: Boris Breckoff (2003). Zahlreiche Fachartikel in *Film- und TV-Kameramann*, *black box* und *Fernseh-Informationen*. Ihre Forschungsarbeit über die Lebens- und Arbeitssituation deutscher Kinodokumentaristen wird von der DEFA-Stiftung gefördert.

Wolfgang Fuhrmann, Dr., Studium der Theater, Film- und Fernsehwissenschaft an der Ruhr-Universität Bochum und Film- and Television Studies an der Universität von Amsterdam. Dissertation zur deutschen Kolonialkinematographie an der Universität Utrecht. 2005 bis 2008 Leiter des DFG Forschungsprojekts *Film und Ethnographie in Deutschland 1900–1930* an der Universität Kassel. Seit Sommer 2008 Oberassistent am Seminar zur Filmwissenschaft in Zürich, Schweiz.

Nina Gerlach, M.A. (geb. 1979 in Mainz) studierte Europäische Kunstgeschichte, Alte Geschichte, Medien- und Kommunikationswissenschaften in Mainz, Heidelberg und Mannheim und Medienkunst/Film an der Hochschule für Gestaltung in Karlsruhe. Ihre Promotion «Der Garten im Spielfilm. Zur Konstruktion cineastischer Gartenräume» an der Ruprecht-Karls-Universität Heidelberg wird seit 2006 durch die Studienstiftung des Deutschen Volkes gefördert und im akademischen Jahr 2008/2007 durch ein Fellowship der Harvard University am Dumbarton Oaks. Ihre wissenschaftlichen Leistungen auf dem Gebiet der Europäischen Kunstgeschichte wurden 2005 mit dem Ulrich-Hahn-Preis ausgezeichnet. Ausgewählte Schriften: «Barocke Gartenräume. Medien der filmischen Selbstreflexion». In: Regine Prang (Hrsg.): *Die Konstruktion und Reflexion filmischer Räume. Ansätze zu einer kunsthistorischen Film- und Medienwissenschaft*. Berlin 2009; «Greenscape as Sreenscape – The Cinematic Urban Garden». In: *The Brock Review*, No. 1. (2008); «Barocke Gartenkunst im Spielfilm. Teil I.: Set-Design medialer Herrschaftsräume». In: *Die Gartenkunst*, Nr. 1 (Frühjahr 2008).

Autorinnen und Autoren

Franziska Heller, geb. 1979, M.A. Studium der Film- und Fernsehwissenschaft, der Theaterwissenschaft und der Komparatistik in Bochum; die Dissertation *Filmisches Erzählen im Fluss der Bilder. Das Fluide als ästhetisches Strukturelement* ist kurz vor dem Abschluss; Mitglied der Research School der Ruhr-Universität Bochum; Mitbegründerin des Graduiertennetzwerks *Kooperative M*; ab Ende 2008 wissenschaftliche Mitarbeiterin im Forschungsprojekt zur Digitalisierung am Seminar für Filmwissenschaft der Universität Zürich; Veröffentlichungen in Sammelbänden und Zeitschriften u.a. zur Filmnarratologie sowie zu Autorenfilmern (Resnais, Greenway u.a.); daneben Filmkritiken und wissenschaftliche Buchrezensionen. Zuletzt erschienen (2008): *Paradoxien der Langeweile*. Themenheft/Augen-Blick. Marburger Hefte zur Medienwissenschaft (Hrsg. zus. mit Rentemeister, Elke/Waitz, Thomas/Westermann, Bianca).

Christian Hißnauer, M.A., seit 2004 wissenschaftlicher Mitarbeiter am Zentrum für interdisziplinäre Medienwissenschaft der Georg-August-Universität Göttingen. Zuvor 4 ½ Jahre lang Projektleiter in der angewandten Medien- und Kommunikationsforschung. Arbeitsschwerpunkte: Fernsehgeschichte, Geschichte des bundesdeutschen Fernsehdokumentarismus, Terrorismusdarstellung in Film und Fernsehen. Veröffentlichungen (Auswahl): *medien – zeit – zeichen. Beiträge des 19. Film- und Fernsehwissenschaftlichen Kolloquiums.* (Mithrsg. 2007), *Männer – Machos – Memmen. Männlichkeit im Film* (Mithrsg. 2002), *Auf der Suche nach dem Warum. Suizid und Suizidalität in bundesdeutschen Fernsehdokumentationen seit den 1970er Jahren*. In: Herberth, Arno; Niederkrotenthaler, Thomas und Benedikt Till (Hrsg.): Suizidalität in den Medien. Suicidality in the Media (2008), *Das Doku-Drama in Deutschland als journalistisches Politikfernsehen*. In: MEDIENwissenschaft, Heft 3 (2008), *Hamburger Schule – Klaus Wildenhahn – Eberhard Fechner*. In: Becker, Andreas R. et al. (Hrsg.): Medien – Diskurse – Deutungen (2007), *RAF exploited: Terror-Spektakel zwischen Blutorgie und Schwulenporno*. In: Testcard – Beiträge zur Popgeschichte, Nr. 16 (2007), *Nach der Gewalt: Linker Mythos RAF – Linker Mythos BRD. Terrorismus im deutschen Film*. In: Testcard – Beiträge zur Popgeschichte, Nr. 12 (2003), *Politik der Angst. Terroristische Kommunikationsstrategien im Film*. In: Stiglegger, Marcus (Hrsg.): Kino der Extreme (2002).

Dr. Kay Hoffmann, Jg. 1959, Filmpublizist, ab 2007 Studienleiter Wissenschaft im Stuttgarter Haus des Dokumentarfilms (HDF). Organisation von Film- und TV-Festivals sowie Konferenzen. Projekte für das HDF (Dokville, DFG-Forschungsprojekt Dokumentarfilmgeschichte, INPUT '98, Video-Edition «Zeichen der Zeit»). Zahlreiche Buchveröffentlichungen und regelmäßig Beiträge in Filmzeitschriften.

Rüdiger Maulko, Studium der Kultur- und Medienwissenschaft an der Universität Marburg, anschließend wissenschaftlicher Mitarbeiter an der Universität Hamburg/Institut für Germanistik II. Diverse Lehraufträge an der Universität Hamburg. Mitarbeit im DFG-Projekt «Untersuchung der Programmstrukturen und Programmästhetik des deutschen Fernsehens in den neunziger Jahren.» Derzeit freier Autor, Online-Redakteur und -Konzepter. Arbeitsschwerpunkte: Neue Medien, Geschichte, Technik und Ästhetik des digitalen Bildes, Film-, Fernseh- und Programmästhetik. Veröffentlichungen u.a.: «Vom einfachen Kürzel zum stilisierten Gütesiegel – Wie Senderkennspots auf PRO SIEBEN ‹Marke machen›». In: K. Hickethier/ J.K. Bleicher (Hrsg.): *Trailer, Teaser, Appetizer* (Hamburg 1997); «Hamburg 1. Total lokal und ohne einen Pfennig in der Tasche». In: Bleicher, J.K. (Hrsg.): *Programmprofile kommerzieller Anbieter* (Opladen 1997); «Vom Hirtenhorn zum digitalen Telefon». In: W. Köpke/B. Schmelz (Hrsg.): *Das gemeinsame Haus Europa. Handbuch zur europäischen Kulturgeschichte* (München 1999); «Über Strichzeichnungen und 3D-Artisten. Zur Technikgeschichte digitaler Fernsehbildgestaltung». In: H. Segeberg (Hrsg.): *Die Medien und ihre Technik. Theorie – Modelle – Geschichte* (Marburg 2004).

Susanne Regener, Dr. phil, Universitätsprofessorin für Mediengeschichte/Visuelle Kultur an der Universität Siegen. Gastprofessorin an den Universitäten in Kopenhagen, Aarhus, Essen, Tübingen, Klagenfurt, Wien, Basel, Zürich. Schwerpunkte in Forschung und Lehre u.a.: Wissenskulturen des Populären; Ethnografie des Internets; Medienamateure; Fremd- und Feindbilder; Selbstdarstellungen; Wissenschaftskultur/en; Dokumentarfilm; Kultur- und Mediengeschichte Nordeuropa. Publikationen u.a. zu: Gesichter des Bösen; Mediengeschichte des Kriminellen und des psychisch Kranken; RAF; Visuelle Kultur; Blickkultur/en; Internetkultur; Eskimo-Bilder; künstlerische Fotografie; Serienkiller; Kriminalmuseen; dänischer Dokumentarfilm. www.mediengeschichte.uni-siegen.de, www.susanne-regener.de

Harro Segeberg, seit 1983 Professor für neuere deutsche Literatur und Medien an der Universität Hamburg; Gastprofessuren an der Universität Michel de Montaigne Bordeaux III (1989/90); Karl Franzens Universität Graz (2000); Northern Institute of Technology (TU Hamburg-Harburg, 1998–2004). Mitglied im interuniversitären Graduiertenkolleg Kunst und Technik an der TU Hamburg-Harburg, der HafenCity Universität Hamburg und der Universität Hamburg (seit 2004). Arbeitsschwerpunkte: neben zahlreichen Veröffentlichungen zur Literatur- und Mediengeschichte des 18. bis 21. Jahrhunderts Bücher über *Soziale Maschinen* (1978, Mitautor), *Literarische Technik-Bilder* (1987), *Technik in der Literatur* (Hrsg. 1987), *Vom Wert der Arbeit* (Hrsg.

1991), *Ernst Jünger im 20. Jahrhundert* (Mithrsg. 1994), *Literatur im technischen Zeitalter* (1997); *Literatur im Medienzeitalter* (2003). Hrsg. u. Mitautor einer *Mediengeschichte des Films, Bd. I–VI* (1996ff.); *Die Medien und ihre Technik* (Hrsg. 2004). *Sound. Zur Technologie und Ästhetik des Akustischen in den Medien* (Mithrsg. 2005); *Digitalität und Literalität* (Mithrsg. 2005); *Kinoöffentlichkeit (1895-1920)* (Mithrsg.).

Matthias Steinle, seit 2008 Maître de conférence am Fachbereich Cinéma et audiovisuel der Universität Sorbonne Nouvelle-Paris III, davor wissenschaftlicher Mitarbeiter am Institut für Medienwissenschaft der Philipps-Universität Marburg. Studium der Film- und Medienwissenschaft, Germanistik und Geschichte in Mainz, Marburg und Paris, 2002 Promotion über die gegenseitigen Darstellung von BRD und DDR im Dokumentarfilm: *Vom Feindbild zum Fremdbild* (2003). Arbeitsschwerpunkte: mediale Geschichtsbilder, Dokumentarfilm, Archive, deutsch-französische Medienbeziehungen. Publikationen zur Film- und Rundfunkgeschichte: *Selbst/Reflexionen. Von der Leinwand bis zum Interface* (Mithrsg. 2004), *Filmgenres Komödie* (Mithrsg. 2005), *All Quiet on the Genre Front? Zur Praxis und Theorie des Kriegsfilms.* (Mithrsg. 2006), *40 Jahre Erinnerung an 68 – Tyrannei der Jahreszahl?* (Mithrsg. 2008).

Andreas Wagenknecht, seit 2003 wissenschaftlicher Mitarbeiter am Seminar für Medien- und Kommunikationswissenschaft an der Universität Mannheim sowie von 2003 bis 2006 am DFG-Projekt «Konventionen der Weltwahrnehmung. Gattungen der Information und Unterhaltung im Fernsehen». Arbeitsschwerpunkte: derzeit Arbeit an einer Dissertation zum Thema *Das Automobil als filmisches Phänomen* sowie Veröffentlichungen zu den Themen *Trend zur Fiktionalisierung* (2006), *Zur inszenatorischen Verwendung von Musik* (2008).

Thomas Waitz, wissenschaftlicher Mitarbeiter am Forschungskolleg «Medien und kulturelle Kommunikation», Universität zu Köln. Dissertationsvorhaben zur Medialität und Bildpolitik des Verkehrs. Entwicklung von Konzepten zur Onlinekommunikation. Bis Ende 2006 verantwortlicher Onlineredakteur der Filmzeitschrift Schnitt, daneben weitere jounalistische Arbeiten. Zuletzt erschienen: «Der große Gesundheits-Check. Die Dicken, die Armen und das Fernsehen». In: *testcard. Beiträge zur Popgeschichte.* Nr. 18 (2008), «On Emptiness. Images of Urban Space in Jem Cohen's Film CHAIN and the Concept of ‹Non-Places›». In: Koeck, Richard/Roberts, Les (Hrsg.): *City in Film. Architecture, Urban Space and the Moving Image* sowie «Die Frage der Bilder. 9/11 als filmisch Abwesendes». In: Sandra Poppe/Thorsten Schüller/Sascha Seiler (Hrsg.): *9/11 als kulturelle Zäsur. Repräsentationen des 11. September 2001 in kulturellen Diskursen, Literatur und visuellen Medien* (im Druck).

Thomas Weber, PD Dr. habil., Studium: Germanistik, Philosophie und Theater-, Film- und Fernsehwissenschaften; danach freier Publizist für verschiedene Zeitungen und Zeitschriften. Von 1993 bis 1998 als DAAD-Lektor an der Groupe HEC (eine Grande École für Management) bei Paris; seit 1998 als wissenschaftlicher Mitarbeiter, seit 2006 als Privatdozent für Kultur- und Medienwissenschaft am Seminar für Medienwissenschaft der Humboldt-Universität zu Berlin tätig. 1992 Gründung und seither nebenberuflich Leitung des medien- und kulturwissenschaftlich ausgerichteten AVINUS Verlags (www.avinus.de). Buchveröffentlichungen (ohne Aufsätze): *Die unterhaltsame Aufklärung. Eine ideologiekritische Interpretation von Kriminalfernsehserien des westdeutschen Fernsehens*, Bielefeld 1992 (Aisthesis); *Régis Debray: Jenseits der Bilder. Eine Geschichte der Bildbetrachtung im Abendland* (Hrsg.; auch Übersetzung zsm. mit Anne Hélène Hoog u. Erich Thaler), Rodenbach 1999 (AVINUS); *Mémoire et Médias*, (Hg. zusm. mit Louise Merzeau) Paris 2001 (AVINUS); *Wegweiser durch die französische Medienlandschaft* (Hrsg. zusm. mit Stefan Woltersdorff) Marburg 2001 (Schüren); *Medialität als Grenzerfahrung. Futurische Medien im Kino der 80er und 90er Jahre*, Bielefeld 2008 (transcript); *Mediologie als Methode* (Hg. zusm. mit Birgit Mersmann), Berlin 2008 (AVINUS).

Henning Wrage, seit 2000 wissenschaftlicher Mitarbeiter an der Freien Universität und der Humboldt-Universität zu Berlin, zuletzt in der DFG-Forschergruppe *Programmgeschichte des DDR-Fernsehens – komparativ*. 2007 Promotion mit einer medienkomparativen Studie zur DDR-Kultur der frühen 1960er Jahre. Diverse Publikationen zu Literatur, Film, Fernsehen und digitalen Medien, darunter als Buch: ‹*Das Buch zum Film – der Film zum Buch*›. *Annäherung an den literarischen Kanon im DDR-Fernsehen* (Mitautor, 2004), *Alltag. Zur Dramaturgie des Normalen im DDR-Fernsehen* (Hrsg. 2006), *Das literarische Fernsehen. Beiträge zur deutsch-deutschen Medienkultur* (Mithrsg., 2007), *Deutsches Fernsehen Ost. Die Programmgeschichte des DDR-Fernsehens* (Mitautor, 2008), *Die Zeit der Kunst. Literatur, Film und Fernsehen in der DDR der 1960er Jahre* (2008), *Deutsch-italienisches Lexikon der Erinnerung* (Hrsg., erscheint 2009).

Dr. Peter Zimmermann, Privatdozent für Literatur- und Medienwissenschaft an der Bergischen Universität Wuppertal. 1991–2006 Wissenschaftlicher Leiter des Hauses des Dokumentarfilms in Stuttgart. 1973–1990 Dozent und Gastprofessor an den Universitäten Wuppertal, Kairo und Marburg. Publikationen u.a.: *Dokumentarfilm im Umbruch. Kino – Fernsehen – Neue Medien.* (Mithrsg.). Konstanz 2006/*Geschichte des dokumentarischen Films in Deutschland 1895 – 1945.* (Hrsg.) 3 Bde. Stuttgart 2005/*Geschichte des Fernsehens in der Bundesrepublik Deutschland. Bd. 3: Informations- und Dokumentarsendungen.* (Mithrsg.) München 1994.

Neuerscheinung

JENS EDER
DIE FIGUR IM FILM
GRUNDLAGEN DER FIGURENANALYSE
SCHÜREN

Jens Eder
Die Figur im Film
Grundlagen der Figurenanalyse
832 S., Pb., € 58,-/SFr 98 UVP
ISBN 978-3-89472-488-7

Figuren sind für Spielfilme und das Erleben der Zuschauer von zentraler Bedeutung. Dieses Buch stellt das bislang umfassendste Modell zur Untersuchung von Filmfiguren in ihren vielfältigen Formen und Funktionen vor

„Jeder Filmfan, der tief in seinen Lieblingsstreifen eintauchen möchte, findet hier den Schlüssel zu seinen Leinwandhelden."
Trendjournal

Universitätsstr. 55 · D-35037 Marburg
Fon 06421/63084 · Fax 06421/681190
www.schueren-verlag.de

Neuerscheinung

ANDREAS R. BECKER
NETZEREIGNIS – EREIGNISNETZ
PROZESSE UND STRUKTUREN MEDIALER EREIGNISSE IM INTERNET
SCHÜREN

Andreas R. Becker
Netzereignis – Ereignisnetz
Prozesse und Strukturen medialer Ereignisse im Internet
120 S., Pb., Zahlr. Abb.,
€ 14,90/SFr 29,00 UVP
ISBN 978-3-89472-671-3
(Marburger Schriften zur Medienforschung Bd. 10, ISSN 1867-5131)

Das Internet hat den anderen Medien viel Aufmerksamkeit entzogen. Obwohl es erst 15 Jahre alt ist, hat die Zahl seiner weltweiten Nutzer schon die Marke einer Milliarde durchbrochen. Aber taugt das Netz in unserer als „Erlebnisgesellschaft" charakterisierten Lebenswelt zur Generierung und Verbreitung medialer Ereignisse?

Universitätsstr. 55 · D-35037 Marburg
Fon 06421/63084 · Fax 06421/681190
www.schueren-verlag.de